NOUVEAUX
PROBLÈMES
DU
ROMAN

OUVRAGES DE
JEAN RICARDOU

JEAN RICARDOU

NOUVEAUX PROBLÈMES DU ROMAN

ÉDITIONS DU SEUIL
27, rue Jacob, Paris VIe

CE LIVRE
EST PUBLIÉ DANS LA COLLECTION
POÉTIQUE
DIRIGÉE PAR GÉRARD GENETTE
ET TZVETAN TODOROV

ISBN 2-02-004840-X

Il est des solutions plus étranges que
les problèmes. Car le problème du
moins n'était QU'UNE question; mais la
solution en pose mille.

(Paulhan)

Ouverture

Le papier est patient, mais le lecteur ne l'est pas. (Joubert)

Rien ici, en guise d'ouverture, qui sache subsumer les cinq chapitres de cet ouvrage. Rien qui puisse en tenir lieu de manière plus brève. Rien, donc, nous en avons regret, qui dispense le lecteur éventuel d'accomplir leur parcours. Offrir cet agrément eût un peu trop trahi, en effet, ce qui a permis la venue de tels textes : le mécanisme aventureux ou, si l'on préfère, digressif, de leur patiente élaboration. Avec ces essais, il ne s'agit guère d'un savoir préalable qui s'efforce de se présenter de façon la meilleure. Avec ces essais, il est plutôt question du mouvement par lequel une certaine connaissance a essayé de se construire. Non point, en conséquence, fût-il partiel, ce qu'on appelle communément édifice théorique. Mais plutôt, en ses particularités, ce qu'on pourrait nommer *théorie à mesure :* activité qui accepte de faire place, au fur de son exercice, à tels problèmes certaines fois inattendus, à telles extensions quelquefois déroutantes, à telles contestations parfois inopinées. On en conviendra sans doute aisément : ce mécanisme, en agréant de la sorte mainte diversité imprévue, a rendu ces chapitres rebelles, constitutivement, à la commode manœuvre du résumé. Il reste néanmoins loisible, au départ, de conjecturer quelques-unes des inégales questions que certains lecteurs se poseront peut-être et de s'efforcer d'y répondre incontinent, si possible de manière expéditive.

I. NOUVEAU ROMAN

On l'a peut-être noté : ce quatrième de nos ouvrages théoriques est le seul dont le titre s'exempte de la mention du Nouveau Roman. Du premier, *Problèmes du Nouveau Roman*, en 1967, à celui-ci, *Nouveaux Problèmes du Roman*, en 1978, une lente contrepèterie, en intimant à l'adjectif l'ordre d'un certain voyage, paraît avoir réussi à exclure de notre souci l'un des principaux mouvements littéraires du siècle. Il n'est donc pas inutile de préciser d'abord sur ce point, suivant quatre phases, le détail de notre stratégie.

9

La première phase a relevé de l'urgence et concerné divers textes contemporains. Avec elle, par l'intermédiaire de *Problèmes du Nouveau Roman*, en 1967, et de *Pour une théorie du Nouveau Roman*, en 1971, il nous a été possible d'analyser, voire de soutenir, souvent près de leur parution, certains livres qui avaient reçu un accueil largement défavorable : soit, de façon anodine, qu'ils aient été attaqués par une critique tapageusement rétrograde et tout affairée à maintenir une panoplie de conformismes très datés; soit, de façon pernicieuse, qu'ils aient été applaudis par une critique apparemment moderne et tout occupée à en restreindre les nouveautés décisives. La seconde et la troisième phases ont relevé de la mise au point et concerné l'idée même d'une collectivité nommée Nouveau Roman.

Avec l'une, par l'intermédiaire du colloque *Nouveau Roman : hier, aujourd'hui* [1], qui s'est tenu en 1971 à Cerisy, il nous a été possible d'obtenir, suivant quatre aspects, une solide *détermination empirique* de l'idée de Nouveau Roman. Il s'agissait, rappelons-le, de réunir, en vue des précis travaux d'un colloque de plusieurs jours et à l'enseigne du Nouveau Roman, les romanciers qui s'estimeraient directement concernés par cette désignation. Le premier aspect, de type négatif, a été un *refus* : certains écrivains, dont les ouvrages avaient été souvent rangés dans la catégorie du Nouveau Roman, se sont récusés. Le second aspect, de type positif, a été une *acceptation* : certains écrivains, dont les ouvrages avaient été souvent rangés dans la catégorie du Nouveau Roman, ont accepté de travailler ensemble. Le troisième aspect a été *l'absence d'exclusive* : aucun des écrivains présents n'a souhaité au préalable que quiconque, parmi les écrivains présents, subisse une éviction. Le quatrième aspect a été *l'absence de regrets* : aucun des écrivains présents n'a demandé au préalable que quiconque, parmi les écrivains absents, reçoive une invite. Telle quadruple détermination cooptative a ainsi permis, à partir du travail des sept écrivains ainsi reconnus, la précise mise en vigueur empirique de la collectivité dite Nouveau Roman.

Avec l'autre phase, par l'intermédiaire de *le Nouveau Roman*, en 1973, il nous a été possible d'obtenir, suivant six aspects, une rigoureuse *détermination théorique* de l'idée de Nouveau Roman. Il s'agissait, rappelons-le, à partir des principaux textes des écrivains qui s'étaient réunis à Cerisy, d'établir s'ils relevaient, théoriquement, d'une communauté éventuelle. Cette communauté, nous l'avons construite sous l'angle d'une mise en cause du récit, selon ce que nous avons appelé le récit excessif, le récit abymé, le récit dégénéré, le récit

---

1. T. I, *Problèmes généraux* et t. II, *Pratiques*, Éd. UGE 10/18, 1972.

avarié, le récit transmuté, le récit enlisé. Telle sextuple détermination analytique a ainsi permis, à partir du travail des sept écrivains reconnus, la précise mise en vigueur théorique de la collectivité dite Nouveau Roman.

La quatrième phase relève de la fructification et concerne des textes antérieurs. Avec elle, par l'intermédiaire de travaux qui ont commencé depuis, il nous est possible d'accomplir un double geste : d'une part établir, selon l'occasion, une correspondance du Nouveau Roman en tant que mouvement et de certains textes plus anciens (soit méconnus par suite, pourrait-on dire, de la force de cette relation; soit reconnus, évidemment, pour des raisons tout autres) et, d'autre part contribuer, en conséquence, à éclaircir certains des fonctionnements qui ont travaillé le texte, d'abord de manière éparse, puis, ce qui est tout autre chose, de façon groupée. Ainsi avons-nous fait, récemment, pour certains textes de Roussel[1]. Ainsi ferons-nous, peut-être, entre autres, un jour, pour certain texte de Proust.

Notre intérêt pour le Nouveau Roman ne relève donc guère de l'accidentel ou de l'anecdotique : ce mouvement a été et sera peut-être encore pour nous une occasion majeure d'intervenir, à notre manière, dans un conflit de tout autre envergure, disons idéologique, et où la littérature au sens étroit est loin de se trouver seule requise. Notre intérêt pour le Nouveau Roman ne ressortit point davantage à la fixation ou au fétichisme : ce mouvement n'est point pour nous la seule occasion d'agir contre l'idéologie qui actuellement continue sa domination colossale. L'absence du Nouveau Roman au titre du présent ouvrage ne saurait donc s'entendre ni comme l'effet d'un abandon, ni comme le signe d'une palinodie : elle est la marque d'un déplacement d'accent.

Ce déplacement d'accent est *relatif*. Une objection d'importance, en effet, ne peut ici subir l'esquive : les textes retenus par le présent ouvrage sont résolument du même ordre que ceux que nos deux premiers livres théoriques ont choisis, qu'il s'agisse de textes contemporains (ceux de Claude Simon, de Robbe-Grillet et de nous-même) ou de textes moins récents (ceux de Proust et de Flaubert). Le changement réel du titre ne semble donc pas correspondre à un changement réel des objets d'analyse et, en ce sens, il est même difficile d'en comprendre le motif. La raison en est bien simple cependant. Ce qui a interdit le terme de Nouveau Roman au titre de cet ouvrage, c'est précisément, en ce qui nous concerne, l'efficace des opérations que nous venons de

1. « Le Nouveau Roman est-il roussellien ? » dans *l'Arc* n° 68, 1977, spécial *Raymond Roussel*, p. 60-78.

rappeler : c'est, s'agissant de cette communauté, d'une part, l'essai d'une solide constitution empirique ; d'autre part, la tentative d'une rigoureuse détermination théorique. Sitôt ces gestes accomplis, réunissant les travaux de sept écrivains, il nous devenait impossible, sauf inadvertance ou complaisance, de faire comme si de rien n'était et d'utiliser la désignation de Nouveau Roman d'une façon laxiste et capricieuse, ainsi que ce fut trop souvent la coutume, précédemment. Ce déplacement d'accent est *réel*. Une conséquence de taille, en effet, ne peut ici subir l'esquive. Elle comporte deux aspects. Le premier nous permet d'éclairer notre position, qui a pu quelquefois paraître étroite, vis-à-vis de l'ensemble de la production contemporaine. En dissociant l'idée de nouveauté romanesque et l'idée de Nouveau Roman, le présent titre, dans son principe, suppose bien que le roman moderne est un ensemble qui foisonne et dont le Nouveau Roman ne saurait jamais être qu'une partie, d'ailleurs remarquable en ce qu'il propose non point une poussière de singularités, mais bien la dynamique d'un mouvement. Le second aspect nous permet de donner toute son envergure à la métamorphose qui a affecté le conflit opposant la réticence du passéisme aux efforts de la modernité. Autrefois, en le petit nombre des productions nouvelles et un certain maintien des ouvrages académiques, il a pu s'entendre comme un conflit entre le *Roman* (que détenait encore l'académisme) et le *Nouveau Roman* (que s'efforçait de construire la modernité). Aujourd'hui, en l'abondance des productions nouvelles et une certaine sclérose des ouvrages académiques, il peut se comprendre comme un conflit entre le *Rétro-Roman* (où persiste à stagner l'académisme) et le *Roman* (que continue de transformer la modernité).

On admettra donc sans doute que, par *Nouveaux Problèmes du Roman*, il faille entendre, d'une part, comme dans les trois derniers chapitres, les problèmes que posent certains textes nouveaux et, d'autre part, à leur lumière, comme dans les deux premiers chapitres, les problèmes nouveaux que posaient déjà à leur façon, fût-ce à l'état de germes, certains romans moins récents.

II. *REPÈRES*

Nous l'avons dit : l'élaboration des essais qui suivent s'est faite mainte fois de façon digressive. Il n'est pas interdit cependant de choisir certains repères aptes, au moins partiellement, à situer quelque peu la perspective de nos analyses. En voici trois.

12

Le premier, c'est le souci de la *complexité du texte*.
Tantôt, il s'agit d'attirer l'attention sur des complexités de premier niveau.

Les unes relèvent du microscopique et affectent ce qu'on pourrait nommer le *grain du texte*. Ces agencements, surtout s'ils sont littéraux, passent souvent inaperçus. Néanmoins, ils contribuent, même pour une lecture innocente qui les reçoit à son insu, à la diffuse étrangeté par laquelle se reconnaît l'efficace d'une écriture et ils participent, surtout pour une lecture avertie qui les perçoit précisément, aux incessantes péripéties par lesquelles se caractérise le travail du mot à mot. Ainsi, dans la description de la casquette de Charles Bovary, s'est trouvé soulignée, inscrite au début de certains termes, l'insistance des initiales B et C (chapitre 1). Ainsi, dans la célèbre proustienne « immigration dans un hôtel de Paris d'une plage normande », se sont vu indiqués les jeux consonantiques de « *marine* de Balbec » et « forcent nos *narines* », de « nappes d'*autel* » et « solidité de l'*hôtel* » (chapitre 2). Ainsi, dans les deux textes extrêmes des *Trois visions réfléchies*, de Robbe-Grillet, s'est trouvé dégagée l'active présence d'un vocabulaire choisi sous le signe de la syllabe *oi*, elle-même active dans le tr*oi*s du nombre des visions et le mir*oi*r de leur nature réfléchie (chapitre 3). Ainsi, dans *Triptyque*, de Claude Simon, se sont vu désignées, innombrablement, les innombrables ressemblances clandestines, telle celle qui, à quelques lignes d'intervalle, fait se correspondre, d'une part « un *papillon* aux ailes (...) *noires* (...) et *accolées* », et, d'autre part, « un nœud *papillon noir* qui ferme le *col* » (chapitre 4). Ainsi, dans *la Prise de Constantinople*, s'est trouvé signalée, dans la formule « un O ! de surprise », l'évocation implicite de « un O sur prise », par lequel se désigne discrètement le passage du mot « prise » au mot « prose » dans les titres de ce roman (chapitre 5).

Les autres relèvent du macroscopique et concernent ce qu'on pourrait appeler l'*envergure du texte*. Ces agencements, surtout s'ils sont de grande amplitude, passent souvent inaperçus. Néanmoins, ils considèrent le texte comme un espace dont l'organisation propre peut permettre de spécifiques activités. Le début et la fin, par exemple, sont d'une part, évidemment, les passages spatialement les plus distants et d'autre part, non moins, en raison de leur claire posture symétrique, les passages spatialement les plus reliés. Ainsi, le début et la fin de *A la recherche du temps perdu*, très soigneusement ordonnés, de mille manières, l'un par rapport à l'autre (chapitre 2). Ainsi, le début et la fin de chacune des *Trois visions réfléchies*, tout empreints de similitudes, certaines subtiles en raison des aptitudes supplémentaires induites par la tripartition de l'espace que provoque le dispositif des trois textes (chapitre 3). Ainsi, le début et la fin de *la Prose de Constantinople*, minutieusement pris, l'un et l'autre, dans une effervescence de rapports (chapitre 5).

Tantôt, il s'agit d'attirer l'attention sur des complexités de second niveau, c'est-à-dire sur des fonctionnements qui se rapportent à des fonctionnements.

Ainsi, comme dans le chapitre 2, des phénomènes d'autoreprésentation. Dans un premier temps, nous avons été conduits à signaler, dans le texte de Proust, toutes sortes de phénomènes d'autoreprésentation de premier degré, si l'on nomme ainsi l'ensemble des mécanismes par lesquels certains fragments tendent, en les mimant, à représenter tels autres fragments du texte. A titre d'enseigne rapide, rappelons la double autoreprésentation du paysage qui se trouve au principe du Port de Carquethuit d'Elstir : la terre tend à mimer la mer et la mer à mimer la terre, comme si, en lui-même, le paysage essayait de se représenter. Dans un second temps, nous avons été induits à souligner certains phénomènes d'autoreprésentation de second degré, si l'on appelle ainsi l'ensemble des mécanismes par lesquels certains fragments tendent, en les mimant, à représenter, non pas tels autres fragments, mais bien tels précis fonctionnements du texte : ce que le paysage de Combray mime, ce n'est point, surtout, telle partie de lui-même ou tel autre paysage; c'est, nous croyons le montrer, le mécanisme par lequel, dans *la Recherche*, des cellules fictionnelles distinctes se télescopent et que, pour notre part, nous nommons plus loin métaphore ordinale.

Ainsi, comme dans le chapitre 4, des phénomènes de classement et d'articulation. Dans un premier temps, nous avons été induits à signaler, dans le texte de Simon, toutes sortes de phénomènes de classement et d'articulation de premier degré, si l'on nomme ainsi l'ensemble des mécanismes par lesquels certains éléments tendent à être assemblés ou agencés. Dans un second temps, nous avons été conduits à souligner certains phénomènes de classement et d'articulation au second degré, si l'on appelle ainsi l'ensemble des mécanismes par lesquels certains segments faits d'éléments articulés, par exemple, subissent une classification (c'est, nous le verrons, le domaine du classo-articulatoire), tandis que certains ensembles faits d'éléments classés, par exemple, subissent une articulation (c'est, nous le verrons, le domaine de l'articulo-classificatoire).

Le second repère, c'est le souci des *contradictions du texte*. Le texte, en effet, ne se montre pas ici seulement comme la conséquence de profuses diversités : il apparaît aussi comme l'effet d'innombrables discords en l'arbitrage desquels peut se saisir à vif, parfois de manière imprévue, l'actif d'une intense bataille idéologique. Ainsi, le conflit de la description et du récit, celle-là interrompant par sa venue le cours de celui-ci qui cependant ne saurait jamais tout à fait s'en déprendre (chapitre 1). Ainsi, le conflit de la description avec elle-même (chapitre 1), puisque, sitôt qu'elle offre un objet fixe, elle met en place une contradiction entre ce qu'elle dit (elle propose un objet dont les parties sont censément simultanées) et ce qu'elle fait (elle dispose un objet dont les parties, du fait de l'épellation descriptive, surviennent nécessairement de façon successive). Ainsi, le conflit de l'activité descriptive et de l'activité métaphorique, l'une tout astreinte à constituer un ici de la fiction et l'autre tout occupée à y faire tendanciellement survenir un ailleurs (chapitre 2). Ainsi, le conflit du titre et du texte : le premier, dans son principe, s'efforçant de subsumer le second en imposant à sa diversité le coup de force de sa propre formule unitaire; le second, dans sa riposte, essayant de fragmenter l'unité du premier (chapitre 3). Ainsi, le conflit du texte et de son signataire, celui-ci risquant d'être empêché de lire ce qu'il a écrit en ce qu'il reste fasciné, quelquefois, par ce qu'il connaît mais qu'il n'a pas écrit (chapitre 3). Ainsi, le conflit des dispositifs du texte : le principe dominant, articulatoire ou classificatoire, nourrissant en lui-même son contraire, le classificatoire dans le premier cas, l'articulatoire dans le second cas (chapitre 4). Ainsi, dans le cas des fictions morcelées, le conflit des séquences, chacune visant à annexer telle autre pour obtenir le contrôle et l'unification de l'ensemble (chapitre 4). Ainsi, le conflit du texte avec lui-même, et qui se dispose si un texte s'élabore (le surtexte) en écrivant une lecture de lui-même (le texte). Car ce qui se pose aussitôt, c'est une question belliqueuse : lequel des deux passages est-il en fait la lecture de l'autre (chapitre 5) ?

Le troisième repère, c'est le travail assidu, explicitement ou non, de l'idée de *production*. Il nous faut redire ici succinctement son principe.

Nous ne le rappellerons jamais assez : l'idéologie qui actuellement domine, et notamment dans le secteur de la littérature, ressortit à ce que nous nommons le dogme de l'Expression et de la Représentation. Elle consiste en le credo suivant : toujours, à la base du texte, comme la condition de sa possibilité, doit, dans un premier temps, nécessairement gésir un *quelque chose à dire*. Ou, plus précisément, ce que nous nommons un *sens institué*. Ensuite, dans un second temps, peut s'accomplir l'acte d'écrire qui ne saurait se concevoir autrement que comme la *manifestation du sens institué*. Nous l'avons mainte fois précisé : si le sens institué concerne des aspects du Moi, la manifestation est habituellement nommée une *expression;* si le sens institué concerne des aspects du Monde, la manifestation est communément nommée une *représentation*. Avec la notion de production telle que nous l'entendons, le dispositif est de tout autre sorte. D'emblée, il n'hésite pas à changer le point de départ. Ce qui rend possible la venue d'un texte, c'est plutôt le désir d'un *quelque chose à faire*. Cette nouvelle position présente deux caractères immédiats. L'un, c'est qu'elle s'appuie sur le phénomène lui-même de l'envie d'écrire et non, ce qui est tout autre chose, sur une *légitimation idéologique de cette envie*. L'autre caractère, c'est qu'elle focalise l'intérêt sur la fabrication elle-même et non, ce qui est tout autre chose, sur une *entité idéelle antécédente*.

Produire, nous le savons, c'est mettre en œuvre une matière. S'agissant du texte, cette matière est principalement le langage, entendu, non plus comme moyen d'expression, mais bien comme matière signifiante [1]. Produire, nous le savons, c'est transformer une matière. S'agissant du texte, ces opérations consistent à transformer la matière signifiante jusqu'à l'organiser selon du texte. Sans entrer ici dans le menu des opérations élaboratrices [2], signalons seulement qu'avec elles la fabrication du texte perd quelques-uns de ses prétendus mystères. Comme la matière ainsi travaillée est signifiante, le procès qui l'organise selon certaines règles permet que des sens se trouvent produits. D'une part, éventuellement, tel sens qui correspond à tel sens institué : il s'agit alors d'une *reproduction de sens* (ce qui se pensait, insuffisamment, comme expression/représentation). D'autre part, éventuellement, des sens tout autres : il s'agit alors d'une *production de sens* (venue de sens imprévus qui résultent de l'organisation spécifique de la matière signifiante).

Ce dispositif paraît ainsi offrir plusieurs avantages. En voici quatre.

Le premier consiste à éviter le piège de la voyante valorisation idéologique et à concevoir le strict mécanisme d'un fonctionnement. Ce qui apparaît, en effet, c'est que la production et la reproduction de sens, loin d'être de natures distinctes, loin d'être séparées, se disposent dans l'élaboration du texte selon les termes d'une unité contradictoire. D'une part, dans la combinaison du résultat : il est facile de comprendre que les sens produits et les sens reproduits se relativisent réciproquement. D'autre part, dans le cours du procès : il serait facile de montrer qu'il y a une opération productrice dans toute reproduction de sens et qu'il y a une opération reproductrice dans toute production de sens.

---

1. Nous consacrerons un travail ultérieur au procès par lequel de la matière se spécifie en matière signifiante.
2. Pour plus de détails : « La révolution textuelle », *Esprit* n° 12, 1974.

Au contraire, avec le dogme qui jusqu'à ce jour domine, persiste un déséquilibre préjudiciable : l'un des mécanismes, pensé comme expression et représentation, profite de tous les privilèges; l'autre mécanisme, conçu comme perturbation langagière de l'authentique, subit tous les outrages.

Le second avantage procède d'une hypothèse quant à la modernité. Sitôt abolie la valorisation idéologique de la reproduction de sens, il devient possible de se rendre compte que, dans le texte ancien, la reproduction domine la production (c'est pourquoi l'idéologie de l'expression et de la représentation pense apparemment ce texte, parce qu'il est moins visible qu'elle en occulte les aspects producteurs) et que, dans le texte moderne, la production domine la reproduction (c'est pourquoi son fonctionnement reste largement opaque à l'idéologie dominante).

Le troisième avantage vient d'une hypothèse quant à la littérature. Sitôt abolie la valorisation idéologique de la reproduction de sens, il est possible d'admettre que la spécificité de la littérature est une conséquence de son caractère producteur : dominé par la reproduction de sens, il lui oppose une résistance active; dominant la reproduction de sens, il fait paraître les mécanismes de la production. Par suite, la relative perennité de certaine espèce de textes semble provenir de ce que, loin de se plaire à la seule reproduction d'un sens souvent lié à une époque, ils savent produire des sens tout autres en la spécificité de leur organisation.

Le quatrième avantage tient à une hypothèse quant à l'efficace propre de la littérature. Sitôt abolie la valorisation idéologique de la reproduction de sens, il est possible de dire que cette efficace vient de la contradiction que la production inflige aux sens institués, soit selon le frein d'une résistance, soit selon la mise en cause d'une subversion. Un livre précédent a signalé quelques aspects de cette activité critique [1]. Le présent ouvrage, notamment dans les chapitre 1 et 5, se risque plus loin, en analysant le rôle spécifique de transformation de la littérature dans les domaines idéologique et psychanalytique. D'où, par exemple, l'élaboration de ces deux concepts parallèles : d'une part, la convocation textuelle du refusé (idéologique); d'autre part, la convocation textuelle du refoulé (psychanalytique).

---

1. « Fonction critique », dans *Pour une théorie du Nouveau Roman*, Éd. du Seuil, 1971.

III. *CONTROVERSES*

Nous l'avons dit : l'élaboration des essais qui suivent s'est faite mainte fois de façon digressive. Et cela d'au moins deux manières.

L'une est en quelque sorte endogène. A telle étape de la venue du texte, s'est faite jour la nécessité, non point d'une nouvelle analyse ou d'un nouveau concept, mais bien d'un détour plus ample. Ainsi, dans le chapitre 2, à partir du texte de Proust, la mise en évidence de ce que nous avons nommé les domiciles de la critique. Ainsi, dans le chapitre 3, à partir du texte de Robbe-Grillet, l'établissement de ce que nous avons appelé la croix de l'autoreprésentation. Ainsi, dans le chapitre 4, à partir du texte de Simon, la mise en rapport des dispositifs dimensionnel et relationnel.

L'autre manière est en quelque façon exogène. A telle étape de la venue du texte, s'est faite jour la nécessité, non point de tel obstacle que l'on ne se propose à soi-même que pour plus aisément le franchir, mais bien de telles critiques explicitement formulées par d'autres et auxquelles il fallait bien se résoudre à répondre aussi complètement, aussi rigoureusement que possible. Cette procédure se rencontre dans les chapitres 1 et 5. Le principe en a été donné par une circonstance particulière : ces deux textes amplifient largement deux communications faites aux colloques de Cerisy et qui par chance ont recueilli alors, en chaque cas, une fructueuse variété d'objections.

Toutefois, il faut en convenir sans ambages : nous ne parvenons point à ressentir une considération particulière pour deux des interlocuteurs que le présent livre s'est choisis. C'est que l'un et l'autre, loin de satisfaire aux civilités d'une certaine courtoisie, se sont résolument complus, peut-être sous l'aiguillon d'une inquiétude irrémissible, aux outrances d'une polémique déclarée.

L'un, Vercors, est plutôt célèbre. Il a publié autrefois, entre autres, deux ouvrages qui lui ont acquis une notoriété indiscutable [1]. L'autre jour [2], il semble avoir jugé urgent, curieusement, de faire connaître vis-à-vis de notre travail comme un excès de suffisance. Trois lignes et une métaphore, en procédant à une espèce d'exécution sommaire, paraissent lui avoir suffi pour abolir la portée de ce qui, avec nos efforts, peu à peu se dispose :

1. *La Marche à l'étoile*, Éd. de Minuit ; *Le Silence de la mer*, Albin Michel.
2. « Mais la littérature ? », communication au *Colloque sur la situation de la littérature, du livre et des écrivains*, Éditions sociales, p. 59. Repris dans *Ce que je crois*, Grasset.

Émule de Roussel, un Ricardou a choisi. Un Samuel Beckett aussi. Le premier de s'enfermer avec le vocabulaire dans une chorégraphie de quadrille des lanciers. Le second de s'ouvrir aux hommes et à leur rébellion et de les entraîner dans une sorte de rage contre la mort.

Sans doute, cependant, pour se laisser convaincre, certains demanderont un peu davantage que le facile péremptoire d'une anodine boutade de salon.

L'autre, M. Henri Bonnet, est plutôt moins connu. Il est le rédacteur en chef du bulletin d'une société qui, s'agissant de la gloire de Proust, ne répugne pas à obtenir quelque rentrée d'argent d'une vente de médailles et de visites de la « Maison de Tante Léonie »[1]. L'autre jour[2], il semble avoir trouvé utile, étrangement, de faire paraître, vis-à-vis de notre travail, comme un excès d'insuffisance. Diverses assertions hâtives ont l'air de lui avoir suffi pour réduire l'impact de certaines de nos analyses. En voici un exemple. Revenant sur notre lecture de Méséglise en « mes églises », qui appartient à une suite d'observations qu'on pourra parcourir au chapitre 2, Henri Bonnet se prend à prétendre :

il semble ignorer que Méséglise est une altération de Méréglise.

Cette indication, on le voit, est irrecevable pour deux raisons. La première, mineure, est de l'ordre de la bienséance : il n'est pas sans une certaine inconvenance de supposer gratuitement, chez l'adversaire, tel ou tel défaut de savoir. Surtout s'il s'agit, comme c'est le cas, d'un événement qui se révèle à la moindre lecture un peu assidue de Proust :

ceux qui, étant fatigués, avaient abrégé la promenade, avaient « pris par Méréglise[3] ».

La seconde raison, majeure, est de l'ordre de l'intelligence : il n'est pas sans une certaine incompétence de ne point voir que cette objection ne concerne en rien notre hypothèse, non plus d'ailleurs que toute autre. Toute interprétation, discutable ou non, du nom fictif de Méséglise ne saurait souffrir du fait qu'il provient de la transformation du nom réel de Méréglise. Et cela pour une raison bien simple : chacune, au contraire, en son principe, est en mesure de fournir une explication, discutable ou non, de la venue de cette métamorphose.

Si nous avons excepté ainsi, très soigneusement, ceux qui nous considèrent de cette manière, c'est que nous tenons à faire clairement

1. *Bulletin de la Société des amis de Marcel Proust et des amis de Combray*, n° 26, 1976, p. 328.
2. « Jean Ricardou et la métaphore proustienne », *ibid.*, p. 286-294.
3. « Journée de lecture », dans *Pastiches et Mélanges*, Gallimard, « Bibl. de la Pléiade », p. 162.

paraître, d'emblée, la perspective dans laquelle, en le présent livre, nous donnons la parole à nos divers interlocuteurs. Quelles que soient, certaines fois, l'acuité et la sévérité des objections qu'on nous lance, quelles que soient, parfois, l'âpreté et la minutie des controverses que nous mettons en place, celles-ci se trouvent toujours inscrites dans un rapport d'estime, souvent dans une relation de sympathie, et quelquefois, certes, sans que cela restreigne en rien la rigueur du débat, en toute amitié.

IV. *PRATIQUE ET THÉORIE*

On l'a peut-être noté : l'une des études, et non la moindre, le chapitre 5, qui composent le présent volume, s'élabore à partir du second de nos romans. Ne le dissimulons pas : le principe d'un essai de tel ordre ne se laisse point aisément admettre. Intervenir, pour un romancier, à partir d'un quelconque de ses livres, n'est bien reçu, en général, que si deux conditions sont satisfaites. L'une exige qu'il se contente de préciser quels messages à transmettre, quels fragments de sa vie, quels tourments de son âme, quels spectacles du monde ont présidé à la venue de son ouvrage, bref qu'il se satisfasse de reproduire l'image que l'idéologie dominante se fait de la venue de son volume. L'autre condition exige qu'il se borne à la défense, le cas échéant, de son ouvrage éventuellement accueilli d'étrange façon. Ainsi nous serait-il permis, à la rigueur, de défendre une littérature controversée contre le bon plaisir de la critique, celui-ci, par exemple, s'étant présenté, comme dans les années soixante, par les soins de Pierre-Henri Simon, sous les espèces d'un éreintement :

> ses raffinements d'écriture (...). Je les vois au contrai re cherchés, caressés, compliqués *avec un zèle presque maniaque et à un niveau d'enfantillage nettement au-dessous de ce qu'un lecteur est en droit de demander à la littérature* (...). En fait ce qui dévalue des fabrications telles que LA PRISE DE CONSTANTINOPLE (...), ce n'est ni leur obscurité, ni leur caractère insolite, mais leur sécheresse et leur anémie; de ce qui fait l'homme, et par conséquent l'étoffe de l'art, les passions et la pensée, rien vraiment ne passe plus [1],

ou offert, comme dans les années soixante-dix, par l'intermédiaire de Pierre Versins, sous la forme d'un encensement :

> Avec LA PRISE DE CONSTANTINOPLE nous avons sans doute le roman où science-fiction et littérature sont le plus intimement liées. Un sens

1. *Le Monde*, 3 novembre 1965.

très aigu de ce que peut être la conjecture rationnelle et une connaissance saine et non dépourvue d'un humour sous-jacent de la science-fiction populaire, un style, une écriture et une composition où ce qui apparaît d'abord comme des tics est justifié, une pensée claire et qui va à son but sans dévier plus qu'il n'est nécessaire, malgré les apparences, bref, tout ceci constitue un régal pour le gourmand d'expression tordue et de rectitude ontologique. (...) *Nous ne connaissons pas d'exemple aussi pur et achevé de science-fiction, en quelque langue et quelque époque que ce soit* [1].

Pourtant ce n'est guère de cela qu'il s'agit : le dernier chapitre du présent livre n'offre pas de confidences sur ce que nous aurions prétendument à dire; il ne propose pas la défense de ce que nous avons réellement fait.

Ce dont il est question, plutôt, cela dût-il déranger quelque peu les coutumes, c'est d'un geste qui rompt précisément, en son principe, avec l'ordre idéologique encore en vigueur. En effet, l'idéologie qui pour l'instant domine se caractérise, on le sait, par la systématique parcellisation qu'elle inflige aux procès du travail. S'agissant par exemple de littérature, c'est avec insistance qu'elle s'applique à disjoindre le plus possible l'écriture du texte et la réflexion sur cette activité. Selon une disposition invisible à force d'être familière, se sont ainsi disposées, inverses et complices, deux manières d'institutions : d'une part, l'auteur qui doit faire et non pas comprendre; d'autre part, le professeur qui doit comprendre et non pas faire.

Ce que nous tentons d'obtenir, pour notre part, au contraire, c'est une précise articulation de l'activité théorique sur la pratique du texte que nous risquons. Ainsi, d'une certaine manière, nos divers travaux théoriques viennent tous des ouvrages littéraires que nous avons écrits. Mais cette provenance est de deux sortes. D'une part, une provenance implicite : la plupart de nos essais, loin d'être consacrés à nos propres ouvrages, étudient, on le sait, des textes de tout autres signataires. Certains, à cet instant, penseront donc peut-être à un narcissisme qui se déguise, tout astreint à la contemplation clandestine de nos propres textes sous le masque, opportunément arboré, des textes de tels autres. Il n'en va guère ainsi : loin de se complaire aux délices bien connues de l'idiosyncrasique, notre effort d'analyse se donne presque toujours un double objet. Non point tant le seul texte apparemment étudié, que plutôt un intertexte qui comprend aussi ceux que nous avons écrits. Il s'attache moins à des phénomènes uniques qu'à des mécanismes partagés. Ainsi, puisque nous y avons, de cette façon,

1. *Encyclopédie de l'utopie et de la science-fiction*, Éd. L'Age d'homme, 1972, p. 752-753.

implicitement reconnu des fonctionnements de même type, *la Prose de Constantinople*, dont le fonctionnement demeure pour nous, à maints égards, indiscutablement énigmatique, s'est assurément éclairée par l'étude de textes autrement signés, tandis que ces textes autrement signés se sont vus peut-être éclairés par l'étude implicite de *la Prise de Constantinople*, dont l'élaboration est aussi pour nous, à maints égards, indiscutablement comprise.

D'autre part, une provenance explicite : le dernier chapitre de ce livre, loin d'être consacré à l'étude de textes d'autres signataires, étudie, on l'a vu, ce second de nos romans. Certains, à cet instant, penseront donc peut-être à un narcissisme qui s'impose, tout affairé à la contemplation outrancière de notre propre texte, sans la précaution, jusque-là prise, de feindre l'intérêt pour tel autre. Il n'en va guère ainsi : ce que notre effort théorique analyse en l'occurrence, ce n'est point tant des phénomènes qui se distinguent radicalement de ceux que l'on rencontre dans les textes de tels autres, ce sont des mécanismes dont l'étude est plus facile si l'on a été le scripteur du texte. Ainsi des rigoureuses procédures de la production. Ainsi de certaines associations, par exemple celles qui concernent les transformations de notre patronyme, dont les ressorts psychanalytiques ne paraissent pas négligeables. Ainsi, plus généralement, de ce que nous appelons les métamorphoses du scripteur.

V. *PLURIEL*

Le lecteur a déjà pu s'en rendre compte : dans les écrits du présent volume ne se disposent guère les jeux individuels de la première personne du singulier. Qu'il nous soit permis, cette fois en deux mots, d'expliquer ce pluriel que nous adoptons.

Pour les uns, peut-être, il sera entendu comme la prétention d'un pluriel de majesté : la tentative, par un artifice de grammaire, d'imposer une pensée souveraine comme égale à celle de toute une communauté. Pour d'autres, peut-être, il sera entendu comme la précaution d'un pluriel de complicité : la tentative, par un artifice de grammaire, de présenter une pensée personnelle comme conforme à celle du lecteur supposé. Il n'en va guère ainsi.

Ce que le présent volume, notamment, s'efforce de faire paraître, c'est, nous l'avons dit, la métamorphose du scripteur. En le cours de son exercice, l'écrivain subit une division multiple et un changement irréversible. Une *division :* il est l'effet de l'interaction de plusieurs rôles. D'une part, il est celui qui écrit, mais aussi, qu'il le veuille ou non, celui qui théorise ce qu'il écrit. D'autre part, il est celui qui écrit, mais aussi, on n'y insistera jamais assez, celui qui lit ce qu'il a écrit. Un *changement* : ce qu'il écrit, nous le verrons, transforme ce qu'il était. Praticien, théoricien, lecteur, scripteur en cours de métamorphose, c'est la désignation de l'unité contradictoire de ce pluriel minimal que nous avons essayé de réussir.

Reconnaissons-le : divers lecteurs éprouveront peut-être, malgré tout, un certain agacement devant, parfois, l'insistance de ce nous. Nous nous en excusons auprès de ceux qui risqueraient de se fermer, pour telle raison, à la lecture de ce livre.

1. Le texte en conflit

(Problèmes de la belligérance textuelle à partir de *Madame Bovary*)

I

Mais nous les aimons ces lourds matériaux que la phrase de Flaubert soulève et laisse retomber avec le bruit intermittent d'un excavateur. (Proust)

II

Et, pour peu que l'on soit resté naïf, on n'arrête pas de faire jouer ce mystère, et de s'en étonner : de lancer en l'air des mots, pour les voir se transformer en idées. Et même des quarts de mots, un accent, une simple lettre. (Paulhan)

Soit un roman. Pour l'essentiel, il s'élabore d'une part dans l'ordre du récit, puisqu'il propose événements et actions, d'autre part dans l'ordre de la description, puisqu'il dispose objets et personnages. Cette coexistence ne saurait surprendre : au moins à l'état de traces irréductibles, il n'y a pas de récit sans description. Gérard Genette l'a bien souligné [1] : après avoir mis en balance, par exemple, les formules « il saisit le couteau » et « il prit le couteau », il montre notamment qu' « aucun verbe n'est exempt de résonance descriptive ».

Que le rapport du récit et de la description soit nécessaire n'implique nullement qu'il soit pacifique. Loin de toute concorde, les deux catégories semblent prises, non sans paradoxe, dans les effervescences d'une belligérance parfaite. Si le récit ne peut se passer de la description qui l'accrédite, la description ne s'accomplit qu'en perturbant le récit qui la reçoit. Ce conflit est multiple : à partir de certaines des propriétés descriptives, se déclenchent des attaques diverses auxquelles le récit, à chaque fois et à sa manière, ne manque pas de répondre. Toute bataille de la description et du récit peut donc s'analyser selon trois rubriques : le caractère particulier de telle aptitude descriptive ; l'assaut spécifique qui s'en suit contre le récit ; enfin, les différents aspects de la risposte diégétique.

1. « Frontières du récit », *Figures II*, Éd. du Seuil, p. 57.

En ce qu'il est systématiquement tissu de descriptions, le roman flaubertien offre un champ favorable à l'étude de ce qu'on pourrait nommer une polémologie textuelle. Il suffit de relire les premières pages de *Madame Bovary* pour en convenir.

I. *LE STATIONNAIRE*

A. *L'unification*

L'aptitude descriptive la plus lisible est sans doute l'unification. Avec la description, une diversité parfois profuse, celle d'une longue suite de mots ou d'une abondante série de phrases, se trouve unie sous l'autorité de ce qu'on pourrait nommer son titre : un nom, explicite ou non. La description traditionnelle se présente toujours comme description de quelque chose : un nouveau, une casquette, un gâteau de noces. Et ce quelque chose est précisément ce qui subsume la multitude des éléments assemblés.

Rien donc qui désigne mieux cet aspect de la description que la figure de l'arbre, dispositif hiérarchique par excellence sachant faire correspondre, à l'innombrable dispersion des rameaux extrêmes, l'unité dominatrice d'un unique tronc commun. Il y faut cependant certaines précautions. Si simple soit-elle, la seconde description que propose le roman de Flaubert :

> Ovoïde et renflée de baleines, elle commençait par trois boudins circulaires; puis s'alternaient, séparés par une bande rouge, des losanges de velours et de poils de lapin; venait ensuite une façon de sac qui se terminait par un polygone cartonné, couvert d'une broderie en soutache compliquée, et d'où pendait, au bout d'un long cordon trop mince, un petit croisillon de fils d'or, en manière de gland. Elle était neuve; la visière brillait [1] (Pléiade I, p. 294).

contraint à distinguer quatre types de relations. La situation (-···-) marque le rapport de l'objet décrit, soit à un ensemble plus vaste dont il fait partie ou *hyper-objet*, soit à un objet proche ou *para-objet*. La *qualification* (- - - - -) marque le rapport de l'objet avec l'une de ses qualités. La *composition* (————) marque le rapport de l'objet avec l'une de ses parties ou *hypo-objet;* il va de soi que ce rapport peut s'accomplir par l'intermédiaire d'une qualification. La *comparaison* (-···--·-) marque le rapport de l'objet ou d'un hypo-objet avec un

---

1. Dans les citations, les petites capitales signaleront les mots soulignés par le signataire, l'italique les mots soulignés par nous-même.

objet extérieur ou *méta-objet;* il va de soi que ce rapport peut s'accomplir par l'intermédiaire d'une qualification.

Si l'on se souvient que cette description proprement dite est ouverte par une mise en situation, « le NOUVEAU tenait encore sa casquette sur ses deux genoux », disposant l'objet décrit par rapport à un para-objet (genoux) et à un hyper-objet (le nouveau), il est possible d'établir l'arbre descriptif dans son ensemble (figure 1).

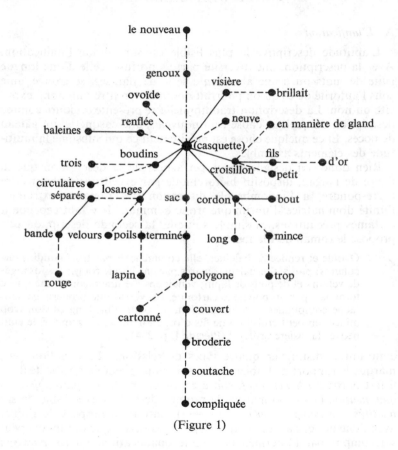

(Figure 1)

B. *Le récit interrompu*

On le voit, cet arbre descriptif est non seulement unitaire, mais encore synchronique : tous les éléments qu'il associe appartiennent simultanément à la casquette du nouveau. Bref, la rencontre du récit et de la description se présente comme une chronique rompue par une achronie. Si la description prodigue au récit le poids de divers détails, c'est en le faisant toujours payer du prix fort d'une interruption. Et cette cassure, notons-le, est proportionnelle au nombre des précisions. Si l'on appelle réalisme, dans un roman, tout ce qui donne l'illusion, d'une part, de certains objets et personnages, d'autre part, de certains événements et actions, il faut bien admettre qu'il s'agit là d'une entreprise techniquement contradictoire. Ou bien, pour permettre la fluidité de son cours, le récit se contente de prendre appui sur de pures et simples dénominations et il risque la minceur squelettique. Ou bien, pour assurer une certaine épaisseur à ses événements, il accueille les détails descriptifs et il se soumet aux syncopes de l'achronie. Il s'ensuit que si la description, prise pour elle-même, peut à la rigueur passer pour une entreprise réaliste, il suffit de l'inscrire dans la belligérance du texte pour voir son rôle se retourner en son contraire. Bref, dans un roman, et contrairement à une idée un peu trop reçue, la description tend à détruire l'illusion réaliste qu'elle semble au premier chef entretenir.

C. *L'intégration*

Face à ce concours perfide, le récit opère plusieurs ripostes. Parmi les principales, signalons la motivation et l'intensification qui affectent le récit environnant; l'emblématisation et la diégétisation qui concernent la description elle-même.

a) *La motivation.* Puisque, suspendant le temps et provoquant en somme une excroissance perpendiculaire, la description arrête le cours des actions, n'est-il pas concevable qu'elle survienne en un point où le récit peut se défendre en faisant de cette absence d'action une action même? Tel est le rôle de l'insertion motivée : la mise en place d'un *temps mort* ou, si l'on préfère, d'une action vide. Ce problème connaît une solution providentielle et innombrablement reprise. Philippe Hamon la signale dans un rigoureux article [1], à propos de Zola. C'est, intrigué ou issu du désœuvrement, le regard. Avec le regard, l'action se fait contemplation (action vide) et l'achronie de l'objet se fait diachronie de l'observation (temps mort). La *contradiction* descriptive bien connue [2] entre la dimension littérale étalée (la suite des mots) et la dimension référentielle ponctuelle (la simultanéité des diverses

1. « Qu'est-ce qu'une description », *Poétique*, n° 12, p. 468.
2. *Problèmes du Nouveau Roman*, p. 161-170; *Pour une théorie du Nouveau Roman*, p. 35; *Le Nouveau Roman*, p. 132.

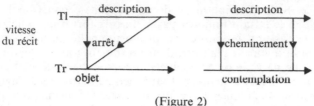

(Figure 2)

parties de l'objet), signalée sur le schéma bi-axial (figure 2 A) par la convergence des deux vecteurs de correspondance, se métamorphose en une *concordance* entre la dimension littérale étalée (la suite des mots) et la dimension référentielle étendue (la contemplation), signalée sur le schéma bi-axial (figure 2 B) par le parallélisme des vecteurs de correspondance. Ainsi est introduite, nous le savons, la description de la casquette. Un regard implicite, celui des condisciples, s'y montre d'une part provoqué par le désœuvrement (ils sont assis, ils ne travaillent pas encore), d'autre part excité par un comportement inhabituel (celui du nouveau). C'est selon cette règle que s'insère non moins la première description de Charles et celle du gâteau de noces qui, faisant « pousser des cris », polarise les regards : « on voyait ».

b) *L'intensification.* Puisque, suspendant le temps, la description arrête le cours des actions, n'est-il pas possible qu'elle survienne entre deux bornes où le récit peut se défendre en s'y accentuant ? Tel est le rôle de l'encadrement intensifié : la mise en place d'un équilibre cinétique global. L'arrêt descriptif du temps référentiel se trouve compensé, en quelque sorte, de part et d'autre, soit par une *accélération*, marquée sur le schéma bi-axial (figure 3), avant la description, par la divergence des deux vecteurs de correspondance, soit par une *activation*, marquée, après la description, par la multiplication de

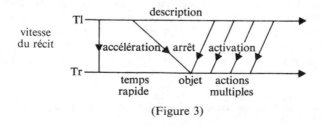

(Figure 3)

28

vecteurs parallèles rapprochés. Ainsi est environnée la description de la casquette. En amont se rencontrent, d'une part, l'accélération d'une durée rapide, classiquement inscrite par l'évocation d'un temps écoulé et, d'autre part, l'activation d'une profusion d'actes, soit accomplis (on récite les leçons, Charles les écoute, la cloche sonne, le professeur avertit, on s'aligne sur les rangs, on jette les casquettes, les casquettes frappent la muraille), soit évoqués négativement (Charles n'ose ni croiser les cuisses, ni s'appuyer sur le coude) :

> On commença la récitation des leçons. Il les écouta, de toutes ses oreilles, attentif comme au sermon, n'osant même croiser les cuisses, ni s'appuyer sur le coude, et, à deux heures, quand la cloche sonna, le maître d'études fut obligé de l'avertir, pour qu'il se mît avec nous sur les rangs (I, p. 293).

En aval, c'est non moins une cascade d'événements : le nouveau se lève, la casquette tombe, la classe rit, le nouveau se baisse, la casquette tombe, le nouveau la ramasse, etc. :

> « Levez-vous », dit le professeur.
> Il se leva : sa casquette tomba. Toute la classe se mit à rire.
> Il se baissa pour la reprendre. Un voisin la fit tomber d'un coup de coude; il la ramassa encore une fois (I, p. 294).

C'est selon la même règle que sont construits les encadrements de la première apparition de Charles (I, p. 293) et de la description du gâteau (I, p. 316). Le secteur qui précède la description du nouveau est l'objet d'une activation lisible : le proviseur entre, le nouveau le suit, le garçon de classe porte un pupitre, les endormis se réveillent, chacun se lève, etc. Quant à l'aval, il est le même passage activé qui sert de préparatif à la description de la casquette. De même, l'amont de la description du repas de noce propose l'arrivée multiple, disparate, des divers convives, et l'amont de la description du gâteau comporte un regain d'actions : on est allé chercher un pâtissier, celui-ci débute dans le pays, il soigne les choses, il apporte lui-même le gâteau, celui-ci fait pousser des cris. L'aval dispose une accélération célèbre, « jusqu'au soir on mangea », et une activation notoire : on se promène, on joue, on revient et, surtout, c'est le départ désordonné et joyeux des fêtards qui égaye toute la campagne.

    c) *L'emblématisation.* Puisque, suspendant le temps référentiel, la description arrête le cours des actions, n'est-il pas convenable que cet entassement immobile soit porteur d'une activité passée ou future ? Tel est le rôle de la description emblématique : la mise en place d'une enseigne diégétique, rétrospective ou prospective. En elle peut se disposer, même, comme un germe d'agissements futurs. Ainsi la

29

casquette et la pièce montée offrent-elles un emblème de Charles : celui qui déçoit. Un brillant de surface (le neuf, le rouge, le doré, pour la première, et, pour la seconde, le doré, l'architectural, l'artistique) se trouve lié au manque de goût d'une accumulation composite. Concentration extrême, solidifiée en un objet, de l'intérêt d'Emma suivi de sa déception rapide :

> A la base d'abord, c'était un carré de carton bleu figurant un temple avec portiques, colonnades et statuettes de stuc, tout autour, dans des niches constellées d'étoiles en papier doré; puis, se tenait au second étage un donjon en gâteau de Savoie, entouré de menues fortifications en angéliques, amandes, raisins secs, quartiers d'oranges; et enfin, sur la plateforme supérieure qui était une prairie verte où il y avait des rochers avec des lacs de confitures et des bateaux en écales de noisettes, on voyait un petit Amour, se balançant à une escarpolette de chocolat, dont les deux poteaux étaient terminés par deux boutons de rose naturelle, en guise de boules, au sommet (I, p. 317).

Ainsi non moins, déjà, quoique d'autre manière, la première apparition de Charles (I, p. 293), construite sur le mixte déceptif de deux traits adverses : « un gars de la campagne » / « habillé en bourgeois ».

d) *La diégétisation*. Puisque, suspendant le temps, la description arrête le cours des actions, n'est-il pas concevable que cette fixité soit animée par des artifices stylistiques ? Tel est le rôle de la description diégétisée : la mise en place d'un récit fallacieux. Ce trucage, on le sait, est l'effet de deux procédures principales. D'une part, l'établissement d'une perspective chronologique illusoire par le recours à des adverbes de temps; d'autre part, l'insertion des parties de l'objet décrit comme sujets grammaticaux de verbes d'actions employés sur le mode métaphorique. Ainsi la description de la casquette se déroule selon un *puis* et un *ensuite*, tandis que la casquette elle-même *commence* et que le sac *vient*. De même, dans la description du nouveau, l'habit *laisse voir*, les jambes *sortent* et, dans la description du gâteau, temporalisée par les formules *d'abord, puis, enfin*, le donjon *se tient*.

II. *L'INÉNARRABLE*

A. *La fragmentation*

Nous l'avons vu, la description présente une aptitude très visible : le pouvoir d'unification. Nous l'allons voir, elle présente une aptitude moins visible : le pouvoir de fragmentation. Unification, fragmentation, l'activité descriptive peut-elle assurer en même temps deux rôles contradictoires ? Certainement : il suffit de reconnaître à chacun le domaine de son efficace.

Son rôle unificateur, la description le joue au plan de la dimension référentielle de l'objet décrit : c'est en tant qu'il est supposé un tout fait de parties simultanées que l'objet décrit assure la cohérence sémantique de la description. Son rôle fractionnaire, la description le joue au plan de la dimension littérale de l'objet décrit : la ligne d'écriture. En effet, la nomination établit, par rapport à l'arbre descriptif (figure 1), une remontée, bref une résorption, jusqu'au point commun du titre, qu'il suffit d'inscrire sur la ligne d'écriture. En revanche, la description établit, par rapport à l'arbre descriptif, une projection complète occupant un ample secteur de la ligne écrite. Or, nous le savons, la projection d'un dispositif arborescent sur un espace linéaire provoque la venue d'un système parenthétique complexe, où le degré des parenthèses indique, pour chaque élément encadré, sa place dans l'arbre que l'on projette. Soit :

> (Ovoïde) et (renflée (de baleines)), elle commençait (par (trois) boudins (circulaires)); / puis s'alternaient, ((séparés (par une bande (rouge)))), des losanges (de velours) et (de poils (de lapin))); / venait ensuite (une façon de sac (qui se terminait (par un polygone (cartonné), (couvert d'une (broderie (en soutache (compliquée))))))) et d'où pendait ((au bout) d'un (long) cordon ((trop) mince)) (un (petit) croisillon (de fils (d'or)) (en manière de gland)). / Elle était (neuve); / (la visière (brillait)).

Tandis que l'arbre souligne les relations et la simultanéité, les parenthèses ici actualisées signalent le cloisonnement et la successivité. Certes, cette fragmentation inévitable passe largement inaperçue sous l'influence de l'anti-fractionnaire même : la syntaxe. En effet, la syntaxe tend à effacer chaque parenthèse virtuelle en lui imposant le lien d'une relation grammaticale : soit celui d'un syntagme, soit celui d'une conjonction. Cependant, nous le savons, cette aptitude intégratrice n'est pas sans limite [1]. La cohérence devient précaire, en pratique, si une seule unité syntaxique prétend subsumer, soit des syntagmes très complexes, c'est-à-dire un jeu parenthétique de degré élevé, soit des énumérations très poussées, c'est-à-dire une suite d'ensembles parenthétiques clos. L'unique phrase dominatrice prévue doit alors se morceler en une série de phrases plus petites, issues de sectionnements indiqués par des barres dans la citation précédente. Seul un artifice typographique, le point-virgule, actif non moins dans la description du gâteau, permet de dissimuler la réalité des brèves phrases successives sous la fiction d'une longue phrase seule.

---

1. Pour d'autres détails : « Le dispositif osiriaque » (I : L'Osiris inéluctable).

Avec le morcellement de l'unité syntaxique dominatrice, se montre mieux l'irrémédiable successivité de tous les fragments sur la ligne d'écriture. Souvent inaperçue ou minimisée, cette succession est selon nous de la plus haute importance. Elle appartient en effet à un domaine sévèrement réprimé par l'idéologie au pouvoir en matière de texte, et que nous avons proposé ailleurs[1] de nommer l'inénarrable.

B. *Le récit inénarrable*

L'excellente remarque de Gérard Genette selon laquelle il n'y a pas de récit sans description doit à présent se compléter d'un apparent symétrique : *il n'y a pas de description sans récit*. Il s'agit bien d'un symétrique apparent : loin de prétendre, évidemment, qu'une description est toujours incluse dans un récit, nous voulons écrire que toute description suscite par elle-même un récit, un récit intra-descriptif en somme, et dont le fonctionnement ne va pas sans certaines spécificités savoureuses.

Pour le montrer, rappelons la position d'un écrivain subtil mais qui fut un adversaire tenace et souvent hâtif de la description, Valéry. « Toute description, écrit-il[2], se réduit à l'énumération des parties ou des aspects d'une chose vue, et cet inventaire peut être dressé dans un ordre quelconque, ce qui introduit dans l'exécution une sorte de hasard. » On le voit : ce jugement péremptoire ne manifeste qu'un aveuglement réussi. Loin d'être stérile et soumis au hasard, *l'ordre des termes d'une description produit d'irrécusables effets de sens.* Apportons-en d'abord une double preuve.

Le premier exemple est intra-syntagmatique. Dire « un bonnet rouge et blanc », ce n'est pas dire « un bonnet blanc et rouge ». Faite bon nombre de fois, l'expérience montre régulièrement que le destinataire entend, dans le premier cas, une prédominance quantitative du rouge et, dans le second cas, une prédominance quantitative du blanc. Le deuxième exemple est trans-phrastique. Dans *le Dormeur du va*[3], texte à fondement descriptif, écrire d'emblée que le soldat « a deux trous rouges au côté droit », c'est supprimer du poème l'effet sémantique produit par le coup de théâtre terminal. L'effet de méprise, provoquant lui-même le soulignement de la contradiction vie/mort, n'est possible que par l'ordre descriptif choisi, qui tient en réserve un

---

1. *Le Nouveau Roman*, p. 29. Désormais abrégé en *LNR*.
2. « Autour de Corot », dans *Pièces sur l'art*, *Œuvres*, Gallimard, « Bibl. de la Pléiade », t. II, p. 1324.
3. Arthur Rimbaud, *Œuvres complètes*, Gallimard, « Bibl. de la Pléiade », p. 66.

aspect essentiel, en l'occurrence, de l'objet décrit. Puisque, à un niveau, le soldat n'est pas mort en cours de texte, il ne s'est rien passé : ce texte descriptif n'est pas un récit. Puisque, à un autre niveau, le soldat est mort en cours de texte, il s'est passé quelque chose : ce texte descriptif est un récit. Mais ce récit, on le constate, est aberrant, non-racontable : *le Dormeur du val*, à sa façon, est bien un récit inénarrable. Il se développe, non pas selon une chronologie, un temps référentiel, mais bien selon un temps littéral, une logochronie. Et ce qui le termine doit être appelé, non point, comme on le fait communément, un coup de théâtre, mais plutôt, comme nous le proposons, un coup d'écriture.

Outre leur différence d'amplitude textuelle, les deux exemples semblent offrir deux fonctionnements opposés. Dans le premier cas, il s'agit d'un *effet de classement :* c'est en ce qu'il est premier que le terme joue un rôle primordial. Dans le deuxième cas, il s'agit d'un *effet de suspens :* c'est en ce qu'il est dernier que le terme joue un rôle primordial. Pour comprendre ce double effet, il faut recourir à ce qu'on pourrait nommer un dispositif des *emboîtements horizontaux :* si l'ordre des mots n'est nullement indifférent, c'est qu'il définit en fait l'ordre des inclusions dans un processus de choix successifs. Pour s'en tenir au plus simple, disons que l'indication fournie par le premier mot forme un réservoir de possibilités dans lequel puise le second, et ainsi de suite (figure 4). Soit le vers de Mallarmé, « le vierge, le vivace et le bel aujourd'hui », écrire ou lire « le », c'est faire un premier choix dans les possibilités de la langue et déterminer l'ensemble de ce qui est masculin et singulier. Dans cet ensemble, le deuxième mot choisit ce qui est vierge. A l'intérieur de ce qui est masculin, singulier et vierge,

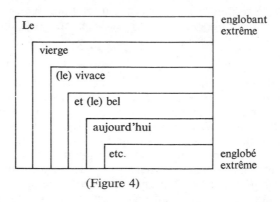

(Figure 4)

le quatrième mot (puisque le troisième reprend le premier) choisit ce qui est vivace, etc. Il est donc clair que ce qui succède se trouve soumis à ce qu'on pourrait nommer l'*autorité* de ce qui précède. Si l'on écrit d'abord « blanc », on peut rencontrer ensuite, comme qualifié, « bonnet » ou, aussi bien, « manteau » : c'est à partir du blanc qu'on choisit bonnet, manteau ou autre chose. Si l'on écrit d'abord « bonnet » on peut rencontrer ensuite, comme qualifiant, « blanc » ou, aussi bien, « noir » : c'est à partir du bonnet qu'on choisit blanc, noir ou autre chose. Dans le premier cas, c'est l'idée de blancheur qui est rehaussée, dans le second, c'est l'idée de bonnet. La formule « c'est bonnet blanc et blanc bonnet », redisons-le, peut donc bien servir de devise à l'illusion réaliste.

On le devine : ce dispositif provoque deux courants inverses de valorisation, privilégiant les pôles du secteur considéré. Un premier vecteur, orienté vers l'amont, suscite l'effet de classement : c'est le départ, base du procès qui, en tant qu'englobant extrême, est mis en valeur. Un second vecteur, orienté vers l'aval, suscite l'effet de suspens : c'est l'arrivée, objet d'une attente qui, en tant qu'englobé extrême, est mise en valeur. Seulement ces deux valorisations ne s'obtiennent pas de façon égale. Certes, en théorie, la valorisation est automatique : quel qu'il soit, le début est investi d'autorité; quelle qu'elle soit, la terminaison est investie de finalité. Cependant, si la terminaison est très conforme à ce qui précède, elle est en somme connue d'avance et le suspens est désamorcé. C'est pourquoi un effet de surprise vient parfois soutenir cette retombée de tension : une manière de chute. Si, dans le vers de Mallarmé, « le vierge » est exhaussé automatiquement, « aujourd'hui » l'est méthodiquement, en raison de son caractère inattendu. Si, dans le poème de Rimbaud, le « trou de verdure » est exhaussé automatiquement, son opposite, les « deux trous rouges », l'est méthodiquement, par la surprise ménagée.

C. *L'assimilation*

Qu'il le veuille ou non, qu'il le sache ou non, tout descripteur est confronté aux problèmes du récit inénarrable. Le néglige-t-il et, en désordre ou selon un ordre inaperçu, celui-ci risque de le perturber, voire de le contredire. Aussi, pour se défendre, le récit raconté réagit très soigneusement aux assauts de l'inénarrable. Ses ripostes sont de trois types : l'une concerne la description comme récit, l'autre son alpha et son oméga, la dernière son ordonnancement général.

a) *La diégétisation.* Puisque, disposant un ordre producteur, la description tend à offrir un récit inénarrable, n'est-il pas concevable que cette activité scandaleuse soit masquée par une autre, d'un danger moins sérieux ? Tel est le second objectif de la diégétisation descriptive : la mise en place d'un récit fallacieux dissimulateur du récit inénarrable. Le récit fallacieux joue en effet deux rôles : d'une part, nous l'avons vu (I, C, d), il compense l'absence d'actions proprement dites dans la description; d'autre part, nous le comprenons, il dissimule, en s'y surimposant, les effets du récit aberrant. Les actions fallacieuses, tout à la fois arborées et minimisées (ce sont des manières de parler que cette casquette qui commence, ce sac qui vient), tendent à effacer, par exemple, la temporalisation aberrante de l'objet, que la description provoque irréductiblement dans son cours.

b) *L'articulation.* Puisque l'agencement descriptif tend à mettre en valeur ses extrêmes, n'est-il pas concevable d'inscrire en chacun un point fort du récit raconté ? Telle est l'articulation subordonnée : la mise en place de bornes soumises au récit. Bien sûrs, deux problèmes se distinguent : celui de l'introït, celui de la cauda.

Nous l'avons vu d'emblée (I, A), la description s'offre habituellement comme description de quelque chose : ce que nous avons nommé son titre, pour deux raisons. L'une, que nous avons donnée aussitôt, c'est que la dénomination de l'objet décrit provoque un effet de subsomption de la diversité descriptive et, il faut l'ajouter à présent, de son aptitude à produire de l'inénarrable. L'autre raison peut être précisée maintenant : comme tout titre, la dénomination de l'objet décrit précède la description et, de cet emplacement dont nous avons montré les privilèges, elle la préface de son autorité. Aussi n'est-il pas rare que le titre, ce terme intégré par définition au récit avant que la description ne s'accomplisse, occupe la borne inaugurale : la casquette, le nouveau, la pièce montée, et ailleurs, dans *Hérodias*, annonçant une description dont nous allons reparler, Salomé : « une jeune fille venait d'entrer ».

Mais comment soumettre aussi la cauda descriptive à la domination du récit ? En faisant en sorte que l'englobé extrême, la fin de la description, corresponde aux actions qui doivent survenir. Ainsi la description descendante de Salomé conduit-elle à ses pieds; mais elle va danser. Ainsi la description semi-ascendante du serveur au château de la Vaubyessard (I, p. 335) conduit-elle implicitement vers ses mains; mais il fait, d'un coup de sa cuiller, sauter « le morceau qu'on choisissait ». Bien sûr, cette articulation peut être ironique : la description du nouveau se termine par ses pieds et débouche sur une activité intellectuelle : la récitation des leçons; mais la jonction se fait aussitôt que ce montage, précisément, laisse entendre que « pied » est implicitement ici le synonyme de « sot ».

c) *La modélisation.* Puisque la succession descriptive tend à produire certains effets, n'est-il pas concevable de la disposer de telle sorte qu'elle soit utilisée dans son ensemble par le récit ? Telle est la modélisation annonciatrice : la mise en place d'une esquisse du récit à venir. Ainsi la description de Salomé, cette découverte par degrés de haut en bas, provoque, nous l'avons montré ailleurs [1], ce qu'on peut nommer un strip-tease scriptural. Mais le récit inénarrable annonce l'esquisse d'une véritable mise à nu : « Sur le haut de l'estrade, elle retira son voile. »

Ainsi, la description descendante du nouveau suscite l'idée de chute et celle-ci prélude au jet des casquettes. Ainsi, la description ascendante puis descendante de la casquette (on en revient à la visière) annonce clairement la scène qui suit : le nouveau se lève, la casquette tombe ; le nouveau la ramasse, le voisin la fait retomber. Ainsi, l'ascension descriptive du gâteau de noces : son ordre institue un ample survol temporel. On passe successivement de l'antiquité (le temple avec portique, colonnades et statuettes), au moyen âge (le donjon), puis à la période présente (la prairie, qui renvoie à la charretterie où se tient la noce), enfin à l'avenir, la nuit de noces (un petit Amour). Or cette accélération, nous le savons, en préface une autre : le fameux « Jusqu'au soir, on mangea ».

Bien sûr, on ne peut omettre la question suivante : est-ce la description qui se modèle sur le récit ou le récit qui se modèle sur la description ? Il n'entre pas dans notre propos d'aborder ici ce problème. Indiquons seulement qu'il peut se poser, et parfois se résoudre, dans le cadre de certains concepts de la méthode dite *analyse élaborationnelle* [2].

III. *L'INTROSCOPIQUE*

A. *L'autoreprésentation*

Nous l'avons vu, le récit fallacieux est une technique à double objectif ; c'est aussi une arme à double tranchant. En effet, par certains de ses aspects, il est conduit à représenter le mouvement descriptif lui-même : tantôt en raison du jeu de ses verbes, tantôt en raison du contrecoup de ses adverbes.

1. *LNR*, p. 29.
2. « La révolution textuelle », *Esprit*, n° 12, 1974, p. 927-945.

De la casquette, la description déclare qu' « elle commençait ». Or, nous ne l'ignorons guère : une casquette ne commence pas [1]. Poser la question du début d'une casquette à diverses personnes, c'est s'exposer au moins aux trois réponses suivantes : elle commence par le devant, elle commence par la base, elle commence par le haut. Le verbe « commencer » ne renvoie nullement à la casquette : il n'a pas fonction représentative. Ce à quoi il renvoie, c'est à la description qui, elle, présente bien un commencement : il a une fonction autoreprésentative. La même remarque concerne « venait », dont la valeur descriptive est ici faible et la valeur autodescriptive violente.

Quant aux adverbes *puis* et *ensuite* (de la description de la casquette), *d'abord, puis* et *enfin* (de la description du gâteau), aucun ne s'applique aux objets décrits dont les parties sont simultanées dans la dimension référentielle. Ce à quoi ils renvoient, c'est aux moments successifs de la description.

B. *L'anagrammatisation*

Mais cette opération introscopique, le texte s'observant en quelque façon lui-même, nous conduit, s'agissant de Flaubert, vers des belligérances un peu plus clandestines. Nous l'avons vu, récit et description se font une guerre sans merci. Nous l'allons voir, ils peuvent faire alliance au cours d'un conflit de tout autre envergure, encore que souvent secret : la guerre des mots et du roman.

Vis-à-vis des mots, le récit pour se dérouler, la description pour se construire, manifestent une activité pareillement dominatrice : ils les choisissent, ils les disposent. Mais supposons l'inverse : que ce soit les mots qui choisissent, voire disposent, les descriptions et les récits. Cette activité, nous avons proposé ailleurs [2], en hommage à un écrivain trop longtemps méconnu, de la nommer activité roussellienne : elle n'est pas absente des premières pages de *Madame Bovary*.

Résumons-la : un groupe de mots, soumis à diverses manipulations de ses sons et lettres, peut induire à de nouvelles occurrences langagières. L'ensemble ainsi obtenu forme dès lors un groupe de passages obligés pour les récits et descriptions à venir. Le groupe de mots travaillé n'est ici nullement enfoui comme il arrive souvent chez

1. Nous avons négligé ici une ressource réaliste : la « fabrication » de la casquette ou de la pièce montée. Nous discuterons ce problème plus loin (en V, C). A supposer que Flaubert, en l'occurrence, y recoure, il s'agirait d'une *emblématisation latérale* (I, C, c) : enseigne diégétique mais d'événements implicites, extérieurs au récit proprement dit.
2. *Pour une théorie du Nouveau Roman*, p. 91-117.

Roussel. C'est en effet sous une variante phonétique qu'il se signale d'emblée : charbovari.

Une première directive concerne la disposition productrice des lettres : faire en sorte que tel fragment s'édifie sous le signe d'un pangrammatisme tendanciel, celui du B et du C, les initiales de Charles Bovary.

Ce passage concerne justement la casquette ou, si l'on préfère, un emblème de Charles. Nous avons déjà vu (I, C, c) une première raison qui définissait la casquette comme emblématique de Charles. Nous allons maintenant en faire paraître une seconde. La casquette se trouve, d'une part, assimilée « au visage d'un imbécile », et, d'autre part, soumise à une précise description. Si la casquette, ainsi, forme le biais par lequel se trouve décrit le visage, alors ce visage doit être absent, à la page précédente, lors de la précise description du nouveau. Or c'est bien le cas : entre les cheveux et les épaules, il n'y a rien, sinon la fallacieuse évocation de « l'air » :

> Il avait les *cheveux* coupés droits sur le front, comme un chantre de village, l'air raisonnable et fort embarrassé. Quoiqu'il ne fût pas large d'*épaules*, son habit veste de drap vert à boutons noirs devait le gêner aux entournures et laissait voir, par la fente des parements, des poignets rouges habitués à être nus. Ses jambes, en bas bleus, sortaient d'un pantalon jaunâtre tiré par les bretelles. Il était chaussé de souliers forts, mal cirés, garnis de clous (I, p. 293).

Il suffit donc de se montrer attentif, comme dit Paulhan, aux « quarts de mots » et à « une simple lettre », pour apercevoir que la description de la casquette, emblème de Charles Bovary, est toute travaillée par les initiales B et C. Deux groupes de B et C s'y distribuent chacun au début et à la fin : d'une part /baleine, boudins, bande/ et /broderie, bout, brillait/; d'autre part /commençait, circulaire/ et /cartonné, couvert, compliquée, cordon, croisillon/. Davantage : il suffit d'associer la première sonorité du premier mot, *ov*oïde, à la première sonorité du dernier, *br*illait, pour obtenir un *bovri* nullement plus éloigné que la prononciation, célèbrement défectueuse, du héros lui-même.

Une seconde directive concerne les conséquences productrices d'un à peu près : le passage de Charles Bovary à « charbovari » construit l'élaboration irrépressible de « charbovari » à « charivari », qui est, on le sait, synonyme de vacarme. Dès lors, le texte offre une proximité qui ne doit pas trop nous surprendre :

> Le NOUVEAU, prenant alors une résolution extrême, ouvrit une bouche démesurée et lança à pleins poumons, comme pour appeler quelqu'un, ce mot : CHARBOVARI. Ce fut un vacarme... (I, p. 295).

Une troisième directive concerne un découpage en deux parties : la syllabe terminale *ry*, et l'ensemble *Charbova*.

La première indique clairement d'où vient le « Toute la classe se mit à rire ». La seconde, qu'il est facile de lire «char à bœufs», éclaire d'une part que Charles soit un gars de la campagne et d'autre part que le lieu du repas de noce, là où il donne son nom à Emma, soit une charretterie. Mais surtout, ceci dût-il déplaire, Bovary le bœuf se trouve jeune encore, dans la scène initiale, ou, si l'on préfère, c'est un *veau*, ou encore un *nouveau*, à la casquette neuve. Dès lors se laisse entendre par quel relais phonique s'est établie la scène initiale : Bovary, jeune *veau*, fraîchement issu de sa campagne, est accueilli par un personnage collectif moins énigmatique, si l'on constate qu'avec lui advient, au premier mot du livre, la très opportune syllabe qui accomplit *nouveau : nous*.

Par l'inscription rigoureuse, d'une part, du conflit entre récit et description et, d'autre part, de la guerre des mots et du roman, Flaubert se situe, à sa façon, à l'aube de la modernité romanesque, si cette dernière se pense notamment comme la mise en question du récit dans le roman et la mise en question du roman par ses mots.

IV. *L'EXTRACTION TEXTUELLE*

La lecture, lors d'un colloque, d'une proche variante de cette étude, a permis, selon la règle, une suite d'objections diverses. Sur le moment, nous avons esquissé quelques réponses succinctes [1]. Maintenant, nous nous proposons de revenir sur certaines, en vue de fournir précisions et compléments.

Émettant ses réserves sur le choix des textes que nous avons soumis à l'analyse, Raymonde Debray-Genette a disposé en peu de mots, à partir de l'anthologique, plusieurs problèmes d'importance :

> Je vous reprocherai votre choix : il est « magistral », vous avez choisi des morceaux d'anthologie. Pourquoi prend-on toujours la description de la casquette, de la pièce montée ? (...) Parce que ces morceaux dans l'œuvre, dans *Madame Bovary* par exemple, relèvent de ce qui reste de l'épopée, c'est-à-dire que ce sont des descriptions achroniques. La modernité de Flaubert, ce n'est pas là qu'elle est sensible, mais dans d'autres types de description, comme celle d'Emma, qui ne

---

1. *La production du sens chez Flaubert*, colloque de Cerisy, Éd. UGE 10/18, p. 85-124. Désormais abrégé en *LPDSCF*.

peuvent pas faire l'objet d'anthologie parce qu'elles sont extraordinairement insérées dans le récit. La seule chose par laquelle Flaubert a transformé la vieille ekphrasis de l'épopée, c'est qu'il en a fait, comme vous l'avez d'ailleurs très bien dit, une sorte de paradigme : la casquette aura une fonction paradigmatique et non pas syntagmatique (*LPDSCF*, p. 117).

A. *L'extraction simple*

La première remarque se rapporte à ce que certains pourraient nommer le logotomique, ensemble des opérations selon lesquelles une suite de mots d'un texte subit une coupure assortie d'extraction. Sans s'astreindre en l'occurrence à une typologie exhaustive, notons que ces découpes se rangent selon une manière de quadripartition. L'une des bipartitions est quantitative : elle concerne le nombre des extractions, distinguant les découpes uniques, par lesquelles le texte est soumis à un seul prélèvement, et les découpes multiples, par lesquelles le texte est soumis à plusieurs prélèvements. L'autre bipartition

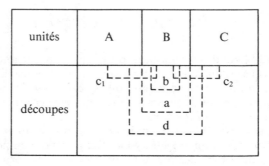

(Figure 5)

est qualitative : elle concerne le rapport de la découpe et de telle unité textuelle à quelque niveau qu'on la considère. Pour s'en tenir au cas des découpes uniques (figure 5), elle distingue les découpes concordantes (a), qui correspondent aux césures marquant les unités, et les découpes discordantes, qui se subdivisent elles-mêmes en découpes intérieures (b), découpes chevauchantes (c_1 et c_2) et en découpes débordantes (d). Il y a ainsi quatre gestes d'extraction vis-à-vis du texte.

Avec le geste infra-anthologique, le regard ne peut être retenu sur l'unité d'une cellule qu'en tant qu'il se suppose, par définition, un complément absent. Tel est le propre de la découpe intérieure.

Avec le geste anthologique, il s'agit de monter en épingle telle fleur textuelle aux dépens de l'ensemble qui le cas échéant la propose. On recourt donc volontiers, d'une part, à la découpe concordante et, d'autre part, à une marginalisation de la périphérie. La découpe concordante conduit le regard davantage sur la cellule elle-même que sur son entour et les césures qui, au moins négativement, la constituent. La marginalisation de la périphérie amoindrit ces brisures et cet entour : tantôt c'est par un pur effacement (si l'extrait tient à peu près seul, on se dispense de dire mot sur le reste du texte); tantôt c'est une simple réduction (si l'intelligence de l'extrait l'exige, on se borne à quelques phrases sur l'amont et parfois sur l'aval). Le geste anthologique relève donc du paradoxe : si la découpe qu'il affectionne, concordante, obéit avec de tels scrupules aux césures du texte, c'est pour mieux les éluder.

Avec le geste anti-anthologique, c'est le paradoxe inverse qui se dispose : si la découpe qu'il requiert, chevauchante, désobéit avec soin aux césures du texte, c'est pour mieux les étudier. Extraire un chevauchement, en effet, c'est attirer le regard, non plus sur l'unité d'une cellule ou bien d'une autre, puisque aucune n'est offerte entièrement, mais plutôt, puisqu'elle occupe le foyer du prélèvement, sur la frontière qui les sépare.

Avec le geste méta-anthologique, que nous espérons accomplir, la découpe débordante désobéit, quoique centrée sur elles, aussi bien à la cellule elle-même qu'aux deux brisures qui la délimitent. Bref, il s'agit cette fois encore de subvertir l'opposition complice de deux termes de manière à faire advenir ce qu'elle dissimulait : leur contradiction. Notre propos a prétendu éviter, d'une part, l'anthologique, en ce que celui-ci tend à prendre en compte la cellule elle-même aux dépens des césures et de l'activité dont elles sont le lieu, et, d'autre part, l'anti-anthologique, en ce que celui-ci tend à prendre en compte la césure et l'activité dont elle est le lieu, aux dépens de la cellule elle-même. Pour s'en tenir au premier temps de notre analyse, ce geste a permis de s'instruire sur la manière dont la cellule descriptive contredit l'entour diégétique où elle s'insère (en introduisant une achronie dans une chronique), et sur la manière dont l'entour diégétique contredit l'efficace de la cellule descriptive (en opérant sur ses bords une activation ou une accélération).

Sans doute, ainsi que le souligne Raymonde Debray-Genette, est-il important de considérer désormais certains secteurs textuels négligés jusqu'ici par la lecture dominante qui en préfère de plus conformes à ses vues. Sans doute, ainsi que nous le préconisons également, est-il nécessaire de reconsidérer désormais certains secteurs textuels occupés jusqu'ici par la lecture dominante de manière à en faire paraître, si possible, divers fonctionnements inaperçus.

B. *La modernité*

La seconde remarque concerne l'activité moderne. Il y a, au moins, deux façons de la concevoir. De l'une, que semble mettre en jeu ici Raymonde Debray-Genette, on peut dire, en simplifiant beaucoup, qu'elle s'appuie sur un principe de continuité. D'un mot, elle est d'ordre *progressiste*. Ce qu'elle met en œuvre, c'est une opposition. Et sa manière de la faire agir correspond au courant unitaire d'un flux. Selon l'ordre du temps, un terme (le nouveau) tend à se substituer à son opposite (l'archaïsme) : telle inédite tournure, en s'accomplissant, condamne à la désuétude telle procédure d'autrefois. L'acte moderne se reconnaît alors à ce qu'il décime les formules périmées (ici, la description achronique), qui peuvent appartenir à des formes elles-mêmes défuntes (ici, l'épopée), par la venue d'opérations nouvelles (ici, la métamorphose paradigmatique de la description ou son éparpillement), dans le cadre de genres nouveaux (ici, le roman et, mieux, le roman moderne).

La catégorie de nouveau ainsi utilisée relève, non pas, évidemment, du versatile (ce qui renverrait à une mode), mais bien de l'innovation (ce qui suppose un progrès). Il ne s'agit point de démoder tel procédé par l'usage de tel autre, préférable au strict point de vue d'une fraîcheur savoureuse. Il s'agit de rendre caduc tel procédé par l'usage de tel autre, supérieur à l'exact niveau d'une efficace contrôlable. Or se mettre en mesure d'apprécier le rendement respectif de deux formules n'est possible qu'à la condition d'assigner à l'une comme à l'autre, et ainsi valant critère, un objectif commun. C'est la persistance du même objectif dans le temps que nous nommons continuité. Si Raymonde Debray-Genette est en mesure de dire que la description sporadique est plus moderne que la description achronique, c'est parce qu'elle considère la formule plus récente et la formule plus ancienne selon une perspective commune qui permet de les apprécier ensemble : la meilleure insertion possible de la description dans le récit. Selon une conception homogène de la perspective, les catégories de nouveauté et de modernité tendent à se recouvrir sans conflit.

Cette posture présente deux avantages : elle est commode, elle est pugnace. A partir d'une perspective claire, assise sur un fonctionnement textuel précis (par exemple, la meilleure insertion descriptive dans le récit), il est relativement facile de repérer les occurrences de ce problème, de distinguer les solutions diverses, de mesurer leur efficace. A partir de cette dernière classification, il devient possible de souligner franchement les formules anciennes (appréciables dans le texte où elles furent nouvelles), les formules modernes (préférables en ce que l'amélioration qu'elles obtiennent périme les précédentes), les formules académiques (regrettables en ce qu'elles se vouent au répétitif et à la paresse), les formules archaïques (détestables en ce qu'elles permettent les retours en arrière).

De l'autre façon de concevoir l'activité moderne, et que nous adopterions nous-mêmes volontiers, on peut dire, en simplifiant beaucoup, qu'elle s'appuie sur un principe de rupture. D'un mot, elle est d'ordre *révolutionnaire*. Ce qu'elle met en œuvre, c'est une contradiction. Et sa manière de la faire jouer correspond, issue d'un changement d'envergure, à une double activité.

La contradiction, c'est celle qui oppose un texte à ses propres effets de sens. Nous le savons : en l'absence du sens, point de texte; en la présence du sens, plus de texte. En ce qu'il est œuvre de langage, le texte provoque du sens; en ce qu'il est facteur de transparence, le sens estompe le texte. L'effet de texte, c'est la proposition du sens; l'effet du sens, c'est l'effacement du texte. Là où le sens domine, le texte tend à l'évanescence; là où le texte domine, le sens tend au problématique.

Le changement d'envergure, c'est, disons dans la seconde moitié du XIXe siècle, un renversement de cette domination. Avant ce renversement, on peut parler d'une ère d'autrefois : dans la période précédente et la plupart des cas, le sens domine le texte. Après ce renversement, on peut concevoir un âge moderne : dans la période actuelle et un nombre croissant de cas, le texte domine le sens.

La double activité, elle vient, on le devine, de cette séparation du temps en deux périodes contraires. Le geste moderne présente ainsi deux aspects : d'une part, ce qui ressortit à l'innovation; d'autre part, ce qui relève de la rénovation. Seulement, chaque opération doit être soigneusement divisée à l'aide du critère de la modernité. Selon une conception hétérogène de la perspective, les catégories de nouveauté et de modernité cessent de se recouvrir sans conflit. Avec l'*innovation révolutionnaire*, il s'agit d'obtenir de nouvelles procédures aptes à permettre la production et la subversion du sens. Avec l'*innovation réactionnaire*, il s'agit d'obtenir de nouvelles procédures aptes à permettre l'expression et la représentation. Bref, la nouveauté ne donne pas nécessairement l'assurance de la modernité. Avec la *rénovation réactionnaire*, il s'agit de remettre en vigueur, par certains aménagements minimes, d'anciennes procédures d'expression et de représentation. Avec la *rénovation révolutionnaire*, il s'agit de repérer, dans les textes passés, et aussi bien de promouvoir, dans les textes actuels, fût-ce alors de manière dérivée, certaines procédures réputées jusque-là malhabiles. En effet, comme les maladresses étaient pensées à partir de l'ancienne domination du sens sur le texte, tout porte à croire que certaines, soigneusement inscrites, sont en mesure, habilement, de permettre aujourd'hui la moderne domination du texte sur le sens. Davantage : cette réévaluation est capable de rendre justice, dans les textes passés, à toutes manières de procédures modernes que le diktat de la domination ancienne réprimait, soit en les dissimulant, soit en les condamnant au malencontreux.

Ainsi de la description achronique. Nous le savons : en ce qui concerne la fiction, le texte provoque du sens principalement par ce qu'on nomme des effets de représentation : le récit est censé représenter les événements, la description est censée représenter les choses. Or la description achronique, nous espérons l'avoir fait entendre, conteste doublement le fonctionnement du récit : d'une part, elle tend à le soumettre à la syncope d'un temps référentiel suspendu; d'autre part, elle tend à provoquer un récit inénarrable, cette manière de sens insensé. En tant que procédure défiant la représentation (le récit inénarrable), en tant que procédure contestant la représentation (les syncopes infligées au récit), la description achronique appartient bien, selon nous, quoique pratiquée dans le passé, à l'une des procédures modernes dont il importe d'assurer une rénovation entière.

S'agissant de modernité, la confrontation des deux points de vue, le « progressiste » et le « révolutionnaire », se résume selon trois points. D'une part, le désaccord ne porte pas nécessairement sur les méthodes analytiques. D'autre part, il concerne spécialement l'interprétation, sous l'angle de la modernité, des fonctionnements analysés. Enfin, et par voie de conséquence, il touche au choix même des fonctionnements soumis à l'analyse.

Certains lecteurs souhaitent peut-être, cependant, que leur soit offert un second exemple. Observons donc la minutieuse étude que Raymonde Debray-Genette a naguère consacrée à la « genèse des aubépines ». Le propos de cet article est notamment de faire concevoir, dans *A la recherche du temps perdu*, une manière de fonte de la description et de la narration :

En d'autres termes, la description proustienne relève-t-elle de l'ekphrasis ou de l'EISPHRASIS ? (...) Chez Proust, toute ligne démarcative entre description et narration proprement dite tend à disparaître [1].

Établissons les trois points de la confrontation. *Le premier* porte sur la méthode : il n'y a pas lieu de mettre en cause le principe de cette fusion chez Proust ni l'analyse probante que propose Raymonde Debray-Genette. *Le second* concerne la modernité : là où nous demandons si tel fonctionnement relève d'une simple nouveauté ou d'une modernité réelle, Raymonde Debray-Genette semble implicitement admettre que c'est une seule et même chose. Chez Flaubert, à propos de la description d'Emma, ce qui est directement déclaré *moderne*, c'est une extraordinaire insertion de la description dans le récit; chez Proust, à propos des aubépines, ce qui est indirectement déclaré *nouveau*, c'est l'élision de la ligne démarcative entre description et narration :

> On assiste donc, chez Proust, à un *nouvel* emploi d'une rhétorique pleine qui rend indissociables thèmes, figures et épisodes (*TFE*, p. 71).

Il y a donc bien une perspective constante (la fusion de la description et de la narration), le long de laquelle se distribuent, d'une part, les archaïsmes (la maladroite description achronique) et, d'autre part, synonymement, soit la modernité de l'insertion flaubertienne, soit la nouveauté de la fusion proustienne. Notre posture, au contraire, nous conduirait à nous demander si cette fusion se fait, ou non, au profit, ou non, de la représentation. Bref, s'il s'agit d'une innovation conforme ou d'une innovation moderne. *Le troisième* point concerne le choix du fonctionnement : selon la réponse, et sa netteté, à la question précédente, nous serions conduits à éviter ou à pratiquer l'analyse de tel fonctionnement. Sans trancher ici sur ce point, disons seulement que notre concept de la modernité nous a induit, chez Proust, à retenir plutôt ce que nous appelons désormais la métaphore ordinale [2]. En effet, la métaphore ordinale dans le texte de Proust et la description achronique dans le texte de Flaubert accomplissent, en la spécificité de leurs fonctionnements respectifs, une même opération : la contestation systématique du récit. Car la chronique sur laquelle s'appuie le récit peut être contredite, soit par la description d'un objet fixe, selon la brisure d'une *achronie*, soit par la métaphore ordinale, selon la brisure d'une *transchronie*. Dans le premier cas, il s'agit de soumettre le cours du temps à une syncope pleine : l'enlisement dans

1. « Thème, figure, épisode », dans *Poétique*, n° 25, p. 49 et 71. Désormais abrégé en *TFE*.
2. Voir le chapitre suivant : « La métaphore d'un bout à l'autre ».

un objet instantané qui écarte, peu à peu, le temps par suspension. C'est le récit interrompu. Dans le second cas, il s'agit de soumettre le cours du temps à une syncope vide : le déplacement d'un voyage instantané qui efface, à l'improviste, le temps par abolition. C'est le récit rompu.

C. *La querelle de la spécificité*

Puisque de telles difficultés persistent, il n'est pas inutile, peut-être, de revenir sur la querelle de la spécificité ainsi que l'a reprise, en son temps, Lessing avec son *Laocoon*. Rappelons-la : contre les partisans de l'*ut pictura poesis* qui, aggravant une rapide comparaison d'Horace, tenaient à l'assimilation de la poésie et de la peinture, Lessing s'est astreint à faire rigoureusement le départ entre la peinture et la poésie. Or sa démarche, on ne le soulignera jamais assez, est de l'ordre du glissement : celui qui permet le subreptice passage du technologique à l'idéologique. D'une part, ce qui est parfaitement légitime, Lessing note la différence des matériaux mis respectivement en œuvre par la peinture et la poésie. D'autre part, ce qui est quelque peu sujet à caution, il pose comme incontestable la nécessaire convenance des signes avec ce qu'il appelle l'objet signifié :

> S'il est vrai que la peinture emploie pour ses imitations des moyens ou des signes différents de la poésie, à savoir des formes et des couleurs étendues sur un espace, tandis que celle-ci se sert de sons articulés qui se succèdent dans le temps; *s'il est incontestable que les signes doivent avoir une relation naturelle et simple avec l'objet signifié*, alors des signes juxtaposés ne peuvent exprimer que des objets juxtaposés ou composés d'éléments juxtaposés, de même que des signes successifs ne peuvent traduire que des objets ou leurs éléments successifs [1].

Cette thèse conduit Lessing à distinguer deux domaines privilégiés en ce qu'ils sont respectivement conformes à la nature des signes mis en jeu :

> Des objets, ou leurs éléments, qui se juxtaposent s'appellent des corps. Donc, les corps avec leurs caractères apparents sont les objets propres de la peinture. Des objets, ou leurs éléments, disposés en ordre de succession, s'appellent au sens large des actions. Les actions sont donc l'objet propre de la poésie (*L*, p. 110).

En ce qu'elle se réfère non à une successivité mais à une simultanéité, la description achronique se trouve donc impérieusement proscrite de

---

1. *Laocoon*, Hermann, p. 109-110. Désormais abrégé en *L*.

l'exercice de la littérature. Ce que, non sans louanges, Lessing souligne chez Homère, ce sont ses stratagèmes pour résoudre la difficulté : ou bien, ostensiblement, réduire l'ampleur achronique par une pure et simple restriction descriptive ; ou bien, clandestinement, disposer entre chaque partie de l'objet l'insert d'une action, c'est-à-dire éviter la contemplation au profit de la « fabrication » :

> Homère, dis-je, n'a généralement pour chaque chose qu'un seul trait descriptif. Pour lui, un vaisseau est noir, ou profond, ou rapide, et tout au plus noir et bien pourvu de rames : *il ne va pas plus loin dans la description* (...). Quand les circonstances particulières obligent Homère à retenir plus longuement notre regard sur certains objets matériels, il n'en fait pourtant jamais un tableau que le peintre puisse suivre avec son pinceau ; il sait, *par d'innombrables artifices*, nous montrer cet objet dans une succession d'instants où il paraît chaque fois différent, et le peintre ne peut saisir que le dernier de ces instants pour nous montrer achevé ce que, chez le poète, nous aurons vu naître. Si par exemple Homère veut nous montrer le char de Junon, il faut qu'Hébé le construise pièce par pièce sous nos yeux. Nous voyons les roues, l'essieu, le siège, le timon, les courroies et les cordes, non pas assemblés mais s'assemblant sous les mains d'Hébé (*L*, p. 111-112).

Il est donc temps de risquer deux remarques. La première concerne le *mécanisme du glissement* que nous avons évoqué. D'abord, Lessing propose une première évidence technologique : « s'il est vrai que la peinture emploie pour ses imitations des moyens ou signes différents de la poésie ». Puis, il avance une seconde « évidence » technologique : « s'il est incontestable que les signes doivent avoir une relation naturelle et simple avec l'objet signifié ». Seulement, ces deux propositions sont prises dans un chiasme un peu étrange. La seconde n'est acceptable qu'en vertu d'un renseignement qui lui manque mais qui se trouve par contre, et inutilement, dans la première. Ce renseignement, c'est : *pour ses imitations*. Telle précision est inutile, en effet, s'il s'agit de distinguer les matériaux mis en œuvre, respectivement, par la peinture et la poésie. Telle précision est indispensable, en revanche, s'il s'agit d'admettre comme « naturelle » la convenance entre « les signes » et « les objets signifiés ». C'est uniquement dans le cadre d'un fonctionnement expressif ou représentatif que cette conformité peut paraître évidente. Par exemple, ce qui définit de nos jours l'expressivité d'une formule, c'est précisément sa ressemblance avec ce qu'elle dit. Il est donc clair, dans les deux propositions de Lessing, que les apparentes évidences technologiques dissimulent un clandestin discours idéologique. Dans la première, la généralité de la remarque technologique est parasitée par la présence d'une inutile précision particulière. Dans la seconde, la particularité de la remarque technologique est dissimulée par l'absence d'une nécessaire précision particulière, habilement écrite, toutefois, dans la proposition qui précède. En ces lignes, donc, les stratagèmes littéraires d'Homère ne sont loués qu'au prix des stratagèmes paralogiques de Lessing. Ceux d'Homère, dans le domaine de la fiction, relèvent d'une pratique concertée capable d'obtenir, très directement, l'illusion de représentation. Ceux de Lessing, dans le domaine de la théorie, relèvent d'une pratique involontaire capable d'obtenir, très obliquement, l'illusion de l'universalité de la représentation.

La seconde remarque concerne *l'hypocrisie réaliste*. Sous prétexte de représentatif et sous l'empire du sens, elle se livre en fait à une double tentative d'offuscation : d'une part, celle du texte et, d'autre part, celle de l'objet matériel évoqué. Nous l'avons rappelé : en la clarté qu'il institue, l'effet de représentation tend à l'effacement du texte. Nous venons de le voir : l'effet de représentation joue d'autant mieux qu'il y a convenance entre « les signes » et « l'objet signifié ». Or, l'intérêt du *Laocoon*, en l'occurrence, vient de ce qu'il souligne décisivement à quel point *cette conformité se trouve établie*, non point, comme on feint sempiternellement de le croire, à partir de l'objet réel, mais bien, tout à l'inverse, *à partir de la nature des signes mis en jeu*. Ainsi, lorsque, s'agissant des vaisseaux, Homère renforce l'effet représentatif, c'est, d'une part, à condition de mutiler la matérialité de l'objet par le choix, les concernant, d'un simple adjectif unique et, d'autre part, à condition de dissoudre la matérialité des signes dans la transparence du sens. L'hypocrisie réaliste, sur laquelle nous reviendrons[1], appartient de plein droit à ce qu'on pourrait nommer *l'idéalisme textuel*.

En ce qu'ils se pensent dans la sphère idéologique de la dimension représentative, le dogme de l'*ut pictura poesis* et la doctrine de Lessing, malgré l'opposition qui les sépare, appartiennent l'un comme l'autre à ce que la modernité, telle que nous l'entendons, est en mesure de subvertir. Ce n'est point prétendre, toutefois, que les tenants de l'*ut pictura poesis* et les partisans de Lessing doivent être renvoyés dos à dos. Loin d'être statique, en effet, leur opposition se voit *orientée*. Certes, aucune des deux postures ne peut s'extraire de la représentation dominante, mais l'une d'elles, celle de Lessing, bien qu'incapable de l'apercevoir, s'approche tout de même de l'issue, comme à reculons.

1. « Le dispositif osiriaque » (I, C : Le matérialisme textuel).

L'*ut pictura poesis* relève de la morale. Il s'agit, à sa manière, d'une conception *aveugle* de la représentation : celle qui ferme les yeux sur la nature des signes mis en jeu. Ce sur quoi elle met directement l'accent, ainsi, c'est sur l'objet à représenter. Bien sûr, cet objet ne peut aucunement être un objet matériel : l'objet matériel, en l'infinie profusion de ses aspects divers, est précisément ce qui excède tout effort représentatif. Pour l'*ut pictura poesis*, et puisqu'il s'agit de représentation, l'objet à représenter est nécessairement un objet tout préparé : déjà restreint. Et cette réduction appartient au domaine de l'éthique : c'est un objet moral et culturel, tout établi à de pures fins d'édification :

> La peinture devait instruire comme la poésie, et Félibien estimait que l'une des raisons primordiales de la peinture était l' « instruction des ignorants ». Ce but moral, didactique, était lié à deux autres exigences : d'abord à celle du DECORUM, c'est-à-dire l'obligation d'harmoniser la représentation des personnages à leur sexe, âge, origine ou dignité, que les formes de leurs corps, la manière de se mouvoir, la couleur et le genre des vêtements devaient exprimer suivant une convention préalable. La seconde exigence, portant sur la préparation du peintre lui-même, découlait de la première. Le peintre devait posséder une culture considérable dans des domaines nombreux et variés : histoire, géographie, ethnologie, etc., pour pouvoir vraiment devenir un frère du DOCTUS POETA classique [1].

La doctrine de Lessing relève, elle, de la technologie. Il s'agit, à sa manière, d'une conception *lucide* de la représentation : celle qui ouvre les yeux sur la nature des signes mis en jeu. Ce sur quoi elle met indirectement l'accent, ainsi, c'est sur l'objet à représenter. Bien sûr, cet objet ne peut aucunement être un objet matériel : l'objet matériel, en l'infinie profusion de ses aspects divers, est précisément ce qui excède tout effort représentatif. Pour la doctrine de Lessing et puisqu'il s'agit de représentation, l'objet à représenter est un objet tout préparé : déjà restreint. Et cette réduction appartient au domaine de l'esthétique : c'est un objet scripto-technologique, tout établi à de pures fins de représentation.

Nous l'avons laissé entendre : subvertir l'opposition de l'*ut pictura poesis* et du *Laocoon*, bref, mettre en cause la domination représentative, revient à y accomplir un prélèvement croisé. Pour l'*ut pictura poesis*, il n'y pas de spécificité des objets à représenter parce qu'on suppose, avec aveuglement, une indifférenciation des signes. Pour Lessing, il y a une spécificité des objets à représenter parce qu'il dis-

1. Jolanda Bialostocka, présentation du *Laocoon*, p. 21.

tingue, avec lucidité, une spécificité des signes. La posture de Lessing consiste donc, d'une part, à offrir le fonctionnement rigoureux de la représentation (à partir de la spécificité des signes) et, d'autre part, à définir la maladresse représentative (la non-spécificité des objets à représenter). La posture moderne consiste donc bien, entre autres, à souscrire à l'analyse correcte de Lessing (la spécificité des signes) et à exaspérer systématiquement la maladresse représentative de l'*ut pictura poesis* (une discordance des objets). D'un mot : avec, par exemple, la description achronique, produire, entre « les signes » et « l'objet signifié », non plus une habile convenance, mais bien une détersive contradiction.

D. *L'extraction multiple*

On le conçoit : dans cette perspective, la description échelonnée d'Emma relève pour nous davantage du nouveau que du moderne. C'est un procédé inédit, probablement, mais il joue dans une perspective d'autrefois : il consiste à réduire la contestation que le bloc achronique porte au récit. Il se situe à mi-chemin de la description achronique et de la description homérique : contrairement à Homère, il accepte l'achronique; pareillement à Homère, il réduit l'achronique. Avec, selon Lessing, le montage du char de Junon, ou l'habillage d'Agamemnon, ou la fabrication de l'arc de Pandarus, Homère dissout la simultanéité de l'objet en étalant ses diverses parties dans la suite d'actions qui permettent apparemment de le construire. Avec la description échelonnée d'Emma, Flaubert fragmente la simultanéité de l'objet en intercalant entre ses diverses parties les actions en cours du récit. Le bloc achronique est identiquement rompu par Homère et par Flaubert. La seule différence vient de la nature des actions injectées. Chez Homère, elles sont intrinsèques à l'objet : elles appartiennent à l'apparent procès de son montage. Chez Flaubert, elles sont extrinsèques à l'objet : elles appartiennent au courant du récit où il intervient. Dans le cas de l'objet fabriqué, Homère remplace la contestation forte du bloc achronique par la contestation faible d'un *autre* bref récit inscrit dans le récit principal. Dans le cas de l'objet échelonné, Flaubert remplace la contestation forte du bloc achronique par la contestation médiocre de l'achronique *fragmentaire*, réduite encore par le maintien du *même* récit principal.

Nous avons souligné (en IV, A) certains des problèmes que, dans son prélèvement unique, rencontre l'extraction simple. Nous devons noter maintenant certains des problèmes que, dans son prélèvement pluriel, rencontre l'extraction multiple. Avec l'extraction multiple s'accomplit toujours, d'une manière ou d'une autre, la mise ensemble, selon un dispositif différent, de passages choisis dans l'ordre textuel initial. Tantôt, il peut s'agir d'un *éparpillement :* par exemple si des passages voisins du texte initial se trouvent éloignés, en tant que citations, dans un nouveau texte qui se propose l'étude du premier. Tantôt, il peut s'agir d'un *rapprochement :* par exemple si des passages distants du texte initial sont pris à voisiner, en tant que citations, dans un nouveau texte qui se propose l'étude du premier. Ces dispositions dérivées appartiennent à ce que nous avons nommé ailleurs [1] le domaine virtuel du texte. En effet, elles sont permises par le texte mais elles ne sont pas accomplies par l'écriture : il y faut l'activité, ici transformatrice, d'une autre opération, la lecture. Ces dispositions dérivées relèvent de l'innombrable : à chaque fois, par exemple, qu'un critique propose quelques citations d'un texte, il actualise, dans son discours fonctionnant alors comme l'inscription d'une lecture, l'une des dispositions virtuelles de ce texte. Ces dispositions dérivées se répartissent selon deux catégories : l'*actualisation médiate,* que nous venons d'évoquer, où la nouvelle mise en place des citations suppose la mise en œuvre de tout un discours intercalaire, celui même du critique; l'*actualisation immédiate,* que nous allons préciser, où la nouvelle mise en place des citations s'accomplit comme d'elle-même, selon une manière d'automatisme. En ce cas, nul besoin, à la limite, d'inscrire entre les citations le ciment d'un discours apte à les réunir : leur proximité nouvelle pourrait se passer de commentaire, comme si elle allait de soi. C'est, on le devine, qu'elles se trouvent à l'évidence soumises, dans ce cas, en le rapport de leurs respectives configurations, à l'un des deux principes de rapprochements majeurs qu'on a nommés, selon les besoins, par exemple syntagmatique et associatif [2], métonymique et métaphorique [3], syntagmatique et paradigmatique, syntagmatique et systématique [4], articulatoire et classificatoire [5].

Recourir aux termes de « la description d'Emma » n'est donc possible qu'avec l'actualisation du rapport *articulatoire* virtuel de divers secteurs épars dans le cours du récit. Le texte de Flaubert propose en effet, en l'occurrence, un montage alterné de brefs fragments du récit et de la description de tel protagoniste notoire, jusqu'à

1. *LNR*, p. 77.
2. Ferdinand de Saussure, *Cours de linguistique générale*, Payot, p. 170 *sq.*
3. Roman Jakobson, *Essais de linguistique générale*, Éd. de Minuit, p. 61 *sq.*
4. Roland Barthes, « Éléments de sémiologie », *Communications*, n° 4, p. 114 *sq.*
5. Voir plus bas le chapitre « Le dispositif osiriaque » (II : La guerre des dispositifs).

obtenir un morcellement très calculé capable de remplir un double rôle. En la disposition actuelle du texte, s'accomplit l'abolition d'un effet unitaire jugé dangereux : c'est-à-dire la mise en perspective temporelle du bloc achronique. En la disposition virtuelle du texte que la lecture actualise par deux extractions multiples (et concordantes en ce que les découpes y correspondent à des césures du texte), s'accomplit le maintien d'un effet unitaire jugé indispensable : c'est-à-dire l'articulation respective, d'une part, des fragments diégétiques entre eux et, d'autre part, des fragments descriptifs entre eux, selon le cours du récit et selon le portrait du protagoniste.

Mettre en parallèle, en revanche, comme nous l'avons implicitement fait, par une extraction multiple (et débordante en ce que les découpes englobent chaque fois les césures de la cellule textuelle), la description de la casquette et la description de la pièce montée revient à actualiser un rapport *classificatoire* virtuel entre certains secteurs épars dans le cours du récit. Les effets en sont tout différents. Avec l'actualisation de l'articulatoire, et réserve faite des problèmes de l'achronie, la lecture propose une nouvelle disposition de même espèce que celle du récit ou de la description. Avec l'actualisation du classificatoire, la lecture propose une disposition antagoniste à celle du récit ou de la description. Sans doute s'agit-il bien, dans les deux cas, de l'établissement d'une unité à partir d'une certaine dispersion, seulement l'une provoque du représentatif, c'est-à-dire un redoublement de la « vie » (en ce que s'y conforte une suite d'événements ou l'ensemble d'un objet), tandis que l'autre induit de l'autoreprésentatif, c'est-à-dire un dédoublement du texte (en ce qu'elles sont subsumables par une même formule, la casquette et la pièce montée, par exemple, tendent à se ressembler et, donc, à se représenter réciproquement). En un sens, l'effet-madeleine, chez Proust, cette rupture représentative suscitée par ce que nous appelons désormais métaphore ordinale [1], peut se lire comme l'inscription, selon un nouveau texte, d'une lecture actualisant tel rapport classificatoire virtuel d'un texte préalable qui n'est pas vraiment écrit et qu'évoque sans doute, énigmatiquement, tel passage du *Temps retrouvé* :

> Quant au livre intérieur de signes inconnus (...), pour la lecture desquels personne ne pouvait m'aider d'aucune règle, cette lecture consistait en un acte de création où nul ne peut nous suppléer ni même collaborer avec nous. Aussi combien se détournent de l'écrire [2] !

1. *Problèn.es du Nouveau Roman*, p. 135 *sq.* Voir plus bas le chapitre « La métaphore d'un bout à l'autre » (II, A : Le texte court-circuité).
2. III, p. 879.

V. FONCTIONNEMENT POLITIQUE DU TEXTE

Ainsi le texte nous apparaît bien, à tous niveaux, le champ de batailles acharnées. Et cela nous conduit quelquefois à diverses formules dont Raymonde Debray-Genette met en cause la pertinence :

> Deuxième critique : vous employez les notions de récit et de description, qui sont des notions opératoires, de façon quasiment essentialiste. Vous faites se battre le récit et la description, et ils se battent contre les mots [1].

A. L'appareil autoritaire

Reconnaissons-le : ce qui caractérise quelquefois notre propos, c'est en effet un double emploi des notions. D'une part, un usage *opératoire* (quand, par exemple, le récit et la description sont employés de manière à rendre intelligibles, aussi rigoureusement que possible, certains fonctionnements que nous-même, ou d'autres, pourrions, de la même façon, déterminer sur d'autres cas) et, d'autre part, un usage *métaphorique* (quand, par exemple, la description et le récit sont présentés, par métaphore, comme les belligérants d'une intestine guerre textuelle). Ce qui doit nous retenir, donc, un instant, c'est le rapport de ces deux emplois.

S'agissant de théorie, le recours métaphorique présente au moins deux occurrences doubles. La métaphore peut s'inscrire comme une *intervention unique*. Tantôt, elle offre ainsi un avantage : *la présomption métaphorique* qui signale un aspect de l'objet d'étude à partir de tel aspect, apparemment semblable, d'un objet mieux connu. Tantôt, elle offre ainsi un inconvénient : *l'illusion métaphorique* qui, à partir de la ressemblance de deux aspects, conclut implicitement ou explicitement à leur identité. Dans le premier cas, il s'agit d'une hypothèse de travail que seule l'analyse d'un fonctionnement précis sera en mesure de corroborer. Dans le second cas, il s'agit d'un dogme dont le défaut majeur revient à manquer le spécifique. Mais la métaphore peut s'inscrire aussi comme une *intervention conjointe* à une analyse opératoire. Tantôt, elle offre ainsi un inconvénient : *l'illustration métaphorique* qui, à partir d'un fonctionnement clairement défini et sous prétexte d'éviter l'aride, souvent, du rigoureux, ajoute ici ou là

---

1. *LPDSCF*, p. 117.

quelque formule sémillante. Tantôt, elle offre ainsi un avantage : *l'indication métaphorique* qui, à partir d'un fonctionnement clairement défini, ajoute l'apport d'un indice complémentaire. Dans le premier cas, il s'agit d'inclure la saveur du charme au prix d'une imprécision certaine. Dans le second cas, il s'agit de postuler, d'une part, la spécificité respective des deux domaines et, d'autre part, sur tels points, leur relative homologie. Et cette attitude, parfois, peut conduire à souligner certains fonctionnements que l'analyse opératoire, en sa suffisance, aurait peut-être tendance à négliger.

C'est à cette méthode, ici, que s'astreint notre manière. D'une part, il s'agit bien d'une intervention métaphorique conjointe : la formulation métaphorique accompagne l'analyse opératoire. D'autre part, cette intervention permet d'éclairer, par l'allusion à un domaine bien connu, un aspect souvent inaperçu : *la dimension politique spécifique du texte.*

Ce qui, dans un premier temps, doit ici nous retenir, c'est donc l'homologie entre certains aspects de l'organisation textuelle et certains aspects de l'organisation sociale. Si, selon Valéry, « la politique consiste dans la volonté de conquête et de conservation du pouvoir », alors, en ses dispositions, le texte est le lieu d'incessants affrontements politiques. Il est facile, on le sait, de faire voir que tout s'y accomplit par la mise en action de dispositifs hiérarchiques ou, si l'on préfère, d'organismes de prise et de maintien du pouvoir. Soit la casquette de Charbovari : avec d'autres éléments, diégétiques, descriptifs, elle se trouve incluse dans une unité supérieure qui les subsume et qu'on pourrait nommer *un nouveau à l'étude.* Soit la pièce montée : avec d'autres éléments, diégétiques, descriptifs, elle se trouve incluse dans une unité supérieure qui les subsume et qu'on pourrait nommer *le mariage de Bovary.* Les deux hiérarchies se schématisent avec aisance par deux graphes arborescents (figure 6). Ceux-ci tendent à se réunir en une arborescence plus ample dans la mesure où les deux hiérarchies subissent le pouvoir d'une unité plus forte qu'on pourrait nommer *la vie de Bovary.* Inversement, nous l'avons montré en détail (en I, A), la casquette et, nous pourrions le faire paraître, la pièce montée, forment respectivement une unité qui subsume, selon une arborescence, l'ensemble des termes de leur description. Comme le remarquait Roland Barthes :

> Quel que soit le nombre des niveaux qu'on propose et quelque définition qu'on en donne, on ne peut douter qu'un récit soit une hiérarchie d'instances. Comprendre un récit, ce n'est pas seulement suivre le dévidement d'une histoire, c'est aussi y reconnaître des « étages », projeter les enchaînements horizontaux du « fil » narratif sur un axe

implicitement vertical; lire (écouter) un récit, ce n'est pas seulement passer d'un mot à l'autre, c'est aussi passer d'un niveau à l'autre [1].

Davantage, même : il n'y a dévidement régulier de l'histoire que par la prise de pouvoir continue d'unités hiérarchisées d'importance croissante.

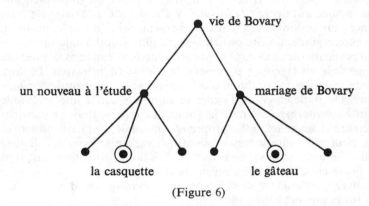

(Figure 6)

La constitution progressive, en cours de lecture, de cet arbre implicite permet la mise en place, sous l'enseigne napoléonienne, d'un véritable *appareil autoritaire* : organisation militaire où un ensemble stratifié de grades conduit par échelons à une instance supérieure investie de tout pouvoir, le chef suprême. La satisfaction prise au récit provient peut-être moins de l'intérêt des événements offerts que de la jubilation régulièrement produite, chez certains, par la croissance structurale d'un empire.

Ce qui, dans un second temps, doit nous retenir, c'est aussi la spécificité de chacun des domaines. Au niveau de la société, l'instance supérieure (rappelons qu'il faut l'appeler chef) est celle qui bénéficie du maximum d'une puissance appuyée implicitement et par divers relais sur la quantité de force physique dont elle dispose — disons la force publique. Au niveau du récit, l'instance supérieure (précisons qu'il faut l'appeler titre) est celle qui bénéficie du maximum d'une puissance appuyée implicitement et par divers relais sur la quantité de force dont elle dispose — disons la force sémiotique. Par sémiotique, nous entendons ici l'aptitude, pour un groupe de signes, à se subs-

1. « Introduction à l'analyse structurale des récits », dans *Poétique du récit*, Éd. du Seuil, p. 14.

tituer à un autre groupe de signes. Par force sémiotique, nous entendons le rapport quantitatif inverse des signes substituants aux signes substitués. Bref, la puissance sémiotique correspond à la capacité de contraction : le sous-titre est ce qui se substitue à une moindre quantité de signes que le titre.

Agissant de manière distincte (l'une est physique, l'autre est symbolique), au plan social et au plan diégétique, c'est donc bien une même logique qui opère : *la logique de l'impératif*. L'officier est cette instance qui ordonne aux sous-officiers la prise de telle position. De grade en grade, l'ordre principal se ramifie jusqu'à une multitude d'ordres subalternes suscitant la foule des actions capables d'atteindre chacune leur effet propre et, ensemble, l'objectif principal. Le titre est cette instance qui ordonne aux sous-titres la constitution de telle histoire. De grade en grade, l'ordre se ramifie jusqu'à une multitude d'ordres subalternes suscitant la foule des représentations capables d'atteindre chacune leur effet propre et, ensemble, l'objectif principal. Ainsi, pour reprendre le très schématique exemple précédent, le titre ordonne « Racontez la vie de Bovary ». Les divers sous-titres satisfont à cet ordre en le divisant en plusieurs dont, notamment, « Racontez un nouveau à l'étude » et « Racontez le mariage de Bovary ». Et, ainsi, jusqu'aux détails les plus ténus.

Davantage : les deux niveaux de cette logique sont en perpétuelle interférence complice. D'une part, s'il s'appuie sans doute, spécifiquement, sur la puissance physique, *le pouvoir social* ne fonctionne en fait que par le biais de la puissance sémiotique. Par l'ordre de l'officier, puis des autres, ce qui se manifeste, c'est, à l'impératif, l'exigence d'un récit. Ou, si l'on préfère, la descente de l'arborescence : l'ordre majeur « Enlevez telle place » se subdivise notamment en « Construisez, ici, une passerelle » et « Faites, là, une diversion ». Inversement, avec le rapport d'opérations, des autres jusqu'à l'officier, ce qui se manifeste, c'est, à l'indicatif, la constitution du récit exigé. Ou, si l'on préfère, la remontée de l'arborescence : « Nous avons construit la passerelle », « Nous avons fait la diversion » et « Nous avons enlevé la place ». En ce sens, *la Guerre des Gaules*, c'est l'autosatisfaction glorieuse de l'Imperator. Un général y redouble sa victoire physique en établissant lui-même, par son écrit, la constitution du récit dont il avait manifesté l'exigence.

D'autre part, s'il fonctionne sans doute, spécifiquement, sur une pure substitution inégale des signes, *le pouvoir sémiotique* s'appuie en fait, nous y reviendrons, sur le pouvoir social avec lequel il va de pair : en ce qu'il est lié à l'exercice de l'autorité, le récit relève de l'intangible. Il est sacro-saint.

B. *Le conflit illusoire*

Ainsi, nous voici de nouveau en mesure de faire paraître, et de contredire, l'escamotage majeur par lequel fonctionne l'idéologie dominante. Cette prestidigitation, on le sait, consiste en un effet d'ascenseur : elle s'applique à faire prendre pour principal un simple conflit secondaire. L'idéologie dominante procède en permettant à ce qui n'est en fait qu'un de ses simples discords internes l'occupation fallacieuse, à tel moment et dans tel secteur, de tout l'intelligible. Il convient donc de rétrograder ce discord à son exacte place mineure. Ou, si l'on préfère, réussir une régionalisation : l'englobement conflictuel d'un conflit jusque-là hégémonique.

Seulement, il y a deux manières de procéder. Ou bien, selon une *disposition prospective*, on part du prétendu conflit majeur et l'on montre qu'il ne joue qu'un rôle subsidiaire dans le réel conflit global. Ou bien, selon une *disposition rétrospective*, on dispose le réel conflit global et l'on montre que tel prétendu conflit majeur n'y jouait qu'un rôle subsidiaire. C'est à la première procédure que nous avons eu recours (en IV, D) avec l'analyse de *la querelle de la spécificité*. Nous avons montré que le prétendu conflit majeur, celui du *Laocoon* et de l'*ut pictura poesis*, appartenait lui-même à un ensemble plus vaste, celui du représentatif, qui se trouvait lui-même mis en cause, selon un conflit cette fois principal, par une intervention tout autre, celle de l'antireprésentatif. C'est à la seconde procédure que nous avons commencé de recourir (en V, A) avec l'analyse de *l'appareil autoritaire*. Nous avons d'abord rendu possible l'intelligibilité du réel conflit global : celui qui oppose l'appareil autoritaire (que nous avons mis en évidence) et les activités anti-autoritaires (dont nous étudierons certaines plus loin). Nous sommes donc en mesure de souligner maintenant le caractère secondaire d'un conflit prétendu jusqu'ici principal.

Ce prétendu conflit majeur, certes personne ne l'ignore. Il se marque, sempiternellement, à hauteur des représentés du texte et, presque récente, une querelle célèbre lui a permis un regain : celle qui a opposé le réalisme dit bourgeois au réalisme dit socialiste. En dépit, à telle époque, de son envergure apparente, ce contraste n'a mis en scène, selon nous, qu'un conflit illusoire. Ceux qui s'y sont enclos n'ont pas rompu, comme ils le souhaitaient sans doute, avec l'idéologie bourgeoise : ils ont choisi la plus experte manière de s'y maintenir. En effet, ils ont commis l'erreur de se battre sur *le terrain de l'adversaire*. Or, agir sur ce terrain, c'est se trouver pris dans un antagonisme trompeur : celui qui suppose admis, par chaque protagoniste, ce qui devrait former, au contraire, l'enjeu même du débat. Admettre ce terrain a automatiquement conduit à la prééminence d'un conflit secondaire (de l'ordre des représentés : « socialistes » contre « bourgeois ») permettant (avec le réalisme commun aux deux attitudes) la sauvegarde de l'idéologie jusque-là dominante : la représentation, et son fer de lance, le dispositif autoritaire du récit.

Ne le dissimulons pas : périodiquement, l'accusation nous est lancée d'omettre, voire d'occulter, en nos analyses, la dimension politique des textes. Que trois brèves remarques nous soient donc permises, maintenant, à cet égard. *Premièrement :* notre intervention dans l'analyse textuelle est bel et bien politique. Seulement, si elle est passée comme telle pour certains inaperçue, c'est que, refusant de choir dans le piège rudimentaire des représentés, elle s'accomplit au niveau spécifiquement politique du texte : l'autoritarisme, ou non, de son fonctionnement. *Deuxièmement :* notre intervention dans l'analyse textuelle est bel et bien opératoire. Seulement, si cette mise en évidence de certains fonctionnements a ainsi été possible, c'est que, refusant de choir dans le piège élémentaire de la pure technicité, elle s'accomplit, précisément, à partir d'une posture politique ferme et, notamment, vis-à-vis du fonctionnement textuel. *Troisièmement :* il nous est donc possible, non seulement de refuser l'accusation périodique, mais encore de la retourner. Mettre à la plus haute place, ainsi que beaucoup se le permettent encore, les représentés politiques immédiats, n'est qu'une façon, innocente ou concertée, d'omettre, voire d'occulter, ce qui importe avant tout : le fonctionnement politique spécifique du texte.

Politiques donc, non moins qu'opératoires, sont à notre avis, dans les chapitres qui suivent, les analyses concernant par exemple la subversion du titre [1] ou la discohérence du récit [2] et, non moins, dans les pages qui précèdent, les analyses concernant, par exemple, la contradiction de la description et du récit. Cependant, puisque certains, parmi les plus perspicaces, ainsi Françoise Gaillard, ne semblent pas admettre encore les enjeux de ce travail :

> Et c'est là que l'intérêt de votre arbre m'échappe : je ne vois pas l'intérêt d'une transformation topologique de la linéarité du discours. En vous écoutant, j'étais (...) tout à fait gênée par cette lacune importante qui est celle de la signification [3].

il n'est pas inutile, peut-être, d'inscrire ici un bref récapitulatif.

1. « La population des miroirs » (I, E : La subversion du titre).
2. « Le dispositif osiriaque » (III, D : Le dis-articulatoire).
3. *LPDSCF*, p. 121.

D'une part, *la disposition arborescente* de la description, telle que nous l'avons fait paraître (en I, A), laisse comprendre, en ce qu'elle est homologue à la disposition arborescente du récit (en V, A), l'accord apparent du récit et de la description : le récit semble s'affirmir par la description en ce qu'il s'agit d'abord d'un appareil autoritaire qui en capte un autre. D'autre part, *la synchronie de la description*, telle que nous l'avons soulignée (en I, B), laisse comprendre, en ce qu'elle est contraire à la diachronie du récit, un premier désaccord du récit et de la description : le récit est affaibli par la description en ce que son cours se trouve soudain interrompu. En outre, *la projection de l'arbre descriptif unitaire sur la ligne littérale*, telle que nous l'avons indiquée (en II, A), laisse comprendre, en ce qu'elle fait surgir tout un jeu de parenthèses, un désaccord entre la prétention réaliste et la pratique réelle de la description : l'appareil autoritaire de la description subit un morcellement dans la linéarité de l'écriture. Enfin, *la disposition de la synchronie descriptive selon la diachronie de la ligne littérale*, telle que nous l'avons marquée (en II, B), laisse comprendre, en ce qu'elle tend à induire un récit inénarrable, d'une part, une mise en cause de la prétention descriptive (puisqu'elle brise son unité synchronique) et, d'autre part, une mise en cause de la prétention diégétique (puisqu'elle propose un récit tout autre qui se pense hors de la catégorie des événements). Il semble donc clair que l'indication de l'arborescence descriptive tient une place stratégique nécessaire dans la mise en évidence de certains des fonctionnements anti-autoritaires du texte.

Cependant, un problème subsiste : rétrograder les représentés, ainsi que nous le faisons (figure 7), de leur fallacieuse primauté

CONFLIT PRINCIPAL		
appareil autoritaire		*activités anti-autoritaires*
CONFLIT SECONDAIRE	représentés bourgeois	représentés socialistes	contestation des représentés

(Figure 7)

59

agressive jusqu'à leur réel emplacement secondaire, ce n'est aucunement prétendre, ainsi que certains s'efforceraient peut-être de le croire, à leur entière insignifiance. Rien de ce qui, d'une manière ou d'une autre, se trouve invoqué dans les pages ne saurait être indifférent. Seulement, sa prise en compte doit toujours s'accomplir à partir du principal : le fonctionnement spécifique du texte. L'appareil autoritaire, en tant qu'il permet le représentatif, impose le domaine de l'*édification :* il convoque les représentés. L'activité anti-autoritaire, en tant qu'elle combat le représentatif, propose le domaine de la *contestation :* elle met en cause les représentés. Cette contestation, dont les procédures sont peut-être innombrables, forme un domaine spécifique. On pourrait le nommer l'*ironie textuelle,* puisque, en ces fonctionnements, le texte se trouve contredire ce qui, en même temps, s'efforce de se dire. Il y a donc lieu de concevoir deux manières de paradoxes.

Le premier, c'est le *paradoxe de l'oppositionnel.* Considérer directement, comme si de rien n'était, les représentés du texte, c'est aussitôt, effaçant le conflit majeur, s'enclore dans la nécessité de l'appareil autoritaire. Faire, avec les meilleures intentions du monde, la critique des représentés *bourgeois* (qui correspondent à des situations, comportements, valeurs de la société bourgeoise), c'est passer à côté du principal : la critique des *représentés* bourgeois. Faire, avec les meilleures intentions du monde, l'apologie des représentés *socialistes* (qui correspondent à des situations, comportements, valeurs d'une société socialiste), c'est passer à côté du principal : la critique des *représentés* socialistes. C'est mener un combat qui préserve le système. C'est tenir une place que prévoit le système : celle de l'oppositionnel. L'illusion oppositionnelle consiste, par insertion conflictuelle, à prétendre vaincre l'adversaire sur son propre terrain. Or, nous l'avons vu, c'est en quelque façon le terrain de l'adversaire qui suffit à battre l'oppositionnel. Le paradoxe de l'oppositionnel, c'est une sorte de *double qui gagne perd.* D'une part, en se plaçant au plan des représentés, il autorise le maintien du principal (l'appareil hiérarchique de domination); d'autre part, en disposant de nouveaux représentés, il dissimule sa défaite effective (le maintien de cet appareil).

Le second, c'est le *paradoxe du révolutionnaire.* Considérer d'abord, en tout état de cause, les fonctionnements du texte, c'est aussitôt, inscrivant le conflit majeur, ouvrir la possibilité des stratégies anti-autoritaires. Faire l'usage de ses stratégies, c'est nous l'avons noté, accéder au principal : obtenir, vis-à-vis des représentés, certains effets résolument contestataires. C'est, mener un combat qui agresse le système. C'est tenir une place qui échappe au système : celle du révolutionnaire. L'attitude révolutionnaire consiste, par englobement conflictuel, à concevoir un nouveau domaine contradictoire. Or, si l'on peut dire, ce domaine contradictoire suffit à amorcer le succès du révolutionnaire. Le paradoxe du révolutionnaire, en l'occurrence, c'est une sorte de *double qui perd gagne*. D'une part, en évitant de se laisser éblouir par les représentés, il autorise la venue du principal (les stratégies qui mettent en cause l'appareil dominateur). D'autre part, en évitant d'inscrire de nouveaux représentés, il complète sa victoire effective en accomplissant la critique des représentés adverses. Car, ce qui se trouve contesté, en même temps que l'appareil autoritaire de représentation, c'est, d'une certaine façon, cela même qui tend à se former comme représenté.

S'agissant du texte, il y aurait donc, très schématiquement, quatre rôles principaux : le réactionnaire conséquent, qui utilise l'appareil autoritaire afin d'installer des représentés bourgeois; le réactionnaire involontaire, qui conserve l'appareil autoritaire afin d'inscrire des représentés socialistes; le révolutionnaire critique, qui recourt à l'activité anti-autoritaire opérant la contestation textuelle des représentés bourgeois; le révolutionnaire autocritique, qui pratique l'activité anti-autoritaire provoquant la mise en cause textuelle des représentés socialistes. Cette dernière attitude, certes, selon toute apparence, ne va pas sans poser divers problèmes. Notons-en un. Dans une société bourgeoise, la critique textuelle des représentés socialistes est sans doute prématurée. Elle risque le *détournement :* visant à sa manière ce qui n'est pas encore en vigueur, elle peut conforter, indirectement, ce qui se trouve au pouvoir. Dans une société socialiste, la critique textuelle des représentés socialistes est certainement indispensable. Elle donnera du *jeu :* visant à sa manière ce qui sera en vigueur, elle maintiendra à distance l'autoritaire esprit de sérieux.

C. *La chaîne de montage*

Nous l'avons souligné, il y a deux types de textes : le texte moderne où la contradiction tend à être dominante; le texte d'autrefois où la contradiction tend à être dominée. De même, il y a deux sortes de lectures : la lecture moderne qui s'efforce de mettre en évidence, dans les textes passés comme dans les textes présents, tout ce qui suscite le vif d'une contradiction, tout ce qui contrecarre, fût-ce insidieusement, l'appareil autoritaire; la lecture d'autrefois qui tâche de mettre ces contradictions sous l'éteignoir. Certaines de nos analyses, au début de cette étude, semblent avoir offert à ce conflit de lectures l'occasion de s'épanouir. Et cela pour deux motifs : le premier est que nous avons résolument pris le parti de souligner les contradictions ; le second est que certaines des descriptions de Flaubert concernant des objets fabriqués présentent, de ce point de vue, une certaine ambivalence et se disposent alors, en quelque façon, comme des territoires intermédiaires que chaque espèce de lecture entend bien conquérir.

Rappelons donc le problème. S'agissant de description, l'écriture moderne s'applique à mettre en place et la lecture moderne s'efforce de souligner la simultanéité des diverses parties de l'objet. Ainsi s'aggrave une contradiction : celle qui désaccorde la diachronie de la description et la synchronie de l'objet (nous l'avons fait en III, A). Inversement, l'écriture d'autrefois s'applique à mettre en place et la lecture d'autrefois s'efforce de souligner la successivité des diverses parties de l'objet, c'est-à-dire des phases de sa confection. Ainsi se conforte une correspondance : celle qui accorde la diachronie de la description et la diachronie de la fabrication : c'est cela (nous l'avons vu en IV, C) que Lessing loue tellement chez Homère. Quant à l'ambiguïté des passages de Flaubert, elle est double. La première ambiguïté vient de ce qu'on peut *supposer* qu'ils se trouvent à mi-chemin de ces deux extrêmes, les objets étant *à la fois* synchroniques et diachroniques. La seconde ambiguïté vient de ce qu'on peut *discuter* cette position intermédiaire elle-même. Enfin, il y a conflit des lectures, en l'occurrence, non seulement parce qu'elles se contredisent, théoriquement, au plan de leur objectif, mais encore parce qu'elles s'opposent, pratiquement, au plan de leurs défauts. Car ces deux lectures, en leur exercice, connaissent l'une et l'autre certains défauts et, curieusement, ces défauts sont ici d'ordre inverse. L'un, qui procède de manière soustractive, peut s'appeler *restriction du texte :* il consiste à ne pas lire ce qui est écrit. L'autre, qui procède de manière additive, peut se nommer *dilatation du texte :* il consiste à lire ce qui n'est pas écrit.

Ainsi que nous l'avons déjà admis plus haut [1], nous sommes partiellement tombés dans la première traverse. Tout occupé à faire lire ce qui n'était pas lu, nous avons été conduit à ne pas lire ce qui se trouvait peut-être également écrit. Tout affairé à souligner la synchronie de l'objet (et ainsi, premièrement, sa contradiction avec la diachronie de la description et, deuxièmement, l'effet d'autoreprésentation des adverbes de temps qui renvoient dès lors, non plus à l'objet, puisqu'il est synchronique, mais bien, puisqu'elle est diachronique, à la description elle-même), nous avons négligé l'éventualité que l'ordre

1. Dans la note de la page 37.

même selon lequel étaient inscrites les parties de l'objet pouvait bien correspondre à l'ordre de sa fabrication. Bref, notre analyse a présenté comme *absolu* un phénomène (la synchronie de l'objet dans la simultanéité de ses parties) qui n'est peut-être que *relatif* (certes, principalement, la synchronie de l'objet, mais, secondairement, offerte selon l'ordre diachronique de sa fabrication). Il s'ensuit que le rôle des adverbes de temps se divise, d'une part, comme nous l'avons dit, en un renvoi principal à la description puisqu'elle est immédiatement diachronique et, d'autre part, comme nous ne l'avons pas dit, en un renvoi secondaire à l'ordre des parties de l'objet puisqu'il serait mimétique de la fabrication. En d'autres termes, notre thèse nous paraît exacte mais devait être démontrée d'une manière moins sommaire que nous ne l'avons fait. A ce niveau, mais, nous y reviendrons, à ce niveau seulement, il nous faut donc accepter la remarque qui nous a été adressée par Philippe Hamon :

> Il y a une méta-technologie qui serait la technologie de l'écriture, mais je tiens à ce qu'on n'oublie pas la technologie numéro un, même si Flaubert n'est pas chapelier, ni Zola conducteur de locomotives [1].

Disposons une réserve, cependant. S'agissant de la pièce montée, la correspondance de l'ordre de la description et de l'ordre de la confection relève d'un certain *vraisemblable* : le gâteau est un étagement de parties. S'agissant de la casquette, la correspondance relève seulement du *possible* : le chapeau est une combinaison de parties. Dans ce dernier cas, la diachronie technologique, déjà secondaire puisque l'objet est principalement offert comme une synchronie, devient tertiaire, en quelque sorte, puisqu'il faut une opération de plus pour l'obtenir. Cette opération peut se faire de deux manières. Ou bien il s'agit d'une *démonstration* : premièrement, on montre dans plusieurs descriptions du texte le caractère vraisemblable de la correspondance entre le descriptif et le technologique; deuxièmement, on en induit l'actif d'une règle; troisièmement, on applique cette règle au cas problématique. Ou bien il s'agit d'une *vérification* : on s'adresse au chapelier lui-même afin qu'il authentifie le passage en litige. A supposer que la démonstration soit réussie, on a changé, par une lecture, le possible en un *vraisemblable* : c'est un effet indirect de texte. A supposer que la vérification soit positive, on a changé, par une enquête, le possible en un *véritable* : c'est un effet indirect de hors-texte. Ces deux opérations déterminent donc un paradoxe en chiasme : avec la démonstration, le texte, faisant moins (il programme seulement une vrai-

---

1. *LPDSCF*, p. 109.

semblance), montre une certaine *aptitude* (la ressource d'une régulation le rend probant par lui-même); avec la vérification, le texte, faisant plus (il dispose une exacte vérité), montre une certaine *inaptitude* (l'obligation d'une enquête le suppose non probant par lui-même).

Dans la discussion qui nous occupe ici, ces deux opérations ont été apparemment accomplies. En fait, c'est d'une façon particulière et, peut-être, significative. Sur la voie de la démonstration, ce que Claude Duchet a fourni, c'est plutôt une *affirmation déguisée :*

> Enfin d'une manière générale, je pense qu'une écriture de la représentation ne doit pas échapper à une mimesis des technologies, s'agissant, comme dans le cas de Flaubert, d'objets plus ou moins manufacturés et artisanaux [1].

En effet, ce jugement consiste en le complexe de deux interventions. L'une met en jeu une proposition admissible : cette connivence de la représentation et d'une mimesis des technologies dont Lessing, précisément, nous l'avons vu, permet de bien comprendre la raison. L'autre, en revanche, met en œuvre une prestidigitation adroite : la réduction *préalable* du texte de Flaubert à une écriture de la représentation. Sitôt réussi ce coup de force, le jugement revient à peu près à ceci : puisque le texte de Flaubert est un cas d'écriture de la représentation, il ne doit pas échapper à ce qui le rend représentatif. Sur la voie de la vérification, ce que Maurice de Gandillac a proposé, c'est plutôt une *dubitation assertive :*

> Êtes-vous sûr — il faudrait s'adresser à des chapeliers — que la description ne corresponde pas plus ou moins aux phases effectives de la fabrication d'une casquette ? D'abord, les « trois boudins ». Flaubert écrit « venait ensuite ». Vous pensez que le « venait » n'a pas de sens de technologie référentielle, mais il se peut que la « façon de sac » ait été fabriquée ensuite, ou du moins ajustée aux boudins dans une seconde phase [2].

En effet, cette interrogation, en son insistance, laisse entendre, non pas seulement, ce qui est légitime, qu'il pourrait en être ainsi, mais encore, ce qui est à la limite du tendancieux, qu'il pourrait *bien* en être ainsi. Ce qui menace donc ici, chez Claude Duchet, n'est pas trop distant de *la pétition de principe*, qui suppose indirectement admis ce qui, au contraire, se trouve en question. Ce qui menace donc ici, chez Maurice de Gandillac, n'est pas trop distant de *l'anticipation du résultat*, qui suppose indirectement obtenu ce qui, au contraire, se trouve en question. Risquons alors une hypothèse : ces manières

1. *LPDSCF*, p. 123.
2. *LPDSCF*, p. 109.

d'anomalies, chez des penseurs dont la rigueur ne saurait être mise en cause, serait le signe de l'actif d'un certain désir. Et ce désir, qui veut intensément, même à ce que nous avons nommé le niveau tertiaire, que l'opportune diachronie technologique fonctionne, c'est *le désir réaliste même*.

A l'opposite de la restriction textuelle, s'opère, nous l'avons annoncé, la dilatation du texte. Cette curieuse surestimation, qui, à son insu, se prend à lire ce qui n'est pas écrit, s'accomplit principalement selon deux modalités inverses. L'une est *directe :* elle consiste, certes dans des conditions bien particulières, à consentir carrément au texte l'offrande de quelques mots supplémentaires. C'est ce qui paraît être advenu à Claude Duchet : commentant de mémoire la description de la pièce montée et s'efforçant à son tour d'accréditer la thèse de la mimesis technologique, il semble avoir subi une suffisante poussée de désir réaliste pour adjoindre, s'agissant précisément d'ajout et selon une façon de lapsus, tout un début de phrase aux lignes de Flaubert :

> Par exemple, pour la pièce montée, l'activité technologique y est mimée en tant que telle, il y a même une phrase disant : « le pâtissier y avait ajouté... [1] »

L'autre modalité est *indirecte :* elle consiste, non point à ajouter ouvertement au texte, mais plutôt à soustraire, subtilement, à ce que le texte se trouve censé représenter. C'est ce qui paraît être advenu à Philippe Hamon : soulignant la thèse de la mimesis technologique, il a été conduit à minimiser la matérialité de la fabrication. Ainsi qu'il l'a dit au cours de la discussion, puis précisé ultérieurement dans un excellent article :

> La référence à une PROCÉDURE TECHNOLOGIQUE, c'est-à-dire une suite orientée, donc prévisible, d'actes techniques non permutables. Pour décrire une église, on dira soit la FABRICATION de l'église (fondations → gros œuvre → charpente → aménagement intérieur → décoration intérieure...), soit le MODE D'UTILISATION de l'église (une messe, un mariage...). La synchronie de l'objet à décrire est alors déployée en la diachronie de sa technologie, et cette diachronisation est souvent perceptible, en filigrane, jusque dans l'ordre du lexique des descriptions les plus statiques (dans MADAME BOVARY, la casquette de « charbovari », la pièce montée de son mariage); la fin de la description est signalée par le FINI de l'objet (et inversement), dont on termine la description par le DERNIER élément de sa fabrication (le gland et la visière de la casquette; le petit amour au sommet de la pièce montée) [2].

1. *LPDSCF*, p. 123.
2. « Clausules », *Poétique*, n° 24, p. 511. Consulter également *LPDSCF*, p. 107-109.

Nul doute que se joue ici, à hauteur du minutieux, tout le vif du débat. Notons-le d'abord : la posture de Philippe Hamon n'est pas exempte de force. D'une part, elle présente une exactitude apparente : c'est une convenance en gros. En ce qu'elles sont des procès, la fabrication et l'utilisation disposent une espèce de successivité dont on peut trouver quelquefois une façon d'écho, compte tenu des réserves précédentes, dans le déroulement de certaines descriptions. D'autre part, elle bénéficie d'une valorisation intense : c'est une idée admise. En ce qu'elle réussirait, non seulement à faire surgir l'objet, mais encore sa fabrication ou son utilisation, la description réaliste serait celle qui prodigue une connaissance plus complète du réel. Elle proposerait non seulement l'objet mais encore le social, le culturel, le technologique :

> La description est toujours, plus ou moins, un mode de classement du réel, donc une « mise en ordre » (aux deux sens du terme : rangement, et orientation), *l'insertion du social — du culturel — et du technologique dans le texte* [1].

Notre propos consiste donc à critiquer l'image de la technologie qui nous est soumise, et, conjointement, à souligner combien le rapport du réalisme à la matérialité de la fabrication est de l'ordre du mépris souverain.

Rappelons-le : l'un des problèmes majeurs pour le texte représentatif, le *Laocoon* permet de bien le comprendre (IV, C), c'est la métamorphose de la synchronie de l'objet en une diachronie qui corresponde à la diachronie de sa description. Ce qui intéresse le réaliste, en conséquence, dans la fabrication de l'objet, *ce n'est pas la fabrication elle-même :* c'est seulement la possibilité d'une élégante solution à son problème rhétorique. Sans vouloir entreprendre ici un inventaire des solutions, rappelons seulement que, suivant les cas, la manœuvre représentative opte pour une formule tout autre : soit une suite de gestes (l'habillage d'Agamemnon chez Homère ou, d'une autre façon, la messe dans l'église, que signale Hamon), soit l'insertion de fragments brefs dans le cours du récit (la description éparse d'Emma que rappelait Raymonde Debray-Genette), soit la temporalisation relative de l'objet (les différentes époques marquées par la pièce montée), soit le parcours d'un regard (si cher à Lamartine [2]). Nathalie Sarraute, par exemple, a bien senti, à sa manière, cette équivalence d'effet entre certaines solutions différentes :

---

1. *Clausules*, p. 511.
2. Voir, plus bas, le chapitre « Le dispositif osiriaque » (I, E : La xénolyse).

Une pièce montée que je peux *regarder* d'abord par la base ou en voyant le maître queux qui commence à lui *faire* une base [1].

Si, contrairement aux idées reçues, l'aspect déterminant est ainsi l'instance littérale et l'aspect déterminé l'instance technologique, nous devons préciser avec soin le mécanisme de cette détermination. Il est double : d'une part, un *vecteur de coercition*, qui dispose le sens de l'influence et, d'autre part, un *critère de réduction*, qui permet l'effacement, dans l'instance technologique, des caractères fâcheusement non conformes. A propos de fragments dont nous avons vu l'ambiguïté, Philippe Hamon tranche sans s'astreindre au moindre recours, fût-il de pure forme, à la pratique elle-même. Peut-être n'est-il pas absolument nécessaire que la fabrication d'une casquette se termine par le gland. Cependant, Philippe Hamon nous l'assure sans prendre apparemment l'avis d'un chapelier. Peut-être n'est-il pas absolument nécessaire que la fabrication du gâteau se termine par l'ornementation de la plate-forme supérieure (on aurait pu ajouter à la fin, au deuxième étage, les menues fortifications en angélique, amandes, raisins secs, quartiers d'orange) et l'embellissement de celle-ci par le petit Amour (on aurait pu ajouter à la fin les rochers avec des lacs de confitures et des bateaux en écales de noisettes). Cependant, Philippe Hamon nous l'assure sans prendre apparemment l'avis d'un pâtissier. Ce n'est point parce qu'ils correspondent nécessairement aux derniers actes de la fabrication que le croisillon ou le petit Amour terminent la description, c'est parce qu'ils figurent à la fin de la description que certains sont près de laisser croire qu'ils sont nécessairement les derniers actes de la fabrication. Ce qui s'estompe, avec une telle procédure, c'est bien la spécificité d'une *pratique matérielle* : « même si Flaubert n'est pas chapelier, ni Zola conducteur de locomotive », précise Hamon opportunément. Ce qui s'installe, avec une telle procédure, c'est l'activité d'une *pratique fictive*. Ce qui est considéré, c'est, non pas une technologie réelle (selon l'exigence d'une connaissance effective), mais bien une technologie idéale (selon les intérêts de l'illusion réaliste). Cette technologie idéale procède d'une réduction : il s'agit d'exclure, dans la technologie véritable, tout ce qui empêche la solution du strict problème rhétorique. Ou, si l'on préfère, il s'agit de programmer l'illusion synecdochique qui fait prendre la partie pour le tout en considérant comme la fabrication tout entière ce qui n'est qu'un aspect de la fabrication. Et, plus précisément, de nommer fabrication ce qui n'est en fait qu'une conception très particulière du montage.

1. *Nouveau Roman : hier, aujourd'hui*, t. I, Éd. UGE 10/18, p. 33.

Cette préférence est sensible dans l'intervention citée de Maurice de Gandillac, où elle prend l'allure d'un repli : « il se peut que la " façon de sac " ait été fabriquée ensuite, *ou du moins ajustée aux boudins dans une seconde phase* ».

Ce qui porte gêne, en effet, en l'occurrence, ce sont évidemment les deux espèces de phénomènes aptes à mettre en cause l'idée d'une pure succession opératoire. L'un est l'ordre permutable de certaines suites d'opérations entre les seuils de non-permutabilité : on peut sans doute orner le deuxième étage du gâteau aussi bien après qu'avant le troisième. L'autre est la simultanéité possible de certaines opérations : on peut préparer en même temps plusieurs parties du gâteau. La manœuvre réaliste provoque donc son idéal technologique par un double amenuisement. L'un tente d'apporter une restriction à la simultanéité des opérations. C'est le choix implicite du principe de *montage principal :* avec le montage principal, il s'agit, non plus de travailler sur des parties séparées (ce qui autorise la simultanéité des opérations), mais bien sur un édifice unique (ce qui réduit cette aptitude). L'autre amenuisement tente d'apporter une restriction à la permutabilité relative de l'ordre des opérations. C'est le choix implicite du principe d'*optimisation unilatérale :* avec l'optimisation unilatérale, il s'agit d'admettre, non plus une certaine diversité des ordres opératoires, mais bien de croire, ce qui n'est pas indiscutable, que l'un d'entre eux est décisivement le plus rentable, et s'y tenir. Bref, telle que la fantasme la prétention réaliste, la fabrication de l'objet est réduite à un montage idéal. En ce qu'elle doit se conformer autant que possible à l'inévitable chaîne descriptive, la technologie idéale postulée par le réalisme accentue fictivement, par une rencontre curieuse, une chaîne plus célèbre : à la suite de l'organisateur Taylor, la chaîne de montage de l'organisateur Ford.

VI. *L'INITIATIVE AUX MOTS*

Mettre en évidence, dans une prose, tels notables caractères des signifiants, c'est faire surgir, presque à coup sûr, selon un partage bien connu, diverses résistances prévisibles. Certaines s'appliquent à restreindre autant que se peut la présence des phénomènes ; d'autres se plaisent à leur faire subir un commode apprivoisement.

A. La consonance improbable

La réduction de ce qu'on peut appeler, dans un sens large, le domaine consonantique [1], s'accomplit de plusieurs manières. Nous en soulignerons cinq : trois ici même et deux autres plus loin (VI, D et VI, F).

L'une relève de l'*élévation* : si tels jeux consonantiques sont improbables dans le texte, c'est pour cause d'indignité. Ce qui les élimine, c'est leur nature superficielle, c'est leur aspect caricatural. Ainsi, s'agissant de Proust, Henri Bonnet se risque à prétendre :

> Mais comment accepter de considérer comme partie intégrante de l'écriture proustienne les lapsus ou les calembours des héros que caricature Proust, du prince de Guermantes au maître d'hôtel en passant par Cottard ? Et surtout comment accepter de lier le calembour à la métaphore, un superficiel accident de langage à l'expression d'une profonde ressemblance qui suppose l'intervention de l'intelligence. C'est confondre Proust avec San Antonio [2].

Sans revenir ici sur nos analyses du domaine consonantique dans *A la recherche du temps perdu* [3], remarquons seulement, selon cinq points brefs, combien le recours à l'esprit d'élévation peut conduire loin du texte le rédacteur en chef du *Bulletin de l'association des amis de Marcel Proust et des amis de Combray*. *Premièrement :* loin d'être le triste privilège « des héros que caricature Proust », le lapsus affecte aussi bien le narrateur lui-même :

> En elle-même ma double erreur de nom, m'être rappelé « de l'Orgeville » comme étant « d'Eporcheville » et avoir reconstruit en « d'Eporcheville » ce qui était en réalité « Forcheville », n'avait rien d'extraordinaire [4].

Deuxièmement : loin d'être extraordinaire, donc, le lapsus constitue la règle :

> Notre tort est de présenter les choses telles qu'elles sont, les noms tels qu'ils sont écrits, les gens tels que la photographie et la psychologie donnent d'eux une notion immobile. Mais en réalité ce n'est pas

---

1. Ainsi, Fontanier assemble, sous l'idée de *consonance*, l'allitération, la paronomase, l'antanaclase, l'assonance, la dérivation, le polyptote (*Les Figures du discours*, Flammarion, p. 344-352).
2. « Jean Ricardou et la métaphore proustienne », dans *Bulletin de l'association des amis de Marcel Proust et des amis de Combray*, nº 26, p. 294.
3. Voir, plus bas, le chapitre « La métaphore d'un bout à l'autre », qui reprend, selon une version revue et complétée, l'article auquel fait référence Henri Bonnet, paru dans *Les Cahiers Marcel Proust*, nº 7.
4. *La Fugitive*, Gallimard, « Bibl. de la Pléiade », t. III, p. 573.

du tout cela que nous percevons d'habitude. Nous voyons, nous entendons, nous concevons le monde tout de travers [1].

Troisièmement : loin d'être partielle, la règle du lapsus configure tous les domaines :

> Cette perpétuelle erreur, qui est précisément la « vie », ne donne pas ses mille formes seulement à l'univers visible et à l'univers audible, mais à l'univers social, à l'univers sentimental, à l'univers historique, etc. [2].

Quatrièmement : loin d'être des incomparables, la métaphore, appuyée sur une analogie des signifiés, et le calembour, issu d'une analogie des signifiants, se trouvent liés par exemple, dans *la Recherche,* selon une identité de fonction : les deux opérations permettent notamment, l'une et l'autre, de parfaits quiproquos. Tel est bien le rôle, en effet, non moins, des métaphores picturales d'Elstir :

> Mais j'y pouvais discerner que le charme de chacune consistait en une sorte de métamorphose des choses représentées, analogue à celle qu'en poésie on nomme métaphore, et que, si Dieu le Père avait créé les choses en les nommant, c'est en leur ôtant leur nom ou en leur en donnant un autre qu'Elstir les recréait. (...) Une de ses métaphores les plus fréquentes dans les marines qu'il avait près de lui était justement celle qui, comparant la terre à la mer, *supprimait entre elles toute démarcation* [3].

Cinquièmement : loin d'être des improbables, les consonances se rassemblent parfois, dans *la Recherche,* selon une densité que la moindre oreille attentive remarque. Ainsi, dans tel passage célèbre, non seulement, entre autres, « saison » et « maison », « Saint-Esprit » et « mon esprit », « longtemps » et « étendu », « étendu » et « étang », « le temps » et « ma tante », « opale » et « eau », « montions » et « montrer », mais encore et surtout, de si roussellienne manière, « les (grands) rideaux » et « les rides de l'eau » :

> Au commencement de la *saison,* où le jour finit tôt, quand nous arrivions rue du *Saint-Esprit,* il y avait encore un reflet du couchant sur les vitres de la *maison* et un bandeau de pourpre au fond des bois du Calvaire, qui se reflétait plus loin dans l'étang, rougeur qui, accompagnée souvent d'un froid assez vif, s'associait, dans mon *esprit,* à la rougeur du feu au-dessus duquel rôtissait le poulet qui ferait succéder pour moi au plaisir poétique donné par la promenade, le plaisir de la gourmandise, de la chaleur et du repos. Dans l'été au

1. III, p. 573.
2. III, p. 573-574.
3. I, p. 835-836.

contraire, quand nous rentrions, le soleil ne se couchait pas encore ; et pendant la visite que nous faisions chez ma tante Léonie, sa lumière qui s'abaissait et touchait la fenêtre, était arrêtée entre *les* grands *rideaux* et les embrasses, divisée, ramifiée, filtrée, et, incrustant de petits morceaux d'or le bois de citronnier de la commode, illuminait obliquement la chambre avec la délicatesse qu'elle prend dans les sous-bois. Mais certains jours fort rares, quand nous rentrions, il y avait bien *longtemps* que la commode avait perdu ses incrustations momentanées, il n'y avait plus, quand nous arrivions rue du Saint-Esprit, nul reflet du couchant *étendu* sur les vitres et l'*étang*, au pied du calvaire, avait perdu sa rougeur, quelquefois il était déjà couleur d'*opale* et un long rayon de lune, qui allait en s'élargissant et se fendillait de toutes *les rides de l'eau*, le traversait tout entier. (...) Et sans avoir pris le *temps* d'enlever nos affaires, nous *montions* vite chez ma *tante* Léonie pour la rassurer et lui *montrer* que, contrairement à ce qu'elle imaginait (...) [1].

Une seconde réduction du domaine consonantique relève de l'*exclusivisme* : si tels arrangements de signifiants sont improbables dans le texte, c'est pour cause de place-prise. Ce qui les élimine, c'est la présence de certains autres, reconnus et admis. Ainsi, s'agissant de Flaubert et dans la discussion qui nous occupe, Claudine Gothot-Mersch assure :

> Vous avez parlé de la contradiction du phonique et du graphique : il est certain que, chez Flaubert, c'est le phonique qui l'emporte : voyez l'épreuve du gueuloir, la chasse aux allitérations, etc. Dès lors, je me demande quel sens cela peut avoir de jumeler le « ch » de CHARLES, le « k » de CARTONNE et le « s » de CIRCULAIRE [2].

Certes, il est toujours fructueux de reconnaître, dans un livre, le vif d'un fonctionnement. Telle réussite, toutefois, en l'euphorie légère qui l'accompagne, risque de conduire à une double cécité. L'une *dissimule les infractions à la règle*. Que Flaubert pourchasse les assonances et de surcroît l'atteste :

> Goncourt est très heureux quand il a saisi dans la rue un mot qu'il peut coller dans un livre, et moi très satisfait quand j'ai écrit une page sans assonances ni répétitions [3].

n'empêche aucunement, quelquefois, par exemple avec la savoureuse désobéissance inaugurale de *Salammbô*, que le texte soudain les multiplie : « C'était *à* Mégara, faubourg de Carthage, dans les jardins

1. I, p. 133.
2. *LPDSCF*, p. 110.
3. Lettre à George Sand, décembre 1875.

d'Hamilcar. » L'autre aveuglement *occulte l'actif d'une autre règle.* Que tel poète propose ouvertement les sonorités ordonnées d'un ensemble de rimes :

> Vous portastes, digne Vierge, princesse,
> Iesus régnant qui n'a ne fin ne cesse.
> Le Tout Puissant, prenant nostre foiblesse,
> Laissa les creulx et nous vint secourir,
> Offrit a sa mort sa tres chiere jeunesse;
> Nostre Seigneur tel est, tel le confesse :
> En ceste foy je veuil vivre et mourir.

n'empêche aucunement, quelquefois, par exemple avec la célèbre strophe de Villon, que l'initiale de chaque vers dispose ses lettres suivant la règle d'un rigoureux acrostiche. A l'exclusion, qui offusque ce qui n'est pas semblable, il est donc plus fertile, peut-être, de préférer l'adversion, si l'on peut dire, qui ajoute ce qui est opposé. Avec l'adversion, *l'infraction* tend à relever, non plus de l'inadvertance, mais bien de la relation, et le dispositif réglé se pense, non plus comme ce qui exclut la transgression, mais comme ce qui lui ménage une force plus grande. Si l'assonance, dans la première phrase de *Salammbô*, est si explosive, c'est que le texte obéit à une règle qui les proscrit en général. Avec l'adversion, *la règle* tend, non plus à occulter d'autres règles, mais bien à en désigner la possibilité. L'inscription régulière des rimes à la fin des vers, non seulement n'entrave pas, ainsi qu'on le sait, les rimes intérieures, mais encore tend à désigner l'extrême opposé, le début des vers, comme un lieu apte à recevoir une certaine régulation. De même, l'inscription régulière d'un travail phonique dans un texte, qu'il multiplie ou pourchasse les assonances, non seulement n'interdit pas, mais encore peut désigner l'autre particularité du signe écrit, l'aspect graphique, comme domaine capable de subir non moins un certain ordonnancement. De même, l'inscription régulière d'un ensemble paradigmatique épars en tel lieu du texte, non seulement n'empêche pas, mais encore peut désigner l'organisation complémentaire, l'ensemble syntagmatique, comme capable non moins de s'éparpiller. Loin de s'exclure, la rime et l'acrostiche traditionnels peuvent se désigner respectivement, par adversion, en ce que la rime, à la fin des vers, offre un ensemble paradigmatique phonique tandis que l'acrostiche, au début des vers, dispose un ensemble syntagmatique graphique. Refusant toute exclusive, disons plus généralement, et nous aurons à y revenir, que le travail sur le signifiant tend à accroître le travail sur le signifiant.

Une troisième réduction du domaine consonantique relève du *rigorisme :* si tels agencements de signifiants sont improbables dans le texte, c'est pour cause d'imperfection. Ce qui les élimine, c'est leur caractère ouvertement approximatif. Ainsi, s'agissant, dans la description de la casquette de Bovary (en III, B), du rapprochement de la première partie du premier mot (*ov*oïde) et de la première partie du dernier mot (*bri*llait) évoquant Bovary *(bovri)*, Philippe Bonnefis déclare :

> Je ferai d'abord une remarque vétilleuse sur la façon dont vous avez produit le BOVRI dans le texte, en prélevant la syllabe ov en un point stratégique du texte et la syllabe BRI en un autre. C'est vrai du point de vue de la constitution paragraphique, mais peut-être que cela fait problème du point de vue de la place de l'accent tonique en français [1].

Soumettre ainsi le jeu des mots aux exigences d'un tel perfectionnisme, c'est, évidemment, une manière assurée d'en proscrire la plupart. C'est, par exemple, se rendre inapte à lire, dans le « Sonnet en X » [2], d'un terme à l'autre en « Des licornes ruant du *feu* contre une *nixe* », le mot *phénix*. Plus généralement, c'est omettre que le calembour se nomme, précisément, un *à peu près*. Philippe Bonnefis est d'ailleurs trop averti pour n'avoir point perçu, au passage, tout ce qui agissait, répressivement, dans sa réserve. Et c'est lui-même, de façon opportune, qui en signale le caractère de vétille.

B. *La consonance apprivoisée*

Avec la mise en improbabilité, se dispose une première ligne de défense. Avec l'apprivoisement, c'est une seconde ligne qui s'agence. Il ne s'agit plus, cette fois, de mettre en doute l'existence de tel phénomène consonantique. Il s'agit plutôt, méthodiquement, de réduire l'importance de son efficace. Le principe en est simple : au lieu d'admettre que la consonance puisse être une cause, on considère de préférence qu'elle est un effet. Bref, la manière la plus expédiente de réduire l'impact du jeu des mots n'est rien de moins que le système de l'expression-représentation. Pour celui-ci, nous le savons, il y a toujours, au départ du texte, sous une forme ou une autre, une intelligible entité antécédente, soit extra-textuelle, intérieure (le Moi) ou extérieure (le Monde), que le langage a pour rôle de manifester (expression du premier, représentation du second), soit intra-textuelle (les énoncés), à laquelle le langage doit se conformer (expressivité, représentativité). Pour le système expressif-représentatif, telle occurrence de langage ne saurait jamais être que l'effet d'une commande venue d'ailleurs.

1. *LPDSCF*, p. 103.
2. Mallarmé, *Œuvres complètes*, Gallimard, « Bibl. de la Pléiade », p. 69.

Tantôt, il s'agit d'une expression redoublée, active avec l'*apprivoisement redondant*. L'occurrence de langage est liée en quelque sorte deux fois au même propos : une première fois, parce qu'elle appartient à l'énonciation; une seconde fois, et c'est le point décisif, parce qu'elle mime l'énoncé. Ainsi, s'agissant de la consonance qui associe Charbovari et char à bœufs (en III, B), Claudine Gothot-Mersch déclare :

> Vous avez dit que Charles est un garçon de la campagne parce qu'il s'appelle Bovary, c'est-à-dire bœuf; je me demande si la démarche n'est pas inverse : il s'appellerait Bovary parce qu'il est un garçon de la campagne [1].

Si charbovari mime char à bœuf, le jeu des mots est bien subordonné à une entité intelligible posée au préalable : l'idée de campagne.

Tantôt, il s'agit d'une expression dédoublée, active dans deux opérations distinctes. L'une, c'est l'*apprivoisement spirituel*. L'occurrence de langage relève simultanément de deux propos et le trait d'esprit vient d'un choc spectaculaire : la rencontre des deux idées. Par exemple, cette rencontre peut être concordante et induire un renchérissement. Ainsi, dans *Eugénie Grandet*, quand le marchand de sel assure de Nanon, domestique à Saumur, qu' « elle est capable de faire des enfants » et qu' « elle est conservée comme dans la saumure [2] », la formule est le siège d'un double phénomène. D'une part certes, avec saumure, la superposition d'une métaphore (c'est une façon analogique de parler) et d'une métonymie (c'est ce que touche le marchand de sel) assure la formulation d'un désir : Nanon est prise dans ce que prend le marchand de sel. D'autre part, et c'est ce qui nous intéresse surtout ici, avec saumure, la formulation simultanée de l'idée d'habitation et de l'idée de conservation suscite une rencontre qui renforce « spirituellement » l'idée de conservation. Par exemple encore, cette rencontre peut être discordante et induire une ironie. Ainsi, dans *les Bains de Lucques*, de Heine, le propos de Hirsch-Hyacinthe de Hambourg célèbrement commenté par Freud [3] :

> Docteur, aussi vrai que Dieu m'accorde ses faveurs, j'étais assis à côté de Salomon Rothschild et il me traitait tout à fait d'égal à égal, de façon toute FAMILLIONNAIRE.

permet de combattre l'idée de familiarité par l'idée de millionnarité.

L'autre opération d'expression dédoublée, c'est l'*apprivoisement*

---

1. *LPDSCF*, p. 110.
2. *La Comédie humaine*, Gallimard, « Bibl. de la Pléiade », t. III, p. 628.
3. *Le Mot d'esprit et ses rapports avec l'inconscient*, Gallimard, coll. « Idées », p. 20 *sq*.

psychanalytique. L'occurrence de langage relève simultanément de deux propos et la manifestation inconsciente vient d'une coexistence imperceptible : celle de l'idée affichée, celle de l'idée insue. Ainsi, dans le beau texte intitulé *Écouter*, Serge Leclaire fait paraître, dans diverses phrases d'un de ses patients, l'actif, notamment par consonance, d'une commune idée sous-jacente :

> A une écoute, maintenant plus libre de préjugés, l'analyste ne se laisse pas prendre à la fascination des jeux d'ouverture et peut entendre littéralement le nom de Cravant comme une reprise francisée — ou obtempérant à l'« A » — des Craven « A » du rêve. Non sans « raison », au reste, car à plusieurs reprises, pour rendre compte du comique de l'effet produit par la scène redoublée du tableau de la rêverie, le patient avait répété que c'était « crevant », pour enchaîner aussitôt sur d'autres situations « crevantes » de structure analogue, où le terme inconscient se dévoile, inattendu, suscitant le rire, à la limite de l'angoisse. Ici, pour l'interprétation dont il convient de ne pas manquer le temps, deux mots suffisent : « à crever », lancés comme un écho, qui vont toucher le patient au plus vif, dévoilant, l'espace d'un instant, le plus secret de son intention inconsciente de défoncer, « crever » le corps maternel [1].

D'une certaine manière, donc, les apprivoisements redondant, spirituel, analytique, se ressemblent bien : ils soumettent la consonance au préalable d'une entité à exprimer. D'une autre façon, certes, ils se distinguent clairement. Avec les apprivoisements redondant et spirituel, non seulement la consonance est subordonnée, mais encore le sens lui-même est sous contrôle. Avec l'apprivoisement analytique, si la consonance est subordonnée, l'entité à exprimer, en ce qu'elle est inconsciente, garde, elle, toute sa sauvagerie. Nous aurons à y revenir.

C. *La consonance sauvage*

Des fonctionnements de la précédente sorte existent : nous ne visons ni à les ignorer, ni à les dissimuler. Mais l'étude de ces fonctionnements occupe une place hégémonique dans la pensée actuelle : nous prétendons restreindre cet impérialisme qui n'est rien de moins qu'un aspect de la domination idéologique de l'expression-représentation. Cela nous conduit à un double geste : d'une part, souligner les fonctionnements contraires que régulièrement on ignore ou dissimule; d'autre part, inscrire un dispositif dont les catégories soient aptes à prendre en charge les deux groupes contradictoires de fonctionnements.

1. *Psychanalyser*, Éd. du Seuil, p. 17.

Lorsque, dans *le Lièvre et les grenouilles*, Jean de la Fontaine écrit :

> Un lièvre en *son gîte songeait*
> (Car que faire en son gîte à moins que l'on ne songe ?) [1]

ce qu'il propose, pour la consonance, c'est un tout autre rôle. Lorsque, dans *Étymologie et Ethymologia*, Pierre Guiraud précise :

> L'ETHYMOLOGIA est une figure qui consiste à imaginer des caractères, des situations, des événements en jouant sur la forme des mots. C'est une sorte de motivation à l'envers; en général l'écrivain donne à ses personnages des noms conformes à leur caractère : EPISTEMON, HARPAGON, GAUDISSART OU CHIBREMOL; ici on inverse le procédé, c'est le nom qui crée le caractère et la situation, comme si M. Renard devait être nécessairement rusé et M. Mouton pusillanime [2].

ce qu'il dispose, pour cet autre rôle de la consonance, c'est une parfaite description. En effet, il ne s'agit plus, cette fois, de subordonner la consonance à l'antécédence d'un sens : il s'agit de fournir un sens à partir de l'antécédence d'une consonance. Bref, loin d'être un résultat, la consonance, en toute sauvagerie, se trouve ici une cause. A propos de langage, il importe ainsi de bien faire le départ entre une activité de *production* du sens (le sens comme effet de certaines pures dispositions de langage) et une activité de *reproduction* du sens (le sens comme cause dans la manœuvre d'expression-représentation) [3]. Par exemple, selon nous (en III, C), rappelons-le, l'ovoïdité de la casquette, la brillance de la visière, l'origine campagnarde de Charles sont des effets de la consonance de *Bovary* avec, d'une part, *ov*oïde et *br*illait, et, d'autre part, avec *bœuf*.

Certes, divers problèmes subsistent. L'un concerne *la détermination de la nature de l'opération* : s'agit-il d'une reproduction ou d'une production ? Il est facile, en général, de préciser selon quelle posture idéologique s'accomplit la lecture : celui qui souhaite l'antécédence du sens pense dans l'idéologie de l'expression-représentation; celui qui espère l'antécédence des sons opère dans une pensée de la production. Il est difficile, quelquefois, de détecter le facteur déterminant : certains critères sont indispensables. Nous y reviendrons (en VI, F). L'autre problème concerne ce que certains, aujourd'hui, appellent volontiers le sujet.

---

1. *Œuvres complètes*, Gallimard, « Bibl. de la Pléiade », t. I, p. 63.
2. *Poétique*, n° 11, p. 405.
3. Pour plus de détails : « La révolution textuelle », *Esprit*, n° 12, 1974.

D. *L'initiative inconsciente des mots*

En effet, se montrer résolument attentif à la consonance, c'est se mettre en posture de faire surgir, quelquefois en nombre considérable, toutes sortes de phénomènes qui passent communément inaperçus. Devant l'ampleur de l'abondance, devant l'imprévu des trouvailles, aussitôt une question se pose : les consonances mises en avant ont-elles été inscrites selon un geste conscient ou un acte inconscient ? Bref, qu'en va-t-il de l'activité du scripteur si sa prose est prise, selon une manière d'excès, dans un déconcertant jeu des signifiants ? C'est donc à juste titre, et bien que dessinant une façon de cadre étroit, que Françoise Gaillard nous a sommé de nous rendre plus explicite à cet égard :

> Si l'on ne peut nier le travail anagrammatique, qu'il soit projection du lecteur sur le texte, qu'il soit conscient ou inconscient, cela pose malgré tout une question, que vous me semblez avoir esquivée quand vous avez prononcé le nom de Freud comme celui d'une espèce de garant qui nous permet de jouer, mais sans aller au bout dans cette évocation, c'est-à-dire jusqu'à la logique de l'inconscient. Car s'il y a jeu anagrammatique, le problème serait de savoir d'où se règle le jeu, où s'énonce la loi à partir de laquelle il va se jouer; de savoir donc quelle théorie du sujet est implicite dans la mise en évidence du travail anagrammatique. La question du sujet, il y est répondu dans la théorie freudienne : c'est une certaine conception du travail du rêve à travers un type d'inconscient, il y est répondu dans l'interprétation idéologique : on sait où s'inscrivent les règles du jeu. Or le simple travail de description des procédures anagrammatiques ne peut aboutir à un travail de signifiance s'il n'est pas assorti de la mise en évidence, non pas de ce qu'est la loi (fonctionnement) mais du lieu à partir duquel elle peut s'énoncer comme loi (fonctionnalité) [1].

Notre propos comportera six points.

Le premier souligne l'idée qu'*il y a un certain actif inconscient des consonances*. Un exemple impressionnant se laisse lire dans *Genèse d'un poème*, où Poe explicite la manière selon laquelle il a composé *le Corbeau* : méthode toute empreinte de rhétorique, on le sait, puisqu'il s'agit de tout subordonner à la fabrication de certains effets, choisis au préalable, sur le lecteur. Ayant obtenu le fameux principe du refrain « never more » (jamais plus) à partir de considérations de ce genre, voici, on le sait, la façon dont il assure avoir retenu l'idée du *corbeau* :

> Le DESIDERATUM suivant fut : Quel sera le prétexte pour l'usage continu du mot unique JAMAIS PLUS ? Observant la difficulté que

1. *LPDSCF*, p. 120-121.

j'éprouvais à trouver une raison plausible et suffisante pour cette répétition continue, je ne manquai pas d'apercevoir que cette difficulté surgissait uniquement de l'idée préconçue que ce mot, si opiniâtrement et monotonement répétés devait être proféré par un être HUMAIN; qu'en somme la difficulté consistait à concilier cette monotonie avec l'exercice de la raison dans la créature chargée de répéter ce mot. Alors se dressa tout de suite l'idée d'une créature non raisonnable et cependant douée de parole, et très naturellement un perroquet se présenta d'abord; mais il fut immédiatement dépossédé par un corbeau, celui-ci étant également doué de la parole et infiniment plus en accord avec le TON voulu [1].

Ce qui est remarquable, notamment, dans ce paragraphe, c'est une curieuse inversion des fonctionnements. Dans une première phase, il s'agit, à partir d'une *unique configuration imposée* (la répétition du refrain), de construire une motivation qui l'intègre (l'oiseau parleur). Dans une seconde phase, au contraire, il s'agit, à partir de *plusieurs solutions possibles* (les divers oiseaux parleurs), de choisir celle qui répond le mieux à l'esprit du poème. Dans le premier cas, la motivation est déterminée (par la répétition obligée); dans le second cas, la motivation est déterminante (de l'oiseau choisi). Mais il est permis de se demander si, dans cette seconde phase, le second fonctionnement ainsi mis en évidence n'a pas pour rôle de dissimuler l'actif du même fonctionnement que dans la première phase : bref, s'il ne s'agit pas, une deuxième fois, à partir d'une *unique configuration imposée* (à laquelle appartiendrait *le Corbeau*), de fournir une motivation qui l'intègre (l'accord avec le ton général). Cette hypothèse est corroborée par l'ensemble de deux arguments complémentaires. D'une part, un *argument préparatoire :* la concordance avec le ton général du poème est en effet une intéressante motivation pour choisir corbeau; mais le contraste de son plumage avec le refrain « jamais plus » aurait pu être, non moins, une intéressante motivation pour choisir perroquet. Ou, si l'on préfère, l'indication de Poe n'est pas tout à fait probante. Elle consisterait à justifier un fait accompli (le choix, préalable et d'autre manière, du mot corbeau) qu'il n'en irait pas autrement. D'autre part, un *argument décisif :* il y a bien un phénomène déterminant de la venue du corbeau, et ce phénomène n'est aucunement d'ordre sémantique (une motivation) : il est d'ordre consonantique (une paronomase). Dans *Linguistique et Poésie* [2] et surtout dans *le Langage en action* [3], Roman Jakobson a clairement fait paraître ce jeu des mots. Mais, à

1. *Prose*, Gallimard, « Bibl. de la Pléiade », p. 1002.
2. *Essais de Linguistique générale*, Éd. de Minuit, p. 240.
3. *Questions de poétique*, Éd. du Seuil, p. 210.

notre avis, il en restreint quelque peu la portée en en faisant, par la formule « mais également parce que », moins un événement déterminant par lui-même qu'une sorte de *surcroît :*

> Dès lors, une créature parlante mais sous-humaine s'impose comme locuteur, et plus spécifiquement un oiseau de race corvine, non pas seulement à cause de son aspect ténébreux et de sa réputation « de mauvais augure », *mais également parce que,* dans la majeure partie de ses phonèmes, le mot RAVEN (corbeau) est simplement l'inverse du sinistre NEVER (jamais).

Selon nous, c'est l'unique configuration imposée (la consonance never/raven) qui suscite, à partir de never more, le terme de corbeau. Et la concordance du corbeau avec le ton général du poème est non pas certes, comme l'assure Edgar Poe, la seule motivation déterminante, ni tout à fait, comme le déclare Roman Jakobson, l'une des deux raisons du choix, mais plutôt, ainsi que nous croyons l'avoir montré, seulement une motivation déterminée. Quoi qu'il en soit, et à en croire *Genèse d'un poème,* l'efficace de la consonance en ce point de la genèse du poème aurait échappé à Poe, qui l'aurait seulement utilisée consciemment de manière allitérative dans certains passages du poème. On le devine : il y a bien d'autres exemples de l'actif inconscient des consonances. Rappelons que Roman Jakobson en a analysé bon nombre dans *Structures linguistiques subliminales en poésie* [1].

Le second point insiste sur *l'opération antiréductrice permise par l'idée d'un actif inconscient des consonances.* Nous l'avons vu (en VI, A) : le domaine de la consonance est soumis à tout un groupe de réductions. Nous avons déjà signalé l'élévation, l'exclusivisme et le rigorisme. Il faut y adjoindre *le volontarisme :* si tels jeux consonantiques n'ont guère à être pris en considération dans le texte, c'est pour cause d'absence de préméditation. Ce qui les élimine, c'est donc leur caractère aléatoire. Ainsi lorsque, plus haut (en VI, A), Claudine Gothot-Mersch oppose, chez Flaubert, le phonique au graphique, c'est aussi, implicitement, en tant que seul le premier relève d'une préméditation affichée. Ainsi, d'une tout autre manière, Saussure, quand il doute, à propos de ses immenses travaux sur les anagrammes, c'est qu'il reste pris dans la même alternative du conscient et du fortuit :

> Certains détails techniques qui semblent observés dans la versification de quelques modernes sont-ils chez eux purement fortuits ou VOULUS, et appliqués de manière consciente [2] ?

---

1. *Questions de poétique*, p. 280.
2. Citation par Jean Starobinski, dans *Les Mots sous les mots*, Gallimard, p. 149.

S'agissant de consonances, se soumettre, comme Ferdinand de Saussure, à cette alternative, c'est, méconnaissant une certaine activité inconsciente, astreindre à censure toute une part des aspects du texte. S'agissant de consonances, se soustraire, comme Roman Jakobson, à cette alternative, c'est, reconnaissant une certaine activité inconsciente, offrir droit de cité à toute une part des aspects du texte :

> Il nous suffit de rappeler les devinettes russes qui, comme on l'a mainte fois démontré dans les études de folklore, renferment souvent dans leur texte le mot d'énigme sous forme d'anagramme, sans que ceux qui les proposent, ou les résolvent, soupçonnent le fait de l'anagramme [1].

Le troisième point porte sur *la nature inconsciente de l'actif des consonances*. Nous l'avons vu (en VI, B) : il y a une consonance *apprivoisée* liée à l'inconscient en ce qu'elle permet d'agir à une « intention inconsciente » de l'opérateur. Nous venons de le voir (en VI, C et D) : il y a une consonance *sauvage* inconsciente en ce qu'elle s'accomplit si l'on peut dire pour elle-même, hors l'intention inconsciente de l'opérateur. Le problème consiste alors à préciser le mécanisme selon lequel tout un actif de la consonance sauvage se trouve porté à l'inconscient. Certaines indications de Freud permettent d'en spécifier les caractères majeurs. D'une part, il y a une satisfaction liée à l'exercice de la pure consonance sauvage :

> Le jeu — gardons ce terme — apparaît chez l'enfant à l'époque où il apprend à employer des mots et à coordonner des pensées. En jouant, l'enfant obéit sans doute à des instincts qui l'obligent à exercer ses facultés (Groos). Le jeu déclenche un plaisir qui résulte de la répétition du semblable, de la redécouverte du connu, de l'assonance, etc., et qui correspond à une épargne insoupçonnée de la dépense psychique. Il n'est pas étonnant que ce plaisir pousse l'enfant à cultiver le jeu, à s'y adonner de tout son cœur, *sans souci du sens des mots ni de la cohérence des phrases* [2].

D'autre part, cette satisfaction est soumise à une claire censure :

> Il accouple les mots sans souci de leur sens, pour jouir du plaisir du rythme et de la rime. *Ce plaisir est progressivement interdit à l'enfant* jusqu'au jour où finalement seules sont tolérées les associations de mots suivant leur sens [3].

---

1. « La première lettre de Saussure sur les anagrammes », dans *Questions de poétique*, p. 199.
2. *Le Mot d'esprit et ses rapports avec l'inconscient*, Gallimard, p. 193-194.
3. *Ibid.*, p. 189.

L'opérateur de cette censure, Freud, en ces parages, le discerne dans une faculté, la critique ou la raison :

> A ce jeu, les progrès d'une faculté, que nous appellerons, à juste titre, critique ou raison, imposent un terme. Ce jeu est désormais condamné comme dénué de sens; la critique le rend impossible [1].

Cependant, si l'on note que cette interdiction est d'abord exercée par la systématique réprimande parentale, il semble légitime d'admettre que l'agent de la censure de la consonance sauvage est ultérieurement cette instance que Freud nomme le sur-moi.

Le quatrième point porte sur *l'abondance des consonances sauvages inconscientes dans la littérature,* entendue ici comme ensemble de textes issus d'un effort langagier tout spécial. Elle nous paraît ressortir à un fonctionnement double. *Premièrement :* l'effort appliqué aux dispositions langagières est deux fois lié au plaisir sauvage que l'enfant, consonantiquement, s'octroie. D'une part, cette pratique littéraire trahit la force initiale et la persistance, en dépit de la censure, du plaisir pris au jeu des mots : l'exigence insistante trouverait ainsi à se satisfaire, non pas seulement, comme le suppose Freud, dans le mot d'esprit et la plaisanterie, mais encore, sans qu'il y ait cependant lieu de les confondre, dans l'exercice de la littérature. D'autre part, cette pratique littéraire, non seulement assure la satisfaction qu'elle a pour rôle d'obtenir, mais encore, en l'assouvissant et en l'affinant, en relance l'exigence initiale. *Deuxièmement :* l'effort appliqué aux dispositions langagières est deux fois actif par rapport à la censure du sur-moi. D'une part, en tant qu'il est conscient, il fait office de diversion : il fixe la censure, toute affairée à proscrire jusqu'où, selon le mot de Cocteau, « il est permis d'aller trop loin ». D'autre part, en tant qu'il est inconscient, il est en mesure de franchir le barrage de la censure toute occupée, ainsi qu'on l'a supposé, à surveiller les opérations, déjà scabreuses par elles-mêmes, qu'accomplit l'écrivain de façon concertée.

Le cinquième point concerne *le mobile de l'instance parentale quand elle porte l'interdiction sur la consonance sauvage à laquelle, pour leur jubilation parfaite, se complaisent les enfants.* Certains, peut-être, se demandent ce qui est alors effectivement visé : est-ce la joie ou bien l'opération ? C'est l'une et l'autre, certes, ou plutôt la première secondairement, à cause de la seconde, principalement. En ce qu'il accompagne l'exercice de la consonance sauvage, le plaisir en effet est porteur d'une assurance : celle que l'opération consonantique a toute

---

1. *Ibid.*, p. 194.

chance de se trouver, ultérieurement, maintes fois réitérée. Or cette opération présente un danger majeur pour la raison ou la critique comme dit Freud, pour « le code de la langue » comme dit Saussure [1] en tant qu'elle est utilisée par « un sujet parlant (...) en vue d'exprimer sa pensée personnelle ». En effet, elle forme ce que Barthes, pointant avec bonheur le problème, nomme « la levée d'une sorte de censure structurale » ou encore « une sorte de scandale structural » :

> Ces oppositions forment la plupart des jeux de mots, calembours et contrepèteries; en somme, partant d'une opposition pertinente (FÉLIBRES/FÉBRILES), il suffit de supprimer la barre d'opposition paradigmatique pour obtenir un syntagme étrange (FÉLIBRES FÉBRILES, titrait un article de journal); cette suppression soudaine de la barre ressemble assez à la levée d'une sorte de censure structurale, et on ne peut manquer de rapprocher ce phénomène du rêve comme producteur ou utilisateur du jeu de mots. Autre direction, d'importance, à explorer : la rime; la rime forme une sphère associative au niveau du son, c'est-à-dire des signifiants : il y a des paradigmes de rimes; par rapport à ces paradigmes, le discours rimé est évidemment constitué par un fragment de système étendu en syntagme; la rime coïnciderait en somme avec une transgression de la loi de distance du syntagme-système (loi de Trnka); elle correspondrait à une tension volontaire de l'affinitaire et du dissemblable, à une sorte de scandale structural [2].

Bref, l'instance parentale, en censurant la consonance sauvage, œuvre à la sauvegarde de la langue comme code permettant « l'expression de la pensée personnelle » et joue ainsi le rôle d'un auxiliaire de l'idéologie dominante de l'expression-représentation. Bref, le plaisir pris à la consonance sauvage, cette amorce de la littérature, dans la mesure où, loin de subordonner la matérialité du langage à la présence antécédente du sens, elle subordonne le sens à l'actif de la matérialité du langage, nous croyons qu'il est possible de le nommer, en son aptitude disruptive, un *plaisir matérialiste*.

Le sixième point émet *une hypothèse sur la configuration de l'inconscient*. Il n'y a aucunement lieu, en l'occurrence, de rejeter les concepts élaborés par la théorie psychanalytique. Il est intéressant peut-être, en revanche, de les soumettre résolument au travail d'une certaine relativisation. Si, pour reprendre une indication désormais célèbre de Jacques Lacan, « le Sésame de l'inconscient est (...) d'être

---

1. Cité par Roland Barthes dans « Éléments de sémiologie », *Communications*, nº 4, Éd. du Seuil, p. 93.
2. *Ibid.*, p. 129-130.

structure de langage[1] », alors l'inconscient pourrait se concevoir comme scindé en deux versants contradictoires, ainsi que la pratique langagière elle-même. D'une part, *un versant rhétorique,* où l'actif du langage, qu'il mette en œuvre son aptitude bienséante (celle où prédominent les signifiés : disons la métaphore) ou bien son aptitude malséante (celle où prédominent les signifiants : disons le calembour), reste apprivoisé en ce qu'il demeure soumis à manifester des « intentions inconscientes » préalables. D'autre part, *un versant poétique,* où l'actif du langage conserve toute sa sauvagerie en ce que, nullement astreint à les manifester, il distribue différemment, selon des configurations tout autres, une manière de déraison, les éléments inconscients de sens que, dans son fonctionnement, il se trouve secondairement mettre en jeu. Si bien que, à suivre cette hypothèse, il y aurait deux moyens d'action sur l'inconscient : d'une part, une *manière régressive,* celle, disons, de la psychanalyse, qui se propose de remonter aux significations inconscientes; d'autre part, *une manière agressive,* celle, disons, de la poésie, qui est en mesure de remuer l'organisation des éléments inconscients. Bref, à côté des effets curatifs de la psychanalyse, il faudrait admettre les effets spécifiques, disons au moins d'allègement, de l'exercice de la littérature [2].

E. *Le polypole de l'impensé*

L'impensé présenterait ainsi la curieuse allure du refus d'un groupe de pôles qui, de plus, se fuirait lui-même. En d'autres termes, l'impensé fonctionnerait selon une réticence à deux temps : d'une part, une résistance externe, franche en quelque sorte, où tout le polypole se trouve d'emblée refusé; d'autre part, une résistance interne, retorse en quelque façon, où tout le reste du polypole se voit refusé par chacun de ses pôles.

Ce que toute une pensée, appelons-la idéaliste, en effet, se refuse à admettre, c'est tout ce qui bat en brèche la conviction d'une autonomie et d'une maîtrise de la pensée : non point, donc, un domaine homogène, mais un groupe de secteurs distincts dont chacun est ressenti à la fois, mais c'est ici une même chose, comme un inconcevable et un danger. A s'en tenir au plus bref et tout en réservant l'avenir d'extensions possibles, présentons ces secteurs, pour l'agrément mnémotechnique

1. « Position de l'inconscient », dans *Écrits II*, Éd. du Seuil, coll. « Points », p. 203.
2. Pour une reprise de ce problème : « La fiction à mesure » (III, D : Les transformations du scripteur).

de la formule, selon ce qu'on pourrait nommer les trois C de l'impensé : la lutte des Classes, les pulsions du Corps, la matérialité des Codes.

Ce que le marxisme permet de comprendre, c'est que la pensée, loin d'être autonome, se trouve, par le biais du phénomène de l'idéologie, commandée par les rapports de production :

> Les pensées dominantes ne sont pas autre chose que l'expression des rapports matériels dominants, elles sont ces rapports matériels saisis sous la forme d'idées, donc l'expression des rapports qui font d'une classe la classe dominante; autrement dit, ce sont les idées de sa domination [1].

Ce que la psychanalyse permet de comprendre, c'est que la pensée, loin d'être autonome, se trouve, par le biais du phénomène de l'inconscient, commandée par l'injonction des pulsions :

> Plus que cela : elle affirme que ces émotions sexuelles prennent une part qui est loin d'être négligeable aux créations de l'esprit humain dans les domaines de la culture, de l'art et de la vie sociale [2].

Ce que l'effet de littérature permet de comprendre, c'est que la pensée, loin d'être autonome, se trouve, par le biais du phénomène de consonance, commandée par l'actif des mots :

> L'œuvre pure implique la disparition élocutoire du poète, qui cède l'initiative aux mots, par le heurt de leur inégalité mobilisé; ils s'allument de reflets réciproques comme une virtuelle traînée de feux sur des pierreries, remplaçant la respiration perceptible en l'ancien souffle lyrique de la direction personnelle enthousiaste de la phrase [3].

S'il y a ainsi un idéalisme ostentatoire, un paléo-idéalisme, qui consiste à rejeter en bloc l'ensemble du polypole, il y a aussi un idéalisme clandestin, un néo-idéalisme, qui s'applique, en quelque manière, à faire la part du feu : non seulement il accepte l'un des pôles, mais encore il en augmente l'efficace jusqu'à détruire, purement et simplement, l'actif des autres. On pourrait nommer marxisants, freudisants, poétisants, et, en somme, pseudo-modernes, ceux qui s'abandonnent respectivement à une lecture de Marx, de Freud, et, disons, de Mallarmé, si étroite qu'elle semble avoir pour rôle d'être strictement exclusive. Parmi les poétisants, qui concernent de plus près notre propos, il faudrait sans doute compter Valéry. Si celui-ci, à

---

1. Marx et Engels, *L'Idéologie allemande*, Éditions sociales, p. 75.
2. Sigmund Freud, *Introduction à la psychanalyse*, « Petite bibliothèque Payot », p. 12-13.
3. Stéphane Mallarmé, *Variations sur un sujet*, *Œuvres complètes*, Gallimard, « Bibl. de la Pléiade », p. 366.

sa manière, s'est en effet mainte fois astreint à souligner l'impact de l'œuvre langagière dans l'élaboration de la pensée :

> Je prends la plume pour l'avenir de ma pensée — non pour son passé [1].

c'est au prix, semble-t-il, d'un intérêt assez limité pour les acquis de Marx [2] et d'un dédain très affiché pour les indications de Freud :

> Quoi de plus bête que les inventions de Freud sur ces choses [3] ?

Dire, cependant, de ce néo-idéalisme, qu'il est clandestin, ce n'est aucunement prétendre, en sa dissimulation, qu'il soit machiavélique : c'est en toute sincérité, peut-être, que l'exclusion s'accomplit. Car ce que l'occupant de tel pôle refuse, dans les autres pôles, ce n'est pas tant ces pôles eux-mêmes que leur propre refus de ce qu'il est. Par exemple, ce qui porte les tenants d'une action déterminante du langage dans l'élaboration de la pensée à refuser les apports marxistes et les analyses freudiennes, c'est qu'elles peuvent servir de base, et n'y ont guère manqué, à la persistance de l'idéologie de l'expression-représentation tout à faite dominante, déjà, aux époques où Marx et Freud ont respectivement travaillé. Ainsi ne sont pas rares, on le sait, chez Marx, des propositions de ce genre :

> Les pensées dominantes ne sont pas autre chose que l'*expression* des rapports matériels dominants.

et, chez Freud :

> Lorsqu'une dame connue pour son énergie raconte : « Mon mari a consulté un médecin au sujet du régime qu'il avait à suivre; le médecin lui a dit qu'il n'avait pas besoin de régime, qu'il pourrait manger et boire CE QUE JE VOULAIS », — il y a là un lapsus, certes, mais qui apparaît comme l'*expression* irrécusable d'un programme bien arrêté [4].

Accepter le polypole, c'est donc, évidemment, pour chaque pôle, non pas refuser en bloc tels autres pôles, mais bien mettre en cause, dans chacun des autres pôles, la persistance de ce que lui-même a réussi, spécifiquement, à battre en brèche. Pour suivre l'exemple précédent : au lieu de récuser, à partir de la connaissance de l'initiative

---

1. *Cahiers*, Gallimard, « Bibl. de la Pléiade », t. I, p. 244.
2. En dépit de la précision donnée par sa biographe et selon laquelle, en juillet 1918, il a relu *le Capital* et y a trouvé « des choses très remarquables » (Paul Valéry, *Œuvres*, t. I, Introduction biographique par Agathe Rouart-Valéry, p. 41).
3. *Cahiers*, t. I, p. 166.
4. Sigmund Freud, *Introduction à la psychanalyse*, « Petite bibliothèque Payot », p. 25.

des mots, et les travaux de Marx et les travaux de Freud, il s'agit de faire porter la critique, dans ces travaux et éventuellement dans ceux qui en découlent, sur l'excès de l'idéologie expressive-représentative. Cette critique peut se faire selon au moins deux axes. D'une part, *une critique par contradiction*, qui s'en prend à une idée semble-t-il dominante : ainsi l'avons-nous essayé, à notre manière (en V, A), en contestant le principe prôné trop largement, trop longuement, par de trop nombreux disciples de Marx, du réalisme socialiste. D'autre part, *une critique par soutien*, qui souligne une idée semble-t-il dominée : ainsi l'avons-nous tenté, à notre façon, en promouvant le principe, à partir de certains écrits de Freud, d'une consonance sauvage inconsciente.

Certains, n'en doutons pas, trouveront que, face aux soubresauts de la lutte des classes ou aux contrecoups de la libido, nous avons fait la part un peu trop belle, vraiment, à l'initiative enfin reconnue au langage. Oui, n'en doutons pas : l'idéologie dominante les a programmés à penser cela.

F. *La dernière défense*

Nous avons vu que le domaine de la consonance sauvage est systématiquement victime de toutes manières de réductions : l'élévation, l'exclusivisme, le rigorisme (en VI, A), le volontarisme (en VI, D). Il faut y ajouter *l'indéterminisme*. Une fois admis, par exemple, malgré tout, que Bovary consonne, d'une part avec *ov*oïde et *br*illait, d'autre part avec *bœuf*, l'ultime manœuvre réductrice consiste en le refus de prendre parti. Il n'y aurait pas du tout lieu de croire, avec Claudine Gothot-Mersch et selon un mécanisme de reproduction ou, si l'on préfère, d'expression-représentation, que c'est à partir de l'idée d'un gars de la campagne que Charles s'est appelé Bovary. Il n'y aurait pas davantage lieu de croire, avec nous-même et selon un mécanisme de production ou, si l'on préfère, d'initiative aux mots, que c'est à partir du nom Bovary qu'a surgi l'idée d'un gars de la campagne. Nous serions en présence, en l'espèce, d'un pur et simple tourniquet. Ainsi, Claude Duchet :

> La question du tourniquet entre textuel et référentiel ne me semble pas pouvoir être tranchée dans un sens ou dans l'autre; on ne peut jamais savoir qui a commencé de la campagne ou de Charles, du bœuf ou de Charles [1].

Certes, il n'est pas toujours facile, ni même toujours possible, de déterminer avec certitude le sens, dans l'acception vectorielle, de cette

1. *LPDSCF*, p. 124.

sorte d'opération. Mais prendre appui sur cette difficulté, voire parfois cette impossibilité, pour établir une manière de postulat d'indé-
termination, c'est, peut-être, tenter de se mettre à l'abri, selon une
sorte d'assurance tous risques, d'une éventualité idéologiquement
défavorable : celle d'un fructueux vecteur de production. Or, à cet
égard, et à considérer le problème dans son ensemble, nous sommes
un peu loin d'être aussi démunis qu'on veut bien le dire : il y a au
moins deux catégories de déterminations. Premièrement, des *critères
génétiques*, mettant en œuvre, selon deux axes, les diverses indications
qui peuvent s'offrir à propos de la genèse du texte. D'une part, avec
évidemment la circonspection nécessaire, des indications génétiques
externes : toutes les confidences dont peut-être l'écrivain s'est voulu
prodigue, tous les témoignages que sont en mesure de fournir certains
contemporains. Ainsi, la fameuse anecdote que rapporte Maxime
Du Camp :

> Devant les paysages africains, il rêvait à des paysages normands. Aux
> confins de la Nubie inférieure, sur le sommet du Djebel Aboucir, qui
> domine la seconde cataracte, pendant que nous regardions le Nil se
> battre contre les épis de rocher en granit noir, il jeta un cri : « J'ai
> trouvé, EURÊKA! EURÊKA! je l'appellerai Emma Bovary » et plusieurs
> fois, il répéta, il dégusta ce nom, en prononçant l'O très bref [1].

signale et le plaisir évident pris à la saveur sonore du terme et, surtout,
la venue précoce du nom Bovary dans la genèse de l'ouvrage. Sans
doute, de telles informations doivent être soumises aux sévérités d'une
critique rigoureuse, mais si, comme elle l'assure [2], Claudine Gothot-
Mersch a démontré le caractère suspect de cette anecdote (encore que
cet eurêka, s'agissant d'un roman censé s'accomplir largement dans
l'Eure, il semble que cela ait été assez bien le cas de le dire...), c'est cet
exemple qui se trouve mis en cause, non, malgré ses risques, le principe
des indications génétiques externes. D'autre part, avec évidemment la
minutie requise [3], des indications génétiques *internes :* toutes les versions du texte, toutes les ratures de la prose.

   Deuxièmement, des *critères textuels*, mettant en jeu une précise proposition de base : dans un texte donné, et qu'il s'agisse des mots
(disons la dimension littérale) ou des idées (disons la dimension référentielle), un niveau détermine l'autre à chaque fois qu'il lui impose
son propre ordre, c'est-à-dire chaque fois qu'il fait montre d'une

---

1. Cité par René Dumesnil dans *Œuvres*, de Gustave Flaubert, Gallimard,
« Bibl. de la Pléiade », t. I, p. 273.
2. *LPDSCF*, p. 110.
3. Pour une mise en évidence des difficultés : « La fiction à mesure » (I, D :
Les états du texte).

organisation plus poussée [1]. Quelquefois, nous l'avons noté, cette mise au point suppose une argumentation assez longue : esquissons-la sur l'exemple qui nous occupe. D'une part, on évaluerait le degré d'insertion de l'origine terrienne de Charles dans la cohérence de la fiction : on le découvrirait relativement faible. Ce qui importe, surtout, pour Charles, c'est une certaine épaisseur de comportement, qui n'est point forcément l'apanage des gens de la campagne. Et quant à la célèbre remarque d'Emma :

« Ah! se dit-elle, il porte un couteau dans sa poche, comme un paysan [2] »,

ce n'est peut-être pas tant l'*origine* paysanne qu'elle souligne que l'*état* de médecin de campagne. D'autre part, on évaluerait les relations du nom Bovary avec les événements divers (l'insistance culinaire du veau) et avec l'onomastique elle-même (de la Vaubyessard à Vaufrylard). Avec Roger Bismut, il faudrait bien admettre, cette fois, qu'elles sont considérables :

Je voudrais apporter quelques confirmations. Lorsque Charles est étudiant, sa mère lui envoie par la diligence du veau au four; du veau à la casserole est servi au repas de noces; lorsque Emma et son mari reviennent à la Vaubyessard, c'est du veau à l'oseille qu'on leur offre. Cette espèce de vitellisation domine dans les comices agricoles. Le maire d'Yonville s'appelle Tuvache et Léon épousera Mademoiselle Lebœuf. J'ajoute le peintre qui accompagne Charles pour le choix du tombeau s'appelle Vaufrylard. Et Claudine Gothot-Mersch fait remarquer dans son édition que Flaubert avait reçu ce surnom, de sorte qu'il y a là une sorte de réverbération du veau sur Flaubert lui-même [3].

De cette façon, il faudrait convenir que l'initiative du nom Bovary dans l'élaboration du livre en général et, en particulier, dans l'idée de gars de la campagne, serait assez fortement construite. Davantage. Profitons de la parfaite érudition flaubertienne de Claudine Gothot-Mersch : elle nous apprend que Vaufrylard fut un surnom de Flaubert. Remarquons la similitude qui unit Vaufrylard et Bovary : Bov (Vau), ar (lard), ry (fry). Nous sommes dès lors en mesure de comprendre que le surestimé « Madame Bovary, c'est moi » n'était guère autre chose, peut-être, que la version, plus acceptable, d'une confidence moins admise : « Madame... Bœuf, c'est moi ».

1. Voir plus loin « La population des miroirs » (II, E : La croix de l'auto-représentation), et « La révolution textuelle », *Esprit*, n° 12, 1974.

2. *Œuvres*, t. I, p. 384.

3. *LPDSCF*, p. 113-114. Et « Quelques cas onomastiques dans l'œuvre de Gustave Flaubert », *Les lettres romanes*, t. XXVIII, Louvain, 1974.

2. La métaphore d'un bout à l'autre

(Problèmes de la métaphore productrice à partir de
A la recherche du temps perdu)

> Même ceux qui furent favorables à ma percep-
> tion des vérités que je voulais ensuite graver
> dans le temple me félicitèrent de les avoir
> découvertes au « microscope », quand je
> m'étais au contraire servi d'un télescope pour
> apercevoir des choses, très petites en effet, mais
> parce qu'elles étaient situées à une grande
> distance, et qui étaient chacune un monde.
> (Pléiade III, p. 1041)

Aux commencements de la littérature moderne s'accomplit,
imperceptible, un renversement d'assez vaste envergure : certaines
aptitudes du langage, jusque-là restreintes à d'étroites tâches *expressives*, se trouvent mises en œuvre selon de précises procédures de
production qui leur confèrent un tout autre rôle. Cette pratique mécon-
nue, dont il est maintenant possible de mettre en place la théorie [1],
semble intensément active, en particulier au plan de la métaphore,
dans *A la recherche du temps perdu*. C'est à l'éclaircir que se consacre
le présent chapitre : il analyse d'abord ce qu'on pourrait nommer la
révolution métaphorique; puis il montre l'élargissement du phénomène jusqu'à l'efficace du jeu des mots; enfin, selon des excursions
diverses, il souligne certaines conséquences, notamment en ce qui
regarde la critique.

I. DOMAINE MÉTAPHORIQUE

Notre travail consiste ainsi à mettre en rapport des phénomènes
longuement lointains, certains ostentatoires, certains moins convenus,
de manière à faire paraître, d'un côté, leur commun principe et, d'un
autre côté, la vigoureuse métamorphose qui permet de se rendre des
uns aux autres.

1. *Pour une théorie du Nouveau Roman* et, notamment, le chapitre « La bataille
de la phrase ».

A. Métamorphose de la métaphore

S'agissant de la métaphore, admettons donc, mais si possible sans sitôt y perdre la vue, une clarté aveuglante : le méthodique recours à cette figure, dans *la Recherche*, selon une perspective stylistique. Or, notons-le, par suite de la persistante hégémonie de l'idéologie expressive/représentative en matière de littérature, stylistique se trouve encore massivement synonyme d'expressif. La métaphore stylistique, *la Recherche* l'exalte non seulement au plan de la pratique (elle la fait innombrablement fleurir tout au long de ses paragraphes), mais encore au plan de la théorie (elle en fait l'objet de diverses spéculations doctrinales). Seulement, de même que la pratique de la métaphore stylistique, nous le verrons, se trouve débordée par des agissements de tout autre nature, la théorie de la métaphore stylistique, nous l'allons voir, ouvre sur un phénomène quelque peu différent :

> On peut faire se succéder indéfiniment dans une description les objets qui figuraient dans le lieu décrit, la vérité ne commencera qu'au moment où l'écrivain prendra deux objets différents, posera leur rapport, analogue dans le monde de l'art à celui qu'est le rapport unique de la loi causale dans le monde de la science, et les enfermera dans les anneaux nécessaires d'un beau style; même, ainsi que la vie, quand, en rapprochant une qualité commune à deux sensations, il dégagera leur essence commune en les réunissant l'une et l'autre pour les soustraire aux contingences du temps, dans une métaphore (III, p. 889).

On le constate : en leur effervescence curieuse, ces lignes, sur lesquelles nous aurons à revenir (I, C), ne sont pas exemptes d'une certaine équivoque. Avec ce passage, en effet, ce qui se propose n'est rien de moins qu'une très étroite intrication de deux couples distincts.

Le premier couple oppose, d'une part, l'exercice « cinématographique » (III, p. 889) de la description qui, en tant qu'inventaire indéfini d'objets et de qualités visibles, prétend rendre compte de l'objet par une voie directe et, d'autre part, le bel emploi de la métaphore qui, en tant qu'elle présente « la beauté d'une chose (...) dans une autre » (III, p. 889), réussit à en rendre compte par une voie indirecte :

> Une heure n'est pas une heure, c'est un vase rempli de parfums, de sons, de projets et de climats (III, p. 889).

Bref, ce premier couple est homogène et hiérarchique. Il est homogène en ce qu'il se situe entièrement au niveau de l'expression/représentation. Il est hiérarchique en ce que s'y minimise l'évocation de tel élément fictionnel en lui-même (l'exercice de la description), et en ce qui s'y valorise l'évocation de tel élément par le biais de tels autres (le recours à la métaphore).

Le second couple oppose, d'une part, le second terme du couple précédent, l'emploi de la métaphore en tant que tel élément s'y trouve *évoqué* par tel ou tels autres et, d'autre part, un terme tout différent, l'usage de la métaphore en tant que tel élément s'y trouve *rapproché* de tel autre de manière que l'un et l'autre se trouvent soustraits aux contingences du temps. Bref, ce second couple est hétérogène et hiérarchique. Il est hétérogène en ce que son premier terme se situe au niveau de l'expression/représentation et son second terme à un niveau tout autre, puisqu'en abolissant l'efficace du temps il met en cause l'une des bases même de la représentation. Il est hiérarchique en ce que la nouvelle procédure y réduit la première à un simple cas particulier : celui où l'un des deux éléments offerts au rapprochement se voit soumis à l'autre selon une inégalité qui en autorise précisément l'évocation. La nouvelle procédure métaphorique qui rapprochant les éléments sans inégalité élabore le texte en excédant les impératifs de l'expression/représentation, relève d'un tout autre secteur théorique : celui de la production. Malgré la formule rassurante des « anneaux nécessaires d'un beau style », ce qui hante la doctrine de la métaphore expressive, établie par le premier couple, c'est, inscrite par le second couple, la théorie de la métaphore productrice.

Mais, de l'une à l'autre, soulignons avec plus de soin le détail de cette métamorphose et les deux aspects majeurs de la production : l'ordination, la configuration.

B. *Métaphore ordinale*

Nous le tenons de son étymologie : la métaphore obtempère à un principe de déplacement. Dans sa dimension expressive, déjà, elle est une pratique de l'*exotisme :* toujours, dans le lieu où elle s'accomplit, l'*ici* du texte, elle fait intervenir un *ailleurs* en s'appuyant sur tel de leurs points communs. La métaphore peut s'entendre ainsi, nous le savons, comme la rencontre de deux espaces, leur soudaine coïncidence partielle, quelque éloignés qu'ils fussent auparavant. Soit, par exemple, en tel moment d'une fiction, la venue de certains pavés irréguliers. Il est certes possible d'en offrir une évocation descriptive :

> et je reculai assez pour buter malgré moi contre les pavés assez mal équarris derrière lesquels était une remise (III, p. 866).

Certes, si quelque endroit vénitien se trouvait célèbre pour l'irrégularité de ses pavés, il serait permis de rendre compte de cet aspect de la cour de l'hôtel de Guermantes dans le semblable aspect du baptistère de Saint-Marc, en adoptant, selon l'aisance du propos, soit la comparaison abrégée d'une métaphore, soit la métaphore distendue d'une comparaison : « contre les pavés aussi mal équarris que ceux du baptistère de Saint-Marc à Venise ». En ce cas, l'ici de la fiction, le comparé, c'est-à-dire la cour de l'hôtel de Guermantes, subit par coïncidence l'agression d'un ailleurs, le comparant, c'est-à-dire le baptistère de Saint-Marc. D'un lieu à l'autre, en effet, un curieux voyage se devine. Cependant, nous l'avons souligné, cet assaut reste très relatif : le comparant demeure soumis au comparé. A peine obtenue l'évocation du mauvais équarrissage des pavés de la cour de Guermantes par la comparaison avec le baptistère de Saint-Marc, le baptistère de Saint-Marc est conduit à disparaître. Le personnage entre tout simplement dans l'hôtel de Guermantes. Avec la métaphore ou la comparaison expressive, il ne s'agit jamais que de l'anodine agression d'un ectoplasme provisoire. A peine entr'aperçu, l'immense voyage immédiat vers Venise s'estompe. La fiction continue son pas à pas.

Seulement, il faut en convenir, le texte précédent n'est rien de moins qu'un exact apocryphe : ce qu'il propose, pour les besoins de notre cause, c'est, si l'on ose dire, une fiction de la fiction. Ce que fomente le texte, en fait, dans ce passage du *Temps retrouvé*, a une tout autre allure. Loin d'offrir une simple évocation par métaphore, c'est un véritable *télescopage* métaphorique qu'il accomplit. D'une part, l'entière disparition de l'ici de la fiction (l'oubli de la matinée Guermantes); d'autre part, l'impérieuse venue de l'ailleurs (Venise et les diverses sensations oubliées) :

> Chaque fois que je refaisais rien que matériellement ce même pas, il me restait inutile; mais si je réussissais, *oubliant la matinée Guermantes*, à retrouver ce que j'avais senti en posant ainsi mes pieds, de nouveau la vision éblouissante et indistincte me frôlait comme si elle m'avait dit : « Saisis-moi au passage si tu en as la force, et tâche à résoudre l'énigme de bonheur que je te propose. » Et presque tout de suite, je la reconnus, *c'était Venise*, dont mes efforts pour la décrire et les prétendus instantanés pris par ma mémoire ne m'avaient jamais rien dit, et que la sensation que j'avais ressentie jadis sur deux dalles inégales du baptistère de Saint-Marc m'avait rendue *avec toutes les autres sensations jointes ce jour-là à cette sensation-là* et qui étaient restées dans l'attente, à leur rang, d'où un brusque hasard les avait *impérieusement fait sortir*, dans la série des jours oubliés (III, p. 867).

Avec le télescopage métaphorique, la fiction se trouve ainsi contrainte de bondir à l'improviste d'un moment à un autre (du maintenant de la matinée Guermantes à l'autrefois de Venise) ou d'un endroit à un autre (de l'ici de la matinée Guermantes au là-bas de Venise). Loin de se circonscrire à une locale fonction expressive, la métaphore accède de la sorte à un décisif rôle d'organisation. Dans une perspective dynamique, nous l'appelons métaphore *transitaire* (elle permet de parvenir à une nouvelle cellule fictionnelle); dans une perspective statique, nous l'appelons métaphore *structurelle* (elle configure la disposition des cellules). Bref, de façon moins particulière, nous pouvons la nommer métaphore *ordinale*

Insistons quelque peu : dans la mesure où son exercice revient à dissoudre, conjointement ou séparément, les catégories du temps ou de l'espace, la métaphore ordinale joue le rôle d'une parfaite machine à subvertir la représentation Ainsi, le personnage unitaire, l'un des fondements du représentatif, n'est plus en mesure de subsumer une fiction si ouvertement discontinue. L'aventure est assez claire, dans cet autre passage du *Temps retrouvé*, sur lequel d'ailleurs nous aurons à revenir (II, A), et où il est facile de lire, d'une part, la nature métaphorique de l'ordination fictionnelle (la sensation commune); d'autre part, tout un lexique du conflit inter-cellulaire; enfin, la mise en cause de la prestance du personnage sous les espèces d'irrécusables troubles physiques et mentaux :

> Dans ce cas-là comme dans tous les précédents, la sensation commune avait cherché *à recréer* autour d'elle le lieu ancien, cependant que le lieu actuel qui en tenait la place s'opposait de toute la *résistance* de sa masse à cette *immigration* dans un hôtel de Paris d'une plage normande ou d'un talus d'une voie de chemin de fer. La salle à manger marine de Balbec, avec son linge damassé préparé comme des nappes d'autel pour recevoir le coucher du soleil, avait cherché à ébranler la solidité de l'hôtel de Guermantes, à en *forcer* les portes et avait fait *vaciller* un instant les canapés autour de moi (...). Et si le lieu actuel n'avait pas été aussitôt *vainqueur*, je crois que j'aurais perdu connaissance; car ces résurrections du passé, dans la seconde qu'elles durent, sont si totales qu'elles n'obligent pas seulement nos *yeux* à cesser de voir la chambre qui est près d'eux pour regarder la voie bordée d'arbres ou la marée montante; elles *forcent* nos *narines* à respirer l'air de lieux pourtant lointains, notre *volonté* à choisir entre les divers projets qu'ils nous proposent, notre *personne* tout entière à se croire entourée par eux (...) (III, p. 874-875).

C. *Contre-attaques de la représentation*

Avec *la Recherche* s'inscrit de la sorte un recul remarquable de toute fiction confortablement établie et dont le cours se trouve seulement inquiété, çà et là, par les fugaces fantômes de la métaphore expressive. Il faut l'admettre toutefois : le représentatif, dans *la Recherche*, en butte aux agressions de la métaphore ordinale, ne s'y avoue guère largement vaincu. Au contraire, toute une stratégie de la contre-attaque s'y développe selon au moins deux tactiques.

L'une, très visible, relève du premier degré : il s'agit de réduire directement, au plan de sa *pratique,* l'impact de la métaphore ordinale. La procédure, quelque peu massive, est facile à lire en de nombreux points de *la Recherche.* Dans certains Nouveaux Romans où, nous le savons, elle abonde [1], l'ordination métaphorique s'accomplit selon la traumatisante exactitude d'une opération très experte. Ainsi, dans *Triptyque* [2], à partir de la commune idée de jambe, la fiction bondit abruptement, nous le marquons avec une barre, d'une séquence campagnarde à une scène inscrite dans une station balnéaire :

> La moitié du corps du lapin est maintenu à nu. Les muscles roses des *cuisses,* / des fesses et du ventre apparaissent comme sur une planche d'anatomie. Détendant brusquement la *jambe* dont le pied reposait à plat sur le lit, la femme fait pivoter la porte de l'armoire...

Dans *la Recherche*, en revanche, l'ordination métaphorique s'exécute incomplètement, de manière tâtonnante et selon l'encombrement de toutes sortes de commentaires. Ainsi, dans l'occurrence des pavés, par exemple celui-ci :

> Mais, cette fois, j'étais bien décidé à ne pas me résigner à ignorer pourquoi, comme je l'avais fait le jour où j'avais goûté d'une madeleine trempée dans une infusion (III, p. 867).

La défense du représentatif tire donc ici profit d'un premier paradoxe : tout astreint, en apparence, à mettre en relief la profondeur du phénomène en cours, le commentaire réduit, en pratique, l'efficace de sa venue. Il dit d'autant plus ce qui semble se faire que, le disant, il l'empêche de se faire. Entreprendre, selon mille soins, de définir les états d'âme d'un élément de la cellule assaillie revient à maintenir cet élément et donc à entretenir cette cellule au détriment de la cellule assaillante que l'ordination métaphorique tend à faire surgir.

L'autre tactique, moins visible, relève du second degré : il s'agit de réduire indirectement, au plan de sa *théorie,* l'importance de la métaphore ordinale. La procédure, quelque peu subtile, est cependant bien lisible dans le court passage doctrinal dont nous avons plus haut commencé l'analyse (I, A). Ce texte, nous l'avons vu, présente, d'une

---

1. Pour plus de détails : « Transits analogiques », *Le Nouveau Roman* (4 b).
2. Claude Simon, Éd. de Minuit, p. 38.

part, une esquisse théorique de l'ordination métaphorique et comporte, d'autre part, une équivoque irrécusable, par laquelle sa clarté se trouve mise en cause. Il est temps de faire paraître la manière selon laquelle s'accomplit cette perturbation du discours théorique. Nous avons déjà mis en place un premier indice : l'équivoque de l'exposé vient de ce qu'il télescope deux couples. D'une part, celui qui oppose la description représentative et la métaphore stylistique; d'autre part, celui qui oppose la métaphore stylistique à la métaphore ordinale. Bref, il ne s'agit pas, cette fois, de l'entrechoc d'une première cellule spatiale et temporelle (la cour de l'hôtel de Guermantes) et d'une seconde cellule spatiale et temporelle (le baptistère de Saint-Marc) par l'entremise de tel de leurs éléments communs (l'irrégularité de leurs pavés) : il s'agit de la superposition d'une première cellule logique (l'opposition de la description représentative et de la métaphore stylistique) et d'une seconde cellule logique (l'opposition de la métaphore stylistique et de la métaphore ordinale) par l'intermédiaire de tel de leurs éléments communs (la métaphore stylistique). La défense du représentatif tire donc ici profit d'un second paradoxe : tout astreint, en fait, à mettre en relief le fonctionnement de la métaphore ordinale, le discours théorique voit son raisonnement sitôt agressé par l'actif d'une métaphore ordinale, exempte, cette fois, comme par hasard, de tout commentaire qui, nous le savons, en atténuerait l'efficace.

Avec la première tactique, il s'agit de réduire la pratique de la métaphore ordinale par le discours d'un commentaire sur la métaphore ordinale, dont le ciment entrave l'efficace de sa rupture. D'un mot : la pratique tend ici à subir une mise en cause par la théorie de cette pratique. Avec la seconde tactique, il s'agit de réduire la théorie de la métaphore ordinale par le recours à une métaphore ordinale dont l'effet de rupture perturbe l'efficace de son cours. D'un mot : la théorie tend ici à subir une mise en cause par la pratique qu'elle théorise.

D. *Pratique et théorie*

Bref, si dans *la Recherche* la défense du représentatif tend à s'accomplir sur le mode du paradoxe, c'est parce que le fonctionnement de ce texte commence à contredire ouvertement le fonctionnement textuel de sa propre théorie.

D'où, peut-être, l'opportunité de diverses remarques.

La première souligne l'homogénéité du fonctionnement représentatif et du discours théorique. Si comme nous l'avons fait paraître, une même opération, la métaphore ordinale en l'occurrence, est en mesure de mettre en cause aussi bien le fonctionnement représentatif que le discours théorique, c'est que l'un et l'autre obéissent à un commun principe. Dans la mesure où le fonctionnement représentatif prétend rendre compte du cours du temps et du volume de l'espace, dans la mesure où le discours théorique obtempère à l'économie du raisonnement, ils relèvent de ce qu'on peut nommer le dispositif du dimensionnel [1] parce que leurs éléments s'organisent selon un principe articulatoire. Le fonctionnement représentatif, selon certaines règles, met en représentation des articulations : celles qui configurent les unités temporelles dans le cours du temps, les unités spatiales dans le volume de l'espace. Le discours théorique, selon certaines règles, met en articulation des représentations : celles qui ordonnent les objets de pensée.

La seconde remarque précise l'hétérogénéité du texte moderne et du discours théorique. Si, comme nous essayons en général de le faire paraître, le texte moderne se reconnaît à ce qu'il met en cause, diversement mais par exemple selon l'ordination métaphorique, le fonctionnement représentatif, il faut insister sur certaines conséquences de son divorce avec le discours théorique.

L'une des conséquences concerne le *texte*. Si l'on raisonne en termes d'opposition, il semble clair que le discours théorique, en tant qu'il est homogène au fonctionnement représentatif, ne saurait guère prétendre à une place dans le fonctionnement antireprésentatif du texte moderne. Si l'on raisonne en termes de contradiction, il est clair en revanche que le discours théorique, en tant qu'il est homogène au fonctionnement représentatif, peut obtenir une même place que celui-ci dans le fonctionnement antireprésentatif du texte moderne. De même que le texte moderne produit des effets de représentation, mais selon des fragments locaux, plus ou moins rapidement subvertis par des opérations antireprésentatives ; de même le texte moderne peut inscrire des passages théoriques, plus ou moins rapidement subvertis par des opérations de ruptures. Bref, les effets représentatifs et le discours théorique peuvent y recevoir un même statut : celui d'élément dominé de la contradiction. Il s'ensuit que toute contestation non contrôlée (ainsi qu'il le paraît dans le précédent passage doctrinal de *la Recherche*), tout refus plus ou moins goguenard (auquel certains pourraient un jour s'aviser de prétendre) du discours théorique dans le texte moderne trahit sans doute une double tentative de réduction : d'une part, celle de la pratique de la contradiction du

---

1. Pour plus de détails : « Le dispositif osiriaque » (II, H : La guerre des dispositifs).

texte; d'autre part, celle de la théorie contredite de cette contradiction dans le texte. D'un mot : dans le texte moderne, les effets de représentation et le discours théorique subissent une mise en jeu et une double mise en cause : d'une part, ainsi qu'on l'a pu voir plus haut, ils sont *dominés* selon des opérations antireprésentatives; d'autre part, ainsi qu'on peut le voir ailleurs, il sont *détournés* selon des opérations autoreprésentatives qui assignent aux effets de représentation la tâche de représenter, non pas, principalement, un quelconque réel indépendant du texte, et au discours théorique le rôle de théoriser, non pas, principalement, une quelconque activité indépendante du texte, mais bien les fonctionnements du texte où eux-mêmes figurent.

L'autre conséquence concerne *le scripteur*. Si l'on raisonne en termes d'opposition, il semble clair que le fonctionnement antireprésentatif et le discours théorique, en tant qu'ils sont réciproquement hétérogènes, ne sauraient guère s'accomplir autrement que selon des rôles exclusifs. Obéir à un tel partage revient à se soumettre à une séparation bien connue : celle qui s'ossifie du fait d'institutions idéologiques assez actives (c'est alors l'opposition du créateur et du professeur); celle qui perdure du fait de formules équivoques assez fréquentes (c'est par exemple l'opposition de l'écrivain et du théoricien). *La première* opposition présente un avantage : sa clarté. Avec elle, la connivence idéologique des deux rôles inverses accède à une caricature lumineuse : s'agissant de littérature, le créateur serait celui qui possède le savoir-faire et non le savoir; le professeur, celui qui possède le savoir et non le savoir-faire. *La seconde* opposition présente un avantage : son ambiguïté. Avec elle, se dispose en effet une certaine dose d'inexactitude : opposer l'écrivain au théoricien, c'est faire de l'écriture un privilège de la fiction. Or si l'écrivain est celui qui accorde une majeure part de son effort à ce que, pour être bref, nous nommerons l'organisation des signifiants, il faut admettre que ce travail peut s'accomplir non seulement dans l'exercice de la fiction, mais encore dans la mise en place de la théorie. Le rôle d'écrivain peut être tenu non moins par le théoricien que, disons, par le romancier. Avec cette seconde opposition, se dispose également une certaine dose d'exactitude : admettre que le rôle d'écrivain soit aussi bien l'apanage du théoricien que du romancier, ce n'est aucunement conclure à une commune sorte d'écriture. Dans la mesure où la mise en place de la théorie est homogène aux effets représentatifs, l'écrivain de théorie reste *nécessairement* pris dans une écriture ancienne; dans la mesure où il n'est pas soumis aux mêmes astreintes, l'écrivain de fiction peut *éventuellement* obtenir une écriture moderne. Si l'on raisonne en termes de contradiction, il est clair, d'une part, que s'il se donne pour objet une littérature à prédominance représentative, le théoricien peut se dispenser d'en écrire lui-même, puisque, par suite de l'homogénéité de son exercice et de son objet, il dispose, à propos de ce dernier, d'une certaine connaissance pratique, et, d'autre part, que s'il se donne pour objet une littérature à forts effets anti-représentatifs, le théoricien a sans doute intérêt à en écrire lui-même, puisque, par suite de l'hétérogénéité de son exercice et de son objet, il manque, à propos de ce dernier, d'une certaine connaissance pratique. Tel semble donc le fructueux paradoxe de la modernité : avec la concordance des fonctionnements de la fiction et de la théorie, le théoricien peut assez bien se passer de produire de la fiction; avec la discordance des fonctionnements de la fiction et de la théorie, le théoricien paraît avoir avantage à devenir, lui aussi, un producteur de fiction.

E. *Métaphore configurale*

Avec ce que nous avons appelé métaphore ordinale (I, B), il s'agit de la *rencontre* de deux cellules (disons, en l'occurrence, l'ici et l'ailleurs) à partir de certain de leurs points communs : c'est un des éléments de chaque cellule qui se voit affecté de ressemblance. Avec ce que nous nommerons métaphore configurale, il s'agit de la constitution d'une cellule à partir de certain schème de telle autre : c'est tout ou partie de l'organisation de chaque cellule qui se trouve soumise à similitude.

Tantôt le phénomène est plutôt simple. Ainsi, dès les premières pages de *la Recherche* (I, p. 3-4), le schème de la première cellule à partir de laquelle, selon une métaphore configurale, s'élabore une seconde cellule, se présente sous une forme rudimentaire. C'est un procès à trois phases : méprise, confirmation de cette méprise, renversement paradoxal de la confirmation en un accès à la vérité. Voici en effet la disposition de la première cellule : méprise (le narrateur dort en croyant veiller), confirmation (le narrateur croyant veiller cherche le sommeil), renversement (la recherche du sommeil réveille le narrateur et lui montre son erreur). Voici non moins la disposition de la seconde cellule : méprise (le voyageur réveillé à minuit se croit au matin), confirmation (les pas du domestique l'assurent que les gens sont levés), renversement (le domestique en éteignant la lumière du couloir lui montre son erreur).

Tantôt le phénomène est plutôt complexe. Ainsi, le schème de la réminiscence involontaire de Combray (I, p. 44 et suivantes) à partir de laquelle, selon une métaphore configurale, s'élabore la réminiscence involontaire de Venise (III, p. 866 et suivantes), se propose sous une forme composée (tableau 1). En effet ce schème est, précisément,

	MÉTAPHORE CONFIGURALE			
CELLULES CONFIGURÉES	réminiscence de Combray		réminiscence de Venise	
ORGANISATION COMMUNE	MÉTAPHORE ORDINALE		MÉTAPHORE ORDINALE	
CELLULES ORDONNÉES	thé de la mère	infusion de la tante	hôtel de Guermantes	baptistère de Saint-Marc
ÉLÉMENTS COMMUNS	madeleine	madeleine	pavés irréguliers	pavés irréguliers

(Tableau 1)

le mécanisme de la métaphore ordinale qui permet à deux cellules (dans la première réminiscence, celle du thé proposé par la mère et celle de l'infusion offerte autrefois par la tante; dans la seconde réminiscence, celle de l'hôtel de Guermantes et celle du baptistère de Venise) de se réunir à partir de tel de leurs éléments communs (la petite madeleine; l'irrégularité des pavés).

Quand, ainsi qu'on l'a vu, la métaphore configurale, à partir de tel schème d'une première cellule, élabore une seconde cellule nettement distincte (la méprise du narrateur et la bévue du voyageur; la scène de la madeleine et la scène des pavés), il faut parler de *métaphore configurale externe*. Quand, ainsi qu'on va le voir, la métaphore configurale, à partir de tel schème d'une cellule, élabore une autre partie de la même cellule, il faut parler de *métaphore configurale interne*. Ce phénomène est particulièrement actif dans les pages qui suivent la réminiscence de Venise. C'est dans la même cellule (l'ici de l'hôtel de Guermantes) qu'une nouvelle métaphore configurale élabore, à partir de la réminiscence de Venise, la réminiscence du rideau d'arbres :

> Or, à ce moment même, *un second* avertissement vint renforcer celui que m'avaient donné les deux pavés inégaux et m'exhorter à persévérer dans la tâche. Un domestique en effet venait, dans ses efforts infructueux pour ne pas faire de bruit, de cogner une cuiller contre une assiette. *Le même genre de félicité* que m'avaient donné les dalles

inégales m'envahit; les sensations étaient de grande chaleur encore, mais toutes différentes : mêlée d'une odeur de fumée, apaisée par la fraîche odeur d'un cadre forestier; et je reconnus que ce qui me paraissait si agréable était *la même rangée d'arbres* que j'avais trouvée ennuyeuse à observer et à décrire, et devant laquelle, débouchant la canette de bière que j'avais dans le wagon, je venais de croire, dans une sorte d'étourdissement, que je me trouvais, tant *le bruit identique* de la cuiller contre l'assiette m'avait donné, avant que j'eusse le temps de me ressaisir, l'illusion du bruit du marteau d'un employé qui avait arrangé quelque chose à une roue du train pendant que nous étions arrêtés devant ce petit bois (III, p. 868).

Davantage : une nouvelle métaphore configurale interne élabore sitôt, à partir du même schème, la réminiscence involontaire de Balbec :

Alors on eût dit que *les signes* qui devaient, ce jour-là, me tirer de mon découragement et me rendre la foi dans les lettres, *avaient à cœur de se multiplier*, car, un maître d'hôtel depuis longtemps au service de Guermantes m'ayant reconnu et m'ayant apporté dans la bibliothèque où j'étais, pour m'éviter d'aller au buffet, un choix de petits fours, un verre d'orangeade, je m'essuyai la bouche avec la serviette qu'il m'avait donnée; (...) plus hébété que le jour où je me demandais si j'allais vraiment être accueilli par la princesse de Guermantes ou si tout n'allait pas s'effondrer, je croyais que le domestique venait d'ouvrir la fenêtre sur la plage et que tout m'invitait à descendre me promener le long de la digue à marée haute; la serviette que j'avais prise pour m'essuyer la bouche avait précisément le *genre de raideur* et d'empesé de celle avec laquelle j'avais eu tant de peine à me sécher devant la fenêtre, le premier jour de mon arrivée à Balbec (III, p. 868-869).

F. *Configuration ordinale*

Faut-il le dire ? Avec la métaphore ordinale, deux cellules, dont tel élément respectif est commun, sont induites à se réunir. Avec la métaphore configurale externe, deux cellules, dont tel schème est commun, peuvent à plus forte raison aussi se réunir. Bref, toute métaphore configurale tend à fonctionner non moins comme une métaphore ordinale. Toutefois, deux domaines doivent être rigoureusement distingués. Qu'elle provienne d'une métaphore ordinale, qu'elle découle d'une métaphore configurale externe, l'ordination métaphorique peut être actuelle ou virtuelle.

Avec l'*ordination métaphorique actuelle*, l'ordre des cellules est effectivement disposé au plan de l'écriture et au plan de la lecture dans la mesure où celle-ci épouse celle-là. Ainsi, au début de *la Recherche*, la métaphore configurale, à partir de la méprise du narrateur, *élabore* la bévue du voyageur et, fonctionnant comme métaphore ordinale, elle conduit la bévue du voyageur (I, p. 4) *à suivre* la méprise du narrateur (I, p. 3). A chaque fois que ce phénomène ou, mieux, une série de tels phénomènes se rencontre, le texte tend à provenir de ce qu'on peut nommer une *écriture paradigmatique :* il se dispose selon une suite de cellules offrant les exemples d'un schème donné, ou, si l'on préfère, les variations d'un même thème.

Avec l'*ordination métaphorique virtuelle*, l'ordre des cellules est seulement programmé au plan de l'écriture et obtenu au plan de la lecture dans la mesure où celle-ci divorce de celle-là. Ainsi, la métaphore configurale qui, à partir de la réminiscence de Combray, *élabore* la réminiscence de Venise, peut, en fonctionnant comme une métaphore ordinale, conduire le lecteur *à revenir*, à travers toute l'épaisseur du livre, de la réminiscence de Venise (III, p. 866) à la réminiscence de Combray (I, p. 44). Si l'on se souvient que ces réminiscences ne sont rien de moins, elles-mêmes, que l'effet de métaphores ordinales, le relais de la métaphore configurale, notons-le en passant, permet la savoureuse venue d'un second degré : l'ordination métaphorique d'ordinations métaphoriques. Quoi qu'il en soit, cet ordre qui fait se suivre rétrospectivement, au plan de la lecture, deux cellules séparées et inversées au plan de l'écriture, appartient à l'ensemble des ordinations métaphoriques virtuelles du texte. A chaque fois que ce phénomène est possible, le texte tend à programmer ce qu'on peut appeler *une lecture paradigmatique :* il dispose une lecture qui le recompose selon une suite de cellules offrant les exemples d'un schème donné, ou, si l'on préfère, les variations d'un même thème.

Cependant, il peut advenir que le texte, à sa manière, opère lui-même une mise en évidence de l'ordre établi par l'ordination métaphorique virtuelle. Ainsi le commentaire qui accompagne la sensation des pavés mal équarris, s'il émousse, comme nous l'avons vu (I, C), le tranchant de la métaphore ordinale, dispose toutefois, en cette précise occurrence, un fonctionnement de tout autre envergure :

> Mais, *cette fois*, j'étais bien décidé à ne pas me résigner à ignorer pourquoi, comme je l'avais fait le jour où j'avais goûté d'une madeleine trempée dans une infusion. La félicité que je venais d'éprouver était bien *la même* que celle que j'avais éprouvée en mangeant la madeleine et dont j'avais alors ajourné de rechercher les causes profondes (III, p. 867).

Sous couvert d'une recherche de causes fictionnelles profondes, c'est à une analyse d'une particularité textuelle précise que se livre ce passage en participant à trois sortes de phénomènes. D'une part, la mise en place d'une communauté de schème entre des cellules (la réminiscence de Venise, la réminiscence de Combray) : c'est-à-dire la détection d'une métaphore configurale. D'autre part, du fait de cette métaphore configurale, la mise en jeu d'une ordination métaphorique virtuelle : c'est-à-dire, au plan de la lecture, l'ordre qui régit rétrospectivement la réminiscence de Venise et la réminiscence de Combray. Enfin l'inscription, noir sur blanc, dans le texte, de cet ordre virtuel du texte. A chaque fois que ce phénomène s'accomplit, le texte tend à provenir de ce qu'on peut intituler *l'écriture d'une lecture paradigmatique :* il se dispose en réinscrivant la lecture qui le recompose selon telle suite de cellules formant les exemples d'un schème donné. Ou, si l'on préfère, le texte, se risquant vers une théorie de son ordination métaphorique virtuelle, tend à opérer sa propre analyse thématique [1].

G. *Ordination configurale*

Avec la métaphore configurale *externe*, nous l'avons vu (I, F), deux cellules dont tel schème est commun peuvent se réunir. D'un mot, elle est l'extension, au plan de la production, de la métaphore stylistique quelconque. Avec la métaphore configurale *interne*, il ne saurait en aller exactement de même puisque le schème se multiplie analogiquement dans le cadre de la même cellule. D'un mot, elle est l'extension, au plan de la production, de la métaphore stylistique diégétique dont parle Gérard Genette [2], c'est-à-dire une métaphore à fondement métonymique :

> Citons cependant, pour illustration, le regard de la duchesse de Guermantes dans l'église de Combray, « bleu comme un rayon de soleil qui aurait traversé le vitrail de Gilbert le Mauvais » — lequel vitrail est justement celui qui orne la chapelle où se tient alors la duchesse.

Deux domaines doivent donc être rigoureusement distingués. Selon les cas, l'écriture paradigmatique peut être dominante ou dominée.

Il y a écriture paradigmatique *dominante* avec la métaphore configurale externe à effet ordinal actuel. Cette opération intercellulaire, puisqu'elle concerne des cellules distinctes, procède en quelque sorte à un redoublement analogique des cellules. Elle tend à correspondre, on le sait, au proverbe « qui se ressemble s'assemble », en lequel la dominante se porte sur la ressemblance. L'ordre des cellules se trouve contraint d'obéir au principe de la métaphore configurale. Avec

1. Pour d'autres détails : « La fiction à mesure » (II, C : Le surtexte).
2. « Métonymie chez Proust », *Figures III*, Éd. du Seuil, p. 47 *sq.*

l'écriture paradigmatique dominante, il faut donc bien parler, comme nous l'avons fait, d'une configuration ordinale.

Il y a écriture paradigmatique *dominée* avec la métaphore configurale interne. Cette opération intracellulaire, puisqu'elle concerne une seule cellule, procède en quelque sorte à un dédoublement analogique de la cellule. Elle tend à correspondre, on le sait, au pseudo-proverbe « qui s'assemble se ressemble », en lequel la dominante se porte sur l'assemblage. Les schèmes successifs, tout en obéissant au principe de la métaphore configurale, demeurent inscrits dans le cadre syntagmatique de la cellule où, éventuellement, ils prolifèrent. Avec l'écriture paradigmatique dominée, il faut donc bien parler, comme nous le proposons, d'une ordination configurale.

Ainsi, la série des expériences de l'hôtel de Guermantes n'est rien de moins que le travail, sur des événements syntagmatiquement disposés (l'arrivée dans la cour, puis la maladresse d'un domestique, puis le service d'un maître d'hôtel), d'une même métaphore configurale. Ce ne sont pas des événements analogiquement configurés qui deviennent ici contigus ; ce sont les événements contigus qui deviennent ici analogiquement configurés. Tout se passe comme si une bactérie contagieuse, la métaphore configurale, se répandait de proche en proche à l'intérieur du corps syntagmatique pour y installer cette maladie, la foi dans les lettres, c'est-à-dire, très précisément, l'accès à l'écriture paradigmatique : « ces signes, note le narrateur, qui devaient, ce jour-là, me tirer de mon découragement et me rendre *la foi dans les lettres*, avaient à cœur de se multiplier ».

Cette contagion configurale agit avec une virulence extrême, évidemment, dans ces paysages où se juxtaposent les grandes catégories distinctes : la terre et l'air, la terre et l'eau. Chaque domaine se trouve alors astreint, en toute réciprocité, à soumettre l'autre aux effets de sa configuration propre. Proche du ciel, la montagne se fait nuage ; proche de la terre, le nuage qu'elle est devenue retrouve la solidité du socle :

> Ainsi quand on voit de très loin une montagne on pourrait croire que c'est un nuage. Mais on est ému parce qu'on sait que ce nuage est immense, à l'état solide, et résistant (III, p. 734).

Proche de la terre, la mer subit une influence tellurique ; proche de la mer, la terre subit une influence pélagique. Ainsi dans le commentaire, fait par Elstir, sur le cycle de sainte Ursule de Carpaccio :

> Les navires étaient massifs, construits comme des architectures, et semblaient presque amphibies comme de moindres Venises au milieu de l'autre, quand, amarrés à l'aide de ponts volants, recouverts de satin cramoisi et de tapis persans, ils portaient des femmes en brocart cerise ou en damas vert, tout près de balcons incrustés de marbres

multicolores où d'autres femmes se penchaient pour regarder, dans leurs robes aux manches noires à crevés blancs semés de perles ou ornés de guipures. On ne savait plus où finissait la terre, où commençait l'eau, qu'est-ce qui était encore le palais ou déjà le navire, la caravelle, la galéasse, le Bucentaure (I, p. 898-899).

Ainsi dans la marine, peinte par Elstir, du port de Carquethuit :

C'cst par exemple à une *métaphore* de ce genre — dans un tableau représentant le port de Carquethuit, tableau qu'il avait terminé depuis peu de jours et que je regardais longuement — qu'Elstir avait préparé l'esprit du spectateur en n'employant pour la petite ville que des termes marins, et que des termes urbains pour la mer. Soit que les maisons cachassent une partie du port, un bassin de calfatage ou peut-être la mer elle-même s'enfonçant en golfe dans les terres ainsi que cela arrivait constamment dans ce pays de Balbec, de l'autre côté de la pointe avancée où était construite la ville, les toits étaient dépassés (comme ils l'eussent été par des cheminées ou des clochers) par des mâts, lesquels avaient l'air de faire des vaisseaux auxquels ils appartenaient quelque chose de citadin, de construit sur terre, impression qu'augmentaient d'autres bateaux, demeurés le long de la jetée, mais en rangs si pressés que les hommes y causaient d'un bâtiment à l'autre sans qu'on pût distinguer leur séparation et l'interstice de l'eau, et ainsi cette flottille de pêche avait moins l'air d'appartenir à la mer que, par exemple, les églises de Criquebec qui, au loin, entourées d'eau de tous côtés parce qu'on les voyait sans la ville, dans un poudroiement de soleil et de vagues, semblaient sortir des eaux, soufflées en albâtre ou en écume et, enfermées dans la ceinture d'un arc-en-ciel versicolore, former un tableau irréel et mystique (I, p. 836).

H. *Degrés de l'autoreprésentation*

En astreignant au mimétisme, soit les schèmes constitutifs de deux cellules différentes, soit les aspects différents d'une cellule unique, la métaphore configurale les induit à se représenter réciproquement. Nous appelons représentation intratextuelle, ou autoreprésentation, l'ensemble des mécanismes par lesquels certains fragments du texte tendent, en les mimant, à en représenter tels autres. Seulement, cette autoreprésentation comporte un *second degré*. Cette fois, pour tel fragment de la fiction, il s'agit de représenter, non pas, comme nous venons de le voir, tel autre fragment de la fiction, mais bien, comme nous l'allons voir, l'un des mécanismes par lesquels s'organise cette fiction.

Rappelons le mécanisme de la métaphore ordinale : deux cellules fictionnelles distantes se trouvent soudain mises en contiguïté par suite d'un point commun qui les accorde. Or, c'est précisément à partir de ce schème qu'une métaphore configurale, en produisant à son image le paysage de Combray, a contraint le paysage de Combray à représenter le mécanisme de la métaphore ordinale. Nous le savons : le paysage de Combray est installé selon deux occurrences principales que déchire la plus bouleversante des contradictions. Avec la première, il se constitue sous le signe d'un *écartement* qui dispose deux horizons inconciliables :

> Car il y avait autour de Combray deux « côtés » pour les promenades, et si opposés qu'on ne sortait pas en effet de chez nous par la même porte, quand on voulait aller d'un côté ou de l'autre : le côté de Méséglise-la-Vineuse, qu'on appelait aussi le côté de chez Swann parce qu'on passait devant la propriété de M. Swann pour aller par là, et le côté de Guermantes. (...) Alors « prendre par Guermantes » pour aller à Méséglise, ou le contraire, m'eût semblé une expression aussi dénuée de sens que prendre par l'est pour aller à l'ouest (I, p. 134).

Ce que cet éloignement des deux côtés figure n'est rien de moins que, par un transparent mimétisme, l'écartement de deux cellules fictionnelles éloignées. Avec la seconde occurrence, le paysage, selon le coup de théâtre célèbre, se dispose sous le signe du *raccourci :*

> « Si vous n'aviez pas trop faim et s'il n'était pas si tard, en prenant ce chemin à gauche et en tournant ensuite à droite, en moins d'un quart d'heure nous serions à Guermantes. » (...) « Si vous voulez, nous pourrons tout de même sortir un après-midi et nous pourrons alors aller à Guermantes, en prenant par Méséglise, c'est la plus jolie façon », phrase qui en bouleversant toutes les idées de mon enfance m'apprit que les deux côtés n'étaient pas aussi inconciliables que j'avais cru (III, p. 692-693).

Ce que ce rapprochement des deux côtés représente n'est rien de moins que la mise en contiguïté des deux cellules lointaines. L'agent de cette réunion est évidemment Gilberte qui, fille de Swann et femme du Guermantes Saint-Loup, compose, de manière irrécusable, un parfait point commun aux deux côtés. L'ensemble fonctionne donc bien comme une autoreprésentation de second degré : telle part de la fiction y représente non point telle autre part d'elle-même mais bien le jeu d'un mécanisme primordial.

Le paradoxe de Combray, si l'on peut dire, est celui d'une droite qui voudrait penser un cercle. Entre le côté de Guermantes et le côté de chez Swann, la distance est d'abord longue (c'est le savoir enfantin, le début du livre) puis courte (c'est le savoir adulte, la fin du livre). La droite, en sa rectitude, ne parvient guère à admettre cette double distance : plus les points sont distants, plus ils sont éloignés. Le cercle, en sa courbure, conçoit avec aisance cette contradiction : plus les points sont distincts, plus ils sont proches. Il suffit que le côté de Guermantes (G) et le côté de chez Swann (S) se trouvent sur sa circonférence pour que, sauf l'exception de l'opposition diamétrale, le grand arc figure le parcours naïf, métonymique, et le petit arc le saut averti, métaphorique (figure 2). Lire le graphique de Combray, c'est évidemment comprendre que la métaphore est le plus court chemin d'un point à un autre. Nous aurons à y revenir.

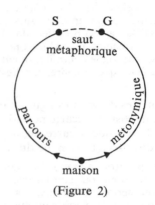

(Figure 2)

Le paysage de Combray n'est certes pas la seule occurrence d'autoreprésentation de second degré. C'est de mille façons, selon le mécanisme d'une métaphore configurale appliquée au schème de la métaphore ordinale, que *la Recherche* propose les indications les plus diverses. Citons-en deux exemples. Le premier concerne le *diplomatique :* si le roi Théodose tient à définir par le terme « affinité », ou si l'on préfère « ensemble de points communs », le rapprochement de deux puissances :

> Il est certain que quand il a parlé des « *affinités* » qui unissent son pays à la France, l'expression, pour peu usitée qu'elle puisse être dans le vocabulaire des chancelleries, était singulièrement heureuse. Vous voyez que *la littérature* ne nuit pas, même dans la diplomatie, même sur un trône, ajouta-t-il en s'adressant à moi. La chose était constatée depuis longtemps, je le veux bien et les *rapports entre les deux puissances* étaient devenus excellents. Encore fallait-il qu'elle fût dite. Le mot était attendu, il a été choisi à merveille, vous avez vu comme il a porté. Pour ma part j'y *applaudis à deux mains* (I, p. 460).

c'est parce que c'est la ressemblance qui se trouve en mesure de joindre deux cellules lointaines. Davantage : ce mécanisme se voit ici souligné de deux manières : d'une part, le mimétisme du rapprochement métaphorique, la métaphore configurale prenant pour schème la métaphore ordinale, est à son tour mimé, localement, par le geste de Norpois (applaudir, c'est rapprocher deux semblables : les mains); d'autre part, le terme d' « affinité », pièce centrale de la métaphore ordinale, est explicitement rapporté à l'exercice de la littérature. Le second exemple concerne le *généalogique :*

> sous Louis XIV, un Norpois avait épousé la fille du duc de Morte-mart, dont le titre illustre frappait, dans le lointain de cette époque, le nom que je trouvais terne et pouvais croire récent de Norpois, y ciselait profondément la beauté d'une médaille (II, p. 540).

Si le narrateur établit le rapprochement du Mortemart d'autrefois et du diplomate d'aujourd'hui, c'est parce qu'un point commun, le nom Norpois, est en mesure de joindre ces deux cellules lointaines. Davantage : ce mécanisme se voit ici développé d'une manière quelque peu subtile : au mimétisme *du* rapprochement métaphorique, la métaphore configurale prenant pour schème la métaphore ordinale, s'ajoute un mimétisme *sur* le rapprochement métaphorique, la métaphore configurale prenant pour schème les cellules rapprochées par la métaphore ordinale. Dans le port de Carquethuit, la métaphore configurale agit en chiasme à partir de deux aspects contigus : la terre, la mer. Dans la généalogie de Norpois, la métaphore configurale opère en chiasme à partir de deux cellules lointaines mises en contiguïté, métaphorique-ment, par suite de leur point commun, Norpois : le nom du diplomate tire, de Mortemart, la flatteuse ciselure d'une médaille; le nom de Mortemart tire, du diplomate, l'avantageux relief d'une coloration différente :

> Et dans ces cas-là d'ailleurs, ce n'était pas seulement le nom moins connu qui bénéficiait du rapprochement : l'autre, devenu banal à force d'éclat, me frappait davantage sous cet aspect nouveau et plus obscur, comme, parmi les portraits d'un éblouissant coloriste, le plus saisissant est parfois un portrait tout en noir (II, p. 540).

II. *DOMAINE CONSONANTIQUE*

Nous l'avons noté au chapitre précédent : mettre en évidence, dans un texte, certaine efficace des signifiants, c'est faire sitôt saillir, comme par automatisme, plusieurs réserves bien connues. Telles réticences, nous les avons battues en brèche, déjà, à propos du travail de Flaubert et de Proust[1] : dispensons-nous d'y revenir.

A. *Métaphore des signifiants*

Nous le savons : métaphore et calembour sont pris dans l'actif d'une exacte correspondance. La métaphore joue sur l'analogie des signifiés ; le calembour repose sur l'analogie des signifiants. Un domaine consonantique accompagne le domaine métaphorique. Il n'est donc pas illégitime de supposer que, dans *la Recherche*, l'immense envergure du domaine de la métaphore se double d'une certaine amplitude du domaine de la consonance. Cette hypothèse conduit sitôt à deux constats.

Le premier constat note l'actif de la consonance expressive, sensible dans un certain nombre d'occurrences spectaculaires. Tantôt, le jeu des signifiants ressortit, phonique ou graphique, au lapsus d'écoute ou de lecture :

> Flaubert, finis-je par dire, mais le signe d'assentiment que fit la tête du prince étouffa le son de ma réponse, de sorte que mon interlocutrice ne sut pas exactement si j'avais dit Paul Bert ou Fulbert, noms qui ne lui donnèrent pas une entière satisfaction (II, p. 490).

> La dépêche que j'avais reçue dernièrement et que j'avais crue d'Albertine, cette dépêche était de Gilberte. Comme l'originalité assez factice de l'écriture de Gilberte consistait principalement, quand elle écrivait une ligne, à faire figurer dans la ligne supérieure les barres de *t* qui avaient l'air de souligner les mots ou les points sur les *i* qui avaient l'air d'interrompre les phrases de la ligne d'au-dessus, et en revanche d'intercaler dans la ligne d'au-dessous les queues et arabesques des mots qui leur étaient superposés, il était tout naturel que l'employé du télégraphe eût lu les boucles d'*s* ou d'*y* de la ligne supérieure comme un « ine » finissant le mot de Gilberte. Le point sur l'*i* de Gilberte était monté au-dessus faire point de suspension. Quant à son G, il avait l'air d'un A gothique (III, p. 656).

Tantôt, le jeu des signifiants relève, faible ou mieux réussi, du calembour à prétention spirituelle :

> Voyant que j'attendais une visite, elle fit semblant de croire que je m'appelais Charles. Je lui répondis naïvement que non, ce qui lui permit de placer : « Ah! je croyais! Et je me disais Charles attend (charlatan). » Ce n'était pas de très bon goût (II, 728).

---

1. « Le texte en conflit » (VI : L'initiative aux mots).

> Je n'ai pas l'habitude de répéter deux fois mes ordonnances. *Donnez-moi une plume*. Et surtout au lait. Plus tard, quand nous aurons jugulé les crises et l'agrypnie, je veux bien que vous preniez quelques potages, puis des purées, mais toujours au lait, au lait. Cela vous plaira, puisque l'Espagne est à la mode, *ollé, ollé !* (Les élèves connaissaient bien ce calembour qu'il faisait à l'hôpital chaque fois qu'il mettait un cardiaque ou un hépatique au régime lacté). Ensuite vous reviendrez progressivement à la vie commune. Mais chaque fois que la toux et les étouffements recommenceront, purgatifs, lavages intestinaux, *lit, lait* (I, p. 498).

> « Qu'est-ce que vous dites du dernier mot d'Oriane ? J'avoue que j'apprécie beaucoup Taquin le Superbe », et le « mot » se mangeait encore froid le lendemain à déjeuner (II, p. 466).

Tantôt, il faut l'admettre, le jeu des signifiants s'accomplit selon des allusions plus discrètes. Ainsi, lors de « l'immigration dans un hôtel de Paris » de « la salle à manger de Balbec » (III, p. 874) que nous avons étudiée plus haut (I, B), le travail de la métaphore ordinale s'accompagne de tout un jeu des mots : « *marine* de Balbec » et « elles forcent nos *narines* »; « des nappes d'*autel* » et « la solidité de l'*hôtel* ». Ainsi, dans la promenade du côté de Guermantes [1], « saison » et « maison », « Saint-Esprit » et « mon esprit », « longtemps » et « étendu », « étendu » et « étang », « le temps » et « ma tante », « montions » et « montrer », « les (grands) rideaux » et « les rides de l'eau ». Ou, ailleurs, encore ceci :

> Puis, redevenant Odette, elle se mit à *parler* anglais à sa fille. Aussitôt ce fut comme si un mur m'avait caché une partie de la vie de Gilberte, comme si un génie malfaisant avait emmené loin de moi mon amie. Dans une langue que nous savons, nous avons substitué à l'opacité des sons la transparence des idées. Mais une langue que nous ne savons pas est un *palais* clos dans lequel celle que nous aimons peut nous tromper (I, p. 583).

Non seulement, ici, le parler anglais est un palais fermé, mais encore la langue langagière, en jouant avec la langue charnelle, conduit du palais architectural scellé au palais buccal clos. Ou non moins, dans un exemple précédent, le massif calembour de Cottard, « ollé ollé », s'accompagne d'un jeu moins visible : la redite de « lit, lait », à la fin, invite la mère réticente à bien lire, lis-les, les indications que le médecin vient d'écrire.

Le second constat signale certaines contiguïtés de la métaphore et du calembour. Voilà qui ne saurait guère nous surprendre. Cette

---

1. « Le texte en conflit » (VI, A : La consonance improbable).

rencontre n'est rien de moins qu'une métaphore ordinale composée qui utilise, comme élément commun, le rapprochement analogique qui permet à la métaphore, au plan des signifiés, et au calembour, au plan des signifiants, de télescoper des domaines distincts.

Tantôt, ce phénomène est simple. Ainsi, dans le passage précédent, c'est une métaphore ordinale qui met en contiguïté, d'une part, la métaphore du lieu secret comme palais clos et, d'autre part, les calembours du palais architectural et du palais buccal, du parler anglais et du palais clos (tableau 3).

Tantôt, ce phénomène est complexe. Ainsi, dans les carafes de la Vivonne :

> Je m'amusais à regarder les carafes que les gamins mettaient dans la Vivonne pour prendre les petits poissons, et qui, remplies par la rivière où elles sont à leur tour encloses, à la fois « contenant » aux flancs transparents comme une eau durcie et « contenu » plongé dans un plus grand contenant de cristal liquide et courant, évoquaient l'image de la fraîcheur d'une façon plus délicieuse et plus irritante qu'elles n'eussent fait sur une table servie, en ne la montrant qu'en fuite dans cette allitération perpétuelle entre l'eau sans consistance où les mains ne pouvaient la capter et le verre sans fluidité où le palais ne pourrait en jouir. Je me promettais de venir là plus tard avec des lignes... (I, p. 168).

Ce qui se donne à lire, ici, principalement, c'est une autoreprésentation de second degré. Il ne s'agit pas, comme dans l'autoreprésentation de premier degré, d'une métaphore configurale qui prend pour schème certaine organisation d'une cellule fictionnelle. Il ne s'agit pas exacte-

	MÉTAPHORE ORDINALE (A)		
PHÉNOMÈNES ORDONNÉS	MÉTAPHORE EXPRESSIVE (B)		CALEMBOURS EXPRESSIFS (B)	
ÉLÉMENTS COMMUNS (A)	rapprochement analogique		rapprochement analogique	
ÉLÉMENTS SEMBLABLES (B)	lieu secret	palais clos	palais (architectural)	palais (buccal)
			parler	palais

(Tableau 3)

110

ment, comme dans la première occurrence analysée d'autoreprésentation du second degré (I, H), d'une métaphore configurale qui prend pour schème le principe général de la métaphore ordinale. Il s'agit très précisément d'une métaphore configurale qui prend pour schème le principe particulier de la métaphore ordinale selon lequel peuvent se mettre en contiguïté à partir de leurs points communs certains aspects du signifiant et du signifié. Bref, il s'agit d'une métaphore configurale qui prend pour schème le dispositif dessiné dans notre tableau 3.

Ce qui se donne à lire, ici, en effet, c'est l'intrication de plusieurs mécanismes. *Premièrement :* un passage selon lequel le signifiant, le « contenant », et le signifié, le « contenu », sont en contiguïté parce qu'ils possèdent un point commun : la carafe. Le paradoxe du spectacle vient du double statut donné à cet ustensile : à la fois contenu et contenant. *Deuxièmement :* un passage, selon une confusion experte, entre le signifiant et le signifié. En cette composition naturelle, l'eau et le verre, comme l'eau et la terre en l'artificielle marine d'Elstir, se trouvent définis par des ·métaphores réciproques : le verre est une « eau durcie », l'eau est un « cristal liquide ». Ainsi, lorsqu'il s'agit de faire entendre la fraîcheur comme un flottement entre l'eau et le verre, cette hésitation, qui s'appuie sur une *analogie des signifiés*, ne saurait être autre chose qu'un mouvement métaphorique : de même que l'analyse du port de Carquethuit propose la formule « une métaphore de ce genre », de même l'évocation du flottement devrait ici offrir, en toute propriété des termes, la formule suivante : « en ne la montrant qu'en fuite dans cette *métaphore* perpétuelle... ». Or, selon une impropriété savoureuse, le texte la précise par la figure correspondante axée sur l'*analogie des signifiants :* l'allitération. Le paradoxe · de l'objet (la carafe) s'accompagne ainsi d'un paradoxe de la formule : si l'impropriété des termes (l'allitération pour la métaphore) vient d'une ressemblance des phénomènes de niveau distinct (la métaphore au plan des signifiés, l'allitération au plan des signifiants sont analogues en ce qu'elles reposent sur l'analogie), cette « audace », comme dit Gérard Genette, est la plus propre à définir une hésitation entre deux domaines devenus similaires. L'impropriété ostentatoire, au premier degré, est ici la condition d'une propriété plus subtile, au degré second. *Troisièmement :* une contiguïté effervescente de l'activité métaphorique et de l'activité consonantique. Parmi les métaphores, rappelons le verre comme « eau durcie » et l'eau comme « cristal liquide ». Parmi les consonances, soulignons, d'une part, sous la proximité du verre et de l'allitération, le jeu implicite du *verre* et du *vers* que fait paraître Genette, discrètement, dans son commentaire : « car la consonance des choses est ici minutieusement agencée comme celle des mots dans un *vers*[1] »; et, d'autre part, le jeu clandestin des *lignes* pour la pêche et des *lignes* d'écriture, car c'est bien avec l'écriture de ces lignes de son roman que le narrateur tient ici sa promesse de retour.

B. *Consonance configurale*

Mais il y a davantage : de même que, dans *la Recherche*, la métaphore expressive se double du calembour expressif, de même, la métaphore configurale s'y accompagne du calembour configural. Nous le savons : la métaphore configurale permet, à partir de tel aspect signifié d'une cellule, d'obtenir, soit tout ou partie d'une autre cellule (métaphore configurale externe), soit telle partie de cette même cellule (métaphore configurale interne). Nous l'allons voir : le calembour configural permet, à partir de tel aspect signifiant d'une cellule, d'obtenir soit tout ou partie d'une autre cellule (calembour configural externe), soit telle partie de cette même cellule (calembour configural interne).

Le lecteur l'a sans doute remarqué : ce que nous avons appelé le premier procédé roussellien[2] relève entièrement de la consonance configurale. Ainsi, dans les textes du procédé visible, les deux aspects signifiants semblables, la première et la dernière phrase du conte, composent divers aspects signifiés de la même cellule, le conte lui-même. Dans *Parmi les noirs*[3], par exemple :

> Les lettres du blanc sur les bandes du vieux billard (les inscriptions de la craie sur les bords du jeu) (...). Les lettres du blanc sur les bandes du vieux billard (les missives du capitaine sur les hordes du bandit).

Il s'agit donc d'un calembour configural interne. Ainsi, dans les textes du procédé caché, les deux aspects signifiants semblables composent deux cellules plus que distinctes : l'une qui reste... hors du livre, l'autre qui appartient au livre dont elle configure un aspect signifié. Pour *Impressions d'Afrique*[4], par exemple :

> 1re ROUE (sens de roue de voiture) à CAOUTCHOUC (matière élastique); 2e ROUE (sens de personne orgueilleuse qui fait la roue) à CAOUTCHOUC (arbre). D'où le caoutchouc de la place des Trophées où Talou vient faire la roue en posant le pied sur le cadavre de son ennemi.

1. « Métonymie chez Proust » dans *Figures III*, Éd. du Seuil, p. 54.
2. Pour plus de détails : « L'activité roussellienne », *Pour une théorie du Nouveau Roman*.
3. Raymond Roussel, *Comment j'ai écrit certains de mes livres*, Alphonse Lemerre, p. 225. Repris par les Éditions Jean-Jacques Pauvert.
4. *Comment j'ai écrit*, p. 8.

Il s'agit donc de ce qu'il faut appeler un calembour configural *extérieur*, puisque les termes qu'il met en jeu n'appartiennent pas au même texte.

Des opérations du même genre, nous venons de le prétendre, agissent dans *A la recherche du temps perdu*. Un rien d'attention suffit à faire surgir, en certaines pages, l'association systématique d'éléments fictionnels très distincts, l'ecclésial et le pâtissier :

> Elle envoya chercher un de ces *gâteaux* courts et dodus appelés Petites Madeleines qui semblent avoir été moulés dans la valve rainurée d'une coquille *Saint-Jacques* (I, p. 45)

> Ce goût, c'était celui du petit *morceau de madeleine* que le dimanche matin à Combray (parce que ce jour-là je ne sortais pas avant l'heure de la *messe*) (I, p. 46-47)

> (...) et celle aussi du petit coquillage de *pâtisserie*, si grassement sensuel sous son plissage sévère et *dévôt* (I, p. 47)

> (...) je faisais quelques pas du *prie-Dieu* aux fauteuils en velours frappé, toujours revêtus d'un appui-tête au crochet; et le feu cuisant comme une *pâte* les appétissantes odeurs dont l'air de la chambre était tout grumeleux et qu'avait déjà fait « *lever* » la fraîcheur humide et ensoleillée du matin, il les *feuilletait*, les *dorait*, les *godait*, les *boursouflait*, en faisant un invisible et palpable *gâteau* provincial (I, p. 50)

> (...) cette bonne si intelligente et si active, qui était aussi belle dès cinq heures du matin dans sa cuisine sous son bonnet dont le tuyautage éclatant ct fixe avait l'air d'être en *biscuit*, que pour aller à la *grand'messe* (I, p. 54)

> (...) on voyait s'agenouiller un instant Mme Sazerat, *posant sur le prie-Dieu voisin un paquet tout ficelé de petits fours qu'elle venait de prendre chez le pâtissier d'en face* (I, p. 59-60)

> Quand, *après la messe*, on entrait dire à *Théodore* d'apporter une *brioche* plus grosse que d'habitude parce que nos cousins avaient profité du beau temps pour venir de Thiberzy déjeuner avec nous, on avait devant soi *le clocher qui, doré et cuit lui-même comme une plus grande brioche bénie*, avec des écailles et des égouttements gommeux de soleil, piquait sa pointe aiguë dans le ciel bleu (I, p. 65).

Puisque l'un des signifiants se trouve explicitement formulé dans cette série (c'est le célèbre nom de tel gâteau), puisque l'autre signifiant se trouve précisément inscrit en certaine autre page (c'est le nom de telle église célèbre), il est clair que ce qui règle l'association insistante du gâteau et de l'église n'est rien de moins que le jeu de mots qui rapproche les Petites Madeleines et la Madeleine. Il s'agit donc d'un calembour configural interne (puisque les deux signifiés appartiennent respectivement à la même cellule) et discret (puisque les deux signifiants du jeu n'apparaissent aucunement ensemble). Quant au quartier de *la Madeleine* qui joue son rôle dans le livre, on peut dire qu'il est l'effet, à partir des *Petites Madeleines*, d'un calembour configural externe et discret (puisque ni les deux signifiés, ni les deux signifiants n'appartiennent à la même cellule).

C. *Texto-lecte*

La redite de l'association du gâteau et de l'église marque un double phénomène. D'une part, comme nous l'avons vu, elle signale la rentabilité du calembour configural sur Madeleine et, par là, facilite sa lecture. D'autre part, comme nous l'allons voir, cette redite permet une opération souvent inaperçue : *la nomination textuelle*. En la rigueur de ses mécanismes, le texte tend en effet, si peu qu'on y prenne garde, à construire son propre vocabulaire et peut-être davantage : ce qu'on pourrait nommer un *texto-lecte*. L'un des principes de cette élaboration lexicale spécifique revient à établir entre deux termes très distincts une solidarité apte à produire, aberrante hors le texte, une manière de synonymie textuelle.

Le mécanisme le plus simple fonctionne en deux temps. Dans une première phase, un certain nombre de redites attestent la liaison des deux termes distincts jusqu'à ce que, par une sorte de montage contiguïtaire de type pavlovien [1], les deux termes se trouvent astreints à une étroite solidarité. Dans une seconde phase, la venue de l'un des deux termes est par conséquent en mesure de suggérer l'autre. Ainsi, à la suite de la systématique contiguïté établie par le texte, les catleyas et l'amour se trouvent textuellement assimilés :

> Mais il était si timide avec elle, qu'ayant fini par la posséder ce soir-là, en commençant par arranger ses catleyas (...), *les jours suivants il usa du même prétexte.* (...) De sorte que, pendant quelque temps, ne fut pas changé l'ordre qu'il avait suivi le premier soir, en débutant par des attouchements de doigts et de lèvres sur la gorge d'Odette et que ce fut par eux encore que commençaient chaque fois ses caresses; et bien plus tard quand l'arrangement (ou le simulacre *rituel* d'arrangement) des catleyas fut depuis longtemps tombé en désuétude, *la métaphore* « *faire catleya* », *devenue un simple vocable* qu'ils employaient sans y penser quand ils voulaient signifier l'acte de la

1. Pour plus de détails : « La bataille de la phrase », *Pour une théorie du Nouveau Roman*, p. 156-158. Pour un autre fonctionnement : « La fiction à mesure » (II, E: L'appareil différent).

possession physique (...) survécut dans leur langage, où elle le commémorait, à cet usage oublié. Et peut-être *cette manière particulière de dire « faire l'amour » ne signifiait-elle pas exactement la même chose que ses synonymes* (I, p. 234).

Ainsi, à la suite de la systématique contiguïté accomplie par le texte, les différentes occurrences de commentaires et d'allusions, la petite madeleine et le mécanisme que nous appelons métaphore ordinale se trouvent textuellement assimilés, et il est possible de faire entendre l'idée de métaphore ordinale (ou structurelle) comme un « effet-madeleine »[1]. Ainsi, précédemment, à la suite de la contiguïté accomplie par le texte, le gâteau et l'église se trouvent textuellement assimilés.

S'il en va de la sorte, alors les propriétés de l'un des deux termes peuvent devenir les propriétés de l'autre, selon le mécanisme d'ordination configurale qui fait se ressembler ce qui est assemblé. Par propriétés, nous pourrions sans doute entendre seulement de simples caractéristiques du signifié ou du signifiant. Ainsi, dans la dernière de nos citations précédentes (II, C), le texte s'applique rigoureusement à pourvoir l'église de certains caractères du gâteau, tant à hauteur de signifiés (par la comparaison « comme une plus grande brioche » appuyée sur le *doré* et le *cuit*) qu'à hauteur de signifiants (par la consonance expressive qui accorde le *clocher* à la *brioche*) :

> le clocher qui, doré et cuit lui-même comme une plus grande brioche bénie (I, p. 65).

Mais il y a plus : par propriétés, nous pouvons entendre aussi de précises caractéristiques textuelles. Il s'agit donc cette fois, toujours par ordination configurale, d'étendre à l'un des termes rapprochés par montage contiguïtaire l'une des propriétés fournies à l'autre terme par un autre montage contiguïtaire (tableau 4). Ainsi la métaphore ordinale, en tant que propriété attribuée à la madeleine pâtissière par suite du montage contiguïtaire, tend à devenir une propriété de l'église, à laquelle la pâtisserie, par un autre montage contiguïtaire, s'est trouvé associée. Comme, peut-être, ce mécanisme risque de surprendre divers lecteurs, proposons trois indications. La *première* affecte à l'église un aspect de la métaphore ordinale : celui de vaincre le temps. Dans la mesure où la métaphore ordinale télescope deux cellules fictionnelles éloignées, elle joue évidemment, si cet éloignement est temporel, le rôle d'une précise machine à voyager dans le temps. C'est

---

1. *Robbe-Grillet : analyse, théorie*, Colloque de Cerisy, Éd. UGE 10/18, t. II, p. 159.

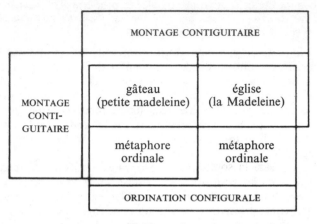

(Tableau 4)

cette aptitude singulière, comme par hasard, qui se trouve accordée à l'église, explicitement :

> (...) un édifice occupant, si l'on peut dire, un espace à quatre dimensions — la quatrième étant celle du Temps —, déployant à travers les siècles son vaisseau qui, de travée en travée, de chapelle en chapelle, *semblait vaincre et franchir*, non pas seulement quelques mètres, mais *des époques successives d'où il sortait victorieux* (I, p. 61),

ou implicitement :

> (je) reste là, devant le clocher, pendant des heures, immobile, essayant de me souvenir, sentant au fond de moi des terres reconquises sur l'oubli qui s'assèchent et se rebâtissent (I, p. 67).

La *seconde* indication associe l'église à un autre caractère de la métaphore ordinale : celui de faire surgir, de manière inattendue et fantastique, une cellule venue d'ailleurs. Dans la mesure où c'est seulement à partir d'une précise similitude que la métaphore ordinale télescope deux cellules fictionnelles lointaines, cette rencontre, par rapport au cours habituel de la fiction, relève en effet, nécessairement, et de l'inopiné, et du bizarre. C'est cette disposition singulière, comme par hasard, que rend possible l'église de ... la Madeleine :

> avant même d'arriver à la *Madeleine*, j'étais ému à la pensée d'approcher d'une rue où pouvait se produire *inopinément* l'apparition *surnaturelle* (I, p. 417).

116

La *troisième* indication accorde à l'église la particularité majeure de la métaphore ordinale : celle de réunir deux cellules jusque-là irrémédiablement éloignées. Ainsi, quand l'automobile se trouve en mesure d'amoindrir les distances, c'est sous le signe des églises (les clochers) non moins que des pâtissiers (le goûter) que ce raccourci est soumis à l'évocation :

> En tout cas, apprendre qu'il existe peut-être un univers où 2 et 2 font 5 et où la ligne droite n'est plus le chemin le plus court d'un point à un autre, eût beaucoup moins étonné Albertine que d'entendre le mécanicien lui dire qu'il était facile d'aller dans une même après-midi à Saint-Jean et à la Raspelière. Douville et Quetteholme, Saint-Mars-le-Vieux et Saint-Mars-le-Vêtu, Gourville et Balbec-le-Vieux, Tourville et Féterne, prisonniers aussi hermétiquement enfermés jusque-là dans la cellule de jours distincts que jadis *Méséglise et Guermantes*, et sur lesquels les mêmes yeux ne pouvaient se poser dans un seul après-midi, délivrés maintenant par le géant aux bottes de sept lieues, vinrent assembler autour de l'heure de notre *goûter leurs clochers* et leurs tours, leurs vieux jardins que le bois avoisinant s'empressait de découvrir (II, p. 997).

La *quatrième* indication conduit à faire de l'église l'un des noms de la métaphore ordinale. Revenons au paysage de Combray, dont la particularité est annoncée, nous venons de le voir, de façon savoureusement clandestine. Nous l'avons vu (I, H) : ce que ce rapprochement final des deux côtés par l'intermédiaire de Gilberte représente n'est rien de moins que la mise en contiguïté de deux cellules lointaines à partir de leur point commun, c'est-à-dire le fonctionnement de la métaphore ordinale. Or quel est ce chemin capable de raccourcir de façon bouleversante l'écartement jusque-là systématique des deux côtés ? « En prenant par *Méséglise*, c'est la plus jolie façon », dit Gilberte (III, p. 693). Ainsi, de même que faire catleya devient textuellement synonyme de faire l'amour, de même le raccourci de Méséglise, selon un calembour qui désormais ne doit plus guère nous choquer, tend à devenir l'une des *dénominations textuelles* de la métaphore ordinale.

D. *Lecture textuelle*

Cette dénomination textuelle est un des mécanismes qui font du texte, nous ne le redirons jamais assez, une machine à multiplier le sens des mots. Tout paragraphe s'offre ainsi, par ordre de banalité décroissante, à au moins quatre espèces de lecture : la lecture *superficielle*, qui retient un seul sens des mots; la lecture *profonde*, qui convoque le champ sémantique des mots; la lecture *consonantique*, qui convoque le champ sémantique capté par calembour ; la lecture *textuelle*, qui tient compte du champ sémantique capté par un effet de dénomination textuelle. Cependant, non sans paradoxe, toute lecture souffre de ce qu'on pourrait nommer une *illusion antisémique*. Toujours le sens obtenu tend à combler : remplir le texte, satisfaire le lecteur. Bref, le sens occulte le sens. Si l'on n'y prend garde, le sens lu dispense de relire, c'est-à-dire de lire autrement jusqu'à, peut-être, construire un autre sens. Curieusement, donc, il y a quelque aptitude fructueuse dans les failles d'une lecture. En se déchirant de la sorte, telle lecture insuffisante laisse entrevoir ce que sa réussite, comme un cache, aurait eu tendance à offusquer. L'un des mérites du célèbre passage sur les clochers de Martinville tient à ceci : en demeurant hautement énigmatique à toute lecture de surface, ces paragraphes rendent nécessaire la venue d'autres lectures, la lecture textuelle en particulier :

> Au tournant d'un chemin, j'éprouvai tout à coup ce plaisir spécial qui ne ressemblait à aucun autre, à apercevoir les deux clochers de Martinville, sur lesquels donnait le soleil couchant et que le mouvement de notre voiture et les lacets du chemin avaient l'air de faire changer de place, puis celui de Vieuxvicq qui, séparé d'eux par une colline et une vallée, et situé sur un plateau plus élevé dans le *lointain, semblait pourtant tout voisin d'eux.*
> En constatant, en notant la forme de leur flèche, *le déplacement de leurs lignes*, l'ensoleillement de leur surface, *je sentais que je n'allais pas au bout de mon impression, que quelque chose était derrière ce mouvement, derrière cette clarté, quelque chose qu'ils semblaient contenir et dérober à la fois.*
> Les clochers *paraissaient si éloignés* et nous avions l'air de si peu nous rapprocher d'eux, que je fus étonné quand, *quelques instants après, nous nous arrêtâmes devant l'église de Martinville.* (...)
> Sans me dire que *ce qui était caché derrière les clochers de Martinville devait être quelque chose d'analogue à une jolie phrase*, puisque c'était sous la forme de mots qui me faisaient plaisir que cela m'était apparu, *demandant un crayon et du papier au docteur, je composai* (...) (I, p. 180-181).

En effet, avec la lecture textuelle, ce qui ici s'éclaire, c'est non seulement l'ensemble du passage, mais encore, jusqu'à l'infime, toute une foule de détails. Nous le savons maintenant : la métaphore ordinale, cette opération qui télescope deux ensembles distincts à partir de leur point commun, prend nom, dans *la Recherche*, de raccourci de Méséglise. Dans cette mesure, la lecture textuelle est logiquement induite à se demander si la massive insistance des clochers, en tel passage, ne trahit pas, clandestine, une forte pousse de l'ordination métaphorique.

Or, pour s'en tenir à l'évident, il est clair que l'évocation de la métaphore ordinale et l'exercice de la métaphore configurale se rencontrent ici selon diverses occurrences étagées. Distinguons d'abord les *occurrences*. La configuration du paysage et les mouvements qui s'y accomplissent provoquent deux fois l'enchaînement classique des phases d'écart et de proximité : deux églises lointaines semblent toutes proches ; les clochers de Martinville qui semblaient à l'instant si loin, se trouvent soudain tout près du narrateur. Et ce rapprochement est bien associé à l'existence d'un point commun. Dans le premier cas, le point commun saute aux yeux : les éléments rapprochés sont mêmement des clochers (ceux de Martinville, celui de Vieuxvicq). Dans le second cas, le point commun est plus complexe : cette communauté liant les clochers et le narrateur, nous allons la faire paraître sous peu. Il s'agit donc bien de deux évocations de la *métaphore ordinale*, soit, en d'autres termes, de deux autoreprésentations de second degré (I, H). En outre, entre le premier rapprochement (celui des clochers de Martinville et du clocher de Vieuxvicq) et le second (celui des clochers de Martinville et de la personne du narrateur), la ressemblance est indiscutable : précisément le mécanisme de réunion que nous venons de faire paraître. Ou, si l'on préfère, c'est à partir de tel schème de la cellule (le principe de la métaphore ordinale) que s'élabore ici, par similitude, une autre partie de la même cellule (le rapprochement des clochers de Martinville et de la personne du narrateur à partir de leur point commun). Il s'agit donc bien du fonctionnement d'une *métaphore configurale* interne.

Mais l'énigme, certes, c'est surtout la raison du plaisir ressenti par le narrateur et son subit désir d'écrire. Les réponses sont faciles à présent. Premièrement : c'est parce qu'il se trouve en présence de deux des fonctionnements primordiaux par lesquels *A la recherche du temps perdu* tend à s'ordonner et à se configurer (la métaphore ordinale et la métaphore configurale) que le narrateur se trouve pris d'une émotion si intense. Deuxièmement : c'est parce qu'il est proche du nom de l'un de ces fonctionnements qu'il devient, un instant, capable d'écrire. Tout s'ordonne ici, à partir de la curieuse proximité des clochers de Martinville et de Vieuxvicq, selon l'imminence d'une révélation qui, nous le savons, ne se fera que plus tard, celle-ci : le raccourci de Méséglise est le nom de la métaphore ordinale. Ou, comme le dit le texte, « ce qui était caché derrière *les clochers* de Martinville devait être quelque chose d'analogue à une *jolie* phrase », ce qui renvoie, d'une part, à l'indication de Gilberte « en prenant par *Méséglise*, c'est la plus *jolie* façon » (III, p. 693) et, d'autre part, aux « anneaux nécessaires d'un *beau* style », soit une « métaphore » (III, p. 889).

Il est donc possible à présent de comprendre quel est le point commun qui rendait possible le rapprochement des clochers de Martinville et de la personne du narrateur : c'est la métaphore ordinale elle-même. En effet, les clochers la nomment : elle s'appelle le raccourci de Méséglise; en effet, le narrateur l'écrit : « c'était sous la forme de mots qui me faisaient plaisir que cela m'était apparu ». Il est donc permis maintenant de présenter une stratification des phénomènes (tableau 5).

	MÉTAPHORE CONFIGURALE INTERNE			
ASPECTS CONFIGURÉS	rapprochement des clochers éloignés		rapprochement des clochers et du narrateur éloignés	
ORGANISATION COMMUNE	MÉTAPHORE ORDINALE		MÉTAPHORE ORDINALE	
ASPECTS ORDONNÉS	Martinville	Vieuxvicq	Martinville	narrateur
ÉLÉMENTS COMMUNS	clocher	clocher	nomination de la métaphore ordinale	écriture de la métaphore ordinale

(Tableau 5)

On le devine : loin de connaître ici un terme, le tissage de ces rapports tend à s'accroître indéfiniment. Ainsi, à partir de la métaphore ordinale qui rapproche narrateur et clocher sur la base de leur point commun, peut s'accomplir une ordination configurale (I, G) suscitant en somme l'assimilation de ce qui, se ressemblant, s'est assemblé. *Rapproché* d'une église, en tant qu'il participe comme elle de la métaphore ordinale, il n'est guère surprenant que le narrateur soit en mesure d'*être* lui-même une église :

> il me semblait que j'étais moi-même ce dont parlait l'ouvrage : une *église*, un quatuor, la rivalité de François Ier et de Charles Quint (I, p. 3).

Cette précision conduit à deux remarques. La première concerne la *nature du narrateur*. Le narrateur n'est pas seulement un *je* qui écrit la métaphore ordinale : il est aussi la métaphore ordinale qui dit *je*. Rapproché du raccourci de Méséglise et devenant lui-même une église, il forme le parfait mécanisme par lequel l'ordination métaphorique s'accomplit. En effet, en suivant le temps, il est le parcours métonymique en lequel l'espacement se dispose. En effet, point commun aux choses lointaines et lieu de leur subit rassemblement, il est le parcours métaphorique qui obéit à la métaphore ordinale. Bref, le narrateur de *A la recherche du temps perdu*, c'est la métaphore ordinale qui, prenant la direction du *je*, est en mesure de mettre en ordre le texte. En ce sens, *la Recherche* est moins une autobiographie qu'une autographie.

La deuxième remarque concerne la *nature des livres que le narrateur était en train de lire au début du livre, au moment de s'endormir*. Il s'agit, en quelque manière, déjà, de... *A la recherche du temps perdu*. L'église renvoie à Méséglise; le quatuor correspond au septuor; François 1er évoque Françoise et François le Champi; Charles Quint signale Charles Swann, le baron Charlus et Charlie. Dans la mesure où le narrateur lit ainsi d'emblée le livre qu'il devra écrire, se dispose, selon un savoureux paradoxe temporel, le symptôme, parmi d'autres, d'un curieux dispositif cyclique :

> comme après la métempsycose *les pensées d'une existence antérieure* (I, p. 3),

sur lequel, à la fin de cette étude, nous ne nous dispenserons pas de revenir.

E. *Lecture consonantique*

Nous venons de le voir : l'ordination configurale est capable d'étendre de l'un à l'autre les propriétés de deux termes assemblés par un montage contiguïtaire que détermine un précis rapport de consonance. Le calembour de la Madeleine et des Petites Madeleines règle le voisinage redit de l'ecclésial et du pâtissier, si bien que l'église se trouve à son tour propice à la métaphore ordinale. La lecture consonantique est alors conduite à émettre une hypothèse : le simple rapprochement par calembour n'est-il pas suffisant pour que puisse jouer entre les deux termes, selon l'ordination configurale, l'élargissement de certaines de leurs propriétés ? Pour s'en rendre compte, et puisque nous avons déjà souligné la consonance qui associe les Petites Madeleines et l'église de la Madeleine, ramifions et confortons, de façon très rapide, l'efficace de ce jeu des mots. Ce faisant, nous saisissons l'occasion, d'une part, d'aggraver nos rapports avec les divers consonantophobes et, d'autre part, de rendre lisibles certaines relations étranges qui unissent des éléments dont la rencontre semblait jusque-là fortuite, et propre, par conséquent, en « la signification de cette insignifiance », à produire ce que Barthes a nommé l'*effet de réel*[1]. Classons donc, selon un élargissement progressif de l'église architecturale, les divers passages de *la Recherche*, où le nom Madeleine se trouve actif. Le *premier* concerne un quartier de Paris :

> Quand vint le 1er janvier, je fis d'abord des visites de famille avec maman, qui, pour ne pas me fatiguer, les avait d'avance (à l'aide d'un itinéraire tracé par mon père) classées par quartier plutôt que selon le degré exact de la parenté. Mais à peine entrés dans le salon d'une *cousine assez éloignée* qui avait comme raison de passer d'abord que *sa demeure ne le fût pas de la nôtre*, ma mère était épouvantée en voyant, ses marrons glacés ou déguisés à la main, le meilleur ami du plus susceptible de mes oncles auquel il allait rapporter que nous n'avions pas commencé notre tournée par lui. Cet oncle serait sûrement blessé, *il n'eût trouvé que naturel que nous allassions de la Madeleine au Jardin des Plantes où il habitait*, avant de nous arrêter à Saint-Augustin, pour repartir rue de l'École-de-Médecine (I, p. 486).

La moindre attention suffit pour lire que, dans les parages du nom de Madeleine, se propose une excellente allusion à la métaphore ordinale. Au parcours métonymique du père, rangeant les visites par quartiers, s'oppose l'itinéraire métaphorique de l'oncle, classant les visites par degré de parentés : qui se ressemble le plus, s'assemble au plus vite. Mais, certes, là où Combray se modelait en permettant que des antipodes s'avoisinent, Paris résiste : les quartiers demeurent en leur place et l'ordination métaphorique se montre incapable de courber l'espace jusqu'à obtenir le raccourci praticable. Un point énigmatique subsiste cependant : pourquoi donc, plutôt qu'ailleurs, l'oncle habite-t-il au Jardin des Plantes ?

Éclaircir ce point fait paraître le *second passage* de notre série, qui concerne seulement un personnage religieux. Il renvoie, on le sait, au chapitre xx de l'Evangile selon Jean, qui décrit la résurrection du Christ :

> Ces arbustes que j'avais vus dans le jardin, en les prenant pour des dieux étrangers, ne m'étais-je pas trompé comme *Madeleine quand, dans un autre jardin*, un jour dont l'anniversaire allait bientôt venir, elle vit une forme humaine et « crut que c'était le jardinier » ? (II, p. 160).

Notons-le d'abord : le prénom de Madeleine, comme les Petites Madeleines, comme l'église de la Madeleine, montre cette aptitude de la métaphore ordinale de faire surgir « inopinément l'apparition sur-

---

1. « L'effet de réel », *Communications*, no 11, p. 88.

naturelle » (I, p. 417). Au-delà des apparentes préséances familiales, l'exigence de l'oncle semble venir de ce que la liaison de la Madeleine et du Jardin s'impose prioritairement quand il s'agit de l'apparition d'une visite. Mais, surtout, ce lieu d'habitation participe à un autre montage contiguïtaire qu'il faudrait étudier, celui de la Madeleine avec le jardin, et qui associe également, par exemple, sous l'angle de l'église, nous l'avons vu naguère (II, C) : « leurs *clochers* et leurs tours, leurs vieux *jardins* que le bois avoisinant s'empressait de découvrir » (II, p. 997) et, sous l'angle du simple prénom, nous l'allons voir bientôt, la « *Madeleine* » de Fromentin et la verdure de... Madame Verdurin (III, p. 709).

Le *troisième passage* concerne apparemment un simple célèbre discord théologique :

> Comme les trois quarts des rues tirent leur nom d'une église ou d'une abbaye, il y a chance pour que le sacrilège continue. On ne peut pas empêcher des *Juifs* de demeurer boulevard de la *Madeleine* (...) (II, p. 1105-1106).

Il n'est guère difficile, une fois encore, sous l'antagonisme ostentatoire de deux religions, de lire une précise évocation de la métaphore ordinale : ce qui est frappé d'éloignement (les Juifs, comme victimes de la diaspora), ce qui est capable de rapprochement (la Madeleine, comme facteur d'ordination métaphorique).

Le *quatrième passage* concerne un simple prénom. Le pastiche des Goncourt, dans *le Temps retrouvé*, révèle, de Madame Verdurin, qu'elle est la « Madeleine » de *Dominique*, de Fromentin :

> « Avant-hier tombe ici, pour m'emmener dîner chez lui, Verdurin, l'ancien critique de LA REVUE, l'auteur de ce livre sur Whistler où vraiment le faire, le coloriage artiste de l'original Américain, est souvent rendu avec une grande délicatesse par l'amoureux de tous les raffinements, de toutes les JOLIESSES de la chose peinte qu'est *Verdurin*. Et tandis que je m'habille pour le suivre, c'est, de sa part, tout un récit où il y a par moments comme l'épellement apeuré d'une confession sur le renoncement à écrire aussitôt après son mariage avec la « *Madeleine* » de Fromentin (...). » (III, p. 709).

Ici la démonstration ne peut faire l'économie d'un exact paradoxe. Ce pastiche du *Journal* des Goncourt est en somme le parfait négatif du passage sur les clochers de Martinville. Dans les pages sur les clochers de Martinville, nous l'avons vu (II, D), la proximité des églises excitait le narrateur et l'induisait à écrire. Dans ce pastiche des Goncourt, le mariage de Verdurin avec la « Madeleine », loin d'encourager le critique de *la Revue*, le porte au renoncement. Or, non sans quelque charme, c'est cette inversion, justement, qui se trouve probante. En effet, le texte où les aptitudes de la Madeleine, métaphore ordinale et stimulation de l'écriture, sont inversées, n'est rien d'autre, précisément, que l'envers de *la Recherche*, une manière d'Anti-Recherche : le pastiche du Journal des Goncourt. C'est donc une logique impeccable qui inflige à l'efficace de la madeleine, en ce texte, un exact retournement. Et c'est parce que le narrateur suppose en l'occurrence que la littérature ne saurait être qu'une prose du genre de celle du *Journal* des Goncourt :

> et en même temps il me semblait triste que la littérature ne fût pas ce que j'avais cru (III, p. 709),

c'est-à-dire, très expressément, l'offuscation des aptitudes de la madeleine :

> Et quand avant d'éteindre ma bougie, je lus le passage que je transcris plus bas, *mon absence de disposition pour les lettres* (III, p. 709)

que le rappel lui vient de son inaptitude littéraire...

III. *EXCURSIONS*

A. *Les courts-circuits du texte*

Rappelons-le : la métaphore ordinale est l'opération qui, à partir de tel de leurs points communs, sait réunir deux cellules plus ou moins lointaines. La métaphore ordinale est dite *actuelle* quand elle agit au plan de l'écriture et, par voie de conséquence, au plan de la lecture si celle-ci en épouse l'ordre. La métaphore ordinale est dite *virtuelle* quand elle agit au seul plan de la lecture, puisqu'elle rapproche deux ensembles que l'écriture, précisément, a écartés dans le corps du texte. Dans le premier cas, le rapprochement est actuel : les événements séparés sont explicitement réunis par le texte. Il s'agit d'un *temps court-circuité*. Dans le second cas, le rapprochement est virtuel : le texte, en disposant çà et là tels passages soumis à une certaine similitude, programme la virtualité de rapprochements qu'il revient à la lecture d'actualiser en passant de tel de ces passages à tel autre. Il s'agit d'un *texte court-circuité*. En d'autres termes : la métaphore ordinale *actuelle* court-circuite le temps de la *fiction ;* la métaphore ordinale *virtuelle* court-circuite le temps de la *narration*.

Une précision terminologique n'est peut-être pas inutile en l'occurrence. Disposer l'opposition du virtuel à l'*actuel*, comme nous l'avons fait ici et ailleurs [1], c'est simplement écrire une différence opératoire : avec la métaphore ordinale actuelle, l'opération du rapprochement est pratiquée par l'écriture et redoublée par une lecture qui en épouse la ligne; avec la métaphore ordinale virtuelle, l'opération de rapprochement est programmée par l'écriture et accomplie par une lecture qui en transgresse la ligne. Disposer l'opposition du virtuel et du *réel*, comme nous l'avons écrit malencontreusement dans une esquisse de ce chapitre [2] et comme continuent de le dire malencontreusement Alain Robbe-Grillet et François Jost [3], c'est, hors de propos, adjoindre au terme « virtuel », une connotation dévalorisante issue d'un mécanisme fort simple : dans la mesure où réel s'oppose aussi à irréel, opposer virtuel à réel, c'est, ici sans raison, offrir au terme virtuel une dépréciative imprégnation d'irréalité.

Nous l'avons laissé entendre (I, H) : l'ordination métaphorique virtuelle agit *dans la lecture du texte* à chaque fois que le lecteur met en contact, en feuilletant les pages, deux passages notés pour leur similitude : c'est la lecture paradigmatique. L'ordination métaphorique virtuelle agit *dans l'écriture d'un autre texte* à chaque fois que tel critique rapproche, dans son étude, deux ou plusieurs citations semblables et actualise leur rapprochement virtuel : c'est l'écriture externe d'une lecture paradigmatique. Ainsi dans la présente étude (II, B) quand se groupent selon une liste paradigmatique les citations où se présente, irrécusablement, l'étroite association de l'ecclésial et de la pâtisserie. L'ordination métaphorique virtuelle agit aussi *dans l'écriture du même texte* à chaque fois que l'écrivain rapproche, dans son texte, plusieurs passages semblables et actualise leur rapprochement virtuel : c'est l'écriture interne d'une lecture paradigmatique Ainsi *la Recherche* quand se groupent selon des séries paradigmatiques tels passages lointains relevant d'une commune idée et souvent repris sous la forme abréviative du résumé :

> La nature ne m'avait-elle pas mis elle-même, à ce point de vue, sur la voie de l'art, n'était-elle pas commencement d'art elle-même, elle qui ne m'avait permis de connaître, *souvent, la beauté d'une chose que dans une autre, midi à Combray que dans le bruit de ses cloches, les matinées de Doncières que dans les hoquets de notre calorifère à eau ?* (III, p. 889-890).

Le moment semble donc venu de faire les deux remarques suivantes :

1. *Le Nouveau Roman*, p. 77.
2. *Cahiers Marcel Proust*, n° 7, p. 31.
3. *Robbe-Grillet : analyse, théorie*, t. II, Éd. UGE 10/18, p. 268 *sq.*

La *première* concerne le rapport de la lecture et de l'écriture. Avec l'écriture interne d'une lecture paradigmatique, le texte se compose en accomplissant sa propre analyse thématique. Ou, si l'on préfère, le texte s'élabore à partir d'une lecture de lui-même. Ainsi l'acte inaugural du narrateur de *la Recherche*, astreint à lire en quelque façon le texte de *la Recherche*, ce n'est pas seulement, comme nous le verrons (III, D), le symptôme d'un très ample dispositif cyclique; c'est aussi la dramatisation de ce mécanisme selon lequel *la Recherche* tend à s'écrire en se lisant elle-même. Bref, il s'agit d'une occurrence très exacte de ce que nous appelons une autoreprésentation de second degré (I, F).

La *seconde remarque* précise l'une des orientations cardinales du texte moderne. L'écriture interne d'une lecture paradigmatique, c'est, en somme, une ordination métaphorique actuelle de *second degré :* l'actualisation, dans un texte actuel, de certaines de ses propres virtualités. Il est alors logique d'admettre que l'ordination métaphorique actuelle de *premier degré*, la très simple métaphore ordinale actuelle, est elle-même l'écriture interne d'une lecture paradigmatique d'un texte virtuel. Écrire *la Recherche*, pour le narrateur, ne consiste pas à accomplir une lecture syntagmatique (l'ordre du temps) d'un texte virtuel (sa vie) et son inscription selon la successivité d'un journal (comme les Goncourt). Écrire *la Recherche*, pour le narrateur, revient, dans un premier temps, à accomplir une lecture paradigmatique (le voyage dans le temps) d'un texte virtuel (sa vie) et son inscription selon les brisures de l'ordination métaphorique actuelle de premier degré. Écrire *la Recherche*, pour le narrateur, revient, dans un second temps, à accomplir une lecture paradigmatique (le voyage dans le texte) d'un texte actuel (son texte) et son inscription selon les analyses de l'ordination métaphorique actuelle de second degré. Bref, ce qui marque le travail de Proust, prolongé en cela, nous le savons, par le Nouveau Roman, c'est une paradigmatisation systématique et étagée du texte.

B. *Domiciles de la critique*

En les courts-circuits qu'il autorise, le texte se propose donc selon un statut irrémédiablement paradoxal. Toujours, le texte sait être autre chose que ce qu'il est. Il est ce mixte étrange fait de deux aspects indissociables et contradictoires. Ces aspects sont *indissociables*. D'une part, il n'y a pas de raccourci sans espacement : le rapprochement par similitude, métaphorique ou consonantique, d'éléments lointains n'est possible que si tel intervalle d'éléments contigus a instauré tout un espace. D'autre part, il n'y a pas d'espacement sans raccourci : l'espa-

126

cement qui dispose le texte utilise un nombre fini d'éléments et ne peut donc éviter les récurrences par lesquelles s'introduisent, irrépressiblement, les possibilités de similitude, donc de rapprochements. Ces aspects sont *contradictoires :* tandis que l'espacement propose l'étendue, le raccourci l'abolit. Le texte est donc à la fois *littéral* (la succession linéaire selon laquelle les mots sont immobilisés au long des pages) et *trans-littéral* (l'ordination métaphorique ou consonantique virtuelle, trans-linéaire en ce qu'elle mobilise les mots selon des parcours tout autres).

Travaillant un objet aussi versatile, la critique tend à connaître, nécessairement, deux types d'activité. Selon l'aspect du texte qui se trouve principalement étudié, se distinguent ainsi une critique littérale et une critique trans-littérale. La critique littérale tend à considérer l'ensemble du texte, à le découper, tout en définissant les liaisons de cette suite articulée de segments. Au moins au premier degré [1], cette activité est d'obédience syntagmatique ou, si l'on préfère, articulatoire : elle assemble des diversités et, n'hésitant pas à respecter souvent la littéralité, elle subordonne son discours à l'ordre du texte. La critique trans-littérale tend à prélever d'éparses citations du texte, à les lier tout en précisant la relation qui a permis de les extraire. Au moins au premier degré, cette activité est d'obédience paradigmatique ou, si l'on préfère, classificatoire : elle assemble des similitudes et, n'hésitant pas à renverser souvent la littéralité, elle subordonne le texte à l'ordre de son discours.

Il est donc possible d'établir le domicile des postures critiques. Supposons deux axes de coordonnées (figure 6). Comme, au même

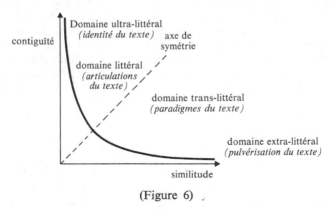

(Figure 6)

1. Pour des indications sur le second degré : « Le dispositif osiriaque ».

degré, on ne peut privilégier l'un qu'au détriment de l'autre, le simi-laire et le contigu sont des inverses proportionnels. Le site des activités critiques forme ainsi une branche d'hyperbole équilatère où l'axe de symétrie sépare et répartit les deux grands types précédents : le domaine littéral où l'on souligne certaines des articulations du texte, le domaine trans-littéral où l'on insiste sur certains de ses paradigmes, ce qu'on appelle aujourd'hui, un peu unilatéralement, ses thèmes.

Mais l'enseignement de cette courbe, on le voit, c'est aussi de mettre en évidence deux passages à la limite par lesquels s'accomplit, respectivement de façon inverse, une manière d'abolition du texte. La critique *ultra-littérale* procède par excès, à la suite d'un effet de bascule. Pour elle, le texte ne saurait être autre que ce qu'il est. Il par-ticipe de l'intouchable : il ne doit être morcelé ni certes en accomplis-sant la mise ensemble, par classification, de tels de ses passages, ni même en ménageant la mise en suite, par articulation, de ses segments. Par un renversement intégral, cet excessif respect du littéral n'est rien de moins qu'une entreprise d'éviction du texte. Se privant des outils d'analyse qui seraient en mesure de l'opérer, cette critique écarte l'aspect littéral de sa compétence. Il lui est alors loisible de s'intéresser, sans résistances, aux événements relatés, aux personnages présentés, indépendamment de ce qui les relate, de ce qui les présente. Il lui est alors permis d'émettre le flux intarissable d'une *causerie* d'où le texte est absent. La critique *extra-littérale* procède par défaut, à la suite d'un effet d'exagération. Pour elle, le texte ne saurait être que ce qu'il n'est pas. Il participe de l'impalpable : il ne doit être maintenu ni certes en ménageant les segments et leur mise en suite par articulation, ni même en respectant les passages mis ensemble par classification. Par une dégradation insidieuse, cet excessif irrespect du littéral n'est rien de moins qu'une entreprise d'éviction du texte. Se privant de l'arrangement du texte même à hauteur des passages rapprochés, cette critique écarte tout aspect littéral de sa compétence. Il lui est alors loisible de s'intéresser, sans résistances, à partir de textes pulvé-risés en simples réservoirs de mots, à des entités extérieures appar-tenant à ce qui est parfois nommé un imaginaire. Il lui est alors permis d'élargir le réseau inlassable d'une *taxomanie* d'où le texte est absent.

La critique littérale est donc relativement *protégée* : l'accroissement du respect pour le littéral conduit à son *contraire*, la causerie critique, par la brutalité d'une brisure voyante. La critique trans-littérale est donc relativement *vulnérable* : l'accroissement de l'irrespect pour le littéral conduit à sa *caricature*, la taxomanie critique, par la douceur d'une dégradation insensible.

C. *Bibliothèque du texte*

Puisque l'ordination métaphorique virtuelle est capable de rapprocher des passages lointains, sa sphère d'activité, loin de s'en tenir, selon des rapports intratextuels, au texte lui-même, tend à s'accroître, selon des rapports intertextuels, aux domaines de l'intertexte. Cependant, la prudence méthodologique porte à réduire, autour du texte en cause, l'immense champ de l'intertexte. Ainsi, dans l'intertexte général ou ensemble· de tous les textes, se précisent, en soulevant à chaque fois tous leurs problèmes spécifiques, divers intertextes restreints, ou ensembles des textes entretenant avec le texte en cause une relation construite outre tel rapport intertextuel particulier : les textes du même signataire; les textes de signataires différents et réunis dans un même livre; les textes évoqués dans un texte; les textes dont chacun, sans appartenir à aucune des catégories précédentes, entretient un nombre si élevé de rapports intertextuels avec le texte en cause, qu'il bénéficie d'un effet de présomption dont le principe, en tout occurrence, ne saurait manquer d'être établi.

Ce qui va nous retenir ici, quelque peu, c'est un des textes évoqués dans le texte : ce qu'on pourrait nommer un *biblio-texte*. Nous le savons : les *Mémoires d'outre-tombe* se trouvent évoqués à diverses reprises dans *A la recherche du temps perdu :*

> certaines légendes rapportées par Chateaubriand dans les MÉMOIRES D'OUTRE-TOMBE (III, p. 35).

et, notamment, au cours de la fameuse scène dans la *bibliothèque* de l'hôtel de Guermantes :

> N'est-ce pas à une sensation du genre de celle de la madeleine qu'est suspendue la plus belle partie des MÉMOIRES D'OUTRE-TOMBE : « Hier au soir je me promenais seul... je fus tiré de mes réflexions par le gazouillement d'une grive perchée sur la plus haute branche d'un bouleau. A l'instant, ce son magique fit reparaître à mes yeux le domaine paternel; j'oubliai les catastrophes dont je venais d'être le témoin, et, transporté subitement dans le passé, je revis ces campagnes où j'entendis si souvent siffler la grive. » (...) Un des chefs-d'œuvre de la littérature française, SYLVIE, de Gérard de Nerval, a, tout comme le livre des MÉMOIRES D'OUTRE-TOMBE relatif à Combourg, une sensation du même genre que le goût de la madeleine et « le gazouillement de la grive ». Chez Baudelaire enfin, ces réminiscences, plus nombreuses encore (...) (III, p. 919-920).

Sans prétendre à l'exhaustif, notons que le rapport intertextuel qui se joue ici entre le texte *(la Recherche)* et le biblio-texte *(les Mémoires)* relève très précisément de l'ordination métaphorique (tableau 7). Deux cellules fort lointaines (elles appartiennent à des textes de signataires différents) se télescopent à partir de leur point commun (le fonctionnement de la... métaphore ordinale elle-même). En ce qui concerne *la Recherche*, il s'agit de la métaphore ordinale dans son principe, selon une formule abstraite :

> car trouvant seulement cette impression de beauté quand une sensation actuelle, si insignifiante fût-elle, étant donnée par le hasard, une sensation semblable, renaissant spontanément en moi, venait étendre la première sur plusieurs époques à la fois (...) (III, p. 918).

	MÉTAPHORE ORDINALE			
TEXTES ORDONNÉS	*A la recherche du temps perdu*		*Mémoires d'outre-tombe*	
ÉLÉMENTS COMMUNS	principe de la MÉTAPHORE ORDINALE		pratique de la MÉTAPHORE ORDINALE	
CELLULES ORDONNÉES	moment actuel	plusieurs époques	hier soir	domaine paternel
ÉLÉMENTS COMMUNS	sensation actuelle	sensation semblable	chant de la grive	chant de la grive

(Tableau 7)

En ce qui concerne les *Mémoires*, il s'agit de la métaphore ordinale dans sa pratique, selon un exemple concret : l'effet de la grive.

On le voit donc : le rapport intertextuel est ici, plus précisément, une métaphore ordinale actuelle de second degré (III, A). A partir d'une lecture paradigmatique (le voyage dans les textes) d'au moins deux textes actuels (*la Recherche*, les *Mémoires*, ainsi que *Sylvie* et tels poèmes de Baudelaire) s'actualise, par inscription, la métaphore ordinale virtuelle qui les reliait. Nous avons donc affaire ici à l'écriture *mixte* d'une lecture paradigmatique : non pas seulement interne (puisque certains des textes ne sont pas *la Recherche*), non pas seulement externe (puisque l'un des textes est *la Recherche*), mais, conjointement, interne et externe. Ou, si l'on préfère, la croissante paradigmatisation textuelle jusqu'à son analyse (III, A) s'aggrave d'une paradigmatisation intertextuelle jusqu'à son analyse. Bref, dans la mesure où elle tend à produire sa propre théorie, une certaine pratique du texte tend ici à transformer le narrateur en un théoricien des autres textes.

Cependant, il y a davantage. Si, comme nous l'avons dit (II, A), le domaine métaphorique se double, dans le texte de *la Recherche*, d'un domaine consonantique, il est légitime de supposer que l'ordination métaphorique, dans l'intertexte formé de *la Recherche* et des *Mémoires*, se double aussi d'une ordination consonantique. Pour s'en tenir à l'évident, signalons la claire consonance ordinale virtuelle qui associe, intertextuellement, les deux pays d'enfance : d'une part, le *Com*bourg des *Mémoires*, d'autre part, le *Com*bray de *la Recherche*, en quelque manière selon le mécanisme nettement formulé :

> (Et même une syllabe commune à deux noms différents suffisait à ma mémoire — comme à un électricien qui se contente du moindre corps bon conducteur — pour rétablir le contact (...) (III, p. 538).

Or, si peu qu'on y prenne garde, ces deux espèces de rapports inter-textuels appuyés l'un sur la similitude des signifiés, l'autre sur la similitude des signifiants, ne sont pas seulement en mesure de lier le texte *(la Recherche)* et son biblio-texte (les *Mémoires*). Elles sont également capables, comme nous l'avons vu lors de phénomènes moins inattendus (II, A et tableau 3), de s'attirer également l'une l'autre par leur propre similitude. Toutefois, on le devine, un tel exercice ne saurait s'accomplir sans la prudence d'une certaine dissimulation. Dans le commentaire des *Mémoires* (III, 919-920) dont nous avons parlé, ce qui prend place, *à une ligne* du nom de Combourg, ce n'est certes pas le nom de Combray en personne, mais, substitutivement, ce qui forme la voie majeure de son accès, la madeleine :

> (...) tout comme le livre des MÉMOIRES D'OUTRE-TOMBE relatif à *Combourg*, une sensation du même genre que le *goût de la madeleine* (...) (III, p. 919-920).
> Ce goût, c'était celui du *petit morceau de madeleine* que le dimanche matin à Combray (...) (I, p. 46).

L'ensemble du phénomène se dispose donc selon le nouvel étagement (tableau 8) d'une métaphore ordinale de troisième degré rapprochant, d'une part, la métaphore ordinale de second degré (tableau 7) et, d'autre part, la consonance ordinale implicite que nous venons de faire paraître et qui associe, par un jeu des mots, *la Recherche* et un livre dont le titre souligne suffisamment, en le jeu de ses initiales, le terme MOT.

MÉTAPHORE ORDINALE		

PHÉNOMÈNES ORDONNÉS	MÉTAPHORE ORDINALE	CONSONANCE ORDINALE (implicite)	

	la *Recherche*	les *Mémoires*	TEXTES ORDONNÉS
(TABLEAU 7)	COMBray (madeleine)	COMBourg	ÉLÉMENTS COMMUNS

(Tableau 8)

Évidemment, une nouvelle question se pose : si, comme nous venons de le montrer, la *Recherche* et les *Mémoires* sont liés, d'une part, selon l'ordination métaphorique et, d'autre part, selon l'ordination consonantique, il est légitime de supposer qu'entre le texte et son biblio-texte il existe des rapports de configuration métaphorique, tel schème d'une cellule des *Mémoires* permettant la constitution de telle cellule de *la Recherche*. Pour s'en tenir à l'irrécusable, relisons ces quelques lignes du chapitre VI, du livre II, de la première partie des *Mémoires d'outre-tombe* :

> Entre la mer et la terre s'étendent des campagnes pélagiennes, fron-tières indécises des deux éléments : l'alouette de champ y vole avec l'alouette marine; la charrue et la barque à un jet de pierre l'une de l'autre, sillonnent la terre et l'eau. Le navigateur et le berger s'em-pruntent mutuellement leur langue : le matelot dit LES VAGUES MOU-TONNENT, le pâtre dit DES FLOTTES DE MOUTONS (I, p. 41-42).

Ce qui frappe d'emblée, c'est que le paysage se constitue selon le mécanisme familier de la métaphore configurale : le schème d'une partie de la cellule organise ouvertement telle autre partie de la cellule. L'alouette de champ et l'alouette marine, en ce qu'elles mêlent leurs trajectoires, sont évidemment conduites à survoler tantôt la mer, tantôt la terre. Les bergers empruntent la langue des matelots; les matelots empruntent la langue des bergers. Bref, le schème configuratif peut se nommer : interpénétration des domaines. Il est alors clair que cette métaphore configurale, et jusqu'aux éléments qu'elle met en œuvre, sert elle-même de schème à l'élaboration du port de Carquethuit (I, G), selon une métaphore configurale intertextuelle, ou extérieure, suscitant un effet ordinal virtuel que notre propre analyse, présentement, actualise (tableau 9).

	MÉTAPHORE CONFIGURALE (extérieure)			
TEXTES CONCERNÉS	*les Mémoires*		*la Recherche*	
CELLULES CONFIGURÉES	marine naturelle en Bretagne		marine artificielle d'Elstir	
ORGANISATION COMMUNE	MÉTAPHORE CONFIGURALE		MÉTAPHORE CONFIGURALE	
ASPECTS CONFIGURÉS	mer	terre	mer	terre
ORGANISATION COMMUNE	invasion de l'autre	invasion de l'autre	invasion de l'autre	invasion de l'autre

(Tableau 9)

D. *L'hélice du texte*

Nous l'avons signalé (II, C), le raccourci de Méséglise est un des noms textuels que *la Recherche* attribue à l'une des opérations majeures par lesquelles elle se constitue : la métaphore ordinale. Il ne saurait donc trop nous surprendre que l'église s'inscrive, ainsi que nous l'avons vu (II, D), dans une page profuse en allusions de toutes sortes : la première. A l'évocation de l'église s'ajoute l'évocation du chemin, et entre les deux s'insère, transparente en ce qu'elle renvoie au passage cité (III, p. 919) des *Mémoires d'outre-tombe* :

> (...) j'oubliais les catastrophes dont je venais d'être le témoin, et, transporté subitement dans le passé, je revis ces *campagnes* où j'entendis si souvent *siffler la grive*

un clair filigrane de la métaphore ordinale sous les espèces du chant d'oiseau :

> (...) il me semblait que j'étais moi-même ce dont parlait l'ouvrage : une *église* (...)

> j'entendais le *sifflement* des trains qui, plus ou moins éloigné, comme le *chant d'un oiseau* dans la forêt, relevant les distances, me décrivait l'étendue de la *campagne* déserte (...)

> et le *petit chemin* qu'il suit va être gravé dans son souvenir par l'excitation qu'il doit *à des lieux* nouveaux, à des actes *inaccoutumés* (I, p. 3-4).

Il ne saurait davantage nous surprendre que l'église s'inscrive, ainsi que nous l'allons voir, dans une page profuse en allusions de toutes sortes : la dernière. A l'évocation de l'église se mêle l'évocation du cheminement, l'une et l'autre suivies d'une claire évocation de la métaphore ordinale :

> (...) le duc de Guermantes (...) dès qu'il s'était levé et avait voulu se tenir debout avait vacillé sur des jambes flageolantes comme celles de ces vieux *archevêques* sur lesquels il n'y a de solide que leur *croix* métallique et vers lesquels s'empressent de jeunes *séminaristes* gaillards et ne s'était *avancé qu'en tremblant* (...), parfois plus haute que des *clochers* (...) par rendre leur *marche* si difficile (...)

> puisqu'ils touchent *simultanément*, comme des géants plongés dans les années, *à des époques si distantes* (...) (III, p. 1047-1048).

Mais il y a plus : si précises soient-elles, ces trois relations ne forment qu'une part minime d'un ensemble autrement complexe. Pour en faire paraître l'entrelacs, il ne faut pas hésiter à scruter de façon scrupuleuse et l'alpha :

> *Longtemps*, je me suis *couché* de bonne heure. Parfois, à peine ma bougie éteinte, mes yeux se fermaient *si vite* que je n'avais pas le *temps* de me dire : « Je m'endors. » Et, *une demi-heure* après, la *pensée* qu'il était *temps* de chercher le *sommeil* m'éveillait; je voulais poser le *volume* que je croyais avoir entre les mains et souffler ma lumière; je n'avais pas cessé en dormant de faire des réflexions sur ce que je venais de *lire*, mais ces réflexions avaient pris un tour un peu particulier; *il me semblait* que j'étais moi-même ce dont parlait l'ouvrage : une *église*, un quatuor, la rivalité de François Iᵉʳ et de Charles-Quint. Cette croyance survivait pendant *quelques secondes* à mon réveil; elle ne choquait pas ma raison, mais pesait comme des écailles sur mes yeux et les empêchait de se rendre compte que le bougeoir n'était plus allumé. Puis *elle commençait à me devenir inintelligible*, comme après la métempsycose les pensées d'une existence anté-

rieure; le sujet du livre se détachait de moi (...). Je me demandais quelle *heure* il pouvait être (...) (I, p. 3).

et l'oméga du texte :

> *Je venais de comprendre* pourquoi le duc de Guermantes, dont j'avais admiré, en le regardant assis sur une chaise, combien il avait peu vieilli bien qu'il ait tellement plus *d'années* que moi au-dessous de lui, dès qu'il s'était levé et avait voulu se tenir debout (...) ne s'était avancé qu'en tremblant comme une feuille, *sur le sommet* peu praticable de quatre-vingt-trois *années*, comme si les hommes étaient juchés sur de vivantes échasses, grandissant sans cesse, parfois hautes comme des *clochers*, finissant par leur rendre la marche difficile et périlleuse, et d'où *tout d'un coup* ils tombaient. Je m'effrayais que les miennes fussent déjà si hautes sous mes pas, *il ne me semblait pas* que j'aurais encore la force de maintenir *longtemps* à moi ce *passé* qui descendait déjà si loin. Du moins, si elle m'était laissée assez *longtemps* pour accomplir mon œuvre, ne manquerais-je pas d'abord de *décrire* les hommes (cela dût-il les faire ressembler à des êtres monstrueux) comme occupant une place si considérable, à côté de celle si restreinte qui leur est réservée dans *l'espace*, une place au contraire prolongée sans mesure — puisqu'ils touchent simultanément, comme des géants plongés dans les *années*, à des époques si distantes, entre lesquelles tant de *jours* sont venus se placer — dans le *Temps* (III, p. 1047-1048).

Au plan des signifiés, les relations qui rapprochent les éléments des deux paragraphes se disposent selon trois catégories principales. La première, appuyée sur la similitude, provoque une association de métaphores ordinales. Seulement, le rapport global est à deux degrés (tableau 10). D'une part, au premier degré, il y a entre chaque cellule autant de métaphores ordinales (type A) que de couples d'éléments communs. D'autre part, au second degré, il y a entre chaque cellule une métaphore ordinale supplémentaire (type B) ayant pour éléments semblables *la liste* des éléments semblables qui ont permis l'ensemble des précédentes métaphores ordinales de premier degré.

La seconde catégorie de relations, appuyée sur l'opposition ou l'inversion, autorise ce qu'on pourrait nommer une association d'oxymorons ordinaux, avec évidemment, s'il y a liste, la métaphore ordinale supplémentaire que, par souci de simplicité, nous évitons cette fois d'écrire (tableau 11).

La troisième catégorie de relations, appuyée sur l'articulation, permet ce qu'on pourrait appeler la complémentation ordinale, phénomène qui sort du cadre de cette étude et que nous indiquons seulement au passage. Ainsi la lecture, dans l'incipit, et l'écriture, dans l'explicit.

	MÉTAPHORES ORDINALES (A et B)	
CELLULES ORDONNÉES	incipit	explicit
ÉLÉMENTS SEMBLABLES (B)	liste ci-dessous	liste ci-dessous
ÉLÉMENTS SEMBLABLES (A)	*Temps :* « Longtemps... »	*Temps :* « ... le Temps »
	Mesure du temps : demi-heure, secondes	*Mesure du temps :* années, jours
	brusquerie : « si vite »	*brusquerie :* « tout d'un coup »
	espace : « le volume »	*espace :* « l'espace »
	texte : « je venais de lire »	*texte :* « d'abord de décrire »

(Tableau 10)

	OXYMORONS ORDINAUX	
CELLULES ORDONNÉES	Incipit	Explicit
ÉLÉMENTS OPPOSÉS	*horizontalité :* « me suis couché »	*verticalité :* « s'était levé »
	unités brèves : heures, secondes	*unités longues :* années, jours
	incompréhension : « inintelligible »	*compréhension :* « je venais de comprendre »
	affirmation : « il me semblait que »	*négation :* « il ne me semblait pas que »

(Tableau 11)

Au plan des signifiants, les relations qui rapprochent les éléments des deux paragraphes se disposent principalement, à partir de la similitude, selon une association de consonances ordinales (tableau 12).

	CONSONANCES ORDINALES	
CELLULES ORDONNÉES	incipit	explicit
ÉLÉMENTS SEMBLABLES	couché	clocher
	pensée	passé
	sommeil	sommet

(Tableau 12)

Cependant, loin d'épuiser l'ensemble des rapports, cette triple ordination (métaphorique, oxymoronique, consonantique) se double d'une configuration, porteuse évidemment, elle-même, de son propre effet ordinal. Il ne s'agit pas, comme nous l'avons vu (I, E), d'une métaphore configurale, selon laquelle, au plan des signifiés, s'élabore une seconde cellule à partir de tel schème de telle autre. Il s'agit, comme nous l'allons voir, d'une consonance configurale, selon laquelle, au plan des signifiants, s'élabore une seconde cellule à partir de tel schème de telle autre. En effet, entre le premier et le dernier paragraphe

	CONSONANCE CONFIGURALE	
CELLULES CONFIGURÉES	incipit	explicit
ORGANISATION SEMBLABLE	*Série droite :* a, b, b	*Série inverse :* a, a, b
ÉLÉMENTS CONCERNÉS	a) « *Longtemps*, je... » b) « je n'avais pas le *temps*...» b) « qu'il était *temps*... »	a) « de maintenir *longtemps*...» a) « assez *longtemps* pour... » b) « dans le *Temps*. »

(Tableau 13)

137

de *la Recherche*, la moindre attention signale, non seulement le même nombre d'occurrences du terme « temps » (il y en a trois dans chacun), mais encore leur rapport inverse (il y a un « longtemps » et deux « temps » dans le premier, un « temps » et deux « longtemps » dans l'ultime) et, davantage, leur exacte disposition en miroir dans l'ordre du texte (tableau 13).

Notons-le en passant : l'organisation, ici, est certes un peu plus complexe. A l'intérieur de chaque paragraphe, nous l'avons laissé entendre, le terme qui occupe l'emplacement stratégique principal (« longtemps » à l'initiale du premier, « temps » à la finale du dernier) se trouve balancé par la présence de deux occurrences de l'autre terme (deux « temps » dans le premier, deux « longtemps » dans le dernier). A l'intérieur de chaque paragraphe, nous devons le souligner, le terme qui occupe l'emplacement stratégique principal est équilibré par des indications temporelles inverses : « *long*temps » se trouve suivi de quatre unités temporelles *brèves :* « bonne heure », « demi-heure », « quelques secondes », « quelle heure »; « temps » se voit précédé de quatre unités temporelles *longues ;* « années », « années », « années », « jours ».

Avec les quatre types d'ordination dont nous venons d'esquisser l'analyse (métaphorique, oxymoronique, consonantique, d'une part et, d'autre part, l'effet ordinal de la consonance configurale), se trouvent donc mises en place, multiplement, entre le premier et le dernier paragraphe, les conditions de la plus vaste « métaphore » ordinale virtuelle possible dans *A la recherche du temps perdu*. La lecture est induite à rapprocher les deux extrémités du livre, arrondi, désormais, selon une circularité immense, par ce qu'on pourrait nommer *la métaphore d'un bout à l'autre*. En sa fin, le livre programme le retour à son début, prépare la lecture d'un nouveau cycle décalé du premier par les effets du précédent parcours. Comme *Finnegans Wake*, *la Recherche* s'enroule selon un dispositif hélicoïdal : l'un à partir d'un raccord syntaxique, la dernière phrase suspendue à la fin du texte ayant pour suite la première phrase dont le début du texte n'offrait que la fin; l'autre à partir d'un raccord métaphorique, un ensemble de similitudes diverses induisant la lecture à actualiser un rapprochement multiplement programmé.

Dès lors, dans le premier paragraphe, l'ouvrage que lit le narrateur et où il s'agit d'une *église*, c'est non seulement, comme nous l'avons vu (II, F), un roman nommé *A la recherche du temps perdu*, mais encore, plus précisément, puisqu'on y parle ouvertement de clochers, la fin même de ce très long ouvrage. Et cette scène représente donc aussi, au bord fallacieusement initial du texte, le mouvement cyclique par lequel, irrémédiablement, le lecteur est reconduit par la fin du livre à son début.

Dès lors, inversement, dans le dernier paragraphe, les jeunes *séminaristes* gaillards auprès des vieux *archevêques*, c'est non seulement l'éternel retour des générations, mais encore, plus précisément, après la fameuse « métempsycose », l'image de ce jeune lecteur initial qui s'identifie à l'*église*. Et cette scène représente donc aussi, au bord fallacieusement terminal du texte, le mouvement cyclique par lequel, irrémédiablement, le lecteur est reconduit au début du livre par la fin.

Revenons donc à Combray. Il faut maintenant en convenir : le paysage de Combray est non seulement, ainsi que nous l'avons vu (I, H), une autoreprésentation de second degré en général, mais encore, ainsi que nous l'allons voir, une autoreprésentation de second degré très particulière. Le rapprochement des deux antipodes géographiques (le côté de chez Swann, le côté de Guermantes), c'est non seulement l'image de la métaphore ordinale en tant qu'elle rapproche telle cellule et telle autre, mais encore l'image du texte lui-même, puisque, en tant que programmant en sa fin la lecture à en revenir à son début, c'est bien ses propres antipodes que le texte réunit. En outre, le rapprochement des antipodes textuels (le premier paragraphe, le dernier) s'accomplit, d'une part, certes, selon le raccourci de *Méséglise* (le groupe de métaphores ordinales précédemment étudié) et, d'autre part, très exactement, selon le raccourci de *mes églises* (« ce dont parlait l'ouvrage : une *église* » du début, « haut comme des *clochers* » de la fin).

Il est ainsi possible de goûter la saveur d'un nouveau raffinement imperceptible. C'est une inversion parfaite. Celle-ci : dans la géographie de Combray, le raccourci fictionnel permet de se rendre du côté de chez Swann au côté de Guermantes; dans l'envergure de tout le livre, le raccourci textuel permet de se rendre de l'hôtel de Guermantes, où, apparemment, tout se termine, au côté de chez Swann, où, réellement, tout recommence.

3. La population des miroirs

(Problèmes de la similitude à partir d'un texte (s)
d'Alain Robbe-Grillet)

I

Grâce à la parfaite similitude de leurs gestes,
jointe à une grande ressemblance d'aspect, les
deux frères, dont l'un était gaucher, donnaient
l'illusion de quelque sujet *unique* reflété par un
miroir.   (Roussel)

II

L'*unité* coupée en *deux*, c'est là assurément un
fait étrange (...) L'esprit du seizième siècle était
aux miroirs.   (Hugo)

Toute similitude tend à produire des effets de double : redoublement,
si elle affecte des ensembles séparés; dédoublement, si elle agit dans
un ensemble unique.

I. *REDOUBLEMENT*

Supposons un texte de fiction. Ses relations extérieures se divisent en
deux domaines. Comme texte, il peut être comparé à d'autres textes;
comme fiction, il peut être confronté à la « vie même ».

A. *Aspects de l'idéologie dominante*

Nous le savons : ces rapports sont le lieu d'une emprise idéologique
intense. On s'en convaincra en notant à quel point ils sont communément pensés, non pas selon un dispositif technique, mais à l'aide d'un
insistant système de valeurs. Appelons $(+)$ le rapport de ressemblance
et $(-)$ le rapport de dissemblance que le texte peut entretenir avec un
point de comparaison extérieur. Aussitôt (tableau 1), les valeurs affluent
et se répartissent.

On le voit : le « ça dépend » cher à Marx est une fois encore de
rigueur : ce n'est nullement pour elle-même qu'une relation est

comparant \ valeurs	banalité		originalité	
autres textes	$+$	$+$	$-$	$-$
vie	$+$	$-$	$-$	$+$
comparant \ valeurs		artificialité		
		authenticité		

(Tableau 1)

valorisée ou non, c'est selon sa fonction dans le système. Il y a une *bonne* ressemblance, celle du texte et de la « vie » : elle prend le nom d'authenticité avec son envers, l'artificiel ; il y a une *mauvaise* ressemblance, celle du texte et des autres textes : elle prend le nom de banalité avec son envers, l'original. Ainsi peut s'établir, selon le rapport intertextuel et le rapport à la vie, une hiérarchie des textes : le *meilleur* ($-$, $+$) original et authentique ; le *discutable*, soit ($+$, $+$) banal mais authentique, soit ($-$, $-$) original mais artificiel ; le *pire* ($+$, $-$) banal et artificiel.

L'objectif de ce système est clair : obtenir une occultation du texte. En effet, avec tout redoublement se dispose, sur un premier niveau, une procédure d'assimilation : ce qui redouble tend à s'identifier à ce qu'il redouble. La bonne ressemblance est celle qui, astreignant le texte à redoubler la vie, l'identifie à elle et lui fait perdre sa spécificité de texte ; la mauvaise ressemblance est celle qui, conduisant le texte à redoubler un texte, l'identifie à lui et souligne sa spécificité de texte.

Tel système continue de dominer : pour la plupart, il va encore de soi. Nous le connaissons bien : c'est l'idéologie expressive (si par « vie » on entend le moi) ou représentative (si par « vie » on entend le monde). D'un mot, ce qui canalise en ce domaine aujourd'hui la pensée, a culminé, au XIXe siècle, selon deux écoles célèbres : le romantisme et le réalisme.

B. *Confrontation idéologique*

Rappelons-le : dominer, pour une idéologie, revient à accomplir un idéal totalitaire, investir l'ensemble du domaine de manière à se masquer comme telle en devenant un absolu : le pur et simple *bon sens*. Nommer une idéologie, la localiser, provoque donc déjà une première mise en cause; la confronter à telle autre, c'est en réussir une seconde.

Cette confrontation, on le devine, sera d'autant plus nette qu'elle se produira sur un point situé à l'extrême d'un des deux systèmes de valeurs. Nous l'avons vu : ce que l'idéologie romantique/réaliste disqualifie, c'est ce qui se trouve à la fois banal comme texte et artificiel comme fiction. Or, n'est-ce pas, d'une certaine manière, ce que l'idéologie classique a largement prôné ? Bien sûr, elle a eu recours à un lexique valorisant. La ressemblance des textes, c'est l'*imitation* (des Anciens); la dissemblance avec la vie, c'est la *bienséance* ou l'*éloignement* (dans le temps ou l'espace).

Cependant, imiter n'est pas répéter : l'imitation, si elle produit un effet d'assimilation, provoque non moins, en une seconde phase, un effet de distinction. En leur imitation, par exemple, d'Ésope, les textes de La Fontaine s'inscrivent pleinement comme fables; une fois acquise cette assimilation à hauteur de genre, un courant inverse permet de souligner d'autant plus nettement les différences à hauteur d'exécution. Non moins que l'idéologie romantique certes, l'idéologie classique prend en compte la dissimilitude des textes. Seulement, c'est d'une façon diamétralement opposée.

L'idéologie classique la pense comme *intertextualité*. Un relatif : une *différence intracanonique*. C'est dans le cadre de certains modèles (genres, formes) que les textes se distinguent les uns des autres. L'idéologie romantique la pense comme *émanation*. Un absolu : une *originalité*. Ce n'est pas dans la comparaison que la différence se propose. Elle est hypostasiée comme une qualité intrinsèque issue d'une origine singulière : l'auteur.

C. *Subversion idéologique*

Ainsi, en leur opposition, ces deux systèmes s'interdisent réciproquement la propriété totalitaire du bon sens. Seulement, une double inégalité subsiste — et elle forme un piège. D'une part, le second système tire l'avantage sur le premier de s'être établi à partir de ses excès, en le critiquant; d'autre part, puisque l'un et l'autre forment une opposition diamétrale, toute contestation du second risque de conduire à un retour au premier, ce qui maintiendrait en fait dans le même édifice idéologique. Le néo-classicisme est la maladie infantile qui guette toute activité anti-romantique ou anti-réaliste. Telle déviation réactionnaire, un Valéry, nous le savons, n'en a pas toujours été exempt[1]. On en retrouverait aussi certains aspects chez bien d'autres, de Gide à Cocteau.

Toute mise en cause effective du second système suppose donc aussi, à chaque niveau, une mise en cause du premier. A hauteur de texte, elle refusera aussi bien le banal de l'imitatif que l'incomparable de l'original. Elle s'opposera à toute *acceptation* des canons et à ses distinctions secondaires ainsi qu'au *refus* des canons sous l'effet d'une prétendue poussée irréductible. Elle conduira à une *transformation* des canons : nouvelles formes, nouveaux genres. Et, par exemple : Nouveau Roman.

A hauteur de fiction, elle s'opposera aussi bien à la *pression* de la vie toute crue qu'à son envers complice, le *filtrage* de la bienséance. Se soustrayant, s'il le faut, à la convenance des mœurs, elle ordonnera ses aventures de manière à ne pouvoir jamais être prise, en dernière analyse, pour la vie même.

D. *Un redoublement textuel licite*

Toujours prompte à châtier la similitude entre les textes, l'idéologie dominante connaît cependant une exception bien curieuse. Loin de proscrire le redoublement, elle le recommande avec rigueur dès qu'il s'agit d'un texte et de son titre. Le titre, en effet, jouit d'un statut particulier. Même s'il en provenait, le titre n'est pas un autre texte : comme tel, il est sans autonomie. Même s'il en est extrait, le titre n'est pas le texte même : comme tel, il s'en distingue. Ainsi échappe-t-il à deux étendues sévèrement contrôlées. L'une, que nous avons lue, l'intertextualité, où doit régner la diversité des textes : la similitude y apporte ses perturbations selon des *assimilations* indues. L'autre, que nous lirons plus loin, l'intratextualité, où doit régner l'unité du texte : la similitude y apporte ses perturbations selon des *divisions* illicites.

Ni autre texte, ni même texte, le titre est un *onomatexte :* il forme le *nom* du texte. Or, on distingue deux types de noms : celui qui est offert par la langue, celui qui est proposé par tel de ses utilisateurs. Dans la mesure où le texte est un objet nouveau, nul terme de la langue qui à première vue lui convienne : le titre relève de la néologie. On le sait : l'opération néologique est soumise à d'impérieuses rigueurs. Certes, il est possible de recourir à la convention : choisir ou inventer à son gré tel terme et l'accompagner de la définition qu'on propose de

---

1. On pourra consulter, à cet égard, notre travail « L'impossible Monsieur Texte », dans *Pour une théorie du Nouveau Roman.*

désormais lui reconnaître. Cette procédure n'est pas sans défaut : pour une compréhension immédiate, tout lecteur devra connaître le pacte fondateur du code. Faute de quoi, il aura affaire à un néologisme opaque que seul le secours du contexte pourra peut-être éclaircir. Pour éviter tant d'incommodité, il est possible de construire le terme de manière qu'il énonce clairement sa propre définition. Ainsi, le néologisme savant est-il moins celui qui est produit par un savant, que celui qui sait et, d'emblée, permet de savoir.

Si le titre propose un néologisme quelconque, il ne sera pleinement le nom du texte qu'*après* lecture de ce texte : au moment où le pacte liant le terme à sa définition sera entièrement conclu. Pour prétendre à offrir d'emblée le nom du texte, il faut donc que le titre, accueillant sa définition, se fasse néologisme savant. Cependant, comme le titre dispose, très sensiblement, d'un moindre nombre de mots que son texte, cet accueil sera une réduction : ce qu'arbore le titre, en tant que nom du texte, c'est un résumé de sa définition.

Titre, résumé, définition : ainsi s'élargit l'ensemble qui échappe à la fois aux règles de l'intertexte et de l'intratexte. Non moins que le titre, le résumé et la définition sont en même temps ce qui se distingue et ce qui n'a pas d'autonomie. Ils appartiennent à ce qu'il faudrait nommer l'*épitexte* : le texte sur le texte. Le métatexte est écrit sur le texte à des fins opératoires, analytiques; l'épitexte est écrit sur le texte à des fins représentatives, synthétiques. L'épitexte appartient donc à un continent plus vaste : le synonymique, auquel la pensée au pouvoir réserve les seules substitutions licites. Nous le savons : le synonymique permet une opération cardinale, la *translation*. Celle-ci, selon les cas, se subdivise. Est-elle interlinguistique et, sous le nom de version ou de thème, elle suppose, traduction, qu'on peut disposer dans une autre langue, sans les altérer foncièrement, les traits sémantiques essentiels d'un texte. Est-elle intralinguistique et, sous le nom de résumé ou de paraphrase, elle suppose qu'on peut extraire sans dommage les traits sémantiques essentiels d'un texte et soit les réduire, soit les amplifier. Est-elle pseudo-linguistique et, sous le nom d'expression ou de représentation, elle suppose qu'on peut disposer dans la langue, sans les altérer foncièrement, les prétendus traits sémantiques concernant tels aspects du moi ou tels aspects du monde : traduire ses sentiments, traduire un paysage. On le sait, ce système s'appuie sur une hypothèse toujours un peu trop implicite : il est possible de dissoudre sans risque majeur le rapport qui associe l'agencement des signifiants et la venue correspondante des signifiés. Bref, il n'imagine pas qu'il puisse y avoir une efficace sémantique propre à la disposition littérale du texte.

Certes, et en tout cas dans l'état actuel, l'activité synonymique a son domaine de légitimité : c'est notamment une technique de transmission du savoir. Encore faut-il qu'elle s'applique à des textes (et ils sont moins nombreux qu'elle le prétend) où l'agencement littéral n'est pas en mesure de produire des effets sémantiques majeurs. Mais, non moins, elle peut être parfaitement idéologique : c'est une des procédures par lesquelles est accomplie, une fois de plus, l'occultation du texte. Il suffit qu'elle s'applique à des textes où l'agencement littéral, objet à l'évidence des soins les plus minutieux, est en mesure de produire des effets sémantiques majeurs. Soit, pour être bref, la littérature. Or, en son appareil scolaire, elle n'y manque pas : en avons-nous traduit, des répliques de Shakespeare; en avons-nous résumé, des scènes de Racine...

Ainsi, selon les cas, la tactique peut s'invertir : tantôt (I, ABC), on assiste à un refus de la similitude intertextuelle, tantôt (I, D), à sa recherche forcenée. Mais la stratégie est bien la même : mettre le texte à l'ombre. Dans la mesure où il permet à une substitution synonymique d'opérer sur un texte aux agencements littéraux élaborés, le titre est donc, à n'en pas douter, celui que Mallarmé accusait de parler trop haut : par lui le texte subit une parfaite oblitération.

E. *Subversion du titre*

Éclairer le texte, donc, c'est subvertir le titre. Mais, nous le savons, dissimuler est toujours une opération double : d'une part dissimulation, d'autre part dissimulation de cette dissimulation. Tel objet, je le cache, mais je cache aussi ce geste de cacher. Ainsi du titre : il cache le texte par une réduction qui occulte ce qui n'est pas résumé; mais ce discord et cette occultation, il les cache par l'accord voyant de la convenance synonymique. Subvertir le titre, pour le texte, c'est donc, d'une part, mettre à jour le conflit dissimulé dont il est la victime et, d'autre part, dans ce conflit, établir une contre-attaque. Bref, le texte est conduit à une *révolte* contre son titre.

Mais comment le texte peut-il se retourner contre son titre ? Donnons-en idée dans un autre domaine. Nous l'avons supposé : l'agencement littéral sait provoquer des effets sémantiques majeurs. Or, ceux-ci sont de deux ordres : les uns renforcent l'énoncé direct, les autres s'en différencient, voire s'y opposent. On l'a deviné : l'idéologie dominante ne cesse de privilégier les premiers. C'est le fade domaine de l'*expressif* auquel se sont vouées, non sans une platitude foncière, toutes sortes de stylistiques académiques. Les seconds appartiennent à ce que, dans un premier temps, on pourrait nommer le domaine de l'*ironique*. On connaît par exemple d'une part l'épaisse insistance scolaire sur l'allitération expressive où l'agencement littéral multiplie le son évoqué par l'énoncé même, sur le racinien « pour qui *s*ont *c*es *s*erpents qui *s*ifflent *s*ur vos têtes », sur le hugolien « et fait *r*âler d'ho*rr*eu*r* les ag*r*ès effa*r*és » et, d'autre part, la persistante discrétion que s'attire une disjonction ironique parfaite comme « un jour, sur ses longs pieds, allait, je ne sais où, le héron au long bec emmanché d'un long cou » où, en regard d'un énoncé répétant plusieurs fois l'idée de longueur, s'assemble, sous la plume de La Fontaine, l'une des plus remarquables séries de termes brefs offertes par la littérature française. Il est vrai que certains, pour respecter un prétendu « esprit du texte », n'hésitent pas à masquer la littéralité en allongeant lourdement, en leur lecture, quelques-unes de ces syllabes...

Si ces deux phénomènes textuels sont si inégalement soulignés par la pensée au pouvoir, c'est qu'ils jouent, en tout cas à ce premier niveau, des fonctions opposées. La littéralité expressive renforce l'unité sémantique du texte; la littéralité ironique provoque un accroissement de sa diversité. Or, dans la mesure où le titre est un monoïde, la convenance synonymique requiert, sinon l'unité simple d'une monosémie, au moins l'unité complexe d'un dispositif sémantique hiérarchisé. En somme, la convenance synonymique du texte et du titre peut se lire de deux manières. Du premier vers le second, le texte est considéré comme réductible : il est résumable; du second vers le premier, le titre est considéré comme extensible : il est paraphrasable. Ainsi voit-on mieux l'action que peut accomplir le texte sur le titre. Si le titre tend à unifier le texte, le texte doit tendre à diversifier le titre : à le faire exploser en le soumettant à une multitude de définitions.

F. *Techniques de subversion*

Cette multiplication du titre, c'est en jouant de la similitude (+) ou de son contraire (—) que le texte peut l'obtenir (tableau 2).

Nous le devinons : comme la plus commode manière d'abolir le texte est d'insister sur sa dimension référentielle, orientée vers la « vie même », c'est cette dimension que le titre tyrannique se doit de désigner adéquatement (a). Dans la plupart des cas, il n'y manque guère : tout exemple est ici superflu. Inversement, c'est à ses propres dépens que le titre exhausse le texte en soulignant tel aspect de la dimension littérale (b). Qu'un poète intitule un livre seulement poèmes, poésies, album de vers, et ce que le lecteur conditionné ressent, c'est un irrécusable dépérissement du titre, mis d'ailleurs aussitôt, selon une com-

similitude	dimensions	
	littérale	référentielle
+	b	a
		c
		dd
	e	e
—	g	f

(Tableau 2)

mune diversion idéologique, curieusement sur le compte d'une certaine modestie d'auteur.

En d'autres cas (c), le titre désigne bien, apparemment, tel aspect majeur de la dimension référentielle du texte, seulement le texte, insidieusement, s'ingénie à mettre en doute le caractère fondamental de cet aspect. Telle inadéquation du titre et du texte s'obtient par exemple avec ce qu'on pourrait nommer le titre en hyperbole et le titre en litote. Avec le titre hyperbolique, le livre promet, sur tel aspect, davantage qu'il ne tient. Dans *Salammbô*, par exemple, il est bien question de Salammbô, mais la fille d'Hamilcar est moins nettement ce protagoniste principal que ne le prophétisait le titre. Tout le livre, au contraire, tend à l'amenuiser par rapport à l'ensemble, si bien que, pour reprendre le mot de Flaubert, « le piédestal est trop grand pour la statue ». Dans *Madame Bovary*, Madame Bovary sera certes personnage principal, mais ce n'est pas sans que Flaubert, en le début savoureux et selon une façon d'anacoluthe romanesque, ne se soit plu à en faire douter d'abord le lecteur. Ce qui est narré, d'emblée, c'est une enfance : non celle d'Emma, mais celle de Charbovari. Et ce narrateur voyant, qui s'autorise un tonitruant nous inaugural, ce n'est pas Emma davantage. Prêchant ici d'exemple, c'est ce que nous venons de risquer, en dépit de la promesse du sous-titre de cette étude, en n'ayant pas abordé, en les nombreuses pages qu'on vient de lire, encore le moindre texte d'Alain Robbe-Grillet. Avec le titre en litote,

147

le livre tient davantage qu'il promet. Dans *les Gommes* [1], sans doute s'agit-il bien de gommes, mais ce que Robbe-Grillet met en place, en fait, nous le savons, c'est une tout autre histoire.

Mais, nous l'avons vu, le texte est en mesure de diversifier le titre en le soumettant à plusieurs définitions (dd), bref en le frappant de polysémie. Si le titre est une machine à effacer son texte, le texte est ainsi une machine à lire son titre. Dans *la Jalousie* [1], se rencontre bien, ne serait-ce que sous l'espèce paradoxale d'une intensité toujours implicite, le sentiment ainsi appelé mais, non moins, et à un emplacement stratégique d'importance, la persienne ainsi nommée. Davantage, l'autre face du titre peut désigner un aspect de la dimension littérale du texte (e). Ainsi *les Gommes* signalent aussi, par surcroît, ce fonctionnement général du livre qui conduit, notamment par la répétition partiellement textuelle du prologue dans l'épilogue, vingt-quatre heures à s'*effacer*. Ainsi dans *la Bataille de Pharsale* [2] est-il facile de reconnaître, par suite d'une anagramme évidente, un aspect du fonctionnement textuel : *la bataille de la phrase*. Nulle obligation, certes, à ce que la désignation de la dimension littérale soit ainsi seconde, en quelque façon, par rapport à la dimension référentielle. Le contraire s'obtient facilement. La dimension littérale est par exemple arborée et intégrée à la dimension référentielle : *les Chants de Maldoror*, *les Cahiers de Malte Laurids Brigge*, *Manuscrit trouvé à Saragosse*.

Avec *la Jalousie* et *la Bataille de Pharsale*, le phénomène est net. Le titre implicitement se divise : passion et persienne, Pharsale et la phrase. Avec la litote des *Gommes*, la face tacite du titre pourrait prendre la forme d'un sous-titre : *tentative de composition d'un récit ironique sur le modèle d'Œdipe roi*. Avec *la Route des Flandres* [2], nous savons qu'un sous-titre a failli s'écrire : *description fragmentaire d'un désastre*. Avec *le Vent* [2], le dédoublement était déjà passé à l'explicite : *tentative de restitution d'un retable baroque*.

Le sous-titre joue donc volontiers un rôle contradictoire : il insiste sur l'aspect du texte que le titre a éludé (e/e). Si le titre appuie sur la dimension référentielle (gommes, route, vent), le sous-titre (implicite, inédit ou explicite) souligne un aspect littéral (composition, description, restitution). C'est pourquoi l'on ne doit guère se montrer surpris s'il arrive à un titre d'accentuer son opposition à lui-même en proposant un double chiasme : *les Lieux-dits* (d'une part dimension référentielle, d'autre part liaison topos-logos), *petit guide d'un voyage* (liaison logos-topos) *dans le livre* (dimension littérale). Par le sous-titre donc,

---

1. Alain Robbe-Grillet, Éd. de Minuit.
2. Claude Simon, Éd. de Minuit.

l'unité du titre se dédouble. Elle est sauvegardée, cependant, par la hiérarchie qui maintient l'un *sous* l'autre, dans un rôle subalterne. Équilibrer deux titres antagonistes, tel semble avoir été l'objectif d'un livre où le titre pile, *la Prise de Constantinople*, indiquant la dimension référentielle (et lui-même subdivisé par le texte en implicites occurrences multiples : la prise de la constellation, la prise de conscience, la prise du con), se trouve balancé selon un titre face métagrammatique, indiquant la dimension littérale : *la Prose de Constantinople*, texte byzantin.

Constatons-le : toutes ces procédures dont l'objectif était de conduire à un éclatement du titre ne réussissent guère, en fait, à obtenir une décisive fragmentation. Dans la première série, la diversification provoquée par le texte concourt à construire, fût-il élargi parfois jusqu'aux aptitudes malséantes du calembour, le champ sémantique du titre. La diversité reste subsumée par l'unité. Finalement, le titre ainsi travaillé entretient une convenance encore plus accomplie avec le texte : le titre devient l'*ultranom* du texte. Dans la seconde série, la multiplication du titre est réelle. Seulement, nous l'avons noté, elle tend à subir la réduction d'une mise en hiérarchie : soit que l'un des titres reste subordonné à l'autre (sous-titre); soit, plus difficilement, que l'un des titres (titres en paire) s'impose tout de même à l'autre. Notons ainsi que le signataire de *la Prose de Constantinople*, parlant de son ouvrage, n'a pas nettement veillé, lui-même, le plus souvent, à utiliser alternativement l'un puis l'autre des deux titres.

Cependant, cette douteuse action par excès n'est pas la seule manière de subvertir le titre : une action par défaut se laisse concevoir. La subversion par excès repose en somme sur la métaphore traditionnelle : c'est un multiple rapport de similitude qu'elle tisse entre texte et titre. La subversion par défaut s'appuierait en revanche plutôt sur la métaphore surréaliste : c'est un rapport de différence qu'elle établit entre titre et texte. Ce rapport peut concerner la dimension référentielle : ainsi le roman de Boris Vian *l'Automne à Pékin* [1] ne se passe-t-il ni à l'automne, ni à Pékin (f). Il peut également affecter la dimension littérale : *les Poésies*, d'Isidore Ducasse, ne correspondent guère à ce qu'on appelle communément poésies (g). Le titre devient l'*antinom* du texte.

Bien sûr, cette alternative métaphorique n'est pas exclusive. Pour en sortir, on peut par exemple choisir comme titre l'une des parties du texte. Mais, qu'il s'agisse d'une citation centrale, initiale (incipit) ou terminale (explicit), telle solution retrouve l'un des cas déjà vus :

1. Éd. de Minuit.

l'euphémisme. Celui-ci ne s'accomplit plus cette fois par l'action d'une litote mais par l'effet d'une synecdoque. Voudrait-on alors abolir purement et simplement le titre, qu'une formule de rechange serait bientôt proposée : l'incipit, justement, le plus souvent, qui reconduit non moins aux occurrences précédentes.

Évider le lieu du titre, c'est donc l'offrir à l'immédiat retour d'un titre plein. Vive est alors une dernière tentation : permettre l'occupation de ce lieu en quelque sorte par un vide, celui d'une pure numérotation d'ordre. Un, ou deux, ou trois, ou quatre viendraient s'inscrire ainsi, d'un opus à tel autre, à la une de chaque livre. Seulement, ce serait éviter Charybde pour Scylla : passer de l'unité pleine, que marque le nom, à l'unité vide, que marque le nombre. Nous l'avons vu, la plénitude de l'unité peut subir un certain travail : la *segmentation* difficile, la *mise en facettes* équivoque. Mais le vide de l'unité est hors d'atteinte. Tout se passe donc pour l'instant comme si d'immenses forces idéologiques s'opposaient à la rupture du texte et de son nom. Le travail du divers ne peut se répandre que clandestinement : sous le masque, la caution, les effets de l'unité.

II. *DÉDOUBLEMENTS*

Ce rôle unitaire, c'est agressivement que le premier titre d'*Instantanés* [1] l'assume. *Trois visions réfléchies* ne se borne pas à subsumer la diversification d'un texte sous-jacent, il unifie sous sa formule trois textes distincts : *le Mannequin, le Remplaçant, la Mauvaise Direction.*

A. *Redoublement paradoxal*

Mais, justement, il en fait trop. Si ce titre renchérit si outrancièrement sur les directives de l'idéologie dominante, c'est, paradoxalement, pour mieux y contrevenir. Rappelons-le : de ce point de vue, il y a deux redoublements. Le souhaitable, qui associe le texte et son titre; le détestable, qui relie un texte à un autre texte. Assemblant trois redoublements licites (ceux qui l'accordent comme titre à chacun des trois textes), le surtitre *assimile* les trois textes et ainsi provoque trois redoublements illicites (ceux qui joignent deux à deux les trois textes distincts). Une fois encore, mais d'autre manière, ce que l'on peut juger idéologiquement, ce n'est pas *une procédure*, c'est la *fonction* de cette

1. Éd. de Minuit, 1962.

procédure dans tel texte particulier : mieux sera assurée la similitude orthodoxe du surtitre aux trois textes et plus sera confortée la similitude hérétique des trois textes entre eux.

Davantage : cette fonction ne peut être elle-même jugée que *relativement*. Non seulement en elle-même, mais aussi par rapport à d'autres qui peuvent l'insérer dans un fonctionnement *contraire*. Ainsi, au surtitre, le mot « vision ». Nous l'avons démontré ailleurs [1] : la description tend à produire ce qu'on pourrait nommer une *division parenthétique infinie*. D'où une explosion scripturale de l'objet. Un paradoxe trop régulièrement occulté permet de la rendre sensible : plus on *décrit* l'objet, moins on le fait *voir*. Il suffit, pour s'en rendre compte, de revenir aux immenses descriptions versifiées de Roussel. Ainsi le recours à l'idée de vision est-il ici une procédure d'obscurcissement élémentaire. La dimension référentielle ne promeut si hautement l'objet perçu, c'est-à-dire *unitaire*, que pour mieux mettre à l'ombre l'objet réellement écrit, c'est-à-dire *explosé*. Ainsi opère Roussel, pour tout lecteur inattentif [2], en intitulant ses descriptions *la Vue;* ainsi opère Robbe-Grillet, pour tout lecteur très attentif, en intitulant ici ses descriptions *Visions*. Seulement, ce rôle obscurantiste de la vision par rapport à la description se trouve bien intégré dans le processus subversif que nous avons dégagé plus haut. En effet, comme l'opération dissimulatrice est accomplie *également* pour chaque texte (chacun est une description, chacun est appelé vision), le rassemblement des trois occultations idéologiques participe à cette assimilation des trois textes qui s'oppose à d'autres règles de cette même idéologie.

B. *Dédoublements référentiels*

Toutefois, dans la mesure où il s'agit de visions *réfléchies*, la convenance idéologique des trois textes au surtitre conduit en fait à une double activité contre-idéologique. D'une part, comme dirait Roussel, elle compose à partir des frères un *sujet unique*. Elle tend, nous l'avons vu, à l'unification de ce qui doit rester séparé, en soulignant le redoublement de trois textes différents. D'autre part, comme dirait Hugo, elle coupe *l'unité en deux*. Elle tend, nous l'allons voir, à la séparation de ce qui doit rester unitaire en suscitant le dédoublement de chaque texte.

Sans doute y a-t-il deux manières de rompre intérieurement l'unité du texte. L'une opère par diversification : son agent est la différence,

---

1. *Le Nouveau Roman*, p. 127-128 et « Le texte en conflit » (II, A : La fragmentation).
2. « L'activité roussellienne », dans *Pour une théorie du Nouveau Roman*.

son effet la disjonction. Seulement, si, comme il arrive, elle reste contenue par l'unité du texte, cette diversité interne demeure réductible : elle est à la merci d'une contre-attaque obscurantiste faisant passer en bloc le texte pour un redoublement du foisonnement divers de la « vie même ». L'autre manière utilise le partage : son agent est la similitude, son effet la subdivision. Restant contenue par l'unité du texte, cette scission interne demeure irréductible : elle échappe à toute contre-attaque obscurantiste, empêchée de faire passer le texte pour un redoublement de « la vie même » en raison de l'excès irréaliste des ressemblances accumulées.

Tout porte à croire que la réflexion (le calcul) multiplie dans les « Visions » toutes sortes de réflexions (les dédoublements) capables de mettre en cause l'unité par le jeu de scissions toujours nouvelles. Une lecture rapide est prometteuse et décevante à cet égard. Prometteuse, en ce que le premier texte propose des miroirs et le troisième une réfléchissante mare :

> Derrière la table, le trumeau de cheminée porte un grand *miroir* rectangulaire dans lequel on aperçoit la moitié de la fenêtre (la moitié droite) et, sur la gauche (c'est-à-dire du côté droit de la fenêtre), l'image de l'armoire à *glace* (p. 10).

> Les rais de soleil qui hachurent tout le *miroir* coupent l'image de lignes plus claires, espacées régulièrement et perpendiculaires aux troncs réfléchis (p. 27).

Décevante, en ce que le second ne connaît aucune surface miroitante. Or, à mieux réfléchir, il est clair, dans la perspective envisagée, que la promesse inquiète et la déception rassure. En effet, les miroirs sont trop polis pour être honnêtes. Ils accroissent aisément les possibilités de similitude, mais c'est au prix fort : en les justifiant du point de vue de « la vie même », qui a tant de mal à endosser la multiplicité des ressemblances. Avec les miroirs optiques, la similitude illicite (celle qui dédouble l'unité du texte) tend à être reprise en charge par la similitude licite (celle qui incline le texte à redoubler l'unité de la « vie même »). Loin donc de décevoir, le manque de miroir, en le deuxième texte, est la promesse de scissiparités moins voyantes et que, sans lui, on aurait peut-être moins cherchées. Sans doute, cependant, l'un quelconque des trois textes aurait pu tout aussi bien laisser l'absence de miroir jouer son rôle d'indice. Il faudra donc, en temps opportun, comprendre pourquoi c'est au second texte qu'a été dévolue cette mission.

En attendant, si nous nous bornons pour l'instant au premier et au second textes, toutes sortes de similitudes agissent. Le titre du premier, d'abord, est suffisamment explicite : *le Mannequin*, c'est l'image substitutive du corps. Ainsi la fiction propose-t-elle des images au second degré : le reflet (dans le miroir) d'un reflet (le mannequin); ou encore : le reflet (en ombre sur la cafetière) d'un reflet (le mannequin); au troisième degré : le reflet (dans le miroir) du reflet (dans la glace de l'armoire) d'un reflet (le mannequin) :

> Sur la partie sphérique de la cafetière brille un reflet déformé de la fenêtre, une sorte de quadrilatère dont les côtés seraient des arcs de cercle. La ligne formée par les montants de bois, entre les deux battants, s'élargit brusquement vers le bas en une tache assez imprécise. C'est sans doute encore l'ombre du mannequin (p. 13).

> On voit encore dans la glace, au-dessus de la cheminée, deux autres mannequins : l'un devant le premier battant de fenêtre, le plus étroit, tout à fait sur la gauche, et l'autre devant le troisième (qui est le plus à droite) (p. 12).

En outre, dispensatrice de reflets, « l'armoire à glace a été placée là pour faciliter les *essayages* » (p. 13), c'est-à-dire les opérations qui provoquent les images approximatives des vêtements à venir, eux-mêmes images de corps. Ou encore : le *quadrillage* de la toile *cirée* dans le *rond* de la table répercute la *boule brillante* de la cafetière sur le *carreau* de céramique :

> C'est une table *ronde* à quatre pieds, recouverte d'une toile *cirée* à *quadrillage* rouge et gris (...). Au centre, un *carreau* de céramique tient lieu de dessous de plat; le dessin en est entièrement masqué, du moins rendu méconnaissable, par la cafetière qui est posée dessus. (...) Elle est en forme de *boule* (...) d'un brun clair très uni, et *brillant* (p. 9 et 10).

Le titre du troisième, enfin, est non moins explicite : *la Mauvaise Direction*, c'est l'image déformée de la bonne. Davantage : outre les reflets proprement dits, se rencontrent des images moins visibles. En bas, autour de la mare, réduites à leurs nervures, les feuilles répètent les arbres, réduits à leurs branches, autour de la mare, en haut :

> La terre est seulement couverte d'un feutrage uni, fait de brindilles et de *feuilles réduites à leurs nervures*, d'où émergent à peine par endroits quelques plaques de mousse, à demi-décomposées. En haut *des fûts*, *les branches nues* se découpent avec netteté sur le ciel (p. 26).

Dans le même ordre d'idées, les feuilles mortes, au fond de la mare, redisent les feuilles disparues, au sommet des arbres, ainsi que l'atteste leur curieuse jonction avec le reflet des branches dans l'eau :

> A la portée de la main, tout près de la rive méridionale, les branches du reflet se raccordent à de vieilles feuilles immergées, rousses mais encore entières... (p. 28).

Toutefois, les reflets clandestins dans la dimension référentielle sont moins nombreux pour ce troisième texte que le premier, et cela aussi méritera explication.

C. *Dédoublements littéraux par similitude*

Ainsi le miroitement excède-t-il largement, en ces deux textes, le domaine de la simple optique. Or, il faut s'y montrer attentif : cet excès n'est en rien un événement fortuit. Il forme la quatrième étape d'un procès de mise en ressemblance qui tend à devenir systématique. Première phase : similitude, au surtitre, marquée par la formule visions réfléchies. Seconde phase : similitude entre surtitre et textes. Troisième phase : ces deux similitudes suscitent la similitude dans les deux fictions extrêmes par les miroitements optiques. Quatrième phase : de la similitude optique, on passe, par similitude, à la similitude subtile. D'où une cinquième phase : similitude des sous-titres et des textes. Et une sixième : similitude du surtitre et des sous-titres.

On le voit : avec ses redoublements et dédoublements, tel procès demeure dans un seul domaine, la dimension référentielle de la fiction. Mais son aspect systématique doit nous conduire à surveiller non moins la dimension littérale. Nous induire à poser la question suivante : n'y a-t-il pas ici, entre les dimensions littérale et référentielle, un rapport de similitude tel qu'il suscite des miroitements littéraux ?

Les miroitements littéraux peuvent s'accomplir de deux manières : soit par similitude, soit par posture. Évidemment, les deux effets s'ajoutent. Si bien qu'entre le minimum et le maximum les diverses occurrences obéissent à la formule :

$$M = \frac{S + P}{2}$$

qu'on peut figurer à l'aide d'un schéma élémentaire (figure 3).

Les domaines de la similitude littérale sont immenses. Notons qu'ils peuvent concerner le domaine numérique : une convenance chiffrée accorde ici le surtitre avec les *trois* textes qu'il subsume. Les *trois* mots qui le forment proposent une disposition syllabique calculée : *Trois* (un) *visions* (deux) *réfléchies* (trois).

Bien sûr, l'extension du système exige que ce redoublement littéral s'accompagne de dédoublements littéraux : plusieurs similitudes

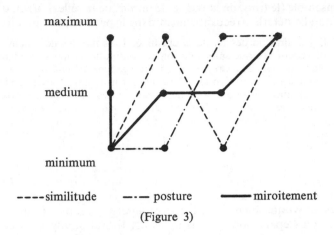

(Figure 3)

littérales se lisent dans le corps des textes, renforcées souvent par le voisinage de leurs emplacements. Ainsi, dans *le Mannequin*, au paragraphe quatre, une reprise exacte et apparemment redondante, sous prétexte de détails supplémentaires, du lexique convoqué dans les lignes précédentes :

> La *cafetière* est sur la *table*. C'est une *table* ronde à quatre pieds recouverte d'une *toile cirée* (...). Au centre, un carreau de céramique tient lieu de *dessous de plat;* le dessin en est entièrement masqué, du moins rendu méconnaissable, par la *cafetière* qui est posée dessus. (...) Il n'y a rien d'autre sur la *table* que la *toile cirée*, le *dessous de plat* et la *cafetière* (p. 9-10).

Ou encore, au paragraphe sept, la profusion hilarante des mêmes termes, sans la moindre recherche de synonymes. En outre, à hauteur du mot à mot, le phénomène est accru par le renfort d'un similaire syllabique : mir*oit*, aperç*oit*, v*oit*, f*ois*, endr*oit* :

> Derrière la table, le trumeau de cheminée porte un grand miroir rectangulaire dans lequel on aperçoit la *moitié* de la *fenêtre* (la *moitié droite*) et, sur la *gauche* (c'est-à-dire du côté *droit* de la *fenêtre*), l'image de l'*armoire* à *glace*. Dans *la glace* de l'*armoire* on voit à nouveau la *fenêtre*, tout entière cette fois-ci, et à l'endroit (c'est-à-dire le battant *droit* à *droite* et le *gauche* du côté *gauche*) (p. 10-11).

Certain lecteur jugera peut-être que cette invasion sonore est à la fois arbitraire et fortuite. Il faut donc remarquer, d'une part, que la syllabe *oi* est commune aux deux aspects majeurs du fonctionnement de l'ensemble (le tr*oi*s, de la triade; le mir*oi*r, de la réflexion) et, d'autre part, qu'elle déferle irrécusablement dans le paragraphe qui fait suite :

> Il y a ainsi au-dessus de la cheminée tr*oi*s m*oi*tiés de fenêtre qui se succèdent presque sans solution de continuité, et qui sont respectivement (de gauche à dr*oi*te); une m*oi*tié gauche à l'endr*oi*t, une m*oi*tié dr*oi*te à l'endr*oi*t. Comme l'arm*oi*re est juste dans l'angle de la pièce et s'avance jusqu'au bord de la fenêtre, les deux m*oi*tiés dr*oi*tes de celle-ci se trouvent seulement séparées par un étr*oi*t montant d'arm*oi*re qui pourrait être le *bois* de milieu de la fenêtre (le montant dr*oi*t du battant gauche joint au montant gauche du battant dr*oi*t). Les tr*oi*s vantaux laissent apercev*oi*r... (p. 11).

La discrétion relative de la similitude référentielle que nous avions notée (II, B) se retrouve également au niveau littéral dans *la Mauvaise Direction*. Une fois encore, certes, l'absence de recherches synonymiques provoque bien la redite insistante de certains termes. Mais ceux-ci, plus épars, sont moins agressifs. Il faut souligner cependant l'active présence du vocabulaire choisi sous le même signe du *oi* :

> Le sol est n*oi*r (...) les troncs hauts et dr*oi*ts (...) par endr*oi*ts (...) d'étr*oi*tes bandes lumineuses (...) dans l'eau n*oi*re (...) tout le mir*oi*r (...) comme v*oi*lée par l'éclairage (...) sur la dr*oi*te (...) il d*oi*t faire un pas (...) il aperç*oi*t alors (...) les arbres qu'il a devant s*oi* (...) ou bien s'aperç*oi*t-il (...) à travers b*oi*s (...) les fûts dr*oi*ts et lisses (...) l'image tronçonnée des colonnes, inverse et n*oi*re.

D. *Dédoublements littéraux par appoint de posture*

Notre formule selon laquelle, ci-dessus, le miroitement s'est proposé en fonction égale de la similitude et de la posture n'est acceptable qu'en théorie. En pratique, l'efficace de la position est moins net. C'est que, dans la mesure où, par lui, la matérialité textuelle insiste, l'espace littéral subit, de la part de l'idéologie dominante, une oblitération qui provoque, chez le lecteur, une irrécusable cécité. Quand la posture littérale est pensée, c'est surtout comme un appoint à l'activité du similaire. Ce renfort de la posture, nous venons de le souligner (II, B), est particulièrement sensible avec la *proximité* des occurrences semblables. Mais il est perceptible, non moins, avec la *disposition réglée*.

Certes, davantage que la prose, c'est la poésie métrique qui accorde le plus d'importance à l'espace littéral. En effet elle lui donne souvent la disposition d'une grille régulière où chaque syllabe est repérable à l'aide d'un couple de coordonnées : une abcisse (son numéro dans le vers), une ordonnée (le numéro de son vers dans le poème). Ainsi, pour s'en tenir aux plus simples aspects de cette manière de propylée littéral, y a-t-il, traditionnellement, à l'oméga des vers, toute soumise à la similitude, la colonne des rimes et, à leur alpha, y échappant quelque peu, la colonne des acrostiches. Évidemment, les poètes se sont plu aux raffinements innombrables. Tels, par exemple, Baudelaire, dans *Harmonie du soir*, et Rimbaud, dans *le Dormeur du val*, faisant se correspondre, d'un bout à l'autre du poème, le premier terme à terme, le second par un chiasme, des similitudes exactement disposées aux syllabes trois et quatre, l'un des vers et l'autre des phrases (tableau 4). Ces élémentaires remarques de *topologie littérale*

syllabes vers	3/4	3/4	syllabes phrases
premier	voici VENIR les temps	c'est un TROU DE verdure	première
dernier	ton souVENIR en moi	il a DEUX TROUS rouges	dernière

(Tableau 4)

permettent deux explications. Premièrement : l'aventure du pantoum baudelairien, ce souvenir terminal donnant corps à la précédente valse d'éléments dispersés, est la mise en place du dispositif obtenu par l'analyse phonético-sémantique du mot « sou-venir » : *ce qui vient dessous*. Selon la théorie de la production esquissée ça et là [1], nous dirions de « souvenir » qu'il est un *sélecteur-ordonnateur* du texte. Notons en passant que le même fonctionnement se rencontre dans l'autre poème : l'aventure du sonnet rimbaldien, cette mort terminale succédant à tant de vie présumée, est la mise en place du dispositif obtenu par l'analyse phonético-sémantique du mot « dor-meur » : *celui qui dort, celui qui est mort*. Deuxièmement : la correspondance croisée *trou de/deux trous* permet de comprendre pourquoi le soldat jeune « a *deux* trous rouges au côté droit » et non pas un, ni trois ou cinq, ni six ou sept, ni huit, neuf ou dix, etc., comme la métrique le rendait possible.

1. Par exemple « La bataille de la phrase », dans *Pour une théorie du Nouveau Roman;* « La révolution textuelle », *Esprit*, n° 12, 1974, et, plus bas, « La fiction à mesure ».

Si les aptitudes de cet espace littéral réglé sont spécifiques d'une certaine forme de poésie, le texte en général connaît plusieurs autres particularités. Il est rare, en effet, que la prose s'écoule selon un flux incessant. Le plus souvent, c'est en parcelles qu'elle se divise, distinguée chacune, tantôt par le jeu de ponctuations variées (groupes de mots, membres de phrase, phrases), tantôt par l'activité d'intervalles divers (alinéas, chapitres, parties, ensemble du texte). Les relations spatiales les plus simples de ce domaine fragmenté concernent évidemment les extrêmes. Ainsi s'associent l'incipit et l'explicit de chaque parcelle, l'ensemble des incipit, l'ensemble des explicit, etc.

Nous le savons : parmi bien d'autres, *Finnegans Wake* et *A la recherche du temps perdu* ainsi que, plus récemment, *la Prose de Constantinople* et *la Bataille de Pharsale* sont instructifs, diversement, à cet égard. Accomplie dans la même perspective, la lecture du *Mannequin* n'est pas exempte de résultats. C'est sur les mots « la cafetière » que ce texte s'inaugure; c'est sur les mots « la cafetière » que ce texte s'interrompt :

> La cafetière est sur la table. (...) Mais, pour le moment, on ne distingue rien, à cause de la cafetière (p. 9 et 13).

Ainsi, selon la mise en posture symétrique d'une similitude obtenue par inversion ordinale de deux mots identiques, se construit, sur toute l'envergure du texte, un miroitement littéral maximal. Davantage : passant de l'envergure aux détails, nous enregistrons un phénomène semblable sur les deux premiers paragraphes, dans un jeu combiné des extrêmes et des moyens. L'un des premiers mots du premier paragraphe se retrouve comme l'un des derniers mots du second; l'un des derniers mots du premier comme l'un des premiers du second :

> La *cafetière* est sur la *table*. /
> C'est une *table* ronde à quatre pieds, recouverte d'une toile cirée (...) du moins rendu méconnaissable, par la *cafetière* qui est posée dessus (p. 9).

Maintenus dans le scepticisme par l'idéologie dominante, certains lecteurs souhaitent peut-être ici la profusion d'une kyrielle d'exemples. Puisqu'ils concernent un autre type d'unité, proposons encore les deux suivants. Nous avons noté que les parcelles du texte peuvent être aussi des phrases (séparées par des points) ou des membres de phrase (séparés par des points virgules). Dans le troisième paragraphe, une phrase, toute soumise au jeu de la similitude et de la symétrie, propose un énoncé digne de Lichtenberg. Une fois encore, l'un des premiers mots du premier membre se retrouve comme l'un des derniers du second, l'un des derniers mots du premier comme l'un des premiers du second :

> L'*anse* a, si l'on veut, la forme d'une oreille, ou plutôt de l'ourlet extérieur d'une *oreille;* mais ce serait une *oreille* mal faite, trop arrondie et sans lobe, qui aurait ainsi la forme d'une « *anse* de pot » (p. 10).

Dans le sixième paragraphe, l'explicit de la première phrase est repris de façon inverse selon l'ordre du texte, c'est-à-dire de façon droite selon l'ordre de la symétrie, par l'incipit de la phrase qui suit :

> Derrière la table, le trumeau de la cheminée porte un grand miroir dans lequel on aperçoit (...) l'image de *l'armoire à glace.* Dans *la glace de l'armoire* on voit à nouveau... (p. 10-11).

Il y a donc plus : de ce point de vue, une similitude accorde d'une part le couple des deux premiers paragraphes ainsi que les phrases du troisième et du sixième, avec, d'autre part, le texte tout entier. Ou bien, si l'on préfère, celui-ci, à ce niveau, est répercuté, en plus petit, par ceux-là. Bref, nous sommes ici en présence de ce qu'il convient de nommer, au moins provisoirement, des *mises en abyme littérales.*

On le devine : des phénomènes du même ordre se disposent dans *la Mauvaise Direction*, mais de façon moins élaborée, plus diffuse. Ainsi le texte propose, à son levant comme à son couchant, la même idée d'une eau soumise au privatif : « les eaux (...) sans profondeur » du début correspond à « l'eau sans ride » de la fin :

> Les *eaux* de pluie se sont accumulées au creux d'une dépression *sans* profondeur, formant une vaste mare (...). En face, les fûts droits et lisses se reflètent dans l'*eau sans* ride, perpendiculairement aux rayons du couchant. Au fond des bandes d'ombre, resplendit l'image tronçonnée des colonnes, inverse et noire, miraculeusement lavée (p. 25 et 29).

De même, le premier paragraphe accueille-t-il, en ses extrêmes, des semblables plus discrets. Le ciel, par quoi il se termine, pouvait se lire, déjà, clandestinement, dans « les eaux de pluie » par lesquelles il commence :

> Les eaux de *pluie* se sont accumulées (...) les branches nues se découpent avec netteté sur le *ciel* (p. 25 et 26).

E. *Croix de l'autoreprésentation*

Puisque la similitude conduit à des effets de représentation, deux cas se proposent. Avec les redoublements, le texte tend à représenter autre chose que lui-même; avec les dédoublements, le texte tend à se représenter lui-même. Dans la mesure où la fiction connaît une dimension littérale et une dimension référentielle, il y a donc quatre principaux types d'autoreprésentation. Si L et L' d'une part, R et R' de l'autre, correspondent à deux passages envisagés respectivement au niveau littéral et au niveau référentiel, il est facile de dessiner ce que nous nommerons *la croix de l'autoreprésentation* (figure 5).

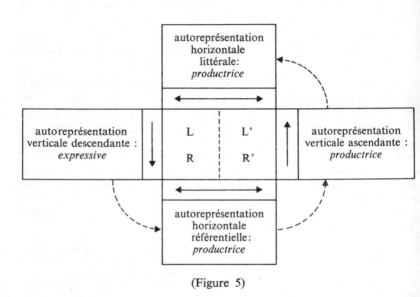

(Figure 5)

Avec l'autoreprésentation verticale descendante, certains aspects de la dimension littérale de la fiction se modèlent sur certains caractères de la dimension référentielle : l'écriture est subordonnée aux aventures. C'est la région de l'expressif. Avec l'allitération expressive (I, E), nous en avons rappelé des exemples. Dans cette perspective, il est clair, en le début du *Héron*, que La Fontaine contrecarre cette représentation interne, non en l'ignorant selon le désordre du quelconque, mais en y opposant un contraire systématique. L'effet d'ironie est ici, plus exactement, un travail d'anti-autoreprésentation expressive.

Avec l'autoreprésentation verticale ascendante, certains aspects de la dimension référentielle se modèlent sur certains caractères de la dimension littérale : les aventures sont soumises à l'écriture. C'est un canton de la région du productif. Ci-dessus (II, D), nous avons noté comment la dimension référentielle du poème de Rimbaud se conformait à un aspect de la dimension littérale de son titre; ailleurs [1], nous en avons signalé, de façon plus ou moins approfondie, toutes sortes d'occurrences.

Avec l'autoreprésentation horizontale référentielle, certains aspects de la dimension référentielle de la fiction servent de modèle à une part plus ou moins importante du reste : les aventures imitent les aventures. C'est un autre canton de la région du productif. Ci-dessus (II, B), nous avons signalé plusieurs occurrences de ces duplications référentielles; ailleurs [2], nous avons étudié certains problèmes de la mise en abyme référentielle.

Avec l'autoreprésentation horizontale littérale, certains aspects de la dimension littérale de la fiction servent de modèle à une part plus ou moins importante du reste : l'écriture imite l'écriture. C'est un autre canton de la région du productif. Ci-dessus (II, C), nous avons signalé plusieurs occurrences de ces duplications littérales; ailleurs [3], nous avons étudié les problèmes aux niveaux syntaxique et lexical.

Reste la question de l'orientation. Dans la mesure où elles affectent des domaines différents, distinguer les autoreprésentations littérale et référentielle ne constitue pas une difficulté. Dans la mesure où elles affectent les mêmes domaines, distinguer les autoreprésentations ascendante et descendante pose parfois un épineux problème. Sans doute le critère de séparation est-il clair : *l'aspect représenté est celui qui ordonne l'autre*. Ainsi est-ce à partir de séquences référentielles solidement ordonnées que s'assemble soudain, dans *les Pauvres Gens*, la rafale des R et, dans *Andromaque*, l'insistance des S : il s'agit bien d'allitérations *expressives* (I, E). Mais supposons des séquences littérales solidement ordonnées égrenant successivement, par exemple selon l'ordre alphabétique, des groupes de R, de S, de T, de U, etc. C'est à partir de la dimension littérale, évidemment, que s'ordonnerait la séquence référentielle qui ferait se succéder des roulements de tonnerre, des serpents qui sifflent, des tambours qui tonnent, des

1. Dans *Problèmes du Nouveau Roman* (notamment p. 12-15, 54-55, 68, 82, 140, 150, 157, 190, 201-207) et *Pour une théorie du Nouveau Roman* (notamment p. 37, 56-58, 67, 102-109, 155-156, 158, 228). Parmi les publications récentes : « Étymologie et Ethymologia », de Pierre Guiraud, dans *Poétique*, n° 11.
2. « L'histoire dans l'histoire », dans *Problèmes du Nouveau Roman;* « Le récit abymé », dans *Le Nouveau Roman*. Parmi les publications récentes : Lucien Dällenbach, *Le récit spéculaire*, Éd. du Seuil.
3. Domaine syntaxique : « L'énigme dérivée », dans *Pour une théorie du Nouveau Roman;* domaine lexical : « La bataille de la phrase », dans ce même livre, et « Éléments d'une théorie des générateurs », *Art et science : de la créativité*, colloque de Cerisy, Éd. UGE 10/18, 1972.

démiurges qui hurlent. Il s'agirait bien alors d'*allitérations productrices*. Ou encore, dans le cas du *Dormeur du val*, ce n'est pas à partir de la séquence référentielle d'un assoupissement transformé en décès que *dormeur* se trouve convoqué; c'est l'inverse.

Cependant, il arrive que cette orientation soit discutable, voire *indécidable*. Ci-dessus (II, C), nous avons souligné dans *le Mannequin* et *la Mauvaise Direction* une similitude référentielle, une similitude littérale et, donc, une similitude entre les deux dimensions. Laquelle, en conséquence, représente l'autre ? Rien, en les textes eux-mêmes, ne permet de conclure à une orientation dominante : le principe de similitude semble s'y répartir avec une certaine équité entre les deux dimensions de la fiction. Opter pour une orientation plutôt que pour une autre sera dès lors stricte affaire d'idéologie : celui qui pense en termes d'expression privilégiera l'actif de la dimension référentielle, celui qui pense en termes de production privilégiera l'actif de la dimension littérale. En fait, la situation est plus grave. Il existe deux machines à déséquilibrer l'orientation autoreprésentative : l'une s'appelle *lecture conditionnée*, l'autre *rhétorique de l'exposé*. C'est traditionnellement que nous avons mis en place le problème : nous avons étudié la dimension référentielle (II, B), puis, *à partir de son ordre* (II, C), nous avons accédé à la dimension littérale. Ainsi avons-nous renforcé fallacieusement, par un effet de recherche et de présentation, l'activité de la *première*, justement nommée, au détriment de la seconde. Il n'y a pas de lecture neutre du texte : on privilégie l'aspect par lequel on commence. S'appuyant sur cette solidité postulée et renforcée, le reste s'entendra désormais, sauf effet préparé de retournement, comme raffinements secondaires d'une subtilité aisément excessive.

Reste la question du décalage. Par souci de simplicité, nous avons seulement évoqué les autoreprésentations horizontale et verticale. Mais il faudrait prendre non moins en compte certains rapports décalés qui induisent les autoreprésentations obliques (figure 6). Sans entrer dans le menu des détails, signalons toutefois les quatre occur-

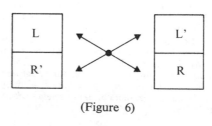

(Figure 6)

rences qu'il faudrait envisager : les autoreprésentations obliques expressives annonciatrices (R' — L') ou rétrospectives (R — L) et les autoreprésentations obliques productrices annonciatrices (L — R) ou rétrospectives (L' — R').

Reste la question des accueils idéologiques respectifs. Notons d'abord que les domaines vertical et horizontal sont de nature différente. Le domaine vertical est celui de l'interdimensionnel : l'unité du texte, statutairement hétérogène, est travaillée par le clivage interne des deux dimensions. Les dédoublements verticaux du texte sont donc en fait, plus précisément, ce qu'il faut bien nommer des *redoublements internes*. Le domaine horizontal est celui de l'intradimensionnel : l'unité du texte, à chaque niveau, reste statutairement homogène. Les dédoublements horizontaux sont donc en fait, respectivement, des *dédoublements partiels*.

Contrairement à ce qu'on pouvait peut-être attendre, l'accueil idéologique des autoreprésentations n'obéit pas à cette sous-classification importante. Les mieux reçues, évidemment, seront celles où domine la dimension référentielle, les moins bien vues celles où domine la dimension littérale. A partir de l'autoreprésentation expressive, naturellement adulée, l'ordre d'appréciation décroissante suit, dans la figure 5, la trajectoire dextrogyre des flèches pointillées qui fait alterner, on le voit, les deux domaines précédents. En somme, l'idéologie dominante favorise un triple redoublement : d'une part le texte doit redoubler le monde, d'autre part la dimension référentielle est à la dimension littérale ce que le monde est au texte et donc, enfin, la dimension littérale doit redoubler la dimension référentielle. C'est en raison de cette proportion centrale que le terme *expressif* est employé pour indiquer tantôt une analogie entre ce qui est à dire et le texte qui le dit, et tantôt entre ce qui est dit et la manière de le dire : nous stagnons dans le secteur du *bien-pensant*.

Intradimensionnelle, l'autoreprésentation horizontale référentielle ne met pas en cause ce rapport. Son actif, c'est la contestation de la similitude entre la dimension référentielle de la fiction et le référent. Suscitant à l'intérieur de la dimension référentielle une intempestive pullulation de similitudes excessives, elle disloque d'autant son éventuelle similitude avec le référent : nous touchons, pour certaine pensée réaliste, au secteur de l'*invraisemblable*.

Interdimensionnelle, l'autoreprésentation verticale productrice inverse le *bon sens* de l'expressif. Mais l'idéologie dominante, nous venons de le souligner, pense selon le système des trois redoublements : deux redoublements de deux termes qui se redoublent respectivement par une mise en proportion des quatre termes. Prise dans ce système, l'idéologie dominante ne peut entendre parler d'une dimension référentielle qui se modèle sur la dimension littérale sans être structuralement incitée à croire que c'est alors le Monde qui se modèle sur le Texte. D'où son obscure résistance tenace : nous touchons, pour certaine pensée réaliste, au secteur de l'*impossible*. De l'impossible, sauf, évidemment, recours à la solution mystique. Les religions qui, en des termes divers, « au commencement était le verbe », « tout est écrit », conçoivent la venue du Monde comme l'effet d'une certaine puissance langagière, ne font guère autre chose qu'inverser les trois redoublements. Avec le réalisme de l'expression et de la représentation, la dimension littérale doit se modeler sur la dimension référentielle comme le texte doit se modeler sur le monde. Avec la mystique de la création, le monde se modèle sur le texte comme la dimension référentielle se modèle sur la dimension littérale. Dans le premier cas, le fonctionnement du texte est déduit d'un certain rapport du monde et du texte ; dans le second, le rapport du texte et du monde est déduit d'un certain fonctionnement du texte. Fantasme valorisant d'écrivain, en somme, qui postule analogiquement une création divine à partir de certaines aptitudes de son propre travail. Fantasme effacé comme tel, on le devine, par son succès même. Valorisation maintenue, ou plutôt qui revient par inversion de la métaphore fondatrice, l'écrivain est le *Créateur* d'un monde. *Répéter le monde*, ainsi que le réclame la doctrine de l'expression-représentation, *inventer un monde*, ainsi que le prétend la doctrine de la création, ne sont, appuyés sur la même proportion fondamentale, que les deux inverses complices d'une même idéologie : celle, dominante, qui évite de penser comment le monde peut être transformé par le travail du texte.

Intradimensionnelle, l'autoreprésentation horizontale littérale met en cause, paradoxalement, ce rapport : rien en effet n'affecte la dimension littérale qui ne rejaillisse d'une manière ou d'une autre sur la fiction et ne concerne, finalement, sa dimension référentielle. En multipliant les similitudes entre divers aspects de la dimension littérale, elle constitue des parentés indiscutables entre des éléments fictifs qui peuvent n'en avoir aucune sur le plan référentiel : nous touchons, pour certaine pensée réaliste, au secteur de l'*impensable*.

III. *LE DISPOSITIF*

Si, comme nous l'avons montré, il y a dans *le Mannequin* et *la Mauvaise Direction* des similitudes littérales et référentielles qui respectivement les dédoublent, cela veut dire que, l'un par rapport à l'autre, ces deux textes sont mis dans un rapport de similitude les induisant à mutuellement se redoubler.

A. *Redoublement interne*

Ainsi se trouve confirmée la stratification de phénomènes idéologiquement contraires esquissée plus haut (II, A) et qu'il faut préciser maintenant. Lorsqu'un surtitre s'applique à subsumer la diversité d'un recueil de textes distincts, s'établit nécessairement un agencement contradictoire dont il est facile de dessiner la forme la plus simple (figure 7). D'une part, sous peine de redoublement illicite, le rapport

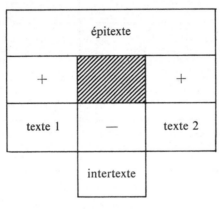

(Figure 7)

d'un texte à l'autre doit être celui d'une différence (—); d'autre part, sous peine de désaccord indu, le rapport de chaque texte au surtitre doit être celui d'une similitude (+). Ainsi se met en place ce qu'il faudrait nommer un *dispositif du zèle désobéissant*. On le voit, cette manière de contestation souriante peut prendre deux formes : la différenciation complète, l'assimilation généralisée. Avec la première, c'est la bien-pensante différenciation de l'intertexte qui est portée au maximum et, bien sûr, au détriment de la convenance des textes à l'épitexte : les trois cases de la figure sont marquées du signe (—). Avec la seconde, c'est la bien-pensante convenance des textes à l'épitexte qui est portée au maximum et, bien sûr, au détriment de la différenciation de l'intertexte : les trois cases de la figure sont frappées du signe (+).

165

Il est clair que cette dernière procédure est mise en œuvre ici : les deux textes sont enclins à se ressembler. C'est, entre eux, une ressemblance abstraite puisqu'il s'agit d'un second degré : une similitude par similitude ou, plus exactement, d'un redoublement de dédoublements. Aussi, pour conforter l'hypothèse, il importe de saisir si, d'un texte à l'autre, ne se rencontrent pas, de surcroît, des similitudes concrètes du premier degré. Un bref coup d'œil nous assure qu'elles abondent tant à hauteur des aspects descriptifs qu'à celle de la configuration générale du « récit » (tableau 8).

TEXTES NIVEAUX	le Mannequin	la Mauvaise Direction
DESCRIPTIF	« table ronde » « filtre cylindrique » « faïence brune » « arbres sans feuilles » « le reste est (...) brillant » « une toile cirée à quadrillage » transparence de la vitre	« mare (...) circulaire » « cylindres parfaits » « couleur brunâtre » « branches nues » « recouverts d'un vernis » « l'aspect d'un quadrillage » transparence de la mare
DIÉGÉTIQUE	égarement dans un labyrinthe rassurante sortie hors du labyrinthe	égarement dans un labyrinthe rassurante sortie hors du labyrinthe

(Tableau 8)

A cet égard, notons que, dans le Mannequin, il s'agit d'un égarement vide. Nul protagoniste directement inscrit qui l'assume. D'où un fort développement de l'espace trompeur, aussi bien dans sa dimension référentielle (un double miroitement) que dans sa dimension littérale (une répétition concertée de sons et termes). Ainsi, s'agit-il non moins d'une sortie vide signalée, comme dans la Jalousie, par des indices, ici réconfortants :

> La pièce est très claire, car la fenêtre est exceptionnellement large, bien qu'elle n'ait que deux vantaux.
> Une bonne odeur de café chaud vient de la cafetière qui est sur la table.
> Le mannequin n'est pas à sa place : on le range d'habitude dans l'angle de la fenêtre, du côté opposé à l'armoire à glace. L'armoire a été placée là pour faciliter les essayages.
> Le dessin du dessous de plat représente une chouette, avec deux

grands yeux un peu effrayants. *Mais, pour le moment, on ne distingue rien, à cause de la cafetière* (p. 13).

Dans *la Mauvaise Direction*, il s'agit d'un *égarement plein :* un personnage arrive au bord de l'eau miroitante et s'immobilise. D'où un moindre développement de l'espace fallacieux aussi bien dans sa dimension référentielle (un seul miroitement) que dans sa dimension littérale (moins vive insistance des mêmes sons et termes). Ainsi s'agit-il d'une *sortie pleine*. D'où une narration directe de ce départ, selon une neutralité exempte d'indices émotifs :

> C'était là le but de sa promenade. Ou bien s'aperçoit-il, à ce moment, qu'il s'est trompé de route ? Après quelques regards incertains aux alentours, il s'en retourne vers l'est à travers bois, toujours silencieux, par le chemin qu'il avait pris pour venir (p. 29).

Ainsi se confirme bien que le premier texte et le dernier se redoublent. Mais, notons-le, selon un paradoxe qui provient de la structure du dispositif, il s'agit d'un *redoublement interne*. Redoublement, puisqu'il concerne deux textes distincts ; interne, puisque ces textes appartiennent à l'ensemble global postulé par l'épitexte général : le surtitre.

Si, avec le titre collectif, le paradoxe éclate, avec le titre individuel, il est relativement contenu. Le problème se dessine en effet d'autre manière (figure 9). Il est clair que deux séquences (t_1 et t_2) peuvent

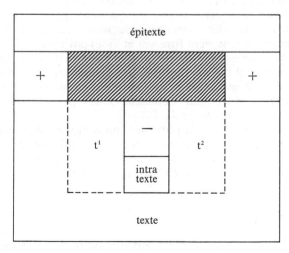

(Figure 9)

167

entretenir entre elles des rapports de différence tandis que le texte qui notamment les articule se trouve aisément subsumé, dans son ensemble, par l'épitexte s'il entretient avec celui-ci une relation de similitude. Tel est, nous le savons, le texte conforme à l'idéologie dominante puisqu'il évite le dédoublement illicite et satisfait au redoublement préconisé.

Pour s'en tenir à la dimension référentielle, on devine les dispositions capables de mettre en cause ce fonctionnement (figures 10, détails de la figure 9).

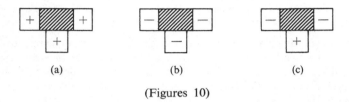

(a)　　　　　　　　(b)　　　　　　　　(c)

(Figures 10)

Avec l'une (10-a), on multiplie les séquences qui entretiennent entre elles une similitude conforme aux directives données à l'ensemble du texte par l'épitexte. Ainsi, en un sens, *l'Observatoire de Cannes* ne propose jamais qu'une incessante suite de déshabillages variés (femmes ou panoramas). La diversité y est rassemblée en l'unité du strip-tease toujours redit, mais cette unité, on l'a noté, aussitôt se divise en miroitements réciproques. Ainsi procède, mais d'autre façon, *la Jalousie*, en répétant un sentiment (présent et vide) par un ustensile (présent et plein) : c'est en somme le secteur évoqué plus haut (I, F et figure 2, dd).

Avec l'autre (10-b), on multiplie les séquences qui entretiennent entre elles une différence dans un ensemble lui-même non conforme aux directives données par l'épitexte. C'est par exemple (I, F et figure 2, f) le cas de *l'Automne à Pékin*.

Avec la suivante (10-c), la plus osée, on multiplie les séquences qui entretiennent entre elles une similitude non conforme aux directives données à l'ensemble du texte par l'épitexte. Ainsi eût-on procédé, si l'on eût intitulé le texte de *l'Observatoire de Cannes : les Brumes de la Tamise*.

B. *Le miroir structural*

Jusqu'ici, nous avons seulement travaillé sur les deux textes extrêmes. C'est qu'il fallait mettre en place les particularités propres à rendre intelligible la fonction du texte central. Énonçons-la à présent : *le Remplaçant* joue le rôle d'un miroir structural de l'ensemble. Pour qu'il en soit ainsi, il faut d'une part que ce texte occupe le centre de symétrie de l'ensemble, et c'est bien le cas ; d'autre part, que chaque texte extrême s'y répercute, et nous l'allons montrer. Enfin, pour certains qui peut-être douteraient encore, il faudra ajouter une preuve supplémentaire.

La dimension référentielle abonde en dédoublements par similitude. Sans doute, nous l'avons vu, *le Remplaçant* ne dispose-t-il apparemment pas de miroitements optiques, mais il multiplie en revanche les similitudes recherchées. Distinguons-en quatre groupes ; personnages, objets, actions, situations. Parmi les *personnages doubles* (ou multiples), il faut inscrire, au premier chef, le remplaçant, qui fait titre. Ce substitut, comme le mannequin, est en quelque façon l'image du professeur qu'il remplace. Davantage : c'est un répétiteur. De son côté, l'étudiant forme aussi, dans le temps, une image du professeur et les élèves, de même façon, disposent une image multiple de l'étudiant. A sa manière, le bonhomme de papier blanc représente chacun des personnages réunis et le texte dont il est fait lecture évoque deux frères. Parmi les *objets doubles* (ou multiples), il faut relever plusieurs pluriels qui dédoublent le semblable ou le même :

> La même voix (...) qui donnait *à tous les mots une valeur identique* (...) Les autres élèves se replongèrent dans *leurs livres* (...) Les visages restaient sagement penchés sur *les pupitres* (...) Mais *les carreaux du bas* étaient dépolis (...) contre les *vitres* (...)

C'est le domaine des *actions doubles* cependant qui se trouve marqué de l'insistance la plus obsédante. En effet, les actions peuvent être dédoublées dans le temps, par la répétition :

> Après *plusieurs* tentatives infructueuses (...) il *revint* au pied de l'arbre où il se posta dans la *même* position (...) L'enfant s'était *de nouveau* arrêté dans sa lecture (...) l'enfant *reprit*, de la *même* voix appliquée (...) l'étudiant scrutait *à nouveau* les feuilles basses (...) « *Comme nous l'avons dit les deux frères...* » Le répétiteur (...) : « *Comme nous l'avons dit*, virgule, *les deux frères...* » Il *retrouva* le passage dans son propre livre et lut (...) : « *Reprenez* : « *Comme nous l'avons dit, les deux frères* » (...) » (...) l'enfant *recommença* la phrase : « *Comme nous l'avons dit, les deux frères* (...) » (...) « Oui, monsieur », corrigea le répétiteur. « *Oui, monsieur* », *répéta* l'enfant (...) L'enfant regarda (...) *de nouveau* le mur (...) Le répétiteur hocha la tête *plusieurs* fois (...) « Maintenant vous allez nous *résumer* tout le passage (...) » (...) Malgré de fréquentes hésitations et *reprises* (...) L'étudiant était *revenu* (...) il resta *de nouveau* immobile (...) « (...) *reprenez* la lecture

> en haut de la page : « *Mais Philippe et ses partisans...* » (...) le *nouveau*
> lecteur commença (...) : « *Mais Philippe et ses partisans* (...) » *Une à
> une,* dans la classe, les figures se relevèrent (...) tous les regards
> contemplèrent *de nouveau* le bonhomme de papier blanc.

Mais les actions peuvent être dédoublées non moins dans l'espace,
par la multiplication du collectif :

> La plupart des élèves avaient les yeux levés (...) Toutes les figures
> s'abaissèrent en silence (...) Les autres élèves, qui relevaient déjà la
> tête (...) se replongèrent aussitôt vers leurs livres (...) Les deux frères
> se laissent glisser (...) Pour vos camarades qui n'ont pas compris (...)
> Les écoliers (...) avaient tous relevé la tête et considéraient (...) Toute
> la classe, avec ensemble, se pencha vers les pupitres (...) Mais Philippe
> et ses partisans ne l'entendaient pas de cette oreille. Si la majorité
> des membres de la Diète (...) renonçaient ainsi (...) Les enfants
> regardèrent le maître, puis les fenêtres (...) Tous les regards contem-
> plèrent de nouveau le bonhomme de papier blanc.

Enfin plusieurs *situations doubles* s'inscrivent dans *le Remplaçant,*
selon un agencement de l'ubiquitaire : l'alibi. L'alibi s'applique à faire
croire qu'on figure en tel lieu quand on se trouve en fait dans tel autre.
C'est faire passer pour soi-même une simple image de soi. Ainsi, dans
le récit de la conjuration de Philippe de Cobourg, les deux frères. Ils
sont vraiment dans la ville, « seulement ils voulaient s'en aller ailleurs
et faire croire aux autres qu'ils étaient encore là. » Ainsi les écoliers
qui font semblant d'être attentifs au texte mais observent, sur le mur,
le bonhomme de papier blanc. Ainsi le répétiteur qui feint d'être
présent au texte mais considère, dehors, les manœuvres de l'étudiant.

La dimension littérale connaît aussi les dédoublements par similitude. Ils sont provoqués tant par la redite de divers mots que par
reprise de certains sons. Plusieurs mots se trouvent privilégiés avec
insistance par l'absence, à leur égard, de toute tentative de substitution
synonymique. D'un bout à l'autre du texte, l'étudiant, par exemple,
est toujours appelé l'étudiant, et le répétiteur, le répétiteur. Quant au
son *oi* on retrouve encore son active présence, surtout dans la
première moitié du texte, avec successivement les occurrences : fois,
droite, fois, croire, voix, soirée, courtoisie, pouvoir, pouvoir, droite,
droit, doigt, croie, croire, croire, noir, fois, rasseoir, surcroît, voix.

La recherche, à ce niveau, de dédoublements par appoint de posture
conduit en revanche à une déception. A l'inverse des textes extrêmes,
nous l'avons vu (II, B), *le Remplaçant* ne dispose pas de miroir optique.
De même, à l'inverse des deux autres texte*s*, il semble qu'aucune
similitude sensible ne relie son incipit et son explicit. Ses premiers mots
sont : « *L'étudiant* prit un peu de recul » et les derniers : « Tous les

regards contemplèrent de nouveau *le bonhomme en papier blanc* ».

Mais il s'agit en fait d'un défaut de lecture induit par une méconnaissance de l'agencement, en ce texte, de la dimension référentielle selon un exact dédoublement par appoint de posture (figure 11).

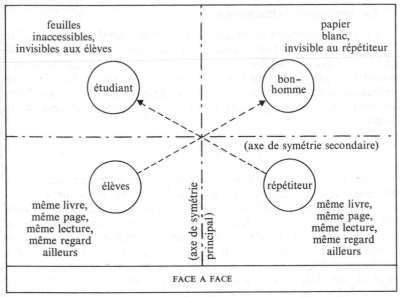

(Figure 11)

Répétiteur et élèves se trouvent pris, en effet, dans un face à face symétrique qui associe des éléments similaires. L'un et les autres sont assis à un bureau, devant un livre identique ouvert à la même page. Ils accomplissent de la même manière distraite la lecture du même passage et leurs regards, identiquement, s'élèvent jusqu'à la rencontre de spectacles semblables : l'étudiant au pied de l'arbre, le bonhomme de papier blanc. Liés de même façon au même système symétrique, cet étudiant et ce bonhomme sont mis en symétrie. Dès lors, irrécusablement, apparaissent entre eux plusieurs similitudes : l'étudiant s'élève sur la pointe des pieds, le bonhomme est pendu en haut du mur ; l'un et l'autre ne sont visibles qu'en diagonale ; l'un tente de se mettre en contiguïté avec une feuille vierge (intouchée), l'autre est fait d'une feuille vierge (papier blanc). Tout l'espace se divise donc, suivant la pliure de l'axe vertical, selon un miroitement sans miroir. Il s'en suit, contrairement à ce qu'une première lecture laissait croire, qu'en sa

171

dimension littérale, l'incipit et l'explicit du *Remplaçant* disposent en symétrie des éléments similaires et symétriques en sa dimension référentielle : l'étudiant initial, le terminal bonhomme de papier blanc.

C. *La compensation chiasmatique*

A ceux qui douteraient encore que le texte central joue le rôle d'un miroir structural, il faut, avons-nous dit, offrir une preuve supplémentaire. Celle-ci : *le Remplaçant* est miroir dans l'ensemble du dispositif *parce qu'il est privé lui-même de miroirs optiques*. En effet, tout déséquilibre, dans cet ensemble, tend à être restreint par l'efficace d'une loi universelle, la *compensation croisée* ou inversion double de la forme :

$$\frac{a}{B} = \frac{A}{b}$$

Il est facile de découvrir une telle procédure entre les deux textes extrêmes. Dans *le Mannequin*, nous avons lu un phénomène vide : un égarement, en quelque sorte sans personnage, dans un labyrinthe offrant enfin une issue; ce manque relatif est compensé, au plan littéral par la profusion des redites angoissantes et perturbatrices, au plan référentiel par l'abondance, à la fin, des indications rassurantes. Dans *la Mauvaise Direction*, nous avons lu le même phénomène mais dans sa plénitude : l'égarement d'un personnage visible dans un labyrinthe offrant enfin une issue; cette présence forte est restreinte, au plan référentiel, par la neutralité émotive de la scène et, au plan littéral, par le jeu moins actif des dédoublements.

Un autre exemple, fourni par le rapport, terme à terme, du surtitre aux trois textes, permet, ainsi que nous l'avions laissé entendre, d'expliquer d'autre manière la pénurie relative de dédoublements dans le troisième texte. Le surtitre, avons-nous remarqué, comporte trois mots syllabiquement ordonnés (II, C). Le premier texte, qui correspond seulement à *trois* et le second, qui correspond seulement à *visions*, reçoivent la compensation d'une profusion de doubles. Le troisième, qui correspond à l'idée même de double, *réfléchis*, se trouve évidemment en partie pénalisé à cet égard.

De la même façon, les textes extrêmes, qui ne jouent nullement le rôle de miroir structural de l'ensemble, sont chacun pourvus de la face réfléchissante la plus convaincante : un miroir optique. Le texte central, en revanche, qui joue ce rôle de miroir structural, en est évidemment en partie dépourvu. Il doit se suffire, avons-nous vu, d'un espace agencé de manière à miroiter sans miroir. Notons-le donc : il s'agit ici, quoique subtil, d'un cas typique d'autoreprésentation verticale productrice. La dimension référentielle du texte voué à s'inscrire sur l'axe de symétrie du dispositif a été travaillée de manière à offrir une représentation renversée de ce rôle : un miroitement exempt de miroirs. Et inversement pour les textes extrêmes. Mais ces trois autoreprésentations ironiques participent en fait, ainsi que nous l'avons vu, à un système général de compensation qui reprend chaque inversion dans une symétrie plus large.

On le devine : le dispositif textuel multiplie, par l'effort conjoint de la dimension littérale et de la dimension référentielle, tels irrécusables agencements croisés. Sans se risquer vers l'exhaustif, signalons toutefois trois occurrences très nettes (tableau 12). C'est *au début* du

1	2		3
oreille	silence	oreille	silencieux
dedans	dehors	dedans	dehors
pas de personnage	étudiant	bonhomme	personnage

(Tableau 12)

texte central que se dispose l'insistance d'un silence : « L'enfant s'était de nouveau arrêté dans sa lecture (...). Après un silence (...). La voix monotone se tut brusquement au beau milieu de la phrase », etc., tandis que c'est dans le texte *final* qu'une allusion au silence se trouve inscrite : « il s'en retourne vers l'est à travers bois, toujours silencieux ». Inversement, sur *la fin* du texte central s'inscrit une allusion à l'oreille : « Mais Philippe et ses partisans ne l'entendaient pas de cette oreille », tandis que c'est dans le texte *initial* que se rencontre la fameuse oreille en forme d'anse de pot.

De même le *début* du texte central situe son action *dehors* (l'étudiant au pied de l'arbre), tandis que le texte *initial* situe son action *dedans* (la pièce aux essayages). Et, inversement, *la fin* du texte central situe son action *dedans* (le bonhomme fixé au mur) tandis que le texte final situe son action *dehors* (la mare dans la forêt).

Ou encore *le début* du texte central compense, par addition, selon une vie active (l'étudiant mobile), l'absence de vie tangible dans le

173

texte *initial* (le personnage vide). Et, inversement, la fin du texte central compense, par soustraction, selon une absence tangible de vie (le fantoche de papier), la présence de vie dans le texte *final* (le mobile personnage égaré).

D. *Les pensées du texte*

Si le sens vient d'un rapport, alors une telle abondance de similitudes et de symétries dans la mise en place de la dimension référentielle de la fiction doit induire à maintes conséquences sémantiques. Par la simplicité affichée de ses principes et la rigueur systématique de leur emploi, le texte central se présente ouvertement comme une machine à produire certains sens implicites. Formulons ceux qu'engendrent, à partir des deux axes de symétries perpendiculaires, les quatre principales assimilations (figure 11). Les uns ne sont pas exempts d'un certain banal, le dernier est un peu moins attendu.

Le rapport horizontal inférieur assimile le répétiteur et les élèves en leur commune attention feinte, en leur intérêt simultané pour de tout autres spectacles : il dispose les monotones saveurs de l'ennui scolaire. Le rapport vertical gauche assimile l'étudiant et les élèves, également concernés par des feuilles (l'un celle de l'arbre, les autres celles du livre) : il suppose en l'esprit du répétiteur, qui voit les deux aspects de la scène, une pensée du genre : « s'ils pouvaient tous être dehors! » Le rapport vertical droit assimile le répétiteur et le bonhomme, ces deux êtres de papier (l'un proprement, l'autre figurément à cause de son enseignement livresque) : il suppose en l'esprit des élèves, qui aperçoivent les deux aspects de la scène, une pensée du type : « s'il pouvait bien être pendu! » Le rapport horizontal supérieur assimile le bonhomme et l'étudiant, concernés également par les feuilles (de papier l'un, de l'arbre l'autre) : il suppose que l'étudiant « revenu sous la branche la plus basse » n'est pas sans nourrir certaines idées suicidaires par pendaison.

Une anecdote doit survenir ici : nous n'avons pas coutume d'en abuser. Comme, voilà une dizaine d'années, nous faisions état à Alain Robbe-Grillet de cette quatrième conséquence sémantique, il s'en montra doublement surpris. Premièrement, nous dit-il en substance, parce que quelqu'un la lui avait déjà soumise (il s'agissait du peintre Bernard Dufour); deuxièmement parce qu'elle était intenable *quand on savait*. Une telle hypothèse ignorait en effet que la classe émanait d'une salle d'étude du Lycée Buffon et qu'il ne pourrait venir à aucun étudiant l'idée de se pendre, en plein jour, à l'un des marronniers du boulevard Pasteur. Intéressé par la botanique, l'étudiant observe, sur les diverses parties de l'arbre, les symptômes d'une maladie. Nous avons montré, ici et ailleurs, trop d'intérêt pour le travail de Robbe-Grillet pour que ce rappel puisse s'entendre, de notre part, comme une tentative de dépréciation. Ce qu'il nous importe de souligner, en fait, c'est à quel point une résistance idéologique à la production sémantique peut se maintenir, même chez celui qui a travaillé le texte. En général, cette résistance mobilise deux arguments. D'une part, l'écrivain assure de tels sens qu'il est l'effet d'une interprétation projectionnelle, en somme *subjective*, du lecteur; d'autre part, il conteste ce sens par la mise en jeu, en somme *objective*, d'éléments hors-textuels.

Le premier aspect, Robbe-Grillet l'a précisé, lors d'un colloque, pendant la discussion de notre propre exposé[1] : « Pourquoi est-ce qu'un critique homosexuel aura justement trouvé les thèmes homosexuels chez un célèbre romancier du XIXe siècle, etc. ? Il y a quand même une espèce de rapport personnel... ». Mais, en matière de critique, ce qui compte n'est pas ce qu'un lecteur est capable de lire : c'est ce qu'il est en mesure de faire lire. Ou bien il impose ses propres projections et il détourne l'attention du texte vers son propre discours; ou bien il démontre certaines relations et il attire l'intérêt sur les problèmes d'une théorie de l'argumentation. Notre anecdote met en jeu cette première objection. Seulement, non sans paradoxe, c'est pour l'abolir : si deux lecteurs distincts parviennent séparément aux mêmes conclusions sémantiques inattendues, une démonstration rigoureuse doit permettre de comprendre le fonctionnement qui a permis d'aboutir à ce commun résultat.

Le second aspect propose une occurrence singulièrement paroxystique de l'illusion référentielle. Non seulement la fiction est entièrement prise pour réalité, mais pour une réalité exempte de toute formulation : nul lycée Buffon, nul boulevard Pasteur qui apparaissent dans la dimension référentielle de la fiction. Pour interrompre la production du sens par le texte, l'écrivain recourt à un très étrange barrage : un ensemble d'éléments extérieurs au texte et qu'il est le seul à connaître. Bref, sous couvert d'une objectivité solide, nous assistons aux agissements d'une parfaite illusion subjective. Nulle démonstration de rapports dans le texte, mais pur et simple diktat d'auteur.

Certes, à l'intérieur de cette résistance agressive, palpite une interrogation moins assurée : comment, dirait l'écrivain, puisque je songeais, en écrivant, au lycée Buffon et au boulevard Pasteur, l'idée d'un

---

1. « Éléments d'une théorie des générateurs », dans *Art et science : de la créativité*, Éd. UGE 10/18, p. 127.

éventuel suicide de l'étudiant eût-elle pu faire son chemin dans ma pensée ? Ainsi inscrite, cette question permet d'éclaircir deux caractères du fonctionnement producteur. Premièrement : sauf à en revenir aux rassurantes délices de l'expression, les conséquences sémantiques, ou si l'on préfère *les pensées du texte, sont loin de suivre nécessairement les pensées de l'écrivain.* Deuxièmement : *l'écrivain est en un sens, et s'il n'y prend garde, le moins bien placé pour penser les pensées de son texte.* Nul lecteur, plus que lui-même, n'est étranger à son texte. Le hors texte, *fallacieux* en l'occurrence, qu'il connaît, fait obstacle, par exemple, à la saisie de ce que son texte produit *réellement*. Bref : l'écrivain est empêché de lire ce qu'il écrit en ce qu'il reste fasciné par ce qu'il n'a pas écrit.

E. *L'entrelacs*

C'est par un jeu sur la graphie, donc, que commence cette section terminale : ce qui s'entrelace, ce qui est entre les lacs (la glace de l'armoire s'assimilant, en les symétries, à l'eau de la mare). Ce qui se tente, en effet, maintenant, est la prise des lieux, des saisons, de la conjugaison, dans une résille où les mots ont leur mot à dire. Ainsi, par exemple, comme par hasard, déjà : la mare et l'armoire.

Dans sa dimension référentielle, *la Mauvaise Direction* se situe en hiver. Le motif en est clair : obtenir un quadrillage à la surface de la mare correspondant à celui de la toile cirée de la table exige le dégagement des fûts par la chute des feuilles. Rien, certes, semble-t-il, dans le premier texte, ne demande de la sorte l'hiver, sauf la symétrie du dispositif général. Dès lors, cependant, s'accréditent d'autres similitudes. Dans *la Mauvaise Direction* les feuilles sans arbres, tombées dans la transparente profondeur de la mare, se raccordent aux arbres sans feuilles reflétés par la réfléchissante surface de l'eau. Mais ce raccord en reflète lui-même un autre, plus vaste, d'un bout à l'autre du dispositif : les feuilles sans arbres de *la Mauvaise Direction*, tombées dans la transparence de la mare, se raccordent, par le miroitement des deux textes, aux « arbres sans feuilles du jardin », du *Mannequin*, dressés dans la transparence de la vitre. Mais là ne s'arrêtent point les raisons de l'hiver. Que cesse le refus de l'effet sémantique des sonorités du vocabulaire et sitôt se montre, transparente, la surdétermination qui a présidé au choix de la saison froide : l'hiver est la saison des glaces ou, si l'on préfère, des miroirs.

Privé matériellement, en la dimension référentielle de sa fiction, de tout miroir optique, on comprend donc que le texte central se situe en été : arbres feuillus, évocation, fût-elle négative, d'une mouche et d'un papillon, relâchement général de l'activité scolaire. En effet, nous le savons maintenant : avec la saison chaude les miroirs fondent et disparaissent. Ne demeure ainsi dans l'espace, nous l'avons vu, qu'un miroitement sans miroir. Mais cet espace est un peu loin d'être quelconque : le miroir aboli qui l'organise subsiste dans le vocable qui le détermine. Fondante, la *glace* se laisse lire encore, selon une parfaite paronomase, dans la... *classe*.

Entre les deux textes écrits au présent, *le Remplaçant* s'élabore à divers temps du passé. Cette singularité ne saurait trop nous surprendre : l'*été*, précisément, est la saison où l'*être* participe du passé. Une contre-épreuve sera peut-être jugée par certains nécessaire. La voici : le seul passage narratif au présent, dans ce texte central, le rapide fantasme issu de la lecture du livre, évoque, par l'intermédiaire d'hommes très vêtus, une saison tout autre que chaude : « Enveloppés d'immenses capes, les deux frères... » Reste le présent des textes extrêmes. Si l'été est la saison où l'être se met au passé, le lieu où l'être se met au présent c'est l'*étang* ou, si l'on préfère, la mare et l'armoire.

En ce triptyque, les allusions sont claires à l'ouïe (la fameuse oreille), à la vue (les yeux de la chouette), à l'odorat (la bonne odeur de café chaud), au toucher (le chaud, le lisse). S'agit-il des symptômes d'une systématique mise en jeu des cinq sens ? Le goût ne manque pas à l'appel, encore qu'il ne se rencontre point par indication directe, mais à la réunion (au raccord, pouvons-nous dire, depuis la relation des feuilles *et* des arbres) de deux évocations indirectes : la prometteuse odeur de café chaud et « la boulette de buvard *mâché* ».

Il faut cependant craindre ce qu'on pourrait nommer *illusion de la réussite* : qu'un élément trouve place dans un ensemble et l'on est moins tenté de voir s'il appartient à tel autre. Or, il est possible de saisir de nouvelles relations. Premièrement : la bouche, relativement spoliée en ce que la présence du gustatif est très indirecte, se trouve dédommagée, selon les règles de compensation mises à jour plus haut, par la présence très active d'une autre de ses aptitudes, la parole, abondante, on le sait, dans le texte central. Deuxièmement : l'ouïe s'inscrit alors dans une liaison avec cette parole profuse et le silence actif, on le sait non moins, en les trois textes :

$$\frac{\text{parole}}{\text{audition}} = \frac{x}{\text{silence}}$$

Reste à découvrir l'inconnue qui correspond à ce *silence*. Pour y parvenir, écrivons, à partir de la disposition référentielle de la fiction centrale, une nouvelle relation. Les élèves et le répétiteur, tous retenus dans la classe, pratiquent également la lecture. L'étudiant, à l'extérieur, opère une activité apparemment mystérieuse :

$$\frac{\text{lecture}}{\text{dedans}} = \frac{x}{\text{dehors}}$$

Reste à découvrir l'inconnue qui correspond à ce *dehors*. Pour y parvenir, observons de plus près l'étudiant. D'une main, il tient une serviette, ce qui évoque communément, s'agissant d'études : livres, notes, *instruments d'écriture*. De l'autre, il s'efforce d'obtenir, vierge avons-nous vu en son inaccessibilité et symétrique en outre du bonhomme de papier, ce qu'il faut bien nommer une *feuille blanche*. Cela nous porte à croire que l'inconnue mise en jeu, dehors, avec l'étudiant, c'est l'écriture. Etablissons maintenant, en la dimension référentielle de la fiction centrale (figure 11), les assimilations croisées.

Le rapport dextro-ascendant assimile les élèves et le pendu : il suppose, en l'esprit des enfants, une pensée du genre : « il est mortel, ce cours ». Le rapport dextro-descendant assimile l'étudiant et le répétiteur : il suppose, en l'esprit de celui-ci, une pensée du genre : « si, plutôt, j'écrivais ». Le rapport horizontal supérieur qui assimilait le pendu et l'étudiant donne à lire maintenant, plus générale, une relation de la mort et de l'écriture.

Ainsi, au centre du dispositif, se trouve une nouvelle autoreprésentation verticale productrice. La fiction se dispose comme une métaphore de l'activité qui la constitue : l'écriture, la lecture. La lecture qui touche au dedans, à la parole; l'écriture qui touche au dehors, au silence. Et l'ensemble, à la mort.

4. Le dispositif osiriaque

(Problèmes de la segmentation : Osiris, ainsi que
les Corps conducteurs et *Triptyque* de Claude Simon)

I
L'état de quelqu'un épars dans un paysage.
(Mallarmé)

II
Souvent, devant le mineur, elle s'émiette en
mille débris, mais un homme patient ne se
laisse pas décourager : il poursuit tranquille-
ment son chemin et voit bientôt son zèle
récompensé quand il retrouve ce filon plus
important et plus délicat encore.   (Novalis)

III
La discordance produit, comme dans ce suspens lumineux de l'air, la plus intolérable si
sachez, invisible des déchirures.   (Mallarmé)

Brisure, réunion : ces deux principes adverses gouvernent le texte
depuis toujours. C'est ce conflit inéluctable que met notamment en
scène, dès les premières écritures, le mythe d'Osiris. Discohérence : cet
agencement contradictoire ordonne le texte depuis peu. C'est ce
conflit calculé qui travaille entre autres dans certains Nouveaux
Romans, comme *Triptyque* de Simon.

Le premier volet de cette étude analyse, à partir du mythe égyptien,
les mécanismes qui vouent tout texte à une segmentation et une réunion inévitables. Le second volet analyse, à partir de *les Corps conducteurs*, les mécanismes qui assignent certains textes à une segmentation
et une réunion méthodiques. Le troisième volet analyse, à partir de
Triptyque, les mécanismes qui conduisent certains textes à une discohérence systématique et provoquent ce qu'on pourrait nommer le
trans-osiriaque.

179

I. *L'OSIRIS INÉLUCTABLE*

A. *Les enclos et les simulacres*

Illicitement fécondée par Seb, dieu de la terre, Nout, déesse du ciel, est maudite par Râ, qui lui interdit d'accoucher en nul mois d'aucune année. Un autre de ses amants, dieu de l'écriture, Thoth apporte une solution. Jouant aux dames avec la Lune, il lui gagne la soixante douzième partie de chaque jour. De ce temps, il fait cinq jours supplémentaires qui, ajoutés aux trois cent soixante du calendrier lunaire égyptien, échappent à la malédiction du dieu-soleil. Le premier enfant dont ce stratagème autorise la venue est Osiris. Les autres : Horus l'aîné, Seth, Isis, Nephthys.

Ayant épousé Isis et répandu civilisation et agriculture, Osiris, de retour en Égypte, est unanimement adoré. Mais, avec soixante douze conjurés, Seth fomente contre lui un complot. Il construit et orne un coffre aux dimensions d'Osiris et, au cours d'une fête, en promet l'offre à qui, de son corps, le remplira avec exactitude. Après l'échec des autres, Osiris s'y allonge. Aussitôt, Seth et ses complices rabattent le couvercle, le fixent, jettent l'objet au Nil.

Isis, réfugiée dans les marais de papyrus du Delta, se trouve concevoir, en voltigeant au-dessus du cadavre de son époux, un fils, Horus le jeune. Après de passionnantes vicissitudes, Isis découvre le coffre. Par une nuit de pleine lune, alors qu'elle l'a pour un temps abandonné, Seth reconnaît le corps d'Osiris et le découpe en quatorze morceaux qu'il disperse. Sondant les marais dans une barque de papyrus, Isis, sauf le pénis, retrouve tous les fragments épars. Ayant érigé avec de la cire une effigie de son frère autour de chaque morceau, elle les enterre séparément en divers lieux, avec l'aide des prêtres, comme étant chacune Osiris tout entier.

B. *Les corps étrangers*

Restreinte à partir des récits de Plutarque et de Diodore de Sicile relayés par Frazer, cette version du mythe semble s'accomplir sous le signe mallarméen du « langage se réfléchissant ». L'intrigue paraît en effet y obéir à un système allégorique désignant certains problèmes de la phrase. Nous proposons ci-dessous d'imbriquer deux mises au clair.

La première, de type interprétatif, concerne les allégories. Cette interprétation ne prétend certes pas se substituer à telles autres. Elle déplace simplement l'attention à partir d'une double remarque.

Premièrement : dans la mesure où le récit mythique propose souvent des solutions imaginaires à certains problèmes réels, on ne peut exclure qu'il propose souvent, aussi, des solutions imaginaires à ses propres problèmes réels : ceux mêmes qu'il rencontre pour s'établir comme récit. Deuxièmement : comme, d'une part, la phrase, en tout cas de genre déclaratif, est homologue au récit[1], et que, d'autre part, le récit est un ensemble d'événements disposés par des phrases, on ne saurait être surpris que le mythe se prenne à mettre en scène des mécanismes phrastiques. *La seconde* mise au clair, de type théorique, prend prétexte des aventures allégoriques d'Osiris pour analyser plusieurs problèmes de la phrase.

Notre hypothèse de lecture, c'est le mythe lui-même qui la suggère par un indice voyant : les intercessions multiples et fécondes associant les aventures d'Osiris et d'Isis avec certains aspects de l'écriture. C'est le dieu scriptural, Thoth, qui autorise l'accouchement; c'est le lieu scriptural qui permet la conception d'Horus le jeune (Isis volète au-dessus du marais à papyrus) et la quête des fragments utiles aux ultérieures reconstitutions symboliques (Isis cherche à l'aide d'une barque de papyrus).

La première allégorie peut se nommer *fable de la phrase excédée.* Elle s'établit avec la manœuvre de Thoth. A quoi s'en prend le dieu de l'écriture ? A une unité (l'an) soumise à un ordre (le soleil). Bref, à une juridiction. Que fait-il ? Il lui inflige les deux aspects d'une infraction : une brisure, une ingérence. Il l'engrosse d'un insert hors-la-loi apte à recevoir un excès. Or, nous le savons, l'excès détermine le fonctionnement de tout texte et, en particulier, de tout texte confronté au représentatif. Flaubert, par exemple, ne laisse pas de s'en plaindre : « J'ai à poser *à la fois* dans la même conversation cinq ou six personnages (qui parlent), plusieurs autres (dont on parle), le lieu où l'on est, tout le pays, en faisant des descriptions physiques de gens et d'objets, et à montrer *au milieu de tout cela* un monsieur et une dame qui commencent (par sympathie de goût) à s'éprendre un peu l'un de l'autre. Si j'avais de la place encore![2] » Observons le phénomène de plus près. Mis à part le translinéaire qui, nous le verrons, ouvre sur d'autres problèmes, la dimension littérale de la fiction[3], elle se trouve statutairement en butte à un inévitable trop plein.

1. Roland Barthes, « Introduction à l'analyse des récits », dans *Communications*, n° 8, p. 3-4.
2. *Préface à la vie d'écrivain*, extraits de la correspondance, par Geneviève Bollème, Éd. du Seuil, p. 88.
3. Pour ces notions : « De natura fictionis », dans *Pour une théorie du Nouveau Roman.*

En effet, elle est la successivité d'une ligne qui affronte la simultanéité des parties d'un bloc. *Soit dans le domaine du conjoint :* au plan spatial, dès qu'il s'agit pour elle d'évoquer, au milieu de l'ici, un solidaire topique : les aspects d'un même objet (figure 1); au plan

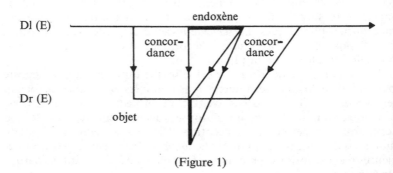

(Figure 1)

temporel, dès qu'il s'agit pour elle d'évoquer, dans le cours du maintenant, un solidaire chronique : des actions simultanées (figure 2); au plan spatio-temporel, dès qu'il s'agit pour elle d'évoquer, dans le cours du maintenant, un solidaire topique : le lieu d'une action (figure 3). *Soit dans le domaine du disjoint :* au plan spatial, dès qu'il s'agit pour elle d'évoquer, au milieu de l'ici, un ailleurs topique : le là-bas (figure 4); au plan temporel, dès qu'il s'agit pour elle d'évoquer, dans le cours du maintenant, un ailleurs chronique : l'avant, l'après

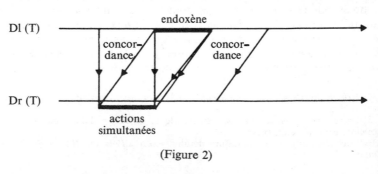

(Figure 2)

182

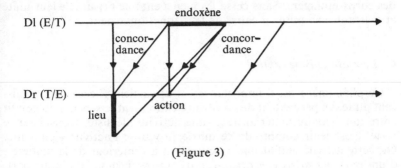

(Figure 3)

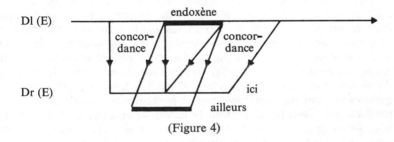

(Figure 4)

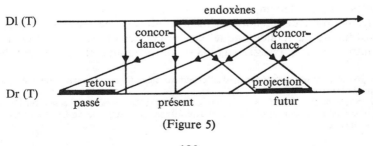

(Figure 5)

183

(figure 5). Bref, comme le mythe d'Osiris, récit et description sont des dispositifs endoxénotiques : ils sont nécessairement investis par des corps étrangers. Sans cesse les menacent une brisure de leur unité et, partant, une mise en cause de leur fonctionnement.

C. *Le matérialisme textuel*

Ce phénomène est d'importance : il appartient à ceux qui, s'agissant du texte, permettent de construire clairement le schéma du conflit entre une activité matérialiste et une activité idéaliste. Considérer le texte, c'est tenir compte de ce qui le produit : l'activité signifiante. Or, cette activité établit une spécification à l'intérieur de la matière : d'une part, la *matière constituante*, qui compose le monde ; d'autre part, une portion de celle-ci, la *matière signifiante*, qui offre la base déterminante des systèmes de différences permettant les signes [1]. *Base :* nul système de signes qui ne repose en dernier ressort sur un support matériel. *Déterminante :* nulle base qui ne détermine en dernier ressort le type de fonctionnement des signes. Saussure, par exemple, le précise fortement : « Le signifiant, étant de nature auditive, se déroule dans le temps seul et a les caractères qu'il emprunte au temps : a) *il représente une étendue*, et b) *cette étendue est mesurable dans une seule dimension :* c'est une ligne. Ce principe est évident, mais il semble qu'on ait toujours négligé de l'énoncer, sans doute parce qu'on l'a trouvé trop simple ; cependant il est fondamental et les conséquences en sont incalculables ; son importance est égale à celle de la première loi. Tout le mécanisme de la langue en dépend. Par opposition aux signifiants visuels (signaux maritimes, etc.), qui peuvent offrir des complications simultanées sur plusieurs dimensions, les signifiants acoustiques ne disposent que de la ligne du temps ; leurs éléments se présentent l'un après l'autre ; ils forment une chaîne. Ce caractère apparaît immédiatement dès qu'on les représente par l'écriture et qu'on substitue la ligne spatiale des signes graphiques à la succession dans le temps [2]. »

La fiction a donc simultanément affaire, d'une part, à la matière constituante du monde auquel en dernier ressort elle fait référence ; d'autre part, à la matière signifiante du texte auquel au premier chef

1. Nous consacrerons un travail ultérieur au mécanisme qui permet de distinguer l'une de l'autre.
2. Souligné par les éditeurs de Saussure, *Cours de linguistique générale*, Payot, p. 103. Certes la dernière phrase mériterait critique dans le cadre du domaine translinéaire.

elle doit son existence. Or le rapport qu'elle établit entre ce que, pour simplifier, on peut nommer les deux matières, est remarquable en ceci que, malgré leur différence, il est de l'ordre d'une curieuse symétrie. Ce qu'une matière subit, l'autre le subit identiquement. Et cela, en raison d'un évident mécanisme transitif : c'est par l'action sur l'une qu'on agit sur l'autre. C'est l'éclairage d'une matière qui éclaire l'autre; c'est l'occultation d'une matière qui occulte l'autre. L'idéalisme textuel consiste à dissimuler l'une et l'autre.

A cet égard, et cela dût-il surprendre, il est clair que, tout appuyé sur les procédures de représentation, le réalisme artistique relève de l'activité idéaliste. Nous le savons : s'agissant de texte, les deux procédures représentatives cardinales sont apparemment la description et le récit : l'une est censée représenter les choses; l'autre les événements. C'est donc de leur bonne marche que dépend l'effet représentatif. Or, il est facile de voir que la condition de ce fonctionnement est *l'oblitération de la matière constituante*, dans l'une de ses propriétés majeures, l'étendue, avec ses dimensions multiples.

On le devine, cette oblitération est clandestine : faute de quoi, l'illusion représentative ne saurait s'obtenir. Il s'agit donc d'une manœuvre double : réduction, usurpation. *Usurpation :* pour s'accomplir dans l'ordre réaliste, la description et le récit postulent bien l'idée des objets et des actions. *Réduction :* mais ils censurent nécessairement la plus large part des propriétés matérielles qui formeraient, nous l'avons vu (I, B), autant de périlleux corps étrangers. La description réaliste est conduite, au-delà d'un certain seuil, à refouler la profusion matérielle de chaque objet (figure 1) ou des objets simultanés (figure 4). Le récit réaliste est conduit, au-delà d'un certain seuil, à refouler la surabondance matérielle des actions simultanées (figure 2) ou de la coexistence d'une action et de son lieu (figure 3).

En ce dernier cas, il est clair que c'est la description elle-même qui devient l'endoxène du récit. D'où, pour éviter leur mise en cause par enlisement, la tendance bien connue des récits vigoureux à restreindre toutes pages descriptives [1]. Bref, fût-ce clandestinement, la description et le récit n'accomplissent l'illusion réaliste qu'*au détriment* de la matière des objets et des actions.

Reste à mettre en évidence le dispositif de l'usurpation. Pour cela, un détour est nécessaire : celui du fantastique traditionnel (ou réaliste) qui permet de démasquer le réalisme littéraire. Non parce qu'il s'y oppose, mais parce qu'il lui ressemble. Usant des mêmes procédures descriptives et diégétiques, il parvient à induire, chez le lecteur, la

---

1. « La description anti-diégétique », dans *Le Nouveau Roman*, p. 128 *sq.*

même impression de consistance pour des êtres et situations matériellement inconsistants. Ou, si l'on préfère : dans un texte, l'impression de réalité n'est aucunement fonction de l'éventuelle matière constituante des objets et actions en cause. Il est donc temps de l'écrire : avec le fantastique traditionnel, l'illusion réaliste forme écran à l'aspect *non-matériel* des objets proposés; avec le réalisme littéraire, l'illusion réaliste forme écran à l'aspect *matériel* des objets proposés.

Les deux systèmes opèrent donc bien de la même manière. La seule différence, dont nous venons de jouer, est leur rapport à leur commune aptitude illusionniste. La saveur particulière du fantastique vient de l'*évidence* de l'illusion : le lecteur goûte le corps hallucinatoire de ce qui n'a pas de corps. La saveur particulière du réalisme vient de la *méconnaissance* de l'illusion : le lecteur goûte le corps hallucinatoire de ce qui a un corps réel. Du coup, il devient facile de comprendre l'animosité d'un certain réalisme vis-à-vis du fantastique. Elle ne dérive pas d'une différence principale et visible : ils fonctionnent l'un et l'autre sur la même illusion. Elle dérive d'une différence secondaire et clandestine : poussant à l'extrême son aptitude illusionniste, le fantastique *vend la mèche*.

Que le fantastique, même traditionnel, soit ainsi moins loin du matérialisme que le réalisme formera, à n'en guère douter, pour certains esprits tout encore imbus d'idéalisme, un dispositif trop renversant pour être admis. N'importe, il y a davantage. Obtenue selon ces manières, l'illusion représentative suscite un évident effet connexe : le trompe-l'œil d'une certaine peinture, le trompe-lecteur d'une certaine littérature. Donner au lecteur l'impression d'un contact avec les choses et actions mêmes, c'est en même temps lui faire oublier qu'il est en contact avec un texte. Tout fasciné par l'hallucination des actes et choses, le lecteur ne se rend plus compte qu'il tourne les pages d'un livre : *à l'usurpation de la matière constituante correspond l'évaporation de la matière signifiante*.

Il est donc à présent possible de préciser le détail du mécanisme d'action sur les deux matières : l'illusion réaliste *occulte la matière constituante* en la réduisant à une hallucination proportionnée à la matière signifiante et *occulte la matière signifiante* en faisant prendre cette hallucination pour la matière constituante qu'elle a occultée.

D. *La xénogénèse*

En conséquence, et si renversant cela dût-il paraître à l'idéologie dominante, il est clair que toute attitude matérialiste est induite à combattre le réalisme artistique. Dans cette perspective, on devine la possibilité de deux stratégies : l'une, axée sur la faille, et que nous n'étudierons pas dans ce chapitre [1]; l'autre, axée sur l'excès, et dont le principe est simple. Puisque le réalisme ne s'accomplit qu'à restreindre la venue des corps étrangers, l'activité matérialiste peut conduire à multiplier les xénogénèses.

On le devine : cet objectif provoque des séquelles apparemment paradoxales. Loin de proscrire *a priori* la description et le récit, le matérialisme textuel est en mesure d'en permettre l'accroissement le plus vif. Sans doute, le réalisme s'appuie sur le récit et la description. Seulement, nous l'avons vu, c'est en leur imposant un fonctionnement *restrictif*. Afin d'éviter les corps étrangers, la description est contrainte de refuser la simultanéité foisonnante des aspects de l'objet. Flaubert, qui souvent penche partiellement vers la modernité, le précise douloureusement : « L'art n'est pas la réalité. Quoi qu'on fasse on est obligé de choisir dans les éléments qu'elle fournit. Cela seul, en dépit de l'École, est de l'idéal [2] .» Afin d'éviter les corps étrangers, le récit est contraint de refuser la simultanéité foisonnante des récits innombrables. Diderot, qui parfois penche tout à fait vers la modernité, le précise joyeusement : « Si j'entame le sujet de leur voyage, adieu les amours de Jacques... [3] ». Mettre le réalisme en cause, c'est notamment ouvrir à la description et au récit les possibilités d'un fonctionnement *intensif*, capable de produire toutes sortes d'endoxènes.

Évidemment, il est difficile de ne pas reconnaître là des procédures caractéristiques du Nouveau Roman. Nous le savons : la venue des corps étrangers dépend de la rencontre disproportionnée entre une simultanéité et la successivité littérale. Or, cette simultanéité peut être *inévitable*, comme dans les quatre premières figures : la xénogénèse consiste seulement en un accroissement calculé. Mais cette simultanéité peut être aussi *artificielle*, comme dans la cinquième : la xénogénèse consiste alors en une pure production scripturale. A degré de « réalité » égal entre les segments, l'injection du passé ou du futur au milieu du présent revient, ainsi que Proust l'a fortement fait comprendre [4], à une véritable mise en simultanéité des différents moments du temps. Bref, la figure 5 tend à prendre la forme de la figure 2 (figure 6). Mais la différence est remarquable : la simultanéité d'*actions* diverses est un effet de l'espace (c'est parce qu'elles s'accom-

---

1. Pour des indications à ce sujet : « La mise à l'ombre », dans La révolution textuelle, *Esprit*, n° 12, 1974.
2. Lettre à Huysmans, 1789, dans *Préface à la vie d'écrivain*, Éd. du Seuil, p. 289.
3. *Jacques le Fataliste*, dans *Œuvres*, Gallimard, « Bibl. de la Pléiade », p. 476.
4. Pour plus de détails : « La métaphore d'un bout à l'autre ».

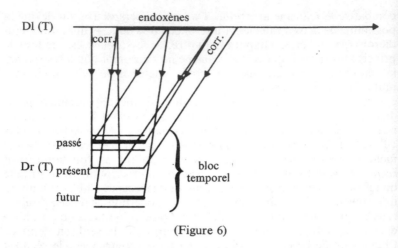

(Figure 6)

plissent en divers lieux que des actions de même niveau peuvent être simultanées); la simultanéité de *moments* divers donne au temps la configuration d'un espace (c'est parce qu'ils appartiennent à un bloc que les moments divers peuvent être simultanés).

C'est cette paradoxale superposition des moments constituant le bloc temporel qui autorise la mise en contiguïté de tel ou tel d'entre eux et donc l'abolition des durées intermédiaires. Tout voyage dans le temps accomplit cette chronolyse, soit textuellement (à l'aide d'un *mécanisme scriptural* comme la métaphore et la consonance ordinale dans le Nouveau Roman [1], soit réalistement (à l'aide d'une *machine « réaliste »*, comme dans *l'Invention de Morel* de Bioy Casares ou dans *la Machine à explorer le temps* de Wells, et en général dans la science-fiction), soit mixtement (quand la production scripturale et la motivation réaliste sont mises rousselliennement en jeu, comme dans *A la recherche du temps perdu* où le conflit matérialisme-idéalisme se dispose sous les espèces d'une lutte entre le mécanisme scriptural de la métaphore ordinale et la machination réaliste de la mémoire).

Certes, le voyage dans le temps n'est pas la seule manière de construire, par une mise en simultanéité, des corps étrangers temporels. La xénogénèse peut s'obtenir aussi par le voyage dans l'instant. Cette fois le bloc est obtenu, non par la superposition de segments successifs, mais par l'empilement de segments issus de la démultiplication d'un

---

1. « La bataille de la phrase », dans *Pour une théorie du Nouveau Roman*, Éd. du Seuil, p. 137 *sq.*, où le mécanisme est pensé comme « transitaire ».

seul. Ainsi se forme le bloc momental établi par un ensemble de variantes (figure 7).

Évidemment, il n'est pas exclu que les deux xénogénèses se combinent en associant bloc temporel et bloc momental. Au lieu de seulement insérer dans un secteur temporel quelconque un certain nombre de segments passés ou futurs, il suffit d'y inscrire, contiguës ou éparses, un groupe de variantes multipliant un segment du futur ou du passé. Au plan textuel, cette combinaison fonctionne, on le sait, dans plusieurs Nouveaux Romans, où chronolyse et variation confinent, comme dans *Projet pour une révolution à New York*[1] et *Fable*[2], à l'effervescence combinatoire. Au plan réaliste du fantastique, elle abonde dans la science-fiction, avec l'incursion temporelle chargée de rectifier tel événement du passé, comme avec *la Patrouille du temps* de Poul Anderson, ce qui tend à produire quelquefois l'excès explicite des univers parallèles.

Il y a donc bien lieu de faire le départ entre deux catégories de brisures : d'une part les *brisures intrinsèques* qui surgissent des endoxènes constitutifs issus de la contradiction entre ligne littérale et profusion référentielle; d'autre part les *brisures extrinsèques* qui surgissent des endoxènes recherchés par des montages méthodiques.

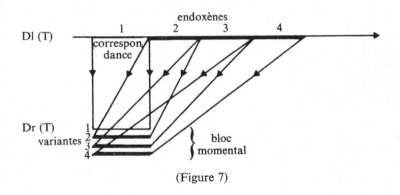

(Figure 7)

E. *La xénolyse*

Nécessairement investis par des corps étrangers, la description et le récit ne peuvent maintenir chacun leur unité qu'en s'astreignant

1. Alain Robbe-Grillet, Éd. de Minuit.
2. Robert Pinget, Éd. de Minuit.

189

donc, nous l'avons dit, à de très sévères refus. Afin de « garder en vue » l'objet, la description évite la profusion des détails innombrables ; afin de « garder le fil » des événements, le récit limite les aventures de traverse, les retours et projections chroniques, les circonstances détaillées des actions. Sauf jeux plus ou moins contestataires, seul est admis, sous étroit contrôle, ce qui permet d'obtenir l'effet d'épaisseur.

En dépit de ces manœuvres restrictives, la disproportion entre ligne littérale et multiplicité référentielle reste trop démesurée pour que leur mise en concordance ait la moindre chance de réussir. Seulement il existe des opérateurs providentiels : les *convertisseurs*. Ou, si l'on préfère, les *arborescents* : l'arbre forme en effet cette commode figure selon laquelle sont mises en correspondance la multiplicité (les branches) et l'unité (le tronc). Évidemment, la conversion peut se faire soit par *cimentation* ou passage des branches au tronc, soit par *segmentation* dans l'ordre inverse. Ainsi, restreindre la disproportion entre dimension littérale et dimension référentielle peut conduire à deux opérations contraires. D'une part, *conversion de la dimension littérale :* il s'agit certes d'une conversion cimentaire qui transforme la successivité de la ligne littérale en un bloc proportionné à tel bloc référentiel. Cette conversion, c'est la relation syntaxique. L'un des convertisseurs cimentaires les plus actifs est en effet la phrase ou, plus généralement, le syntagme. L'aptitude prodigieuse de la phrase est, on le sait, d'accomplir, avec du successif, une manière de simultané. Divers mots la composent si, au lieu d'être une simple suite de termes, ils se trouvent enchaînés par des relations syntaxiques dans une unité supérieure qui, les prenant en bloc, les associent comme parties de ce que Jespersen nomme « un tout par lui-même [1] », selon ce que Saussure appelle « un rapport de solidarités réciproques [2] ». L'arborescence de ce dispositif hiérarchique est clairement inscrite, nous le savons, dans l'arbre de Chomsky ou l'emboîtement de Hockett. En tant que bloc aux parties solidaires, la phrase offre bien un dispositif apparemment proportionné aux solidarités référentielles (topiques ou chroniques). Les corps étrangers, innombrables dans la linéarité littérale, en raison de sa disproportion avec les blocs des solidarités référentielles, tendent donc à disparaître dans la phrase en raison de sa miraculeuse commensurabilité. La phrase, constitutivement, est une machine à intégrer les endoxènes.

D'autre part, *conversion de la dimension référentielle :* il s'agit certes d'une conversion segmentaire qui transforme tel bloc référentiel en

---

1. *La Philosophie de la grammaire*, Éd. de Minuit, p. 438.
2. *Cours de linguistique générale*, Payot, p. 177.

une successivité proportionnée à la successivité littérale. Cette conversion, c'est la description diégétisée. Cette diégétisation peut s'obtenir par *motivation réaliste, soit directe :* ainsi Homère, préférant au bloc du vêtement d'Agamemnon la suite des actions d'Agamemnon en train de se vêtir[1]; *soit indirecte :* ainsi Lamartine, préférant au bloc du paysage la mobilité du regard d'un voyageur : « La vue s'étend de là, en *descendant* et en *remontant,* sur la plus belle partie de la vallée de Saint-Point. L'œil *d'abord* glisse sur des prés en pente rapide. (...) *Après* la rivière et la prairie, le regard *commence à remonter* par étages les flancs gras et renflés de la haute chaîne de collines qui sépare la vallée de Saint-Point de l'horizon du Mâconnais, de la Bresse, du Jura et des Alpes. Ce sont *d'abord* de grandes terres rougeâtres (...); *puis* quelques vergers (...). Le regard *franchit* ces fumées et *suit* au-delà... ».

Cette diégétisation peut s'obtenir aussi par *effet de style :* ainsi Flaubert, par exemple dans *Madame Bovary*[2], ou Lamartine, par exemple dans *le Tailleur de pierres de Saint-Point,* en relation avec le procédé qui précède, animant leur description selon la méthode bien connue qui, par manière de dire, suppose les choses actives : « De nombreux villages, aux toits de tuiles rouges et aux murs blanchis par la chaux, et tapissés de pampres au-dessus de la porte, *s'élèvent* au penchant de tous les coteaux (...) Des prés les *entourent.* De lourds clochers en pierre de taille, tachés par la pluie et revêtus de la mousse grisâtre des siècles, *dominent* ces villages en forme de pyramide allongée. L'œil du voyageur...[3] ».

Inversement s'éclaire un nouveau domaine de l'activité matérialiste. Dans la mesure où sa tendance xénogénétique consiste à accroître, sur le plan de l'écriture, et à souligner, sur le plan de la lecture, la disproportion entre la dimension littérale et la dimension référentielle, elle est conduite à nourrir leur spécificité respective. D'où son insistance à souligner la dimension référentielle comme bloc de parties simultanées[4]. D'où son insistance à souligner la dimension littérale par la mise en valeur des effets sémantiques de l'ordre des mots[5].

---

1. « Temps de la narration », dans *Problèmes du Nouveau Roman,* Éd. du Seuil, p. 166.
2. Voir plus haut « le texte en conflit » (II, C : L'intégration).
3. *Le Tailleur de pierres de Saint-Point,* Alphonse Lemerre, d'abord p. 14-15, puis p. 2.
4. « De natura fictionis », dans *Pour une théorie du Nouveau Roman,* et « Le récit enlisé », dans *Le Nouveau Roman.*
5. « Le texte en conflit » (II, B : Le récit inénarrable).

On le devine : puisqu'ils sont le lieu de conflits entre xénolyse et xénogénèse, c'est-à-dire entre idéalisme et matérialisme, les convertisseurs forment des domaines hautement stratégiques. Ainsi de la phrase. Et d'autant plus que sa vertu xénolytique est un peu loin d'être absolue. Certes, l'extension théorique d'une phrase est infinie : on peut toujours lui adjoindre, en divers points, toutes sortes de groupements complémentaires. Mais son extension pratique est limitée : elle se trouve liée à la capacité de la mémoire phosphorescente qui ne peut conserver parfaitement présents, d'une part, qu'une suite limitée de termes et, d'autre part, qu'un ensemble restreint de rapports. La phrase est donc soumise à deux dictons : qui trop embrasse, mal étreint ; qui trop complique, mal dispose. Se prend-elle à périlleusement s'étendre et son début s'estompe dans l'oubli : elle doit se tronçonner en phrases moins longues entre lesquelles, évidemment, se rétablit le successif. Se prend-elle à périlleusement se compliquer, et son édifice hiérarchique se perd dans l'amnésie : elle doit non moins se découdre.

F. *Le mythe de la parenthèse*

On comprend alors, dans cette stratégie, l'importance de la parenthèse. Là où toute subordination nouvelle tend à rendre trop complexe l'édifice syntaxique, la parenthèse, si elle accomplit bien la découpe inévitable, conduit, non à la périlleuse mise en suite, mais à l'opportune mise en boîte. Avec elle, la succession d'un bloc *et puis* de l'autre fait place à l'intégration d'un bloc *dans* l'autre. Ainsi opère la parenthèse proprement dite : souvent soulignée typographiquement, elle insère dans la phrase, selon une construction syntaxique *indépendante*, tel de ses fragments excessifs ; bref, elle est une phrase dans la phrase. Ainsi opère la parenthèse dérivée : toujours soulignée typographiquement, elle insère dans la phrase, selon une construction syntaxique *subordonnée*, tel de ses fragments excessifs ; bref, elle distingue visuellement telle partie d'un dispositif syntaxique trop complexe. Ainsi opère Thoth : vainqueur au jeu du damier, il prélève des fragments temporels et en réinjecte le bloc dans le temps. De cette manière, la naissance d'Osiris et celle de ses frères et sœurs peuvent se lire comme un mythe de la parenthèse. Or, curieusement, la mise à mort d'Osiris aussi.

La deuxième allégorie peut se nommer en effet *fable de la guerre des phrases*. Nous nous en doutons : si une allégorie (ici la naissance) et son contraire (ici la mort) accomplissent la désignation d'un même phénomène, c'est que ce phénomène est pris dans un procès contradictoire. Tel est bien le cas de la parenthèse. Son appoint xénolytique, en effet, demeure clairement restreint. Sans doute parvient-elle à rendre possible un bloc phrastique plus complexe. Toutefois, il suffit que sa propre longueur ou complexité s'accentue pour que le procès se renverse : d'une part, le problème posé à la phrase contenante renaît pour la phrase contenue; d'autre part, la phrase contenante subit un écartement excessif de ses bords, par lequel tend à se rompre l'unité de son bloc. Bref, si la parenthèse s'accroît, la xénolyse devient xénogénèse : *les Nouvelles Impressions d'Afrique*, de Roussel [1], et *la Route des Flandres*, de Simon [2], à leur manière, le montrent suffisamment.

Les rapports de la phrase et de la parenthèse sont donc instables : commode, tant que la phrase domine, la parenthèse devient inopportune, dès que la phrase ne domine plus. Bref, le dispositif parenthétique porte en lui une guerre des phrases : un conflit s'y joue entre l'extension périlleuse de la parenthèse et la contraction que lui impose par défense la phrase. Cette contraction établit une division dans la parenthèse : d'une part la quantité conservable (celle qui sera en connivence avec la phrase dominante), d'autre part la quantité rejetée (celle qui aurait contredit cette domination). Or, dans le mythe d'Osiris, l'allusion à ce fonctionnement est assez claire. *Extension :* la parenthèse ouverte avec la naissance des enfants adultérins se place sous le signe de l'accroissement avec l'éventuelle naissance des enfants incestueux : Osiris épouse Isis, Seth épouse Nephthys. *Contraction :* une portion de la parenthèse fait alliance avec la phrase et permet l'exclusion d'une autre portion. C'est en accord avec la phrase lunaire que Seth assassine Osiris (les soixante-douze conjurés correspondent aux soixante douzièmes *perdus par la Lune*) et disperse son corps (c'est par une nuit *de pleine lune* qu'il reconnaît le cadavre). Ainsi le meurtre d'Osiris *dans son coffre parenthétique* se donne à lire assez nettement comme la péripétie d'une intestine guerre grammaticale.

L'absence de ponctuation, et donc de signes parenthétiques, dans l'écriture hiéroglyphique, induira peut-être certains à mettre en cause cette lecture. Voilà qui serait omettre deux points. Premièrement : nous l'avons noté, ce qui définit la parenthèse proprement dite est moins le signe écrit que le dispositif d'une phrase dans une autre. Deuxièmement : en raison de leur linéarité, les écritures égyptiennes connaissent à leur façon le problème de l'emboîtement commode et périlleux. Sans nous perdre dans les minuties, signalons par exemple

---

1. « L'activité roussellienne », dans *Pour une théorie du Nouveau Roman*.
2. Éd. de Minuit.

que la traduction mot à mot de tel texte hiéroglyphique [1], « fils mien / vengeur mien / Menhperré / qu'il vive éternel / je rayonne / d'amour / pour toi », comporte une indication de type parenthétique : « qu'il vive éternel ». C'est du moins ce que confirme la traduction poussée de tel autre, qui recourt explicitement aux tirets [2] : « La majesté du roi de la Haute et Basse-Égypte, Darius — qu'il vive éternellement! — m'ordonna de retourner en Égypte. »

G. *Corps mutilé : multiplié*

Mais, en le mythe osirien, la guerre intestine n'est pas achevée : demeure la hantise d'un retour prolifique du fragment exclu. En effet, non seulement la fertilité parenthétique n'est pas enrayée (Isis conçoit Horus le jeune en voletant au-dessus du corps d'Osiris enclos dans le coffre), mais encore la parenthèse n'est pas vraiment réduite (Isis retrouve le corps perdu). Alors se produit un phénomène remarquable : le renversement tactique. Dans le premier temps, il s'est agi d'une tactique *directe* et *spécifique :* l'unité phrastique s'est trouvée défendue par *exclusion* d'un élément excessif qui la compromettait. Dans le second temps, il s'agit d'une tactique *indirecte* et *antispécifique :* l'unité phrastique se trouve défendue par *agression* de l'élément excessif selon les effets de sa propre tactique agressive. Bref, il s'agit de retourner contre lui-même les propres armes de l'adversaire : l'agent de la phrase, Seth, inflige au segment parenthétique les effets que la parenthèse excessive inflige à l'unité de la phrase. En sa venue, la parenthèse tend à *segmenter* la phrase en deux; en son extension, elle *écarte* ces deux segments : le corps d'Osiris subit fragmentation et éparpillement. Défendre l'unité rompue revient ainsi à rompre ce qui la rompt. Bref, à ouvrir la porte aux ruptures infinies. Seth est ainsi passé du remède inefficace au remède mortel.

Si, selon un certain usage, nous appelons métaphysique une pensée des *oppositions*, il est clair que Seth agit en métaphysicien. Avec sa palinodie tactique, tantôt il postule un absolu de l'euphorie (l'unitaire purifié avec, implicitement, le bloc syntaxique d'une phrase sans limite), tantôt il postule un absolu de l'angoisse (l'éclatement complet avec, explicitement, la dispersion sans syntaxe des termes épars).

La troisième allégorie peut se nommer *fable de la phrase défaillante*. Ce que nous avons interprété plus haut comme phrase excédée était

---

1. E. Doblhofer, *Le Déchiffrement des écritures*, Arthaud, p. 88.
2. G. Posener, *La Première Domination perse en Égypte*, cité par James G. Février, *Histoire de l'écriture*, Payot, p. 131.

un problème de *subversion* : une unité déjà obtenue (la phrase lunaire) se trouvait confrontée à un *excès* (les cinq jours supplémentaires) qui la mettait en cause. Ce que nous allons interpréter maintenant comme phrase défaillante est un problème de *constitution* : une unité à établir (le corps d'Osiris) se trouve confrontée à un *manque* (l'absence du pénis) qui la menace. L'une se maintient en excluant ce qui l'engrosse (Osiris le prolifique); l'autre s'accomplit en se privant de ce qui l'accroîtrait (le membre générateur). Bref, quel que soit le versant d'où on la considère, la phrase ne doit son unité qu'à l'exclusion systématique, à la supposition d'un domaine extérieur.

Si, selon un certain usage, nous appelons dialectique une pensée des *contradictions*, il est clair qu'Isis agit en dialecticienne. Avec son

	agent	SETH 1	SETH 2
	principe / position	*unification*	*dispersion*
premier — ABSOLUE		éviction d'Osiris	éparpillement d'Osiris
DOMINANTE		remembrement d'Osiris	enterrement des fragments
second — DOMINÉE		absence du pénis	composition des Osiris
position / principe		*dispersion*	*unification*
	agent	ISIS 1	ISIS 2

(Tableau 8)

195

retournement tactique, tantôt elle permet une contradiction avec tendance unitaire dominante (le remembrement *du corps* d'Osiris) et tendance dispersive dominée (l'absence du pénis), tantôt elle permet une contradiction avec tendance dispersive dominante (l'enterrement épars des fragments) et tendance unitaire dominée (composition *des corps* d'Osiris). Seth et Isis, en leurs deux interventions, travaillent bien avec les deux mêmes principes, mais ils travaillent différemment : Seth met en jeu l'un *puis* l'autre, Isis, selon des proportions inversées, met en jeu l'un *et* l'autre (tableau 8).

La quatrième allégorie peut se nommer *fable de la dissémination phrastique.* Non seulement, comme le montre d'abord Isis, la phrase peut toujours s'établir (il lui suffit d'exclure ses excroissances), mais encore, comme le montre ensuite Isis, toute pièce peut toujours fructifier (il lui suffit de choir dans un domaine fertile). Au-delà de la phrase exclusive, en deçà des ténèbres hors-textuelles, cette région est celle de l'activité syntaxique. Tout segment qu'elle considère comme nullement dangereux en raison de son exiguïté, est mis en rapport avec tels autres qui le complètent, jusqu'à former une nouvelle phrase. Ainsi des fragments osiriens : chacun sert de départ à un nouvel Osiris funéraire. La dernière cérémonie consiste à mettre en place un texte, avec ses phrases indépendantes, établies sur le modèle de communs principes syntaxiques. Le refus de l'extension d'une phrase unique conduit à la constitution nécessaire de phrases multiples. Le texte traditionnel peut s'admettre à ce niveau comme le conflit entre une unité dominant un multiple (la phrase) et un multiple dominant des unités (les phrases).

H. *Le rapport des contraires*

Seth, comme acteur de l'opposition, Isis, comme actrice de la contradiction, disposent à leur façon, en fait, en se succédant, un procès de tout autre amplitude. Selon deux aspects : les combinaisons, les retournements.

Combinaisons : ce que le mythe accomplit, en effet, dans son développement, peut s'entendre comme le passage d'une séparation à *une combinaison des contraires* (tableau 9). A un premier ensemble en succède d'abord un second, inverse et symétrique. Dans un premier acte, une segmentation (chaque jour est amputé d'un soixante douzième) se trouve *rassemblée* (les cinq jours supplémentaires) et forme ce que nous avons appelé une *parenthèse* capable de permettre une *naissance* (celle des cinq enfants adultérins). Dans un second acte, ce que nous avons appelé une *parenthèse* suscite la *mort* (d'une de ses parties :

196

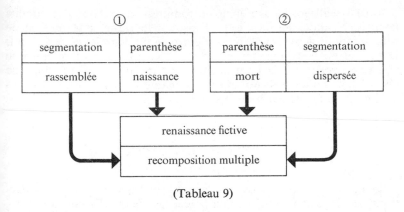

(Tableau 9)

Osiris) suivie d'une *segmentation dispersée*. Puis, dans un troisième acte, se combinent les tendances contradictoires jusque-là séparées. La naissance provoque la *renaissance* (à partir de chaque fragment se recrée un Osiris); la mort fait que cette opération reste *fictive;* le rassemblement provoque la *recomposition* du corps; la dispersion fait que cette opération est *multiple*.

Retournements : ce que le mythe accomplit, en effet, dans son développement, peut s'entendre comme la mise en place d'un *engendrement des contraires*. On peut le saisir selon quatre opérations paradoxales : la *soustraction additionnelle* (Thoth enlève du temps à chaque jour, ce qui produit un accroissement du temps de l'année), l'*addition soustractionnelle* (Isis fait la somme des fragments osiriens, ce qui suscite l'absence du pénis), la *multiplication divisionnelle* (Osiris et Isis d'une part, Seth et Nephthys d'autre part, se marient, ce qui est suivi de la haine de Seth pour Osiris), la *division multiplicationnelle* (Osiris est soumis à la fragmentation, ce qui entraîne la multiplication des Osiris). Or, il est facile de voir que ces opérations à résultat contraire correspondent, dans un autre domaine, à des pratiques inégalement admises. Les unes, bien connues, concernent la rhétorique : la soustraction additionnelle peut définir la *litote*, art de faire entendre plus en disant moins; l'addition soustractionnelle, l'*ironie*, art de faire entendre moins en disant plus. Les autres, moins bien connues, concernent la production : la multiplication divisionnelle, l'*accumulation*, qui permet à force de détails de briser un objet; la division multiplicationnelle, la *dissémination*, qui permet une recomposition plurielle de ce qui s'est trouvé éparpillé.

Ainsi les allégories osiriennes introduisent à certains des conflits textuels. Ni unité accomplie, ni dispersion parfaite, le texte vient de contradictions actives, notamment entre ce qui brise et ce qui réunit. D'où, certes, deux grandes catégories : ce qu'on peut nommer le domaine ancien (où la contradiction est dominée par les effets de réunion), ce qu'on peut nommer le domaine moderne (où la contradiction est dominée par les effets de brisure).

II. *L'OSIRIS MÉTHODIQUE*

Il suffit de quelques pages, on le sait, pour que *les Corps conducteurs* [1] se range dans cette seconde catégorie. Ce qui déroute la lecture, en effet, dès les premières lignes, ce sont les bifurcations incessantes dues à un morcellement agressif et complexe de la fiction.

A. *Brisure et articulation*

Le morcellement, nous l'avons vu (I, D), forme deux catégories : les brisures intrinsèques (constitutives), les brisures extrinsèques (recherchées). C'est la seconde catégorie qui est particulièrement active ici. Elle s'ordonne d'abord selon deux niveaux d'efficace. D'une part, une segmentation majeure : ainsi rencontrons-nous S1 ou S2, des *séquences*, ou séries d'éléments fictionnels référentiellement cohérents, et des *ruptures*, ou brisures d'une séquence par la suivante. D'autre part, une segmentation mineure : ainsi rencontrons-nous, à l'intérieur des séquences, des *coupures*, ou brisures relatives, et des *fragments*, ou segments obtenus dans une séquence par l'intervention d'une coupure. Certes il faut distinguer F, le fragment primaire qui subit la coupure, et 2F, le fragment secondaire qui l'accomplit ou, plus généralement, nF, les fragments n-aires de degrés supérieurs, coupant (n-1)F, les fragments de degrés inférieurs.

Face au groupe des brisures, il faut préciser un *groupe des articulations*. Nous appellerons *augmentation* le déroulement d'un fragment quelconque ; *continuation*, le retour à un fragment précédent, après au moins une coupure, ce qui définit F(1), une première et F(2), une seconde occurrence de ce fragment ; *prolongation*, le retour à une séquence précédente, après au moins une rupture, ce qui définit S(1),

1. Claude Simon, Éd. de Minuit.

une première et S(2), une seconde occurrence de cette séquence.

Ainsi, dès la première page des *Corps conducteurs*, se rencontre une première séquence rompue par une autre. Comme chacune se trouve ultérieurement prolongée, notons d'emblée qu'il s'agira, pour chacune, d'une première occurrence : pour l'une S1(1), comme pour l'autre S2(1). Les brisures se disposent alors aisément (tableau 10).

S1 (1)	F1 (1)	Dans la vitrine une dizaine de jambes de femmes identiques sont alignées, le pied en haut, la cuisse sectionnée à l'aine reposant sur le plancher, le genou légèrement fléchi
	2F 1	comme si on les avait empruntées à l'un de ces bataillons de danseuses dans le moment où elles lèvent la jambe avec ensemble, et exposées là, telles quelles,
	2 F2 (1)	ou encore, monotones et multipliées, à l'un de ces dessins de publicité représentant une jolie fille en combinaison en train d'enfiler un bas, assise sur un pouf
	3F 1	ou le rebord d'un lit défait,
	2 F2 (2)	le buste renversé en arrière, la jambe sur laquelle elle achève de tirer le bas haut levée, un petit chat
	3F 2	ou un petit chien au poil frisé dressé joyeusement sur ses pattes de derrière, aboyant,
	2 F2 (3)	sortant une langue rose.
	F1 (2)	Les jambes sont faites d'une matière plastique transparente, de couleur ocrée, moulées d'une pièce,
	2F 3	faisant penser à quelque appareil de prothèse légère.
S2 (1)	F1 (1)	L'infirmier...

(Tableau 10)

Avec cet exemple se précisent plusieurs opérations. La *localisation d'un segment*, qu'il s'agisse d'une séquence ou d'un fragment, est obtenue implicitement par un acte d'*intitulation* : un segment se reconnaît, et le cas échéant d'une occurrence à l'autre, à ce qu'il peut être recouvert par l'unité d'un titre : la vitrine, les danseuses, l'image publicitaire, le lit, le chien, la prothèse, l'opération chirurgicale. Loin d'être une unité découpée dans une continuité neutre, le segment doit donc se comprendre comme l'effet d'un double conflit. Il est d'une part ce qui *résiste*, comme unité, aux brisures extrinsèques; il est d'autre part ce qui s'*impose*, comme unité, aux brisures intrinsèques. La *localisation d'une coupure* est liée à une double procédure : *brisure* (venue d'une autre cohérence référentielle) et *soumission* (ce nouveau segment est explicitement sous la dépendance de celui qu'il interrompt). Ces formules sont de plusieurs sortes. La première séquence en utilise deux : la comparaison avec les fragments 2F1, 2F2(1), 2F3, introduite soit par conjonctions (comme si), soit par tournures (faisant penser à), et l'alternative en 2F2(1), 3F1, 3F2, introduite par conjonction (ou). On en devine d'autres : certes la métaphore expressive (en tant que comparaison abrégée), mais aussi, tendanciellement, la description (en tant que son développement, nous l'avons vu, est intrinsèquement xénogénétique). La *localisation d'une rupture* est liée à une double procédure : *brisure* (venue d'une autre cohérence référentielle) et *indépendance* (ce nouveau segment n'est pas soumis à la séquence qu'il interrompt). Ainsi la vitrine et l'opération chirurgicale.

B. *Coupures ruptrices*

Évidemment, le fonctionnement n'est pas aussi simple : il faut tenir compte également des aptitudes quantitatives. Nous l'avons dit : une coupure se reconnaît à ce que le segment qu'elle inaugure est dépendant de celui qu'il interrompt. Seulement, cette dépendance peut être mise en cause par des procédures de *libération :* il suffit que s'accomplisse un accroissement[1]. Cette accumulation s'obtient de plusieurs manières. *Soit par l'augmentation*, avec laquelle le fragment, par exemple comparatif, s'accrédite selon toutes sortes de détails supplémentaires. *Soit par la sériation*, avec laquelle des fragments équivalents se mettent en suite : ainsi 2F1 et 2F2 amorcent ce qui pourrait être, au plan descriptif, une série de comparaisons. Mais l'exemple le plus célèbre, au plan diégétique, se trouve sans doute dans *Jacques le Fataliste :*

---

1. Pour d'autres aspects : « Libérations », dans *Le Nouveau Roman*, p. 118-121.

Soit qu'ils aient atteint une grande ville et qu'ils aient couché chez des filles; qu'ils aient passé la nuit chez un vieil ami qui les fêta de son mieux; qu'ils se soient réfugiés chez des moines mendiants, où ils furent mal logés et mal repus pour l'amour de Dieu; qu'ils aient été accueillis dans la maison d'un grand où ils manquèrent de tout ce qui est nécessaire, au milieu de tout ce qui est superflu; qu'ils soient sortis le matin d'une grande auberge, où on leur fit payer très chèrement un mauvais souper servi dans des plats d'argent, et une nuit passée entre des rideaux de damas et des draps humides et repliés; qu'ils aient reçu l'hospitalité chez un curé de village à portion congrue, qui courut mettre à contribution les basses cours de ses paroissiens, pour avoir une omelette et une fricassée de poulets; ou qu'ils se soient enivrés d'excellents vins, aient fait grande chère et pris une indigestion bien conditionnée dans une riche abbaye de Bernardins [1].

Soit par emboîtement, avec lequel un fragment se trouve lui-même agressé et engrossé par des fragments de degrés supérieurs : ainsi 2F2(1) et 3F1, 2F2(2) et 3F2 amorcent respectivement ce qui pourrait être un emboîtement de coupures.

Avec telles procédures de libération, la dépendance du fragment tend à se dissoudre. Le passage de la soumission à l'indépendance suscite le passage de la coupure à la rupture. Nous appellerons *coupure ruptrice* le phénomène selon lequel un fragment accomplit une coupure par son début et une rupture par son ampleur. En effet, c'est à la fin d'un segment (fragment, ou ensemble de fragments) que se précise le plus vivement le genre de la coupure qu'il a provoquée. Si la continuation (retour au fragment coupé) est ressentie seulement comme telle, par exemple dans le rapport de 2F2(2) à 2F2(1), alors le segment coupeur (3F1) a produit une simple coupure. Si la continuation est ressentie également comme une coupure du segment (fragment, occurrence ou ensemble) coupeur, par exemple dans le rapport F1(2) à F1(1), alors le segment coupeur (l'ensemble 2F1 à 3F2) a produit ce que, pour la distinguer de la *rupture* proprement dite ou *immédiate*, nous appellerons *rupture différée*.

C. *Règles de la brisure*

Rappelons-le : la coupure est une brisure avec soumission (venue d'un endoxène dominé, en raison de son mode d'insertion); la coupure ruptrice est une brisure avec libération (venue d'un endoxène dominé, en raison de son mode d'insertion, et dominant, en raison de son

1. Diderot, *Œuvres*, Gallimard, « Bibl. de la Pléiade », p. 493.

accroissement); la rupture est une brisure avec indépendance (venue d'un endoxène dominant, en raison de son mode d'insertion, et sur-dominant, en raison de son éventuel accroissement). Mais cette brisure, selon quels mécanismes s'accomplit-elle ? Pour l'étudier, analysons les pages suivantes des *Corps conducteurs* (tableau 11).

S2 (1)   F1 (1)   L'infirmier

          2F 1   (ou le jeune interne)

          F1 (2)   tient sous son bras,

                   2F 2   comme un paquet,

          F1 (3)   une jambe coupée. Derrière un vieillard à barbiche blanche et à lorgnon, coiffé d'une calotte blanche, revêtu d'une blouse d'hôpital et tenant à la main un scalpel, se pressent une douzaine de personnages plus jeunes revêtus de la même calotte et de la même blouse à tablier

                   2F 3   qui les fait ressembler à des garçons d'abat-toir.

          F1 (4)   La ressemblance est encore accentuée par leurs manches retroussées, les taches de sang qui parsèment leurs vêtements et par le fait que plusieurs tiennent à la main des instruments, scies, pinces, écarteurs, dont quelques-uns sont ensanglantés. De la poche ventrale de leurs tabliers,

                   2F 4   comme celle d'un kangourou,

          F1 (5)   dépassent les boucles de ciseaux,

                   2F 5   ou des forceps.

          F1 (6)   C'est l'un d'eux qui tient sous son bras la jambe coupée. Un autre porte un bocal à l'intérieur duquel on peut voir un fœtus accroupi, à l'énorme tête. A la suite du barbu à binocles, ils se dirigent vers une table d'opération sur laquelle est allongée une jeune femme nue. Encadré d'une chevelure blonde, son visage

                   2F 6   ressemble à celui de Bébé Cadum.

F1 (7)   Les bras allongés le long du corps, nullement effrayée, elle rit, la tête couchée à plat sur le côté, tournée vers le spectateur, montrant une rangée de dents régulières. Les bouts de ses seins minutieusement dessinés et d'un rose vif sont durcis et dressés. Les visages des jeunes internes sont hilares.

S1 (2)   F1 (3)   Des bas transparents, extraordinairement fins, allant du beige foncé au beige clair, revêtent les jambes. A travers leurs mailles on voit briller la matière plastique moulée.

S3 (1)   F1 (1)   Le docteur lui dit de baisser son pantalon.

S1 (3)   F1 (4)   Au bout de la rue il peut voir l'avenue qu'elle croise, les arbres maigres aux feuilles jaunies du petit square, le trafic, et au-delà la marquise de l'hôtel, faite de verre et de métal, en porte-à-faux au-dessus du trottoir. Il y a environ une centaine de mètres jusqu'au croisement avec l'avenue après celle-ci, encore une quarantaine de mètres jusqu'à la porte de l'hôtel. Les feuilles clairsemées des arbres, d'un vert tirant sur l'ocre ou même rouille, cartonneuses et maladives, s'agitent légèrement devant le fond grisâtre du building qui s'élève au coin de la rue et de l'avenue en lignes verticales et parallèles,

2F 4   comme des orgues.

F1 (5)   Dans l'ouverture de l'étroite tranchée que forment les hautes façades on peut voir le ciel blanc. A travers l'épaisse brume de chaleur l'extrémité de la tranchée se distingue à peine. Le soleil teinte d'un jaune pâle et comme poussiéreux tout un côté de la rue qu'à cette heure il prend en enfilade. Debout et immobile à côté de la vitrine où se dresse la rangée de jambes, il peut sentir sous sa paume appuyée sur son côté droit les dernières côtes au-dessous desquelles ses doigts tâtent avec précaution la paroi molle du ventre.

S4 (1)   F1 (1)   La planche représente un torse d'homme. Les chairs sont d'un rose ocré. A partir du diaphragme et jusqu'au ras du pubis la paroi abdominale a été découpée,

		2F 1	comme un couvercle que l'on aurait retiré.
	F1 (2)		L'ouverture ménagée
		2F 2	affecte à peu près la forme de la caisse d'une guitare,
	F1 (3)		légèrement étranglée à hauteur de la taille. A l'intérieur on peut voir des organes pourpres ou bleutés.
S1 (4)	F1 (6)		Là où appuient ses doigts
S4 (2)	F1 (4)		se trouve une masse aux contours mous, d'un rouge brique,
		2F 2	comme un sac.
	F1 (5)		A peu près en son milieu il y a une poche vert olive clair, collée à la paroi, arrondie en un petit dôme sur le haut, et dont la partie inférieure s'amincissant finit en un fin tuyau qui se divise en une fourche dont les branches disparaissent dans les replis des lobes rougeâtres. Un second tuyau, mais celui-ci d'une couleur mauve et d'une section plus large, s'entrelace avec le premier et ses ramifications. Sur le petit dôme formé par la poche verte le dessinateur a posé un reflet jaune pour obtenir un effet de brillant.
2S3/2	F1 (9)		Le docteur lui demande si cela ressemble à un pincement, une pression ou une brûlure. Maintenant son pantalon pend en accordéon sur ses chevilles. En baissant la tête il voit son pénis recroquevillé, ridé et ses jambes velues. Sur l'un des murs du cabinet de consultation est accroché un dessin sous verre représentant une théorie de jeunes carabiniers hilares armés de divers instruments chirurgicaux et s'avançant à la suite d'un patron barbu vers une table d'opération où est étendue une jeune femme nue qui rit de toutes ses dents.

(Tableau 11)

En ce qui concerne *le domaine des coupures*, la brisure se fait selon deux principes. D'une part, évidemment, *la brisure intrinsèque*, constitutive, *de type descriptif :* ainsi que nous l'avons vu (en I, B), la simultanéité référentielle suscite nécessairement un dispositif intercalaire. En S4(2)F1(5) par exemple, le petit dôme se trouve *séparé de lui-même*, par l'insertion du segment concernant le premier et le second tuyau : « une poche (...) arrondie en un petit *dôme* sur le haut, et dont la partie inférieure s'amincissant finit en un fin tuyau qui se divise en une fourche dont les branches disparaissent dans les replis des lobes rougeâtres. Un second tuyau, mais celui-ci d'une couleur mauve et d'une section plus large, s'entrelace avec le premier et ses ramifications. Sur le petit *dôme...* ». On le constate : notre analyse n'a pas tenu compte de ces dislocations. C'est qu'elles sont à la fois innombrables et sournoises. En effet, avec elles, la brisure ne se marque pas immédiatement (comme avec les coupures, simple ou ruptrice, et avec les ruptures). Ce qui se lit, d'abord, c'est une *poursuite :* la description de la poche au premier tuyau, puis au second. Ce n'est qu'au *retour* à l'objet abandonné que la coupure est sensible : il s'agit d'une *coupure différée.* Cette brisure descriptive, nous l'appellerons *poursuite coupante.* Mais, évidemment, si la poursuite s'accroît, le retour à l'objet abandonné est ressenti comme un abandon de la poursuite, comme sa rupture. Cette séparation descriptive aggravée, nous l'appellerons *poursuite ruptrice.*

D'autre part, *la brisure extrinsèque* recherchée, ici *de type analytique :* qu'il s'agisse de comparaison, d'alternative, de métaphore, ce qui suscite l'interruption d'un fragment par un autre, c'est, sauf procédures surréalistes, la présence, dans l'un et l'autre, d'au moins un élément commun. En S1(1), jambe dressée pour F1(1), 2F1 et 2F2(1); meuble de repos pour 2F2(1) et 3F1; animal familier pour 2F2(2) et 3F2. Mais, à cet égard, un problème doit être éclairci. Comment la comparaison, l'alternative, la métaphore expressive peuvent-elles être entendues tantôt (ainsi que nous nous plaisons à le souligner) comme des opérations de brisure, tantôt (ainsi qu'on l'assure en général et en particulier depuis le romantisme) comme des procédures de rapprochement ? C'est qu'elles pratiquent à la fois les deux opérations contraires. Elles ne *rapprochent* deux fragments distincts qu'en *fracturant* le premier par l'irruption du second. Si la comparaison, l'alternative, la métaphore expressive provoquent la venue d'un fragment bref, la brisure reste soumise : avec la coupure simple, la liaison est dominante, la dislocation dominée. Si la comparaison, l'alternative, la métaphore expressive provoquent la venue d'un fragment long, la séparation se libère : avec la coupure ruptrice, la dislocation est dominante, la liaison est dominée.

Ainsi s'élucide, remarquons-le, la guerre du descriptif et du métaphorique qu'activa naguère, à sa façon, Alain Robbe-Grillet [1]. Ce conflit entre brisure et réunion dresse en fait l'un contre l'autre deux paradoxes inverses. Les adeptes de l'unité apprécient les métaphores expressives (à condition qu'elles introduisent des fragments secondaires brefs); alors, en effet, sous l'apparence d'une brisure, ces coupures simples maintiennent l'efficace d'une réunion : la liaison y est dominante, la dislocation dominée. Les opérateurs de la segmentation multiplient les descriptions précises (à condition qu'elles soient suffisamment amples); alors, en effet, sous l'apparence d'une réunion, ces poursuites ruptives permettent l'efficace de la brisure : la dislocation y est dominante, la liaison dominée. Davantage : il est facile d'éclaircir, chez les adeptes de l'unité, le fréquent recours à la métaphore expressive. Offrir un objet en l'ornant d'une indication métaphorique brève dispense aisément de le travailler selon une description détaillée. Courir le risque *mineur* de la coupure simple est le prix qu'il faut payer pour se mettre à l'abri du risque *majeur* de la poursuite ruptrice.

En ce qui concerne le *domaine des ruptures*, la brisure se fait selon les mêmes principes. D'une part la brisure intrinsèque, avec ce que nous venons d'appeler la poursuite ruptrice. D'autre part la brisure extrinsèque, surtout appuyée sur l'analogie. Celle-ci joue principalement au niveau de la dimension référentielle (domaine métaphorique), mais aussi au niveau de la dimension littérale (domaine consonantique). C'est parce qu'elles se ressemblent que les séquences s'assemblent, la seconde rompant la première. Ainsi, pour s'en tenir à l'évident, les innombrables similitudes des deux premières occurrences des deux premières séquences (tableau 12). Certes, comme il est fréquent, le métaphorique (rapport de similitude) s'accompagne de l'oxymoronique (rapport d'opposition). Ainsi, la rupture de S2(1) par S1(2) s'accomplit à partir du rapport : bouts de seins (...) *dressés*/des *bas* transparents. Mais, quoique à un degré moindre, c'est aussi parce que leurs mots se ressemblent que les séquences s'assemblent. Ainsi, il est facile de lire entre les occurrences séquentielles successives S1(3) et S4(1) le rapport *orgue/organe*, et entre S4(2) et 2S3/2 le rapport poche *vert* olive/un dessin sous *verre*.

Bref, ces rapports analogiques peuvent se nommer soit métaphore, soit consonance *structurelles* [2] si l'on insiste sur l'organisation des séquences, *transitaires* [3] si l'on insiste sur le passage d'une séquence à

1. « Nature, humanisme, tragédie », dans *Pour un Nouveau Roman*, Éd. de Minuit.
2. *Problèmes du Nouveau Roman*.
3. *Le Nouveau Roman*.

S1(1)	S2(1)
une *dizaine* de *jambes* de *femme* *sectionnée* ces dessins de *publicité* un chien (...) *dressé* une langue *rose* *prothèse*	une *douzaine* de personnages une *jambe* une jeune *femme* nue la jambe *coupée* *Bébé Cadum* bouts de seins (...) *dressés* bouts de seins (...) *rose* vif *l'infirmier*

(Tableau 12)

une autre, *ruptrices* si l'on insiste sur la fracture d'une séquence par une autre, *ordinales* [1] si l'on désigne le phénomène dans sa généralité.

D. *Règles de l'articulation*

Nous avons appelé *continuation* le retour à un fragment précédent, c'est-à-dire la liaison de deux occurrences successives d'un même fragment, comme, en S1, F1(1) et F1(2). Nous avons appelé *prolongation* le retour à une séquence précédente, c'est-à-dire la liaison de deux occurrences successives d'une même séquence, comme S1(1) et S1(2). Mais le groupe des articulations connaît une autre rencontre : celle de deux séquences qui se révèlent alors n'en former qu'une. Nous nommerons cette rencontre *jonction* et son résultat une *sur-séquence* dont les fragments primaires seront dès lors numérotés, évidemment, à partir de la somme des fragments primaires des deux séquences jointes. Ainsi avons-nous fait en 2S3/2, F1(9) (figure 13). En cette occurrence, en effet, la chirurgie fantaisiste, formant la seconde séquence, devient un sous-verre du cabinet médical lors de la consultation formant la séquence trois.

En ce texte, segmentation et réunion travaillent donc selon des couples d'opérations contraires. A la coupure, simple ou ruptrice, des fragments s'oppose la continuation ; à la rupture séquentielle, la prolongation ; à l'éparpillement des séquences, la jonction. L'ensemble tend donc à prendre l'allure de constructions arborescentes. Pour le montrer à un seul coup d'œil selon notre analyse des premières pages du livre (figure 13), il suffit d'admettre les conventions suivantes.

1. Pour plus de détails : « La métaphore d'un bout à l'autre ».

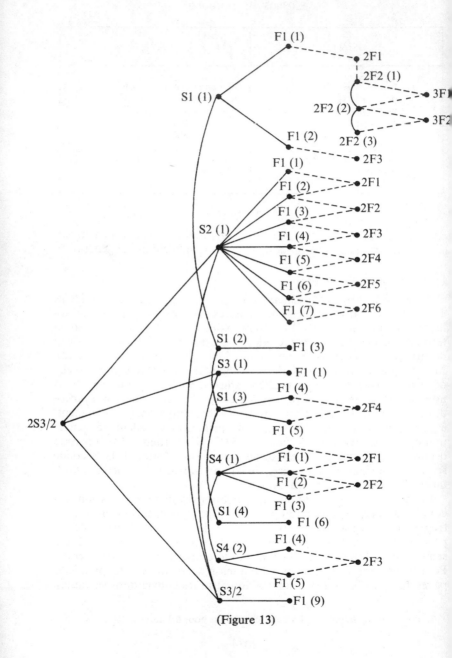

(Figure 13)

Rupture : un blanc vertical, comme, entre S1(1) et S2(1) pour 2F3 et F1(1). *Coupure ruptrice :* un pointillé en amont et un blanc en aval, parce que la continuité relative en amont tend à se rompre en aval, comme, en S1(1), entre F1(1) et F1(2), l'ensemble inauguré par 2F1 et terminé par 3F2. *Coupure simple :* un pointillé en amont et en aval, parce que la séparation est relative d'un bout à l'autre, comme, en S2(1), F1(1) et 2F1, 2F1 et F1(2). *Continuation :* soit un arc, pour les fragments secondaires (de type comparatif), comme, en S1(1), entre 2F2(1) et 2F2(2), soit une branche, pour les fragments primaires (puisqu'ils constituent une unité de niveau supérieur : la séquence), comme, en S1(1), entre F1(1) et F1(2). *Prolongation :* un arc, comme entre S1(1) et S1(2). *Jonction :* une branche, puisque les deux séquences constituent une unité de niveau supérieur, la surséquence, comme entre S2(1) et S3(1).

Reste à préciser les règles de l'articulation. Elles sont identiques pour les trois types et mettent en jeu, de manière explicite ou implicite, l'une, l'autre, ou les deux opérations que voici : *reprise* d'un ou plusieurs éléments du premier segment, *mise en contiguïté* avec les éléments du second segment. Ainsi de l'articulation de S3 et de S2 : plusieurs des éléments de S2 (la chirurgie burlesque) sont repris selon une nouvelle version et mis en contiguïté avec les éléments du cabinet de consultation. Ainsi de la première prolongation de la première séquence : un élément de la première occurrence S1(1), les jambes, est simplement repris et précisé, les bas, par la seconde occurrence S1(2); ainsi de la seconde prolongation de la première séquence : un élément de la première occurrence S1(1), complété comme on l'a vu par la seconde S1(2), est repris par la troisième S1(3), la vitrine où se dresse la rangée de jambes, et mis en contiguïté avec les nouveaux éléments. Ainsi, dans la première séquence S1(1), la première continuation du premier fragment primaire : un élément de F1(1), les jambes, est simplement repris et précisé, la matière plastique, par la seconde occurrence F1(2); ainsi, dans la seconde séquence S2(1), la première continuation du premier fragment primaire : un élément de F1(1), l'infirmier, est sans répétition mis en contiguïté avec les éléments, tient sous son bras, de la seconde occurrence F1(2).

E. *Les contractions*

Nous l'avons souligné (II, D) : segmentation et réunion luttent dans le texte selon des couples d'opérations contraires, comme la rupture et la prolongation séquentielles. Or, loin d'être seulement contraires (ainsi que le montre leur effet immédiat), ces deux opérations sont rigoureusement symétriques (ainsi que le montre leur fonctionnement complet). Ce fonctionnement concerne en effet, il faut y insister maintenant, les deux dimensions de la fiction : littérale et référentielle. Agissant dans ce double domaine, jonction et séparation se distribuent selon quatre combinaisons (tableau 14).

DIMENSIONS COMBINAISONS		1	2	3	4
FICTION	littérale	J	S	J	S
	référentielle	J	S	S	J

(Tableau 14)

Les deux premières disposent un *accord interdimensionnel.* Cet accord, nous le savons [1], est producteur si la dimension littérale domine la dimension référentielle, expressif dans le cas contraire. A cet égard, et là réside la raison de son caractère retors, la première combinaison est d'emblée confrontée à *un impossible.* Nous l'avons montré (I, C) : la matière constituante que suppose la dimension référentielle offre une profusion si exubérante que la dimension littérale se trouve nécessairement infestée d'endoxènes, bref de brisures intrinsèques. L'accord interdimensionnel n'est donc ici possible que par une domination de la dimension littérale. Tel est le rôle de l'activité xénolytique : restreindre clandestinement la matière ostentatoirement visée par la dimension référentielle afin que celle-ci se proportionne à la dimension littérale. Mais certes, et c'est en cela que l'illusion réaliste est bien illusoire, cette production est dissimulée par l'apparence d'une domination de la dimension référentielle. *A l'intérieur de la réduction par laquelle elle est dominée*, la dimension référentielle est rendue dominante, par exemple selon la disposition d'une amplitude (ou d'une brièveté) littérale correspondant à ce qui est important (ou mineur) dans le déroulement de l'intrigue. Bref, l'illusion réaliste consiste bien en une production travestie en expression.

La seconde combinaison est d'emblée confrontée à un *double possible.* L'accord interdimensionnel peut être expressif. Dans la profusion que suppose la dimension référentielle, il est permis de

1. Pour plus de détails : « La population des miroirs ».

sauter d'une région à une autre. La dimension littérale est alors induite à souligner cette lacune intermédiaire par le vide d'un blanc. Mais l'accord interdimensionnel peut aussi être producteur. C'est à partir d'un vide littéral programmé, par exemple tel blanc interstrophique, que la dimension référentielle de la fiction est conduite à subir la brisure d'un saut.

Les deux dernières combinaisons disposent une *contradiction interdimensionnelle.* Leur symétrie est évidente (figure 15). La troisième propose ce que nous avons appelé une *rupture.* Elle consiste à obtenir la fracture référentielle d'une séquence en cours, S1, par la mise en contiguïté de sa dimension littérale, première occurrence S1(1), avec la dimension littérale, première occurrence S2(1), d'une seconde séquence référentiellement distincte S2. Cette procédure est *productrice :* c'est la contiguïté disposée au niveau littéral qui est active, permettant en quelque sorte l'abolition de l'intervalle référentiel séparant les deux séquences. En d'autres termes, elle accomplit une *contraction du domaine référentiel,* fantastique en ce qu'elle équivaut, nous l'avons noté plus haut, à un voyage instantané.

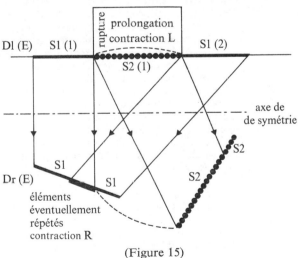

(Figure 15)

La quatrième combinaison propose ce que nous avons appelé une *prolongation.* Elle consiste à obtenir une fracture de la dimension littérale, la continuité S1(1), S2(1), par l'appui sur la contiguïté référentielle d'une séquence donnée S1. Cette procédure est *expressive :* c'est la contiguïté disposée au niveau référentiel qui est active, permettant en quelque sorte l'abolition de l'intervalle littéral, S2(1), qui sépare les deux occurrences, S1(1) et S1(2), de la séquence S1. En d'autres termes, elle accomplit une *contraction du domaine littéral*, commune en ce qu'elle équivaut à un raccourci qui met en rapport deux passages éloignés du texte. *Corps conducteur contiguïtaire*, puisque c'est à partir de sa contiguïté que se fait la prolongation (ou conduction d'une occurrence à l'autre), elle est un des aspects de ce que nous nommons le *translinéaire*.

F. *Le flottement*

Jusqu'ici, nous avons analysé une segmentation *effective;* maintenant, nous devons prendre en compte une segmentation *aggravée*. Qu'il s'agisse de segmentation (coupure, simple ou ruptive, rupture) ou de réunion (continuation, prolongation, jonction), nous avons eu

2S3/2	F1 (9)	(...) rit de toutes ses dents. Le bureau du docteur est d'un style indéfini mais pompeux. Le bois est rouge foncé. Le pourtour du bureau est serti d'un filet de bronze doré, orné aux coins de petites guirlandes. Une sculpture de bronze est posée sur le bord extérieur du bureau, montée sur un socle de marbre. Elle représente une femme à demi-allongée, le corps et les jambes drapés dans un péplum aux plis nombreux. Sur les parties saillantes — la tête, le genou, le cou-de-pied sur lequel se retrousse la draperie — le bronze poli prend une couleur jaunâtre et luit. L'un des bras de la femme entoure une sorte d'urne ouvragée, pourvue d'un couvercle articulé à une charnière. Sur le bord du couvercle une encoche en demi-lune ménage un passage pour un porte-plume, mais le trou est vide.
zone amphibologique		A partir de ses mâchoires serrées, la contraction des muscles se propage jusqu'aux tempes. Les muscles sont agités de légers tiraillements. Il sent la sueur glisser sur sa peau, à travers ses cheveux dans le cou et le dos. La chaleur grisâtre, palpable, semble entrer entre les parois brun sale
S1 (5)	F1 (7)	de la rue. Légèrement courbé en avant, le visage rigide, il s'approche de la bouche d'incendie (...)

(Tableau 16)

affaire à des opérations *franches* : nettement situables. A présent, il faut se montrer attentif aux opérations *sournoises* : difficiles à localiser.

Loin de se marquer dans l'immédiat, il arrive que la rupture ne se reconnaisse que dans l'après-coup : trop tard (tableau 16). Pendant un certain nombre de mots voire de lignes, la séquence semble en cours : après une brève incertitude, dans l'attribution des machoires serrées à l'homme en consultation plutôt qu'à la sculpture. Mais cette poursuite est fallacieuse. A tel moment (la rue), il s'avère que ces mots, ces lignes appartiennent à une autre séquence. Il s'agit donc d'une *rupture flottante* qui parcourt la zone amphibologique en sens inverse jusqu'à fixer le lieu de la rupture. Mais cette fixation est par principe difficile : sauf coup de force, le secteur controversé peut se raccorder ici aussi bien à la séquence précédente du cabinet médical qu'à celle, suivante, de la rue.

Ce flottement aggrave bien la rupture. En effet, il provoque ce que nous devons nommer une *antiprolongation*. Avec la prolongation, il s'agit de retourner en arrière dans le texte de manière à *rejoindre* deux occurrences séparées d'une même séquence. Avec la rupture flottante, il s'agit de retourner en arrière dans le texte de manière à *disjoindre* deux occurrences superposées de deux séquences distinctes. Telle inversion ne saurait surprendre : la prolongation, nous l'avons vu, s'appuie sur la répétition ; la rupture flottante, nous venons de le voir, s'appuie sur l'amphibologie. Or, il est clair (figures 17) que l'amphibologie se dispose comme l'inverse d'une répétition.

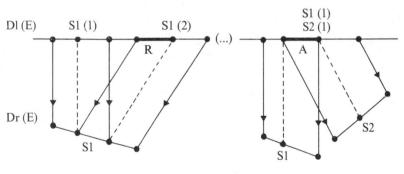

(Figures 17)

Mais si le flottement accroît l'effet de rupture, alors le vieux dogme de l'expressif subit une fois encore un bien cruel dommage. On devine ce que proposerait une mise en place expressive de la séparation référentielle : le redoublement d'un blanc littéral apte à la souligner. Or, fixant ainsi dans le texte le lieu de la rupture, ce blanc susciterait un résultat précis : empêcher précisément l'instabilité efficace. L'expressif, ici, ne renforce rien : il ternit. Dès lors, deux phénomènes connexes s'éclaircissent. D'une part, dans ce texte aux ruptures innombrables, le recours à un flux littéral continu. D'autre part, le double effet des tableaux 10, 11 et 16. Multipliant blancs, retraits, démarcations, ils savent bien offrir à un seul coup d'œil les segmentations diverses, mais c'est, de toute évidence, au sévère prix d'un affadissement du texte simonien.

S1 (5)	F1 (7)	(...) de la rue. Légèrement courbé en avant, le visage rigide, il s'approche de la bouche d'incendie qui sort du trottoir, à la base de l'immeuble sur la droite de la vitrine. (...) Il découvre alors un peu au-dessus de lui, sur les dalles de pierres qui forment le soubassement de l'immeuble, de hautes lettres blanches dessinant le mot DIOS (...) Au-dessus de l'inscription et à l'aide de la même peinture blanche a été tracée une croix dont les bras laissent pendre également des rigoles de sang blanc.
S5 (1)	F1 (1)	Un personnage au crâne chauve, à la longue barbe, le buste revêtu d'une cuirasse qui fait place, à partir de la taille, à une courte jupe se tient debout sur une plage. Il a retiré son casque et le tient au creux de son bras replié dont l'index est pointé en direction d'un crucifix que son autre main élève vers le ciel vert. Sur la droite, quelques hommes et quelques femmes à demi-nus joignent les mains, inclinant la tête, le dos courbé ou mettant un genou à terre. Quelques-uns d'entre eux sont encore à demi-cachés par une végétation exubérante, de larges feuilles découpées, ou minces, pointues, hérissées que dominent de hauts palmiers aux troncs penchés.
S1 (5)	F1 (8)	A ce moment, le nègre en salopette blanche ressort du magasin, tordant entre ses mains et aplatissant un nouvel emballage de carton brun. Pas plus que pendant le trajet il ne regarde en direction de la prise d'eau.
S5 (2)	F1 (2)	Les feuillages, les indigènes agenouillés, sont représentés dans un camaïeu vert, ainsi que le guerrier qui brandit le crucifix.

(Tableau 18)

Cependant, le flottement ne concerne pas seulement les actions de rupture : il s'applique aussi aux activités de réunion. Loin de réussir dans l'immédiat, il arrive qu'une réunion ne s'accomplisse qu'au terme d'une suite de tâtonnements. Telle est la *réunion hésitante* dont S1(5), F1(8) (tableau 18) offre un exemple. Nous le savons : la formule « à ce moment » noue un rapport de contiguïté temporelle entre deux événements : elle annonce donc une jonction pour la séquence qu'elle inaugure. Seulement, l'occurrence visée par ce rapport est un peu loin d'être évidente. Quatre possibilités se proposent. Le nègre ressort soit au moment où se passe la scène avec le personnage cuirassé : mais l'anachronisme affiché qui s'en suit rend la simultanéité inadmissible. Soit, puisque cette scène se révèle aussitôt une image, au moment où cette image est contemplée : mais rien n'accrédite par ailleurs cette hypothèse. Soit au moment où coulent les rigoles de sang blanc : mais « laissent prendre » n'est qu'un présent descriptif et le passé, « a été tracé », de cette scène la rend impropre à la simultanéité. Soit au moment où l'homme malade contemple les graffitis : c'est en effet l'articulation qui s'impose.

Il faut donc l'admettre : le flottement de la réunion est une entreprise disjonctive. D'une part, l'articulation effectivement obtenue est de moyenne importance : simple prolongation par laquelle se lient deux occurrences d'une même séquence et non point jonction par laquelle se seraient liées deux séquences diverses en une surséquence unique. D'autre part, cette prolongation n'a été obtenue qu'au prix de plusieurs ruptures : celles qui, sur le plan de la lecture, ont sanctionné les autres hypothèses d'articulation. Tandis que les ruptures flottantes provoquent les antiprolongations, les réunions hésitantes suscitent les *fausses articulations*.

G. *La portée des similitudes*

Nous l'avons montré : en ce texte, la similitude joue un rôle majeur. Elle forme la loi de segmentation ou, sous un autre angle, la loi d'organisation. Mais son activité, en fait, est beaucoup plus intense : elle ne concerne pas seulement le rapport de deux segments successifs, elle accomplit aussi des actions de longue portée. Soulignons-le d'abord : quand elle permet une coupure (par comparaison, alternative, métaphore expressive), la similitude est *explicite*. Nommons-la génériquement *comparaison*. Quand elle permet une rupture (par métaphore ordinale), la similitude est *implicite*. Nommons-la *correspondance* (tableau 19).

Il y a deux espèces de comparaisons simples. La *comparaison*

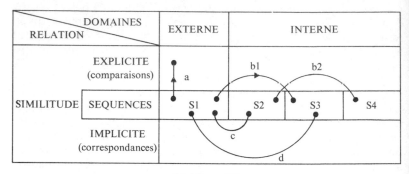

(Tableau 19)

externe (a) fait intervenir un fragment secondaire sans autre rapport avec le texte. Telle est la comparaison 2F4 dans l'occurrence séquentielle S2(1) : « comme un kangourou ». Rien, postérieurement ou antérieurement, ni Australie, ni parc zoologique, qui dispose la fiction de manière qu'un kangourou y devienne plausible. La *comparaison interne* (b) fait intervenir un fragment secondaire renvoyant à un fragment primaire inscrit ailleurs dans le texte. Telle est la comparaison 2F2 dans l'occurrence séquentielle S2(1) : « comme un paquet ». Elle annonce entre autres le port des boîtes de carton par le nègre dans l'occurrence séquentielle S1(5). Si le fragment primaire cible appartient à la suite du texte, il s'agit d'une comparaison *annonciatrice* (b1); dans le cas contraire, d'une comparaison *rétrospective* (b2).

Il y a deux espèces de correspondances simples. A l'inverse des comparaisons, les correspondances, au moins au premier abord, sont dépourvues d'orientation. La *correspondance immédiate* (c) permet une rupture immédiate. Telles sont les huit correspondances recensées dans le tableau 12 : elles produisent une métaphore ordinale *actuelle* (rupture accomplie nécessairement : par l'*écriture*). La *correspondance différée* (d) permet une rupture retardée ou rupture double. Telle est la couleur « ocrée » de S1(1), qui ne se retrouve pas dans la série S2(1), S1(2), S3(1), S1(4), mais qui se dispose en S4(1) avec le « rose ocré » : elle produit une métaphore ordinale *virtuelle* (rupture accomplie éventuellement : par la *lecture*). Accomplir cette correspondance, c'est bien opérer une rupture double : premièrement, en permettant la venue de S4(1), elle contribue à la rupture de S1(4);

deuxièmement, en rapprochant S4(1) de S1(1), elle autorise la rupture de S1(1) par S4(1). Sans trop construire ici la logique du translinéaire, notons cependant la conséquence de cette rupture double : le second degré de la rupture, ou *suppression d'une suite ruptive*, celle de l'intervalle aboli par le saut de lecture : S2(1), S1(2), S3(1), S1(4).

Il y a deux espèces de comparaisons multiples (tableau 20). La première est le multiple monocomparé ou *comparaison axiale*. La comparaison axiale *externe* (e) fait intervenir au moins deux fragments secondaires sans autre rapport avec le texte. Avec la comparaison axiale *mixte* (f), au moins un fragment secondaire est sans autre rapport avec le texte et au moins un fragment secondaire renvoie à un fragment primaire inscrit ailleurs (amont ou aval) dans le texte. Ainsi, en S1, à partir de l'idée commune de jambe levée, 2F1 fait intervenir les danseuses que le reste du texte n'insère pas comme fragment primaire, et 2F2 la publicité qui renvoie à l'ultérieure publicité pour le film. Avec la comparaison axiale *interne* (g), les fragments secondaires renvoient chacun à un fragment primaire inscrit ailleurs dans le texte. La seconde espèce est le multiple monocomparant ou *correspondance de comparaisons*. La correspondance de comparaisons *externe* (h) fait intervenir au moins deux fragments secondaires renvoyant à un même comparant sans autre rapport avec le texte. Avec la correspondance de comparaisons *interne* (i), les deux fragments secondaires renvoient à un même fragment primaire inscrit ailleurs dans le texte. Ainsi la comparaison 2F2, dans l'occurrence séquentielle S1(1), « l'un de ces dessins de publicité », et la comparaison 2F6 dans l'occurrence S2(1), « Bébé Cadum », annonçant l'une et l'autre l'ultérieure publicité cinématographique, se trouvent de ce fait elles-mêmes en correspondance.

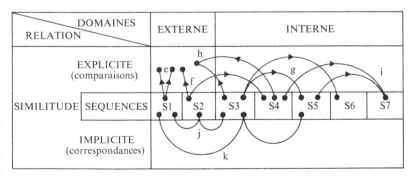

(Tableau 20)

On le voit : le texte tend à établir des comparaisons combinées. Ainsi, en raison de leur fragment commun, 2F2 de S1(1), se combinent la comparaison axiale mixte et la correspondance de comparaisons analysées séparément dans les deux exemples qui précèdent.

Il y a deux espèces de correspondances multiples. La *correspondance axiale* (j) permet à une même similitude d'obtenir plusieurs ruptures successives ou, si l'on préfère, une suite de métaphores ordinales identiques. Ainsi, c'est à partir du point commun « jambes » que s'opèrent les ruptures de S1(1) par S2(1) avec une « jambe coupée », de S2(1) par S1(2) avec « les jambes », de S1(2) par S3(1) avec « son pantalon ». La *correspondance sporadique* (k) permet à une même similitude d'obtenir plusieurs ruptures retardées. Telle est le verre, de S1(1) avec « la vitrine », qui ne se retrouve pas dans S1(2), ni S3(1), mais se dispose en S1(3) avec « fait de verre et de métal », ne se retrouve pas dans S4(1), ni S1(4), ni S4(2), mais se dispose en 2S3/2 avec « un dessin sous-verre ».

Cette abondance nous en assure donc : dans la mesure où la règle de brisure suppose au moins une similitude, les ressemblances, dans une fiction aussi morcelée, sont conduites à pléthore. Tout texte soumis à la segmentation analogique tend à une manière de camaïeu.

H. *La guerre des dispositifs*

Nous l'avons vu : en nos exemples et analyses, la similitude a régulièrement provoqué des brisures. Est-ce à dire que cette aptitude explosive lui est constitutive ? L'admettre reviendrait à confondre opération et fonction, bref à choir dans *l'illusion ponctuelle* où persiste le terrorisme et en partie une certaine rhétorique. Cette erreur fréquente, nous le savons [1], tend, à partir d'un *sens institué* (à extraire d'un auteur pour le terrorisme romanticiste, à susciter chez un lecteur pour la rhétorique classiciste), à proscrire ou à prescrire telle opération textuelle sans prendre résolument en compte le fonctionnement général du texte où elle s'insère. Un aveuglement si répandu s'explique aisément. Si certains, leur nom est légion, ne songent point davantage à mettre en jeu le fonctionnement du texte, c'est que ce fonctionnement leur semble aller de soi : ils n'en sauraient concevoir quelque autre. Ainsi sommes-nous en présence d'un des mécanismes majeurs de toute idéologie dominante : l'illusion synecdochique par laquelle, selon

---

1. « Expression et fonctionnement », dans *Problèmes du Nouveau Roman*, p. 125-133.

une imposture incomparable, une partie réussit à se faire prendre pour le tout.

Pensons autrement. N'acceptons pas si vite que la similitude provoque toujours une brisure. Formulons plutôt l'hypothèse suivante : *la similitude provoque une brisure dans les seuls textes où l'assemblage est obtenu par la domination d'un fonctionnement qui lui est antithétique.* Or, ici, les opérations d'assemblage (jonction, prolongation, continuation, augmentation) tendent clairement, toutes, à réunir les éléments référentiels selon les catégories de l'espace et du temps. Bref, l'assemblage se fait ici à partir de la prépondérance d'un *dispositif dimensionnel.* Reste à établir l'antithétique de ce dispositif. On le devine : il s'agit du *principe classificatoire.* La distinction du dimensionnel et du classificatoire doit être cependant éclaircie. Au premier abord, elle semble difficile. Puisque la classification consiste à réunir les éléments à partir de leurs traits communs, rien n'empêche que ces traits communs relèvent du dimensionnel : les éléments peuvent avoir en commun d'appartenir à une même région de l'espace (voisinage) ou du temps (simultanéité). En ce cas, le dimensionnel fait partie du classificatoire. A réfléchir davantage, la distinction est facile. Si les principes peuvent s'opposer, c'est en ce qu'ils permettent des opérations effectives ou, si l'on préfère, des transformations. Admettre comme traits communs pour une classification les aspects dimensionnels serait réduire la classification à une opération blanche : laisser les choses en l'état. Spécifions-le donc : le classificatoire forme l'antithétique du dimensionnel, sauf quand le dimensionnel est pris comme critère de classification. C'est l'ensemble actif du classificatoire que nous appelons le relationnel (figure 21).

Ainsi, à condition que, pour simplifier, nous fassions abstraction des brisures intrinsèques de type descriptif, il est clair que nos exemples précédents relèvent d'un dispositif dimensionnel soumis à des contestations classificatoires appuyées sur la similitude. Briser un assemblage spatio-temporel référentiel, soit selon les ruptures linéaires obtenues par correspondances immédiates (métaphores ordinales actuelles), soit selon les coupures obtenues par comparaisons (comparaisons, alternatives et métaphores expressives), soit selon les ruptures translinéaires obtenues par correspondances différées (métaphores ordinales virtuelles), c'est toujours, à partir de leurs traits similaires, classer ensemble deux segments spatio-temporels distincts.

On le voit, ces contestations classificatoires sont décroissantes. La correspondance immédiate permet une brisure actuelle (c'est l'écriture qui l'accomplit) et absolue (par elle, une séquence se trouve irrémédiablement rompue). La comparaison permet une brisure

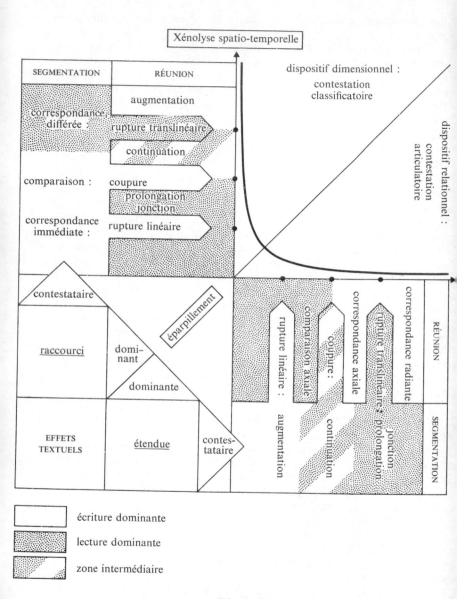

(Figure 21)

actuelle (c'est l'écriture qui l'accomplit) et relative (par elle, le fragment coupeur reste assujetti au fragment qu'il coupe). La correspondance différée permet une brisure relative (c'est la lecture qui l'accomplit) et éventuelle (*selon sa perspicacité*, dans la persistante inscription du texte). Notons-le : il est facile de montrer une fois de plus que si une écriture peut se lire (*phase scripturale :* couple écriture/lecture, dominé par l'écriture), une lecture peut s'écrire (*phase lecturale :* couple lecture/écriture, dominé par la lecture). Une rupture lecturale (translinéaire) peut toujours produire une rupture scripturale (linéaire) ou, inversement, une rupture scripturale peut toujours s'entendre comme l'inscription d'une rupture lecturale. Cette inscription peut s'accomplir dans un autre texte : c'est l'opération commune par laquelle un critique dispose sous une même enseigne, par exemple de type analogique, une série de citations éparses dans le texte étudié et que sa lecture a mises en correspondance précisément en rompant le fil de l'écrit. Plus violemment, un livre peut s'écrire en se lisant lui-même. L'inscription peut s'accomplir en effet dans le même texte : rien n'empêche tel romancier de rapprocher en série divers éléments similaires épars ailleurs dans le texte, provoquant de la sorte, à partir des ruptures lecturales antécédentes, un nombre équivalent de ruptures scripturales [1]. Plus généralement : toute rupture scripturale peut s'entendre comme l'inscription d'une rupture lecturale provoquée dans la continuité d'un texte actuel (un autre ou le même) ou virtuel (domaine implicitement supposé par l'écrivain et qui forme le champ dans lequel seront pris les fragments dont l'intervention suscite la rupture : nous y reviendrons).

A ces contestations classificatoires décroissantes répondent des attestations croissantes du dispositif dimensionnel dominant. La jonction et la prolongation permettent des articulations virtuelles (c'est la lecture qui les accomplit) et éventuelles (*selon sa perspicacité*, à partir des ruptures inscrites dans le texte). La continuation permet une articulation virtuelle (c'est la lecture qui l'accomplit) et nécessaire (*mais en toute occurrence*, puisque le fragment comparatif est toujours assujetti au fragment porteur par une indication écrite) : avec la continuation, le couple écriture/lecture ne se trouve dominé par aucun des deux termes ; nous appellerons zone intermédiaire cette région d'équilibre. L'augmentation est une articulation actuelle (c'est l'écriture qui l'accomplit) et absolue (par elle, aucune brisure extrinsèque ne s'établit).

A l'opposite, donc, d'un *détestable parfait* (l'éparpillement disparate

---

1. Pour plus de détails : « La fiction à mesure » (II, C : Le surtexte).

de tous les termes), le dispositif dimensionnel vise un *idéal impraticable* (la xénolyse spatio-temporelle parfaite qui abolirait les dernières causes de brisures, tous les endoxènes intrinsèques aux opérations articulatoires et notamment à l'augmentation) assignant la lecture à une obéissance pure : l'accompagnement strictement adéquat de l'écriture sur toute la longueur de la ligne.

Mais si rares en soient les occurrences pratiques, supposons maintenant un système à dominante inverse : le dispositif relationnel. Il se reconnaît évidemment à l'abondance des *multi-relations*, aptes chacune à unir plusieurs éléments. On devine que son éventuel établissement s'appuiera sur une série d'attestations croissantes. La comparaison axiale permet une multi-relation virtuelle (c'est la lecture qui l'accomplit) et éventuelle (*selon sa perspicacité*, en établissant ce que nous avons nommé la correspondance de comparaisons à partir de fragments assujettis à des fragments qui restent eux-mêmes inaccessibles à cette relation). La correspondance axiale permet une multi-relation actuelle (c'est l'écriture qui l'accomplit) et relative (les fragments restent en même temps bloqués dans l'ordonnance actuelle successive imposée par l'écriture : celle de la liste). La correspondance radiante permet une multi-relation actuelle (c'est l'écriture qui l'accomplit) et absolue : il faut en effet concevoir ici un texte d'une tout autre allure. Non plus une linéaire succession de fragments liés, mais l'inscription selon des figures de moindre distance : comme l'étoile.

A l'opposite d'un *détestable parfait* (l'éparpillement disparate de tous les termes), le dispositif relationnel vise un *idéal impraticable* (les rosaces métaphoriques qui lieraient selon une proximité maximale d'innombrables infimes fragments similaires) assignant l'écriture à une obéissance pure : l'inscription strictement adéquate de la lecture au-delà de toute linéarité.

A ces attestations croissantes du dispositif relationnel répondent des contestations dimensionnelles décroissantes. L'augmentation permet une articulation actuelle (c'est l'écriture qui l'accomplit) et absolue (par elle, toute proximité relationnelle se trouve irrémédiablement écartée); elle joue donc ici le rôle d'une rupture linéaire de la relation, obtenue par la constitution d'une ligne. La continuation permet une articulation virtuelle (c'est la lecture qui l'accomplit) et nécessaire (*mais en toute occurrence*, puisque la liaison comparative reste assujettie au fragment porteur par une indication de l'écriture); elle joue donc ici le rôle d'une coupure de la relation. La jonction et la prolongation permettent des articulations virtuelles (c'est la lecture qui les accomplit) et éventuelles (*selon sa perspicacité*, à partir des indications inscrites dans le texte); elles jouent donc ici le rôle de ruptures trans-linéaires de la relation.

En conséquence, il est clair que le texte est l'enjeu d'une guerre des dispositifs adverses. Si le dimensionnel domine, le relationnel distribue les brisures de ses contestations : cas de la similitude brisante, le plus répandu. Si le relationnel domine, le dimensionnel distribue les brisures de ses contestations : cas de l'articulation brisante, plus rare, actif surtout par zones restreintes à l'intérieur de l'autre qui reste en général dominant.

Cependant, on le suppose, telle guerre des dispositifs se prolonge par la poursuite de la lutte à l'intérieur de chacun d'eux. Ce *second degré du conflit*, nous allons l'analyser dans le cas du dimensionnel.

III. *VERS LE DISCORPS*

Il ne s'agit plus, pour un dispositif, de faire *directement* échec à l'autre en *contestant* son fonctionnement même. Il s'agit, pour ce dispositif, de faire *indirectement* échec à l'autre *en profitant* de son fonctionnement même. Bref, de mettre précisément en jeu ce que le mythe d'Osiris met notamment en scène (I, G) : l'engendrement des contraires. Le mécanisme de cet engendrement est simple : le disposi-tif agit non plus à partir d'éléments premiers, mais à partir des ensembles obtenus par le dispositif inverse.

A. *Le classo-articulatoire*

Nous le savons (II, A) : dans le domaine articulatoire, le segment (fragment, séquence, sur-séquence) tire son existence de ce que l'ensemble des éléments qu'il agence peut être subsumé par l'unité d'un titre ou, si l'on préfère, d'un *arthrème*. De même, la correspon-dance (immédiate, différée, axiale, radiante) tire son existence de ce que l'ensemble des éléments qu'elle assemble peut être subsumé par l'unité d'un titre ou, si l'on préfère, d'un *taxème*. Mais, on le devine, il faut admettre un domaine classo-articulatoire : celui où les taxèmes eux-mêmes se trouvent articulés selon un nouvel ensemble qui peut être subsumé par l'unité d'un titre ou, si l'on préfère, d'un *taxo-arthrème*. Ainsi, pour un texte donné, on peut définir la *puissance d'un taxème* (puissance de brisure dans le dispositif dimensionnel) le nombre des occurrences qu'il est en mesure de coiffer, et la *puissance d'un taxo-arthrème* (puissance de réunion dans le dispositif dimensionnel) le nombre des taxèmes qu'il est en mesure de couvrir. Dès lors, il est clair, d'une part, que le classificatoire contredit au premier degré l'articulatoire en dissociant certains de ses articles au profit de l'association d'un taxème et, d'autre part, que l'articulatoire contredit en retour ce classificatoire en intégrant au second degré les taxèmes selon l'articulation d'un taxo-arthrème.

S'agissant du dimensionnel, la contestation classificatoire peut se lire de deux manières. Ou bien l'on note les effets (les brisures) et il reste loisible de monter aux causes (les taxèmes); ou bien l'on note les causes (les taxèmes) et il reste loisible de descendre aux effets (les brisures). La première attitude se rencontre plutôt avec les textes modernes, fortement brisés (dominance des ruptures linéaires : actuelles, pratiquées par l'écriture); la seconde plutôt avec les textes anciens, faiblement brisés (dominance des ruptures translinéaires : virtuelles, pratiquées par la lecture).

Ainsi, dans les premières pages des *Corps conducteurs*, c'est sous le coup des brisures qu'on en vient à enregistrer la multitude des taxèmes. Par exemple, d'emblée, ceux de la coupure et de la médecine, sous lesquels s'assemblent respectivement un certain nombre d'occurrences (figure 22). Certes, à partir de ces taxèmes, il est possible de vérifier le type de brisures qu'ils provoquent. Par exemple, c'est, on s'en souvient, une rupture linéaire actuelle que le texte accomplit en se conformant à l'assemblage « cuisse sectionnée/jambe coupée ». Seulement, ces deux taxèmes se joignent aisément en un taxo-arthrème; il y a une médecine qui coupe : la chirurgie. Cette réunion peut se faire implicitement ou explicitement. Nul doute qu'il s'agisse ici d'une *articulation explicite;* c'est manifestement que la médecine et un instrument de coupure se *tiennent :* « un vieillard (...) revêtu d'une blouse d'*hôpital* et *tenant* à la main un *scalpel* » (p. 7).

Il y a donc deux types de prise de contrôle taxo-arthrématique des occurrences. D'une part, un contrôle *direct :* le taxo-arthrème assemble directement, sous son enseigne, les occurrences à venir qui le confirment *complètement,* c'est-à-dire celles qui relèvent à la fois de *tous* les taxèmes qu'il contrôle. Ainsi les divers instruments cités comme occurrences du taxo-arthrème de la chirurgie participent tous, notamment, de la médecine et de l'ouverture du corps. D'autre part, un contrôle *indirect :* le taxo-arthrème assemble indirectement, sous son enseigne, les occurrences à venir qui le confirment *partiellement,* c'est-à-dire celles qui relèvent d'une partie seulement des taxèmes qu'il contrôle. Ainsi les formules « *croisement* avec l'avenue » (p. 9) et « *section* du tuyau » (p. 10) prennent place sous une séparation pointillée dans leur classe (figure 22), en ce qu'elles surviennent dans

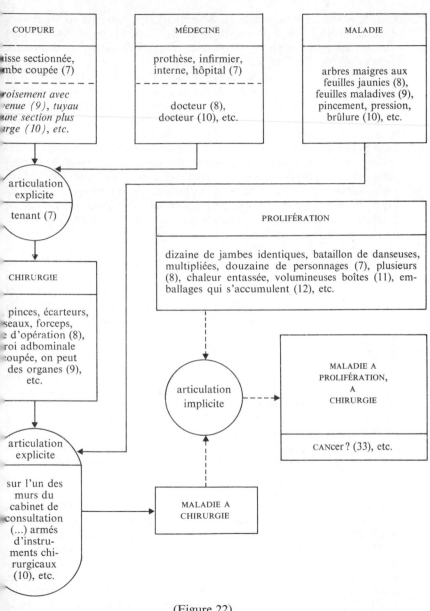

(Figure 22)

le texte postérieurement à la classo-articulation explicite (p. 7) et sont donc contrôlées par le taxo-arthrème de la chirurgie, et d'autre part sont écrites en italique en ce qu'elles n'appartiennent pas au taxème de la médecine et ne sauraient donc appartenir directement au domaine de la chirurgie. En conséquence, à mesure que la ligne du texte se déroule, la boîte de chaque taxème tend à se peupler d'occurrences réparties selon un nouvel étagement à chaque classo-articulation nouvelle qui les fait passer sous le contrôle d'un taxo-arthrème plus puissant, soit directement (elles seront écrites en romain), soit indirectement (elles seront écrites en italique). C'est ainsi l'ensemble des occurrences de tous les taxèmes articulés par le taxo-arthrème le plus puissant qui passent rétrospectivement sous son contrôle. Ainsi, *premièrement*, dans la mesure où le taxème de la chirurgie s'articule explicitement avec le taxème de la maladie (c'est dans le cabinet de consultation que l'homme malade voit l'image de la chirurgie burlesque) selon le taxo-arthrème de la maladie relevant de la chirurgie, et *deuxièmement*, dans la mesure où ce taxo-arthrème s'articule implicitement avec le taxème de la prolifération selon le taxo-arthrème de la maladie proliférante relevant de la chirurgie, le taxo-arthrème du cancer *contrôle* rétrospectivement, dès la page 33, des occurrences aussi diverses que le croisement de deux voies, des arbres maigres, une table d'opération, des emballages qui s'accumulent, etc.

B. *L'impérialisme classo-articulatoire*

Davantage : le taxo-arthrème tend à prendre le contrôle, non seulement des classes qu'il *articule*, mais encore des classes qu'il *annexe*. L'annexion obéit à un double mécanisme : celui de l'orientation, celui de la liaison (figure 23). Le mécanisme d'orientation est facile à entrevoir : pour qu'un taxo-arthrème puisse prendre le contrôle d'une classe qu'il n'articule pas, il faut que cette classe soit libre ou appartienne à un taxo-arthrème moins puissant. Le mécanisme de la liaison est double : la similitude permet *l'assimilation;* la contiguïté autorise *l'incorporation*.

L'assimilation peut s'accomplir tantôt au plan des signifiés (c'est, dans un sens large, le champ métaphorique), tantôt au plan des signifiants (c'est, dans un sens large, le champ consonantique). Le *métaphorique* distribue la polysémie. Ainsi, à partir du terme « section », communiquent deux classes : celle de la coupure, que nous avons notée; celle, par exemple, de la subdivision militaire. Comme, nous l'avons vu (figure 22), la coupure appartient à un taxo-arthrème très puissant, l'orientation se dispose de telle manière que la classe

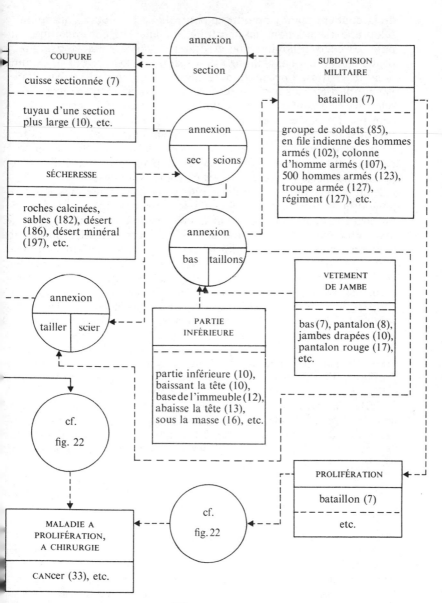

(Figure 23)

de la coupure tend à prendre le contrôle de la subdivision militaire, selon une assimilation classificatoire implicite. Le consonantique dispose les effets d'homonymie et de paronymie. Ainsi, « bataillon » peut s'entendre « bas/taillons » et « section », « sec/scions ». Comme, nous le verrons, l'orientation se dispose au profit de « bataillon » par rapport à « bas » et à « sec », la classe de la coupure tend, par le relais de « section » et de « bataillon », à prendre respectivement le contrôle des classes : vêtement de jambe, partie inférieure, sécheresse. En conséquence, le taxo-arthrème du cancer tend à prendre le contrôle de nouvelles occurrences aussi diverses que la traversée de la forêt par un groupe de soldats, le bas, le regard persistant à partir de l'avion sur les spectacles en contrebas, les évocations du désert.

L'incorporation s'accomplit le plus souvent par une mise en contiguïté double : au plan des signifiants comme des signifiés. Supposons un élément quelconque contigu à une occurrence contrôlée par tel taxo-arthrème dominant : il ne se passe évidemment rien. Supposons à présent que cette proximité se répète selon des périodes brèves. Alors, en quelque sorte de façon pavlovienne, la liaison de l'élément au taxo-arthrème s'établit par une manière de montage. Ainsi, d'emblée, la couleur ocre. Elle est affectée successivement aux jambes coupées, aux feuilles maladives, à la chair sous-jacente : « les jambes sont faites d'une matière plastique transparente, de couleur ocrée » (p. 7); « les feuilles clairsemées des arbres, d'un vert tirant sur l'ocre » (p. 9); « les chairs sont d'un rose ocré » (p. 9). En conséquence, le taxo-arthrème du cancer tend à prendre le contrôle ensuite, par incorporation, d'un élément aussi étranger, par lui-même, que les gratte-ciel : « Ils sont de couleur brune, rose, noire, ocre ou grise » (p. 2, 3).

Certes, la prise de contrôle classo-articulatoire est d'une fermeté inégale. Avec l'articulation, elle est directe (elle repose sur une immédiate affinité sémantique). Avec l'assimilation, elle est soit indirecte (elle recourt à des sens parfois lointains du champ sémantique), soit décalée (elle passe par l'intermédiaire d'un jeu de mots). Avec l'incorporation, elle est reportée : elle provient d'un montage à partir de plusieurs occurrences. Cependant, il arrive aussi qu'elle soit affermie par des effets de *sur-contrôle :* tel élément, c'est de plusieurs manières qu'il est maîtrisé par tel taxo-arthrème dominant. Ainsi « section » : dans l'état actuel de l'analyse, il appartient évidemment au taxème de la coupure et il s'y trouve lié une seconde fois en ce que son analyse phonético-sémantique « sec/scions » fait apparaître le verbe « scier ». Ainsi « bataillon » : il appartient au taxème de la coupure en ce qu'il est une section et il s'y trouve lié une seconde fois en ce que son analyse phonético-sémantique « bas/taillons » fait apparaître le verbe

« tailler ». Mais de plus, dans la mesure où il marque l'idée de multitude, il relève du taxème de la prolifération. C'est donc par plusieurs itinéraires que le taxo-arthrème du cancer tend à en prendre le contrôle.

Rien, donc, au prime abord, ne semble capable de retenir la venue d'une parfaite hégémonie classo-articulatoire. Diverses contre-attaques subsistent cependant.

C. *L'articulo-classificatoire*

A l'inverse du domaine classo-articulatoire, se dispose en effet un domaine articulo-classificatoire. Avec le premier, ce sont les taxèmes qui subissent une articulation : le *taxo-arthrème*. Avec le second, ce sont les arthrèmes qui subissent une classification : l'*arthro-taxème*. Ainsi, pour un texte donné, on peut définir la *puissance d'un arthrème* (puissance de réunion dans le dispositif dimensionnel) le nombre des occurrences qu'il est en mesure d'articuler et la *puissance d'un arthro-taxème* (puissance de brisure dans le dispositif dimensionnel) le nombre d'arthrèmes qu'il est en mesure de couvrir. Dès lors, il est clair, d'une part, que l'articulatoire contredit au premier degré le classificatoire en dissociant certains de ses éléments au profit de l'agencement d'un arthrème et, d'autre part, que le classificatoire contredit en retour l'articulatoire en assemblant au second degré les arthrèmes selon la classification d'un arthro-taxème.

S'agissant du dimensionnel, nous avons déjà construit le dispositif de l'activité articulatoire (II, D). Comme le montre la figure 13, il est de type arborescent : les arthrèmes arborescents (les segments) tendent à s'articuler hiérarchiquement selon une arborescence unitaire, dont le tronc correspondrait à une sur-séquence impériale et les ramifications extrêmes à toutes les occurrences du texte. Ainsi la jonction par laquelle la séquence de la chirurgie fantaisiste s'articule avec la séquence de la consultation médicale selon une sur-séquence : la chirurgie fantaisiste est un sous-verre chez le médecin consulté. Ainsi la jonction par laquelle la séquence de la marche des soldats dans la forêt s'articule avec la séquence du voyage en avion selon une sur-séquence : la marche des soldats est un récit lu dans l'avion. Ainsi la jonction selon laquelle la séquence de la rue dans une ville nord-américaine tend à s'articuler, par le biais du voyage en avion, avec la séquence du congrès dans une ville sud-américaine selon une sur-séquence : séjours sur le nouveau continent.

L'activité articulo-classificatoire contredit cette arborisation en fissurant ce qui tend à devenir le grand arbre unitaire selon une forêt de petits arbres similaires. Toutes les séquences semblables, ce qu'on pourrait nommer les iso-arthrèmes et qui se reconnaissent à ce qu'elles peuvent être subsumées par le même titre, rompent leurs attaches au grand arbre, pour se réunir dans l'ensemble d'un arthro-taxème. Ainsi, à l'enseigne du *franchissement difficile*, s'assemblent bon nombre de séquences. Celles du *mobile*, avec une aggravation soulignée de l'espace : l'odyssée de l'homme malade dans les rues nord-américaines, celle des soldats conquérants anciens dans la sylve, celle des soldats modernes dans la forêt, celle de l'homme malade dans l'avion. Celles de l'*immobile*, avec une aggravation soulignée du temps : l'attente de l'homme malade dans l'antichambre du médecin, son écoute lassée de la séance-marathon au congrès dans la ville sud-américaine.

En somme, et pour s'en tenir au niveau sémantique, le taxème, à partir d'une invariance élémentaire qu'il intitule, forme notamment un réservoir des métaphores possibles, tandis que l'arthro-taxème, à partir d'une invariance segmentaire qu'il nomme, forme notamment un réservoir de mises en abyme : les plus brefs iso-arthrèmes jouant le rôle d'images des plus vastes. On retrouve donc ici l'effet antithétique de la mise en abyme [1]. Si elle agit dans un texte fortement arthrématique, disposant d'une solide arborescence unitaire, elle scinde les parties similaires de l'arbre. Si elle agit dans un texte semi-arthrématique, dont les séquences sont faites de segments épars, elle tend à reconstituer, en image, les arthrèmes interrompus dont elle offre le reflet. Bref, dans le dimensionnel, l'activité articulo-classificatoire supplée la dislocation classificatoire si celle-ci est faible ; elle la combat si elle est forte, comme dans *les Corps conducteurs*.

D. *Le dis-articulatoire*

Si la dislocation classificatoire est intense dans *les Corps conducteurs*, elle reste cependant dominée par l'arborisation dominante (figure 13) : c'est même cette domination qui définit, si contestée soit-elle, l'appartenance au domaine dimensionnel. Est-ce à dire qu'en chaque domaine (le dimensionnel ou le relationnel) l'activité dominante (l'articulatoire ou le classificatoire) soit irrémédiablement vouée à l'unitaire ? Seuls, quoique innombrables, sont condamnés à répondre par l'affirmative une espèce bien connue de lecteurs. Ceux dont la pensée ne cesse d'obéir à l'alternative trop célèbre de l'incohérence et de la cohérence : la quelconque poussière des éléments épars ou la vaste arborescence des éléments articulés ; l'absence d'ordre ou l'ordre unique ; l'anarchie ou la hiérarchie. Ceux, en somme, dont la pensée

---

1. *Le Nouveau Roman*, p. 73-75.

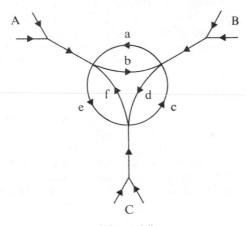

(Figure 24)

obtempère sans trêve à la péremptoire injonction de l'idéologie dominante, qui n'offre si bien des kyrielles de dualités avec valorisation d'un terme (Réel/jeu, Travail/plaisir) que pour mieux maintenir l'oppositionnel dans le rôle automatique de promouvoir l'autre terme (le jeu, le plaisir) au très grand bénéfice du dilemme institué. Refuser le rôle de l'opposition complice, c'est subvertir ces couples par la venue d'un tiers terme. Sortir du dilemme d'Osiris par le *discorps ;* sortir de l'opposition de la cohérence et de l'incohérence par la *discohérence.*

Se soustraire à la multitude désordonnée des éléments épars, se soustraire non moins à l'unité organique d'un arbre dominateur, c'est admettre l'ordre pluriel. Loin de l'incohérence, la discohérence est une cohérence contradictoire; loin du corps dispersé, le discorps est un corps multiple. On le devine : après la guerre, que nous avons vue (III, A et III, C), *entre* les dispositifs, il faut admettre une guerre, que nous allons voir, *à l'intérieur* du dispositif. Avec elle, le principe dominant s'oppose à lui-même. Dans le dimensionnel, par exemple, il s'agira, non plus d'opposer le classificatoire à l'articulatoire dominant, mais bien l'articulatoire à lui-même. Bref, de parvenir au *dis-articulatoire* ou, si l'on préfère, à une guerre des arborescences du premier degré.

Le schéma de cette guerre est facile à concevoir : il suffit de reconnaître au moins deux antagonistes. Si, toutefois, nous l'établissons à partir de trois belligérants (figure 24), nous obtenons le fonctionnement simplifié de *Triptyque*[1]. En effet, dans ce roman, s'accomplissent des brisures et réunions obéissant aux mêmes règles que dans *les Corps conducteurs :* coupures et ruptures s'y multiplient, auxquelles répondent continuations et prolongations. Seulement, les jonctions de séquences, au lieu de tendre cette fois vers une sur-séquence impériale issue d'un arthrème unitaire, distribuent trois sur-séquences irrémédiablement autonomes et adverses.

Obtenir l'autonomie d'un certain nombre de sur-séquences revient, nous le savons[2], à leur interdire le partage des lieux, des époques, des personnages. Tandis que *les Corps conducteurs* proposent un homme malade dans une ville américaine du Nord et un homme malade dans une ville américaine du Sud et que rien n'empêche de les identifier l'un à l'autre, dans *Triptyque*, en revanche, aucun personnage n'est commun aux trois événements eux-mêmes fort différents et en des lieux fort divers : une noyade accidentelle dans un paysage campagnard, une noce désastreuse dans un site urbain, une affaire de délinquance dans une station balnéaire.

Obtenir la belligérance continue d'un certain nombre de sur-séquences revient d'une part à les inclure dans un même texte que, nécessairement, elles sont conduites à se disputer et d'autre part à égaliser leurs chances. Or, au moins dans un premier stade, le texte dispose deux domaines distincts d'hostilités. L'un, que nous analyserons d'abord, est quantitatif et statique; il peut conduire à un accord en ce qu'il relève de la partition : c'est la surface textuelle. L'autre, que nous étudierons ensuite, est qualitatif et dynamique; il reste rebelle à tout accord en ce qu'il relève de l'atomie : c'est le pouvoir d'unification.

E. *Les substitutions circulaires*

S'agissant de l'occupation textuelle, proscrire la suprématie d'une sur-séquence sur les autres suppose d'une part d'équilibrer autant que possible l'ampleur de texte couverte finalement par chacune; d'autre part de les astreindre à mutuellement s'éconduire.

En ce qui concerne la surface textuelle, une mesure minutieuse montrerait sans doute, sinon une équivalence parfaite, du moins une tentative assez nette d'y tendre. En ce qui concerne les substitutions, elles s'accomplissent principalement, et quelquefois non sans

---

1. Claude Simon, Éd. de Minuit.
2. *Le Nouveau Roman*, p. 105.

complexités savoureuses, selon des ruptures analogiques obéissant aux règles analysées plus haut (II, C). Ainsi, la cité ouvrière chasse-t-elle le site campagnard :

> *Deux* autres tas dont la grosseur va diminuant sont prolongés par la *traînée* d'éclaboussures liquides que la vache a laissée derrière elle en se remettant en marche. Un nuage de minuscules moucherons tournoie au-dessus des bouses ainsi qu'un *papillon* aux ailes rouges et *noires*. Le papillon va finalement se poser sur une ombelle qui pousse avec quelques autres à la base d'une des extrémités du parapet, et *ne bouge plus*. Les ailes refermées et *accolées*, il n'est pas plus épais qu'une *feuille de papier*, et d'un marron terne. / Le *couple* enlacé contre le mur de briques est apparemment *immobile*. Au bout d'un moment, on s'aperçoit cependant que le bras droit de l'homme qui maintient sa *compagne* le dos au mur est agité de faibles mouvements de va-et-vient à partir de la main invisible glissée sous la jupe relevée de la fille qui découvre au-dessus du bas un peu de peau blanche. L'homme est vêtu d'un costume *noir*. Il s'écarte parfois légèrement et l'on entrevoit alors le plastron blanc de sa chemise qui luit dans l'ombre et le nœud *papillon noir* qui ferme le *col* (T, p. 19).

aussi bien par ressemblances référentielles explicites (l'idée de couple, les papillons, l'immobilité, la couleur noire) ou implicites (la traînée en tant que trace laissée par la vache sur le sol et la traînée en tant que fille facile contre le mur et dont, comme par hasard, p. 49, le manteau *traîne* dans la boue), que par ressemblances littérales implicites (du spectacle typique de la *campagne* à l'homme qui maintient sa *compagne*) ou explicites (le *cou*ple puis le *col* faisant suite aux ailes acc*ol*ées). Notons-le au passage : toute rupture tend à induire un effet anti-réaliste. Dans un sursaut, le lecteur doit admettre qu'il se trouve en face, non point d'un être de chair, mais bel et bien d'un être de papier. C'est pourquoi ce papillon qui devient feuille peut s'entendre ici comme, à l'intérieur du livre, la mise en abyme du mode de lecture que le livre suscite, c'est-à-dire, curieusement, comme la représentation de sa vertu anti-représentative.

Inversement, la règle de réciprocité exige que, si la cité ouvrière rompt ainsi le site campagnard, le site campagnard chasse non moins la cité ouvrière :

> Dans la cuisine la serveuse jette *en vitesse* sur ses épaules *un manteau* beige et ouvre la porte qui donne sur l'arrière-cour. Dans la lumière projetée au-dehors on peut voir le scintillement argenté de *la pluie* fine sur le fond noir de la nuit. *Les sourcils froncés*, la fille lève la tête vers le ciel obscur, puis sort en refermant la porte derrière elle.

/ Cachés derrière un buisson, les deux garçons passent *à la hâte leurs chemises* et *leurs culottes* sur leurs corps *mouillés*, jetant toujours des *regards* vigilants en direction du sommet de la cascade (T, p. 156).

De même, si la station balnéaire remplace le site campagnard, le site campagnard ne manque pas d'interrompre la station balnéaire :

La moitié du corps du lapin est maintenant à nu. Les muscles roses des *cuisses*, / des fesses et du ventre apparaissent comme sur une planche d'anatomie. Détendant brusquement la *jambe* dont le pied reposait à plat sur le lit, la femme fait pivoter la porte de l'armoire... (T, p. 38).

Qu'est-ce que vous me chantez avec votre circonscription vous me prenez pour une idiote vous faites *la pluie* et le beau *temps* à la Commission ne me racontez pas que vous ne pouvez rien faire Je... / De *temps* à autre une *goutte* de sang, d'un rouge très foncé maintenant, presque noir, se détache du trou laissé par l'œil arraché et tombe dans l'herbe (T, p. 39).

Ou encore, si la cité ouvrière raccourcit la station balnéaire, la station balnéaire abrège la cité ouvrière :

Aux pieds des hauts palmiers le double *flot* des automobiles aux carrosseries *luisantes* comme des poissons continue à se croiser sans fin. / Sur les épaules de l'homme le tissu noir de la veste détrempé par la pluie *luit* dans l'ombre, reflétant la *vague* lumière qui parvient de l'entrée de l'impasse (T, p. 60).

Sans cesser de danser et de claquer des doigts, le boute-en-train surveille le couple du coin de l'œil et le désigne aux deux qui discutent près du comptoir d'un léger mouvement de tête qu'il accompagne d'un clin d'œil rigolard en criant à la cantonade sur le rythme de la musique Ça s'enterre! Ça s'enterre! / *Sans relâche* les bulles lumineuses glissent lentement le long des palaces sur l'avenue plantée de palmiers... (T, p. 147).

F. *L'assujettissement réciproque*

S'agissant du pouvoir d'unification, proscrire la suprématie d'une sur-séquence sur les autres suppose, d'une part, d'équilibrer autant que possible l'homogénéité de chacune et, d'autre part, d'astreindre chacune, contradictoirement, à réussir l'unification de l'ensemble. En ce qui concerne l'homogénéité des sur-séquences, la lecture immédiate montre que les indices séquentiels sont assez abondants pour que, malgré tout, l'appartenance d'un passage à telle sur-séquence s'accomplisse le plus souvent sans trop de difficulté, en particulier à partir des indications de lieu. En ce qui concerne l'unification contradictoire, elle se dispose selon une stratégie mobilisant trois tactiques. D'une part, l'*attaque*, qui opère suivant ce que nous avons nommé ailleurs [1] *capture*. Son principe est le suivant : il y a capture, si les événements offerts par une sur-séquence (A) se révèlent, à tel moment de la lecture, comme une représentation à l'intérieur d'une autre (B), ainsi que le montre la capture (b) de la figure 24. Dès lors, c'est tout l'arthrème A qui se trouve assujetti à l'arthrème B. D'autre part, l'*esquive*, qui obéit à ce que nous avons nommé ailleurs [2] *libération*. Son principe est le suivant : il y a libération, si telle représentation de la sur-séquence A à l'intérieur de la sur-séquence B s'anime pour former un nouveau développement de la sur-séquence A. Enfin, la *contre-attaque*, qui opère suivant ce que nous nommerons une *contre-capture*. Son principe est le suivant : il y a contre-capture, si l'arthrème A capturé par B réussit la capture inverse (a).

Certes, les stratégies du pouvoir unitaire et de l'occupation textuelle se travaillent réciproquement. Une attaque de pouvoir (une capture) peut répondre à une attaque d'occupation (une rupture), et inversement.

Ainsi, dans la première citation de (III, E), la cité ouvrière, qui a exclu par rupture (attaque d'occupation) le site campagnard de la surface textuelle, se trouve en retour incluse par capture (attaque de pouvoir) dans l'arthrème de la campagne, en ce que le couple citadin devient une affiche étendue sur le mur d'une grange, sous celle, décollée, d'un cirque :

> L'homme est vêtu d'un costume noir. Il s'écarte parfois légèrement et l'on entrevoit alors le plastron blanc de sa chemise qui luit dans l'ombre et le nœud papillon noir qui ferme le col. *Le coin décollé de l'affiche du cirque laisse voir, à ses pieds, derrière lui, les pavés luisants sous la pluie. Du chemin qui mène à la scierie on ne peut pas voir la motocyclette. Dans le pré...* (T, p. 19).

Incluse ici par capture dans le site campagnard, la cité ouvrière exclut par rupture ce qui l'inclut :

> Les mousserons poussent par plaques, non loin des pieds des arbres. Ils ont une *queue blanche* portant une tête bombée d'un *brun* violacé. La sapinière fait une *tache* vert *sombre*, presque *noire*, parmi les feuillages des hêtres et des frênes. / La *tache claire phosphorescente* dans la *nuit* que fait la cuisse de la fille enlacée à son *compagnon* s'est

---

1. *Le Nouveau Roman*, p. 112 *sq.*
2. *Le Nouveau Roman*, p. 118 *sq.*

agrandie. Se maintenant sur l'autre jambe et appuyée du dos contre le mur de briques, elle a relevé sa cuisse repliée contre son ventre et introduit en elle d'une main le *membre* raidi de l'homme... (T, p. 21).

Incluse ailleurs par capture dans le site campagnard, la cité ouvrière esquive, par libération, ce qui l'inclut :

Parfois un souffle d'air agite les branches basses des noyers autour de la fontaine. L'ampoule électrique de faible puissance accrochée à l'intersection des fils de fer qui se croisent à partir des quatre troncs projette les ombres mouvantes des feuillages sur les deux affiches collées sous les perches à maïs. Les formes agrandies et emmêlées des feuilles ovales balaient indifféremment les visages douloureux de la femme aux doigts endiamantés, celui de la jeune mariée, le chapelet de perles des globes lumineux qui s'étire le long du golfe et l'impasse obscure où les deux silhouettes, obscures elles aussi, au contour cerné d'une auréole par la lumière qui vient de la rue, exécutent au ralenti une sorte de pantomime *qui tantôt rapproche les deux corps, les confondant, tantôt les sépare. A vrai dire on s'aperçoit bientôt que les mouvements apparemment incohérents résultent de deux actions contraires, la femme s'efforçant maladroitement...* (T, p. 104).

Ailleurs encore, la cité ouvrière contre-attaque, par contre-capture, et le site campagnard se trouve réduit, à son tour, à une simple affiche :

En dehors des lumières espacées des réverbères, quelques rares fenêtres éclairées, rosâtres ou jaune foncé, trouent la demi-obscurité et les seules zones lumineuses un peu importantes sont celles répandues par les lampes à l'intérieur de l'estaminet et les néons, en veilleuse toutefois à cette heure, qui décorent la façade du cinéma. Sur la droite de l'entrée du cinéma sont collées côte à côte deux affiches (...). *La seconde image représente un paysage nocturne où l'on distingue çà et là, dansant dans les ténèbres, des petits faisceaux de lumière, assez faibles, comme ceux que projettent des lampes de poche. Le titre du film s'étale en lettres vertes sur le ciel obscur, à peine moins sombre que les formes noires d'arbres ou de buissons qui se découpent dessus* (T, p. 64-65).

G. *La divergence du discorps*

Cependant, on le devine, la capture est une opération curieusement périlleuse. En effet, ce n'est qu'en la réduction de sa réussite qu'elle obtempère au fonctionnement que nous avons établi plus haut. Sans doute, comme nous l'avons vu, y a-t-il capture si les événements offerts par une sur-séquence (A) se révèlent, à tel moment de la lecture, comme une représentation à l'intérieur d'une autre sur-séquence

(B). Mais cette représentation (qu'elle soit picturale, filmique, graphique, scripturale) suppose un autre lieu : ni celui de la séquence A, ni celui de la séquence B, mais celui où telle représentation s'est trouvée produite. L'éventuelle venue dans le texte de ces *ateliers*, en provoquant de nouvelles sur-séquences, susciterait deux transformations majeures.

L'une peut se nommer la *divergence du discorps*. Si au moins deux nouvelles séquences issues d'ateliers se constituent chacune désormais de façon autonome selon le simple entrecoupement des ruptures réciproques, alors le texte s'offrira au rayonnement d'une parfaite divergence (figure 25, D et E). Seulement, notons-le bien, il s'agira non point de la diffusion d'un corps central mais bien de *l'irradiation de ce qui n'a pas de centre*.

L'autre peut se nommer la *croissance du discorps*. Si les nouvelles séquences issues d'ateliers voient leur déploiement subir la capture, soit des séquences de départ (figure 25, F en h), soit des autres séquences, alors le texte s'offrira au développement d'une extension accomplie. *Le discorps multipliera les nœuds de son pluriel.*

Sans s'inscrire résolument dans ces perspectives, *Triptyque* en dispose néanmoins divers embryons. Les uns sont rudimentaires : simples brèves indications techniques qui évoquent soudain les opérations productrices. Tantôt il s'agit d'indications picturales, tantôt de tour-

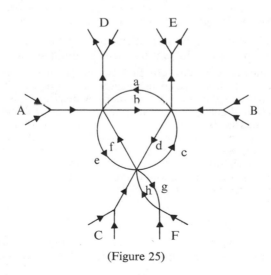

(Figure 25)

237

nage cinématographique laissant planer la menace d'au moins deux sur-séquences nouvelles. Par exemple :

> Les lèvres de la déchirure verticale s'écartent comme les pans de rideaux mal joints, ouvrant un angle aigu au centre de la piste. Le couple qu'elles dévoilent semble épié de toutes parts par les regards invisibles des spectateurs *dont le pinceau de l'artiste a seulement dessiné les contours (têtes et épaules serrées comme des mouches sur une tartine) d'un épais trait noir. Par un autre artifice du peintre, toute la lumière semble se rassembler...* (T, p. 44).

> Enfin, elle extrait un quatrième lapin *et la caméra se rapproche lentement* tandis que la femme se redresse, élevant en même temps le lapin qui se détache maintenant au-dessus du clapier, *la caméra s'immobilisant alors, cadrant, à gauche,* le profil couturé de rides... (T, p. 164).

Les autres embryons sont plus développés. Seulement, la discordance du triptyque se défend d'une divergence qui l'irradierait. La tactique en est simple : elle consiste à contredire les deux ateliers l'un par l'autre. Tantôt il s'agit d'un conflit par interruption : si un studio de tournage peu à peu s'accrédite, c'est l'activité picturale qui vient contrecarrer l'activité filmique :

> Dans le visage renversé en arrière les yeux sont ouverts, regardant fixement le plafond de la chambre ou plutôt les cintres du studio de prises de vues avec leurs câbles, leurs treuils, leurs passerelles. *Selon une technique classique, l'artiste à l'aide d'un rouge de Venise qui s'éclaircit jusqu'au rose sur les reliefs, a d'abord modelé le corps en camaïeu, en détaillant avec soin l'anatomie...* (T, p. 81).

Tantôt il s'agit d'un conflit par alternance du filmique et du pictural, avec brève incursion du pictural dans le filmique (camaïeu brun) :

> Sans doute la caméra a-t-elle été hissée au sommet, soit d'un clocher, soit encore de l'un de ces échafaudages de poutrelles métalliques (...). Il semble que l'artiste s'y soit repris à plusieurs fois avant de se satisfaire de l'état final de son travail, ayant peint d'abord le visage tourné vers la droite (...). Dans son mouvement tournant, la glace a reflété pendant une fraction de seconde la pénombre du studio où dans un *camaïeu brun* est apparue la forme noire de la caméra de prises de vues aux yeux multiples, ses tambours, son socle, ses câbles, et les visages attentifs quoique imprécis des techniciens de l'équipe massés derrière elle... (T, p. 127-129).

H. *Le dis-classo-articulatoire*

On le devine : de même qu'avec le dis-articulatoire, l'articulatoire s'oppose à lui-même selon une guerre des arborescences du premier degré, il faut admettre un dis-classo-articulatoire en lequel le classo-articulatoire s'oppose à lui-même selon une guerre des arborescences du second degré. Le schéma de cette guerre est facile à concevoir : il est le même que celui de la précédente. Il suffit de reconnaître au moins deux antagonistes. Non plus donc, comme on l'a vu, la présence unitaire d'un taxo-arthrème surpuissant qui tend à élargir son empire en annexant les classes libres ou faiblement articulées mais bien, comme on va le voir, l'insistance conflictuelle de taxo-arthrèmes équilibrés et adverses qui s'efforcent chacun d'annexer les classes fermement articulées par l'autre.

Comme l'impérialisme classo-articulatoire, le dis-classo-articulatoire mobilise les deux mécanismes de l'annexion (III, B) : d'une part, l'orientation; d'autre part, la liaison, qui relève tantôt de la similitude (c'est l'assimilation), tantôt de la contiguïté (c'est l'incorporation). Seulement, c'est cette fois selon une orientation particulière : si la liaison n'entraîne aucune difficulté spécifique, l'orientation, elle, pose un problème crucial. Avec l'impérialisme, en effet, l'orientation va de soi : il y a un taxo-arthrème dominant. Avec l'antagonisme, en revanche, l'orientation est l'enjeu même du conflit : il y a au moins deux taxo-arthrèmes équivalents et c'est, en chaque liaison, le vecteur de l'orientation qui détermine le vainqueur de l'annexion.

En ce qui concerne l'incorporation, l'orientation du vecteur obéit à la règle suivante : si deux termes appartiennent à des classes adverses sont mis en contiguïté, c'est le second qui tend à prendre le pas sur l'autre. En effet, d'une part, il l'amoindrit en lui répondant; d'autre part, il le chasse en lui succédant; enfin, il le réduit au rôle d'auxiliaire de sa propre venue. Bref, orienter une incorporation revient à spécifier une contiguïté selon une successivité. Au plan des signifiés, le successif est tantôt facile (quand un événement vient à la suite d'un autre), tantôt impossible (quand deux événements, deux objets sont simultanés). Au plan des signifiants, le successif est inévitable (en raison de l'alignement des signes). On assiste donc soit à un successif complet (disposé au plan des signifiants comme des signifiés), soit à un successif partiel (disposé au seul plan des signifiants dans les cas d'impossibilités au plan des signifiés, ou au seul plan des signifiés dans les cas d'emplacements non ordonnés des signifiants), soit à un successif conflictuel (disposé par l'inversion de l'ordre des signifiants et de l'ordre des signifiés). Construire le conflit équilibré de deux taxo-arthrèmes, c'est donc admettre systématiquement le reversible : offrir telle successivité tantôt dans un sens, tantôt dans l'autre.

Ainsi, il est clair que *Triptyque* met en œuvre le dis-classo-articulatoire (il dispose, parmi d'autres, le conflit équilibré de deux des taxo-arthrèmes les plus adverses qui se puissent concevoir : le vivant, la mort), tandis que *les Corps conducteurs* fonctionne selon l'impérialisme classo-articulatoire (il dispose, nous en avons donné quelque idée, l'hégémonie d'un taxo-arthrème dominant : la mort). Les deux pôles se marquent notamment par l'opposition du cadavérique (puisqu'il assure la réussite de la mort) et du coïtal (puisqu'il permet la reproduction de la vie). A titre de contre-épreuve rapide, notons en passant que les évocations de l'accouplement relèvent de la pléthore dans *Triptyque* et de la pénurie dans *les Corps conducteurs*, fiction où la sexualité « ne marche pas », roman, en somme, de la *jambe coupée*. Or, dans *Triptyque*, le cadavérique et le coïtal, maintes fois associés, se trouvent notamment pris dans la liaison successive la plus forte : celle de l'engendrement. C'est le cadavre du sanglier qui suscite le coït dans la grange. En effet, c'est face à lui que la servante et le chasseur se donnent imperceptiblement rendez-vous :

> Un cercle de personnages où les curieux se mêlent aux chasseurs entoure le corps du sanglier couché dans la cour de l'une des maisons du village. (...) L'un des chasseurs porte une bottes de caoutchouc noir où la boue séchée des sous-bois a laissé des traînées gris clair. (...) Il adresse un clin d'œil à la jeune domestique qui retient par la main une fillette dont la tête bouclée se tend avec avidité vers l'énorme bête abattue dont une botte écarte un chien renifleur. La jeune domestique esquisse un sourire et détourne rapidement la tête, examinant à la dérobée les visages des spectateurs qui discutent en regardant l'animal. Rassurée elle esquisse de nouveau un rapide sourire en direction du jeune chasseur, puis se baisse au niveau de la tête de l'enfant, lui parle, et s'éloigne en l'entraînant (T, p. 55).

Le cadavérique se trouve ainsi incorporé au coïtal. Mais, réciproquement, comme il convient, c'est l'accouplement dans la grange qui provoque le cadavre de la petite fille. En effet, c'est pour se rendre à la grange que la servante abandonne la surveillance de la petite fille qui dès lors se noiera. Le coïtal se trouve ainsi incorporé au cadavérique. Davantage : cette première série se double d'une seconde, exactement conforme. C'est après avoir regardé le cadavre du sanglier que les deux garçons en viennent à voir le coït dans la grange, et c'est pour observer cet accouplement qu'ils abandonnent à leur tour la surveillance de la fillette que leur a confiée la domestique (p. 56, 218, 177, 183). Comme le montre bien l'irrégularité des pages, il s'agit ici de successifs partiels, obtenus au seul plan des signifiés.

Mais *Triptyque* offre non moins l'inverse : certains successifs partiels obtenus au seul plan des signifiants. Ainsi cette description qui constitue les aspects simultanés d'une scène selon l'ordre d'abord du vif (l'exubérance végétale) et du mort (les vieillards), puis aussitôt du mort (les vieillards) et du vif (les jeunes gens) :

> Un kiosque à musique à l'armature métallique et rococo peinte en bleu ciel s'élève au milieu du parc sur les bancs duquel entre les massifs de magnolias, de yuccas géants, de bananiers et de lauriers roses, sont assis des vieillards aux costumes désuets, parfois élimés, coiffés de panamas, guêtrés et leurs compagnes aux visages trop peints, ridés, surmontés de chapeaux à fleurs, aux corps osseux couverts de dentelles jaunies et d'écharpes. Une foule vêtue de clair où d'autres vieillards raidis croisent des bandes juvéniles aux accoutrements fantaisistes (T, p. 59).

On trouve de la sorte, innombrablement et parfois selon une régularité clandestine, ces diverses alternances souvent enchevêtrées.

Cependant, nous l'avons vu, la liaison relève non seulement de la contiguïté (qui permet l'incorporation), mais encore de la similitude (qui permet l'assimilation). En ce qui concerne l'assimilation, l'orientation du vecteur obéit à la règle suivante : si deux termes appartenant à deux classes adverses se trouvent liés par une ressemblance, c'est celui auquel le texte infligera les caractères de l'autre taxo-arthrème qui subira l'assimilation. Proposons deux exemples.

L'un joue au plan métaphorique, qui distribue la polysémie. Une ruelle, c'est aussi bien une venelle (qui relève de la mort, en ce qu'on y risque l'agression) qu'une alcôve (qui relève de la vie, en ce qu'on s'y accouple). Notons-le, cette liaison est ici implicite : la seconde acception n'est pas formulée par le même terme. Puisque le conflit doit rester ouvert, le texte procède à des attaques croisées : tandis que la ruelle, lieu mortel, accueille longuement un coït, le lit nuptial, lieu érotique, ne voit pas la consommation du mariage. Puisque le conflit doit rester ouvert, le texte procède à des contre-attaques croisées : tandis que la rue est finalement le cadre d'une rixe, le lit nuptial est à la fin le théâtre d'une tendresse esquissée. Bien que bafouée, l'épouse se prend à accorder quelques soins au corps de son mari :

> A la fin elle s'en approche et, se courbant, elle soulève les jambes à demi-pendantes en s'efforçant de les remonter sur le lit. Pendant toute l'opération, elle évite de regarder les testicules et le pénis flasque qui roule sur la cuisse. Lorsque le corps nu est tout entier allongé, elle tire sur le buste, de façon à le ramener vers elle et ménager une place de l'autre côté puis elle rabat tant bien que mal par-dessus le couvre-lit à franges (T, p. 210).

De cette manière s'équilibre provisoirement un nouvel ensemble de contradictions horizontales et verticales (tableau 26).

	RUELLE		
	venelle	*alcôve*	
vie	coït	mariage blanc	mort
mort	rixe	esquisse de tendresse	vie

(Tableau 26)

Le second exemple joue au plan consonantique, qui distribue l'homonymie. Noyer désigne aussi bien un acte de submersion (qui relève évidemment de la mort) qu'une essence végétale (qui relève évidemment de la vie, en ce que cet être vivant est de surcroît fructueux). Notons-le, cette liaison est ici explicite : les deux termes sont couramment actifs en maintes pages. Puisque le conflit doit rester ouvert, le texte procède à des attaques croisées : tandis que les noyers, arbres de vie, sont associés à l'eau mortelle, la noyade, signe de mort, est liée à l'acte de vie :

> Sous l'ombre des grands noyers la surface de l'eau de la fontaine est presque noire, comme vernie, sans cesse parcourue de rides concentriques qui vont s'élargissant et s'affaiblissant peu à peu à partir du point où tombe le jet et où les reflets des feuilles de noyers et de fragments de ciel se disjoignent et se rejoignent dans un perpétuel tremblement. (...) Si on trempe sa main dans la fontaine, il semble qu'elle est enserrée par un gant glacé coupé net au poignet (T, p. 16 et 18).

> A présent les violentes poussées que donne à chacune de ses allées et venues le bassin de l'homme la soulèvent presque de terre, l'écrasant contre le mur dont sa tête heurte chaque fois les briques. Sa chevelure détrempée pendant comme celle d'une noyée, ses yeux aveugles de noyée grands ouverts sur le noir, elle semble insensible au monde extérieur, et le tapage du souffle de l'homme contre son cou relègue dans un arrière-fond les bruits divers, sporadiques, arrivant comme de très loin (T, p. 56).

Puisque le conflit doit rester ouvert, le texte procède à des contre-attaques croisées : tandis que le noyer sert tout de même de moyen de défense, la noyade devient non moins la marque du mari qui a subi l'agression :

Elle agite un rameau de noyer pour protéger des taons la petite fille qui serre dans sa main libre un bouquet de fleurs des champs (T, p. 157).

Un vieil homme en pantoufles vêtu d'un pantalon passé à la hâte sur une chemise de laine découvre derrière le panneau vitré de la porte de l'hôtel un visage de noyé, d'un blanc verdâtre, dans la lumière du globe placé à l'extérieur, et maculé de taches sombres qui s'étirent sous les narines et le menton (T, p. 191).

De cette manière s'équilibre provisoirement un nouvel ensemble de contradictions horizontales et verticales (tableau 27).

	NOYER		
	submersion	*arbre*	
vie	amoureuse aux yeux de noyée	noyers de la fontaine	mort
mort	agressé au visage de noyé	noyer chasse-mouches	vie

(Tableau 27)

Et ainsi de suite.

5. La fiction à mesure

(Problèmes de l'élaboration textuelle sur l'exemple de
la Prise de Constantinople)

> Un monde nouveau de parturitions non à pro-
> pos de quelque chose mais de rien... (Artaud)

Rien, si l'effort théorique s'efforce rétrospectivement d'en rendre compte, ne nous a paru un jour plus impérieux que l'objectif de construire un livre qui édifiât sa fiction d'une manière communément peu admise : non point selon le mécanisme d'une *reproduction* (celle, représentative, de telle entité antécédente appelée Monde; celle, expressive, de telle entité antécédente appelée Moi), mais bien selon le mécanisme d'une *production* (celle, élaboratrice, qui, d'une part, mettrait en œuvre certaines opérations exactes et, d'autre part, s'appliquerait à ne guère se dissimuler en son exercice). Mettre en cause de la sorte, systématiquement, la dominance du représentatif et de l'expressif, c'est faire sitôt surgir, dans toute sa vigueur, un problème jusque-là longuement moins visible : selon quels principes admettre les éléments de la fiction à venir ? Avec la dominance de l'expressif et du représentatif, la difficulté du choix des éléments subit en effet, nous le devinons, une frauduleuse mise à l'ombre. Par une évidence positivement aveuglante, la question paraît à l'avance résolue. Ce qui, tout naturellement, va s'offrir à l'effort narratif, c'est le *quelque chose à dire* ou, si l'on préfère, ce qui, avant même qu'on ne songe à écrire, s'est déjà choisi. Ce qui, par voie de conséquence, va subir l'offuscation, c'est, par exemple, toute la rhétorique clandestine qui sélectionne les éléments de manière subreptice jusqu'à obtenir précisément l'effet de représentation [1]. Avec la contestation de l'expressif et du représentatif, le problème du choix des éléments fictionnels profite à l'inverse, nous l'allons voir, d'une entière mise en lumière. Par hypothèse, la question se pose de façon pressante : si nul choix préalable au travail du texte ne se trouve admis, quel critère saurait-on dès lors prendre en compte ? L'une des réponses les plus rigoureuses consiste évidemment à ne concevoir de critère qui ne vienne du texte lui-même.

---

1. Pour plus de détails : « Le dispositif osiriaque » (I, E : La xénolyse).

Mais que sait-on de ce texte puisque, en cette phase, il ne se propose encore que comme un simple texte à venir ? Exactement ceci, qui est loin d'être négligeable : il s'agira d'un texte, c'est-à-dire d'une texture, d'un tissu. Non point, donc, d'une ligne, mais d'un entrecroisement de lignes. Cependant, nous le savons, tout cela, une fois de plus, aujourd'hui, est une métaphore. Textilement, le tissu est en quelque façon une surface intrinsèque : celle-ci tient par elle-même en ce qu'elle est issue, si l'on peut dire, de deux dimensions, la trame et la chaîne. Typographiquement, le texte est en quelque façon une surface extrinsèque : celle-ci ne tient que par le parasitage d'une page en ce qu'elle est faite d'une dimension unique, la ligne d'écriture, découpée en segments égaux inscrits parallèlement. Cette superficielle ressemblance n'est ainsi guère en mesure de permettre, par elle-même, la métaphore qui associe au tissu ce qu'on nomme communément le texte : elle forme seulement la condition d'une similitude plus accomplie. En effet, ce qui caractérise le texte, c'est que chacun de ses éléments tend à s'y voir pourvu d'un double système de relations : d'une part, celui qui rive l'élément à sa place, selon ce que nous appelons, suivant l'aspect à souligner, les relations littérales ou linéaires ; d'autre part, celui qui lie cet élément à certains passages éloignés, selon ce que nous appelons les relations translittérales ou translinéaires [1]. C'est la dénomination métaphorique de ces deux types de liaison selon le lexique de la surface qui fait intervenir les relations longitudinales ou horizontales (linéaires) et transversales ou verticales (translinéaires), dont l'entrecroisement, dès lors, simule bien une certaine textilité.

Les conséquences sont immédiates. Nommons textualité d'un élément son aptitude à figurer dans tel état d'un texte. Il est lisible, d'une part, que le degré minimal de textualité d'un élément ne saurait être inférieur à sa capacité de paraître dans tel état du texte à partir d'au moins deux relations : l'une, horizontale, linéaire, qui sache l'articuler à son voisinage ; l'autre, verticale, translinéaire, qui sache l'associer à tel de ses lointains. Il est clair, d'autre part, que le degré de textualité d'un élément se mesure au nombre des liaisons à partir desquelles peut s'accomplir son insert dans tel état du texte. En conséquence, bien que ceci puisse paraître renversant à certains, il faut le reconnaître : avec ce principe, ce qui choisit les éléments de tel état du texte, ce n'est plus l'aveuglant quelque chose à dire ; c'est plutôt, selon des modalités que nous aurons certes à définir plus loin, en

---

1. Pour plus de détails : « Le dispositif osiriaque » (II, H : La guerre des dispositifs).

l'état où il est, le texte même. Ce choix des éléments, en ce qu'il s'accomplit à partir des multiples liaisons permises par le texte, nous proposons de l'appeler *surdétermination textuelle*. Ce nombre des liaisons qui astreignent tel élément à tel état du texte, nous proposons de le nommer *coefficient de surdétermination*. Toutefois, avant de produire à cet égard certains compléments nécessaires, il importe aujourd'hui de prendre le soin de diverses précautions.

I. PRÉCAUTIONS

Le présent chapitre retravaille en effet une première esquisse visant à faire entendre, sur l'exemple de *la Prise de Constantinople*, certaines des opérations actives dans la *Naissance d'une fiction* [1]. Ainsi se disposent d'emblée au moins trois problèmes.

A. *La pratico-théorie*

Le premier problème concerne l'effort de tout romancier qui s'avise d'émettre certaines propositions théoriques à partir de la pratique de ses propres textes. Faut-il le dire ? Par suite de l'idéologie qui aujourd'hui sous nos climats domine, cette entreprise ne compte point parmi les mieux reçues. Soulignons-le : ce n'est aucunement le commentaire d'un romancier sur ses propres ouvrages qui est incongru : une surabondance d'entretiens, une pléthore d'articles attestent innombrablement que certains aveux sont délectables. Il suffit que l'écrivain se contente, et combien s'en contentent, de préciser quel spectacle du monde, quel tourment de son âme, quel fragment de sa vie, quel message à transmettre ont présidé à la venue de son livre. Bref, il suffit que l'écrivain accepte de sagement reproduire l'idéologie qui, restreignant le texte à être une pure activité de reproduction, insiste à son détriment sur ce qui censément le précède. Signalons-le : l'inconvenance survient quand le romancier se risque à mettre en évidence certaines de ses opérations précises, et s'aggrave si ces opérations échappent à l'idéologie de l'expression ou de la représentation.

Alors, les réticences se multiplient. A titre d'exemple, en voici deux : l'une et l'autre accomplissent évidemment une dépréciation. Avec la première, il s'agit de s'en prendre au détail des opérations :

---

1. *Nouveau Roman : hier, aujourd'hui, II) Pratiques*, Colloque de Cerisy, Éd. UGE 10/18, p. 379-392 (Désormais abrégé en *NRHA*).

par rapport au texte et du point de vue de celui qui lit, le jeu des signifiants ne relève que de l'inessentiel :

> Il reste ce dont vous n'avez pas parlé : la textualité du texte, l'investissement d'un sens surtout au moyen de connotations. A ce niveau textuel jouent des facteurs, dont peut-être vous ne vous rendez même pas compte, esthétiques, des valeurs de stimulus intellectuel, qui donnent une densité au texte, comme progression d'un mot à l'autre. Pour le lecteur, celui qui accepte ou celui qui n'accepte pas votre texte, c'est cette dimension-là qui est la dimension essentielle et non les jeux de mots sur ce domaine que vous avez montrés. Si j'avais seulement cela, je dirais : eh bien Ricardou s'est donné une peine terrible, c'est tout ce que je peux dire (rires et applaudissement) [1].

Avec la seconde, il s'agit de s'en prendre aux effets de la théorie : par rapport au texte et du point de vue de celui qui écrit, la connaissance de la production risque de conduire au stérile :

> Si on dit au pommier : il faut d'abord que tu fasses grandir ton tronc, ensuite que tu donnes des bourgeons, etc., est-ce que le pommier ne se trouvera pas, finalement, frappé de stérilité ? Ma question concerne donc les rapports entre critique et roman [2].

Bref, si nous lisons bien : ni le lecteur dans sa lecture pour le premier, ni l'écrivain dans son écriture pour le second, ne sont avisés s'ils s'avisent de la manière selon laquelle le texte s'écrit. A l'ironie du premier, il n'est pas impossible de répondre par une remarque : à supposer que le jeu des mots dans l'élaboration d'un texte paraisse inessentiel à une certaine catégorie de lecteurs, cela montre seulement que cette catégorie de lecteurs entend rester aveugle à certains aspects de l'élaboration du texte, non que ces aspects soient pour eux-mêmes inessentiels à cette élaboration. A la remarque du second, il n'est pas impossible de répondre par une ironie : il y a quelque piquant à entendre un professeur qui ne semble pas s'être fait trop connaître par le nombre de ses romans mettre en garde un romancier qui en a commis plusieurs, contre le risque de stérilité qu'il court en s'intéressant, comme il le fait, à la théorie de sa pratique... Risquons alors une hypothèse : ces manières d'anomalies, chez des penseurs dont la rigueur ne saurait être mise en cause, viendraient de l'aveuglement d'une certaine idéologie. Celle dont nous avons parlé et qui, s'agissant du texte, entend disjoindre, jusqu'aux antipodes, la pratique et la théorie.

1. Karlheinz Stierle, intervention, *NRHA* II, p. 403.
2. Roger Bismut, intervention, *La Production du sens chez Flaubert*, Éd. UGE 10/18, p. 118.

Loin de subir cette intimidation idéologique, inscrivons donc notre propos dans deux contextes capables, en déplaçant quelque peu le terrain, de rendre encore un peu plus pénibles les sempiternels efforts de dépréciation. Le *premier* contexte situe l'entreprise dans le cadre d'un pluriel. Nullement isolée, voire singulière, l'analyse des précises opérations qui concourent à l'élaboration de leurs textes, c'est bien d'autres écrivains, et non point trop stériles, qu'elle a déjà requis : parmi plusieurs, autrefois, Edgar Poe [1] et Raymond Roussel [2] ; parmi plusieurs, aujourd'hui, Michel Butor [3] et Claude Simon [4]. Et, notons-le bien, cette remarque vise, non pas, ainsi que certains aimeraient sans doute le croire, à se recommander, selon on ne sait trop quelle jurisprudence, de l'autorité de divers précédents illustres, mais bien à faire entendre que l'analyse, par un écrivain, de certaines des opérations de son écriture, ne peut aucunement se restreindre à la marque d'une quelconque insignifiante originalité. Le *deuxième* contexte dispose l'entreprise dans le mouvement d'un procès [5]. En rapport avec ce qu'on peut appeler une théorico-pratique, selon laquelle le théoricien du roman moderne éprouverait et relancerait, dans l'exercice de la fiction, l'efficace des analyses qu'il a conduites, nous proposons ce qu'on peut nommer une pratico-théorie, selon laquelle le romancier moderne éprouverait et relancerait, dans l'exercice de ses analyses, l'efficace des opérations qu'il a accomplies. Et, notons-le bien, ce procès vise moins à améliorer l'efficace de l'aspect dominant de chaque activité double, qu'à soumettre à explosion, et l'on comprend dès lors certaines résistances corporatistes, divers rôles ossifiés par lesquels se perpétue le divorce de la pratique et de la théorie.

B. *Les états du texte*

Le second problème concerne les métamorphoses que nous avons fait subir au premier état de cette étude. Nous le savons : il y a au moins deux manières de faire varier un texte déjà public. L'une se propose de respecter la lettre de l'énoncé précédent en y adjoignant seulement diverses parenthèses marginales ou, si l'on préfère, des notes. C'est cette méthode qui est utilisée, entre autres, par Paul

1. « Genèse d'un poème », *Prose*, Gallimard, « Bibl. de la Pléiade », p. 991-1009.
2. *Comment j'ai écrit certains de mes livres*, Alphonse Lemerre, p. 3-41. Réédité chez Jean-Jacques Pauvert.
3. « Comment se sont écrits certains de mes livres », *NRHA* II, p. 243-254.
4. « La fiction mot à mot », *NRHA* II, p. 73-98.
5. Pour plus de détails : « La métaphore d'un bout à l'autre » (I, D : Pratique et théorie).

Valéry, apparemment, dans la reprise en 1930 du texte de 1895 de l'*Introduction à la méthode de Léonard de Vinci* [1], et par Roland Barthes dans la reprise en 1968 du texte de 1965 de *Drame, Poème, Roman* [2]. L'autre manière consiste à remanier la lettre de l'énoncé, non seulement en adjoignant divers apports, mais encore en procédant à toutes sortes d'évictions et de substitutions. C'est cette méthode qui est requise, entre autres, par Sigmund Freud dans la reprise en 1908 du texte de 1889 de l'*Interprétation des rêves* [3] et, toutes proportions évidemment gardées, par nous-même dans certains chapitres de ce livre.

Sous réserve d'une analyse précise de ce qui s'écrit en chaque cas, rien, à première vue, ne semble condamnable de l'une ou l'autre de ces deux méthodes. Et cependant, si l'on en croit le commentaire par lequel Roland Barthes présente la reprise de son article, c'est du fait de son principe que la seconde méthode est à exclure :

> Si l'auteur y ajoute aujourd'hui un commentaire, c'est d'abord pour participer à l'élaboration continue d'une définition de l'écriture, qu'il est nécessaire de corriger en rapport et en complicité avec ce qui s'écrit autour de lui; c'est aussi pour représenter le droit de l'écrivain à dialoguer avec ses propres textes; la glose est certes une forme timide de dialogue (puisqu'elle respecte la partition de deux auteurs, au lieu de mêler vraiment leurs écritures); menée par soi-même sur son propre texte, elle peut néanmoins accréditer l'idée qu'un texte est à la fois définitif *(on ne saurait l'améliorer, profiter de l'histoire qui passe pour le rendre rétroactivement vrai)* et infiniment ouvert *(il ne s'ouvre pas sous l'effet d'une correction, d'une censure, mais sous l'action, sous le supplément d'autres écritures, qui l'entraînent dans l'espace général du texte multiple)*; à ce compte, l'écrivain doit tenir ses anciens textes pour des textes autres, qu'il reprend, cite ou déforme comme il ferait d'une multitude d'autres signes.

Nous le voyons, ce paragraphe est remarquable : il excite de manière très intense une profusion de problèmes divers. Nous l'allons voir, ce paragraphe est contestable : il exécute de manière un peu expéditive la méthode du remaniement des textes. Loin de prétendre à l'exhaustif, la présente discussion soulève rapidement quatre points.

Le premier point concerne la *correction*. Une difficulté semble surgir, en effet, de la rencontre des deux passages suivants : « il est nécessaire

1. *Œuvres*, I, Gallimard, « Bibl. de la Pléiade », p. 1153-1269.
2. *Théorie d'ensemble*, ouvrage collectif, Éd. du Seuil, coll. « Tel Quel », p. 25-40.
3. PUF.

de corriger » le texte, le texte « ne s'ouvre pas sous l'effet d'une correction ». Une lecture trop rapide est induite à y apercevoir une inconséquence : celle qui évoquerait presque une correction sans correction. Une lecture plus soigneuse est soucieuse de n'y voir qu'une ambiguïté issue de deux acceptions quelque peu différentes. Dans le premier cas, « correction » se présente dans un sens général : ce qui ramène à une règle. Dans le second cas, « correction » se propose dans un sens restreint : soit ce qui élimine, soit ce qui remplace. Si, pour être bref, nous réduisons les opérations correctives à l'addition, la soustraction et la substitution, le propos précédent devient, sans la moindre inconséquence : il est nécessaire de ramener le texte à une règle, mais en évitant la soustraction et la substitution.

Le second point concerne la *rétroaction*. Il faut l'admettre : en son principe, toute correction est déjà une rétroaction. Elle est une action du texte sur lui-même : le texte contribue à sa propre métamorphose. En effet, loin d'être un phénomène simple, toute transformation du texte relève d'une combinaison : celle qui associe, d'une part, un certain état du texte et, d'autre part, une certaine opération. Or, comment s'accomplit cette combinaison ? Sous l'effet d'une détermination. C'est par tel état précis du texte que telle opération se trouve notamment déterminée : c'est sur tel état précis qu'elle devient possible et s'accomplit. C'est dans l'exacte mesure où le texte, en tel état, détermine ainsi l'opération qu'on lui inflige, qu'il se trouve irrécusablement agir en retour sur lui-même. Si de profuses cogitations préalables, la prudence en somme, par un mentalisme bien compris, de tourner huit fois sa plume dans l'encrier, suffisent rarement à obtenir une suite d'énoncés qui satisfassent, c'est qu'il y manque, et cela nous paraît de quelque importance, *l'efficace spécifique du texte dans le procès de sa transformation.* L'écrivain, ainsi, n'est guère celui qui, par les vertus d'on ne sait trop quelle grâce, aurait reçu à son berceau le don d'écrire. L'écrivain est plutôt celui qui apprend à écrire parce qu'il accepte le rôle incontournable, dans l'élaboration de sa pensée, de la coopération spécifique du texte. Au trop souvent ressassé « ce qui se conçoit bien s'énonce clairement » de Boileau, il préfère un « ce qui s'énonce clairement se conçoit bien » ! Il s'en suit, en tant qu'elles participent à l'élaboration du texte, que l'écriture et la lecture doivent se concevoir d'une façon un peu moins exiguë. On le dit très souvent, et c'est loin d'être inexact : l'avantage de l'écriture vient de ce qu'elle permet la *transmission* des pensées de celui qui écrit. On le dit très rarement, et c'est loin d'être inexact : l'avantage de l'écriture vient de ce qu'elle permet d'abord la *transformation* des pensées de celui qui écrit. L'écriture n'a pas seulement un emploi d'engrangement et de diffusion : dans la mesure où elle dispose le texte, elle joue aussi un très particulier rôle de production.

Toutefois cette fonction de l'écriture, en tant qu'elle assure la disposition du texte, n'est elle-même possible que si une autre activité, moins répandue qu'on le croit, la lecture, est en mesure de *prendre le texte en considération*. S'agissant de celui qui écrit, l'on confond habituellement, sous le terme de lecture, deux attitudes non seulement distinctes mais encore opposées. L'une, la plus fréquente et qui pourrait se nommer *retrouvaille*, se borne à revoir, dans ce qui vient d'être écrit, ce qu'on prétendait dire. Pour la retrouvaille, le texte relève d'une immédiate familiarité : il n'offre pas la moindre résistance, tout effacé qu'il se trouve par l'intense hallucination du vouloir dire [1]. Il paraît écrit, en somme, par celui qui l'a écrit et n'offre aucune prise spécifique à la transformation. L'autre activité, la moins fréquente et qu'on peut appeler *déchiffrement*, s'efforce de saisir, dans ce qui vient d'être écrit, ce qui est vraiment écrit. Pour le déchiffrement, le texte relève d'une persistante étrangeté : il présente aussitôt une résistance, tout attesté qu'il se trouve par sa prise en considération. Il paraît écrit, en somme, par un autre que celui qui l'a écrit et propose toutes ses caractéristiques spécifiques à la transformation. On le dit très souvent, et c'est loin d'être inexact : l'avantage de la lecture vient, pour le lecteur, de ce qu'elle permet l'intelligence de la pensée de celui qui a écrit. On le dit très rarement, et c'est loin d'être inexact : l'avantage de la lecture vient d'abord, pour le scripteur, de ce qu'elle permet l'intelligence de ce qu'il a écrit. Bref, savoir écrire, c'est d'abord savoir lire ce qu'on a écrit.

Supposons donc une phrase. Telle substitution qu'on se propose de lui faire subir, qu'elle se produise selon une dominante stylistique (abolir ou obtenir une répétition, par exemple) ou qu'elle s'accomplisse selon une dominante intellectuelle (par exemple, éclaircir ou diviser une notion), procède d'une part de l'écriture de cette phrase, d'autre part de la lecture de ce qui est écrit, enfin de son réglage soit, nécessairement, à partir d'elle-même, soit, éventuellement, à partir de l'enchaînement des phrases qui la précèdent ou de la suite des phrases qui lui succèdent. Cependant à cette rétroaction intratextuelle, qu'elle soit phrastique ou transphrastique, s'ajoute, si l'on peut dire, une rétroaction intertextuelle. Telle phrase écrite peut après coup recevoir un réglage, et jusqu'à correction, non seulement à partir d'une phrase du même texte qui l'a suivie dans l'ordre de l'écriture, mais encore à partir d'une phrase d'un autre texte qui l'a suivie dans l'ordre de la

---

1. Pour un exemple : « La population des miroirs » (III, D : Les pensées du texte).

lecture. Ainsi, malgré l'apparence et parce que Roland Barthes n'ignore évidemment rien des diverses ressources correctives [1], ce qui est mis en cause par le passage que nous relisons, ce n'est nullement la rétroaction, constitutive de toute transformation du texte. Nous y reviendrons.

Le troisième point concerne la *censure*. Il faut en convenir : en son principe, tout texte s'élabore selon de spécifiques mécanismes de censure. Signalons-en deux catégories. La première est une *censure régulière* qui s'exerce au plan des *directives* du texte : elle écarte ce qui ne doit *pas* être. La censure régulière comporte, entre autres, deux espèces qui, malgré l'apparence, s'articulent de manière réversible et, nous le verrons, dissymétrique : l'une est une censure des effets; l'autre est une censure des opérations. Dans une occurrence classique, de type rhétorique, c'est la censure des effets qui détermine la censure des opérations : la censure des effets y devient finaliste (c'est à partir de tel effet conçu comme but à atteindre que va s'écrire le texte); la censure des opérations se fait instrumentaliste (c'est à partir de tel but que seront choisies les opérations comme des moyens). Supposons une directive visant tel effet à obtenir : elle est conduite, d'une part, selon une censure finaliste, à proscrire les effets perturbateurs et, d'autre part, selon une censure instrumentaliste, à exclure les moyens perturbateurs. Ainsi, pour reprendre un exemple connu [2], s'il s'agit, pour Homère, d'obtenir au plan descriptif un effet de représentation, il exclut, évidemment, les effets antireprésentatifs et, par voie de conséquence, il proscrit les moyens de cette antireprésentation. Ce qui le conduit à censurer autant que possible, ainsi que Lessing l'a signalé à sa manière, la multiplicité des adjectifs et la présentation synchronique des objets.

La seconde catégorie est une *censure scripturale* qui s'accomplit au plan des *états* du texte : elle exclut ce qui ne doit *plus* être. Nous l'avons vu : écrire, c'est faire intensément agir la coopération du texte dans le procès de sa transformation. C'est y faire proliférer les amendements; c'est en multiplier les états. Mais chaque nouvel état, en s'y substituant, censure les états précédents, c'est-à-dire, d'une part, l'exercice des antécédentes transformations et, d'autre part, la nature même de chacune de ces opérations. Tout texte, s'il évite de s'accompagner de ses versions successives, s'il se dispense de s'adjoindre le commentaire de chacune de ses transformations, confirme donc la précise censure scripturale

1. *Roland Barthes* par Roland Barthes, Éd. du Seuil, p. 105 et 165.
2. Pour plus de détails : d'une part, « Le texte en conflit » (IV, C : La querelle de la spécificité); d'autre part, « Le dispositif osiriaque » (I, C : Le matérialisme textuel).

selon laquelle il s'élabore. Seulement ce n'est pas dire qu'il suffit que le texte s'environne de brouillons et de commentaires pour abolir la censure suivant laquelle il se constitue. L'exercice des antécédentes transformations, il ne suffit guère, pour le faire paraître, de publier, même intégralement, même dans leur ordre exact, ce qu'on nomme communément les brouillons du texte. Sitôt deux corrections présentes dans un manuscrit, qu'elles soient ajouts, éliminations ou substitutions, ce qui subit censure, en la simultanéité où graphiquement elles se proposent, c'est l'ordre respectif dans lequel elles furent accomplies. Même si d'ultérieures analyses, dites élaborationnelles [1], peuvent fournir certaines indications opportunes, ce qui tend à s'effacer, puisque la première, dans l'ordre du temps, peut participer à la détermination de la seconde, c'est la détermination de l'une par l'autre. Quant à la nature même de chacune des transformations, il n'est guère possible, pour la faire paraître, d'entreprendre aussitôt un commentaire exhaustif : non seulement en raison, pour chaque phrase, du nombre considérable des opérations mises en jeu, mais encore parce que l'analyse, à mesure, des diverses opérations transformatrices, agirait dans la production du texte, que cette inférence devrait être à son tour analysée, et ainsi de suite.

Si, au moins de cette façon, la censure forme une part constitutive du texte, alors il ne serait peut-être pas sans risque de laisser croire à une possibilité de s'y soustraire : par exemple, selon une procédure des ajouts. S'agissant en tout cas du texte de fiction, l'objectif, loin de prétendre sortir de la censure, consisterait plutôt à retourner la censure contre elle-même : recourir à certaines stratégies, certes porteuses, elles-mêmes, de leurs mécanismes d'interdiction, mais capables de battre en brèche, en leur exercice, les stratégies de telle censure dominante. Ainsi, au plan de la *censure régulière*, il est permis de concevoir, entre autres, deux espèces de contre-attaques. L'une peut s'appeler la *censure inverse*. Nous venons de le voir : dans une occurrence classique, de type rhétorique, c'est la censure des effets qui détermine la censure des opérations. Nous allons le voir : dans une occurrence moderne, de type producteur, c'est la censure des opérations qui détermine la censure des effets. Dès lors, la censure des opérations cesse d'être instrumentaliste (puisque les opérations n'y sont plus choisies comme moyens d'une fin) : elle devient opératoire (puisqu'elle s'accomplit seulement pour permettre l'exercice du groupe des opérations choisies). Dès lors, la censure des effets cesse d'être finaliste (puisqu'elle n'opère plus à partir d'un but fixé au préalable) : elle

1. « L'analyse élaborationnelle », dans *Esprit*, n° 12, 1974.

devient productrice (puisqu'elle s'accomplit pour permettre tels effets imprévus, ceux-là mêmes que provoquent les opérations choisies au préalable). Nous y reviendrons (III, D). L'autre contre-attaque peut se nommer la *censure ostentatoire*. Nous le savons : toute censure réussie est double en ceci qu'elle censure également l'idée même de son exercice. Ce qui importe donc d'abord à toute censure régulière, c'est de dissoudre la notion même d'une quelconque régularité : établir certes, d'une part, l'interdit de certaines règles et, surtout, d'autre part, l'interdit de l'idée même de règle. Nous ne le redirons jamais assez : ainsi opère la censure dominante, celle de la représentation. Obtenant l'effet de représentation par l'actif de certaines règles et l'exclusion de diverses autres, elle oblitère avec cet effet, en ce qu'il suscite la transparence du texte, l'idée même d'une mise en jeu de certaines règles. En conséquence, toute ostentation de règles précises, si elle s'établit en excluant diverses autres, présente du moins l'avantage de trahir l'exercice de sa propre censure.

Ainsi, au plan de la *censure scripturale*, il est permis de concevoir, entre autres, deux espèces de contre-attaques. L'une peut se nommer la *résurgence des versions*. Nous l'avons vu : le texte se transforme en excluant irrémédiablement les diverses versions dont il se trouve issu. Cependant, il est possible d'infliger à l'état prétendument définitif dans lequel il se propose, sinon les versions intermédiaires dont il est le résultat, du moins le principe de la transformation de lui-même : bref le jeu, curieusement subversif [1], de toutes sortes de variantes. L'autre contre-attaque peut s'appeler le *surgissement du commentaire*. Nous l'avons vu : le texte se transforme selon une suite d'opérations dont il se garde bien, dans la plupart des cas, de préciser la nature. Cependant, il est possible d'infliger à l'état prétendument définitif dans lequel il se propose, sinon les analyses détaillées de toutes ses procédures, du moins l'insistante marque de leur existence : bref le jeu, curieusement subversif, de toutes sortes d'inserts théoriques.

Le quatrième point concerne la *vérité*. Selon une certaine coutume, l'assurance de la vérité se distingue clairement de l'effort de la connaissance. La vérité se présente comme une *adéquation :* celle d'un certain discours à l'objet auquel il s'applique. La connaissance se propose comme un *procès :* celui de la prise d'un certain discours sur l'objet auquel il s'applique. Cette prise, nous le savons, se fait selon deux axes : d'une part, l'élaboration d'un certain dispositif intelligible; d'autre part, l'intervention, à partir de ce dispositif, sur l'objet lui-même. En tant qu'adéquation, le discours de vérité se prétend absolu et

---

1. Pour plus de détails : « Le récit avarié », *Le Nouveau Roman*, p. 99-109.

relève de la catégorie du définitif. En tant que procès, le discours de connaissance se reconnaît relatif et ressortit à la catégorie du provisoire. C'est de deux manières, au moins, qu'il est conduit à métamorphoses : selon les transformations de son propre domaine intelligible ; selon l'effet de son intervention sur l'objet. Il s'en suit que le discours de connaissance accepte facilement le principe de son changement. Ainsi le texte de Freud qui, d'une part, admet de subir non seulement des ajouts mais encore des remaniements :

> J'ai çà et là intercalé du nouveau, ajouté un détail issu de mon expérience accrue et, en quelques endroits, j'ai remanié mon texte [1].

et, d'autre part, se dispose, non point sous le signe de la vérité, mais bien à l'enseigne de la connaissance :

> Le progrès des connaissances scientifiques n'a pas épargné DIE TRAUMDEUTUNG (...). Depuis lors, la connaissance approfondie des névroses a réagi sur la compréhension du rêve [2].

Inversement, il s'en suit que le discours de vérité accepte difficilement le mécanisme de sa transformation. Telles les Saintes Écritures, texte si possible définitif en sa lettre et infiniment ouvert en l'incessante succession de ses commentaires. S'il y a, ainsi, une certaine affinité implicite entre la postulation du caractère définitif d'un texte et la catégorie de vérité, alors la rencontre, dans le texte de Barthes, de cette postulation et du refus de « profiter de l'histoire qui passe pour rendre » le texte « rétroactivement vrai » ne va pas sans problème. Nous pourrions le résoudre, peut-être, en supposant que ce rapport est ici de l'ordre d'une dénégation. Nous aurions à montrer que le maintien résolu de la lettre d'un texte s'accompagne ici, d'une manière ou d'une autre, d'une certaine sous-jacence de l'idée de vérité. Il serait alors possible de saisir cette présence dans la première phrase de la première note du commentaire ajouté. Elle s'applique à cette formule du texte définitif : « c'est plutôt sa référence anthropologique », et pourrait s'entendre comme une tentative de la rendre vraie, sinon absolument, du moins à telle date précise, dans le cadre d'une tactique bien définie :

> La tentation anthropologique *a eu son moment de vérité*. Tant d'années on nous avait fait un casse-tête de l'Histoire, divinité assez simpliste à laquelle on croyait devoir sacrifier toute considération de formes, renvoyées à l'insignifiance (...) [3].

1. *L'Interprétation des rêves*, préface de 1908, p. 3.
2. *L'Interprétation des rêves*, préface de 1911, p. 5.
3. « Drame, Poème, Roman », dans *Théorie d'ensemble*, ouvrage collectif, Éd. du Seuil, p. 27.

Pour ce qui concerne la méthode à suivre, nous sommes donc enclin à retenir ceci : plutôt loin de Barthes, toute ultérieure correction d'un texte, sous quelque forme qu'elle s'accomplisse, présente en principe un caractère de légitimité; plutôt près de Barthes, toute ultérieure version d'un texte doit se signaler comme telle afin de ne point jouir, fort indûment, d'une manière d'antidatation. C'est à cette règle que nous nous sommes soumis, en l'occurrence, pour plusieurs chapitres de ce livre, allant même, de surcroît, pour proscrire toute équivoque, jusqu'à changer complètement leur titre.

C. *La migration des concepts*

Le troisième problème concerne la rigueur des formules. Parmi les amendements que, dès son introduction, nous avons fait subir au premier état publié de ce texte, figure un ajout : celui de l'adjectif « textuelle » au substantif « surdétermination ». L'avantage des formules brèves, c'est évidemment, par l'ampleur de leur implicite, l'aisance de leur maniement. L'inconvénient des formules brèves, c'est évidemment, par l'ampleur de leur implicite, le risque de l'ambivalence. En règle générale, nous le savons, l'implicite d'une formule peut subir le contrôle, et c'est l'usage légitime, d'un clair effet de contexte : ainsi, la manière dont nous avons présenté et utilisé le concept de surdétermination montrait nettement, croyons-nous, qu'il s'agissait là d'un fonctionnement *textuel*. Dans certains cas, cependant, ce clair effet de contexte peut être battu en brèche, chez tel lecteur, par l'actif d'une opinion inexacte : ainsi la façon dont Jean Thibaudeau interprète, comme emprunt à Freud, notre recours à la surdétermination :

> Très attentif à certains procédés de production du signifiant, peut-être définis-tu un niveau d'analyse formaliste qui évite de placer cette attention sous l'éclairage psychanalytique — et qui n'irait pas sans problèmes, je pense par exemple à *l'emprunt à Freud du concept de surdétermination* dans ta communication de Cerisy [1].

Pour nous en tenir aujourd'hui au seul problème qui nous occupe, notons que si Thibaudeau postule un emprunt à Freud du *concept* de surdétermination, c'est dans la mesure où il présume que le concept de surdétermination est *spécifiquement* freudien. Or, en dépit de cette opinion répandue, il n'en va guère de la sorte : l'*idée* de surdétermination n'est pas spécifiquement freudienne, en ce qu'elle opère ailleurs

---

1. « Nouveau Roman : un entretien de Jean Thibaudeau avec Jean Ricardou », *La Nouvelle Critique*, n° 60, janvier 1973.

et indépendamment. Donnons-en quatre exemples à des niveaux divers. Le premier relève de la sagesse des nations. Qu'un élément, disons l'accomplissement d'un acte, puisse être déterminé de manières multiples et que cette multiplicité soit elle-même efficace, c'est ce dont rendent compte, indéniablement, des formules comme « faire coup double » ou « faire d'une pierre deux coups », et des proverbes comme « joindre l'utile à l'agréable ». Le second concerne l'histoire, par exemple, ou la police. Qu'un élément, disons l'établissement d'un fait, puisse être déterminé de manières multiples et que cette multiplicité soit elle-même efficace, c'est ce que prétendent les enquêtes, avec la méthode du recoupement, ainsi que le signale indubitablement Proust, dans tel passage de *la Prisonnière* :

> (...) et, pour peu qu'elle cause avec chacun des trois, Albertine, à l'aide de ce que Saint-Loup eût appelé des « recoupements », saura que nous lui mentons quand nous nous prétendons indifférents à ses actes et moralement incapables de la faire surveiller [1].

Le troisième exemple ressortit à la critique littéraire. Qu'un élément, disons le choix d'un mot, puisse être déterminé de manières multiples et que cette multiplicité soit elle-même efficace, c'est ce que suppose irrécusablement Proust, dans tel passage de *le Côté de Guermantes* :

> N'est-ce pas déjà un premier élément de *complexité ordonnée*, de beauté, quand en entendant une rime, c'est-à-dire quelque chose qui est à la fois pareil et autre que la rime précédente, qui est motivé par elle, mais y introduit la variation d'une idée nouvelle, on sent deux systèmes qui se superposent, l'un de pensée, l'autre de métrique [2] ?

Le quatrième exemple appartient à la théorie marxiste. Qu'un « élément », disons une contradiction, puisse être déterminé de manières multiples et que cette multiplicité soit elle-même efficace, c'est ce que souligne incontestablement Louis Althusser, dans tel passage de *Contradiction et Surdétermination* :

> (...) que la « contradiction » est inséparable de la structure du corps social tout entier, dans lequel elle s'exerce, inséparable de ses CONDI-TIONS formelles d'existence, et des INSTANCES mêmes qu'elle gouverne, qu'elle est donc elle-même, en son cœur, AFFECTÉE PAR ELLES, déter-minante mais aussi déterminée dans un seul et même mouvement et déterminée par les divers NIVEAUX et les diverses INSTANCES de la formation sociale qu'elle anime : nous pourrions la dire SURDÉTER-MINÉE DANS SON PRINCIPE. Je ne tiens pas expressément à ce *terme*

---

1. *A la recherche du temps perdu*, Gallimard, « Bibl. de la Pléiade », t. III, p. 61.
2. *A la recherche du temps perdu*, t. II, p. 51.

de SURDÉTERMINATION (emprunté à d'autres disciplines), mais je l'emploie faute de mieux (...) [1].

Nous le voyons : ce qu'Althusser distingue soigneusement ici, c'est, d'une part, l'*idée* de détermination par plusieurs facteurs et, d'autre part, le *terme* de surdétermination qu'il emprunte « à d'autres disciplines », en l'occurrence la psychanalyse.

Ce qui est freudien, donc, nous venons de le faire paraître, ce n'est aucunement l'idée de surdétermination. Ce qui est freudien, donc, nous devons le reconnaître, c'est plutôt, ce qui est tout autre chose, d'une part, la mise en œuvre de cette idée dans un dispositif théorique précis [2] et, d'autre part, la mise en circulation du terme qui l'énonce. Il y a donc lieu d'émettre cinq brèves remarques. La première s'applique à l'importation d'une idée dans un champ théorique contrôlé : cette opération est légitime si elle autorise une croissance de la théorie, mais elle ne saurait conduire, pour autant, à une confiscation de l'idée elle-même. La seconde remarque concerne la dénomination d'une idée cependant jusque-là bien connue : cette opération est utile en ce qu'elle autorise entre autres des facilités d'usage, mais elle ne saurait permettre, pour autant, une confiscation de l'idée elle-même. La troisième remarque précise le mécanisme de cette dernière tentative d'annexion. Il s'agit d'une confusion qui consiste, selon un glissement subreptice, à réussir le déploiement indu d'une caractéristique, en l'espèce freudienne, du terme au concept. A titre de contre-épreuve, proposons l'exemple de la censure. La notion de censure n'est pas plus freudienne que l'idée de surdétermination : elle n'a pas été élaborée par Freud ; elle était pensée ailleurs et indépendamment. Ce qui est freudien, redisons-le, c'est seulement, et certes ce n'est pas rien, sa mise en œuvre fructueuse dans le dispositif théorique de la psychanalyse. Cependant, comme le mot se rencontrait au préalable, il n'est guère possible d'étendre la caractéristique freudienne du terme au concept et de prétendre que recourir à l'idée de censure, c'est nécessairement faire un emprunt à Freud. La quatrième remarque porte sur la nature de tel geste d'annexion. Ce glissement injustifié forme, fût-ce à l'insu de qui l'opère, la manœuvre d'une stratégie impérialiste. Nous devons en effet séparer avec soin, d'une part, la théorie psychanalytique, avec son corps de concepts et le champ de son exercice, et, d'autre part, l'impérialisme psychanalytique, avec ses sournoises annexions illégitimes. C'est de l'impérialisme psychanalytique que se trouvent victimes, par exemple, nous semble-t-il, non seulement Thibaudeau,

1. *Pour Marx*, Maspero, p. 99-100.
2. Notamment dans *L'Interprétation des rêves*, PUF.

dans le propos qu'on a pu lire ci-dessus, mais encore Althusser lui-même, dans le propos qu'on va lire ci-dessous et en lequel, revenant sur le passage que nous avons cité et confondant cette fois ce qu'il avait distingué, il parle à son tour curieusement, s'agissant de surdétermination, de l'emprunt, non plus du mot, mais bien du *concept*, à la psychanalyse :

> J'ai tenté naguère de rendre compte de ce phénomène par le *concept* de SURDÉTERMINATION, emprunté à la psychanalyse, et on peut supposer que ce transfert du concept analytique à la théorie marxiste n'était pas un emprunt arbitraire, mais nécessaire, PUISQUE DANS LES DEUX CAS CE QUI EST EN CAUSE, C'EST LE MÊME PROBLÈME THÉORIQUE : AVEC QUEL CONCEPT PENSER LA DÉTERMINATION SOIT D'UN ÉLÉMENT, SOIT D'UNE STRUCTURE, PAR UNE STRUCTURE [1] ?

La cinquième remarque souligne le double danger de l'impérialisme d'une théorie, par exemple psychanalytique. L'impérialisme psychanalytique, en s'adjugeant de manière indue la propriété, soit de certains concepts, soit de divers domaines, risque, d'une part, de freiner le développement de la théorie elle-même par une conception inexacte de sa configuration ainsi que de ses aptitudes, et, d'autre part, d'occulter l'intelligence de phénomènes qu'il s'efforce de capter alors qu'ils relèvent d'un autre secteur. C'est ce dernier problème que nous nous efforcerons de faire paraître un peu plus loin (III, D) en montrant, d'une part, l'aspect particulier de la surdétermination textuelle; d'autre part, le rapport double, d'accord et de conflit, entre le domaine psychanalytique et le domaine textuel; enfin, la nature de l'aspect conflictuel de ce rapport.

II. *TRANSFORMATIONS DU LIVRE*

Rappelons notre démarche. D'emblée, nous avons mis en place un premier problème : écrire un livre en évitant la préséance de la reproduction, c'est faire sitôt surgir la question du critère permettant d'élire les éléments constitutifs de la fiction. Ensuite, nous avons fait paraître que ce principe devait être celui de la surdétermination textuelle : tel élément sera choisi à partir de sa textualité ou, si l'on préfère, de son coefficient de surdétermination qui désigne le nombre des relations entretenues avec l'état présent du texte : l'élément retenu sera ainsi,

1. *Lire le Capital*, Maspero, t. II, p. 64.

à chaque fois, celui qui offre le plus fort coefficient de surdétermination. Mais comment procéder aujourd'hui ?

A. *Les séries potentielles*

D'abord, il convient de faire un strict départ entre ce qu'on peut nommer une *sélection* et ce qu'il faut appeler une *présélection*. C'est à partir d'une présélection, qui dispose des éléments potentiels (ils pourront figurer dans le texte), qu'opère la sélection, qui extrait les éléments actuels (ils travaillent dans le texte). En effet, retenir, selon une sélection, tel élément en ce qu'il se trouve assujetti au *nombre maximal des aspects du texte*, ce n'est aucunement l'élire parmi des éléments *quelconques*, c'est le choisir parmi des éléments déjà désignés, bref *déjà choisis*, par *tel aspect du texte*. Il nous faut donc préciser, d'une part, les composants minimaux de toute opération de cet ordre; d'autre part, le mécanisme de la présélection; enfin, le mécanisme de la sélection (tableau 1).

OPÉRATIONS COMPOSANTS	PRÉSÉLECTION	SÉLECTION
RÉSERVOIRS	encyclopédie, langues	séries potentielles
OPÉRANDES	aspects du texte	éléments textualisables
OPÉRATEURS	assimilation, articulation	optimisation
RÉSULTANDES	séries potentielles	éléments textualisés

(Tableau 1)

L'opération sélective met en jeu quatre composants majeurs : le *réservoir*, ou ensemble des éléments en lequel sont faits les choix; l'*opérande*, ou base à partir de laquelle sera établie la sélection;

l'*opérateur*, ou action accomplie sur l'opérande; le *résultande*, ou effet de l'action entreprise à partir de l'opérande.

Considérons ces composants sous l'angle de la *présélection*. Le *réservoir* peut s'admettre, d'une part, comme ce que certains appellent une encyclopédie individuelle, l'état du savoir de l'écrivain au moment où il travaille son texte et, d'autre part, comme un ensemble de langues, celui avec lequel l'écrivain envisage de travailler. Mais, on le devine, nous aurons à y revenir. L'*opérande*, en tant qu'il est un aspect du texte, peut s'offrir soit selon une face signifiante, qui relève du plan matériel[1], soit selon une face signifiée, qui ressortit au plan idéel. Les *opérateurs* forment un domaine immense[2]. Pour être bref, distinguons seulement ici deux catégories : d'une part, le *classificatoire* ou, selon un certain laxisme, le paradigmatique, en lesquels le sélecteur procède par *assimilation :* il s'agit de choisir les éléments qu'on peut tenir pour semblables à l'opérande; d'autre part, l'*articulatoire* ou, selon un certain laxisme, le syntagmatique, en lesquels le sélecteur procède par *jointure :* il s'agit de choisir les éléments qu'on peut articuler à l'opérande. Le *résultande*, c'est ce que nous pourrons appeler, en chaque cas, une *série potentielle* ou suite non-ordonnée des éléments qu'a désignés, à partir de tel aspect du texte, le geste de présélection.

Reprenons maintenant les composants opératoires sous l'angle de la *sélection*. Le *réservoir*, c'est, on le devine, l'ensemble des séries potentielles présélectionnées. L'*opérande*, c'est l'ensemble des éléments textualisables ou, si l'on préfère, surdéterminés en ce qu'ils appartiennent à plusieurs séries potentielles. L'*opérateur* est ici de l'ordre d'une *optimisation :* il s'agit de classer les éléments selon leur degré de textualité. Le *résultande*, c'est, évidemment, l'élément retenu, textualisé, celui qui présente le plus fort coefficient de surdétermination.

Dans son principe, en apparence, la présélection ne subit guère d'embarras majeurs. Dans son exercice, en revanche, elle rencontre, sur tel cas précis, un obstacle redoutable. Or cette occurrence est justement celle que dispose d'emblée le mode d'élaboration du texte que nous nous efforçons de concevoir. Nous l'avons vu : selon les rigueurs

---

1. Pour plus de détails : « Le dispositif osiriaque » (I, C : Le matérialisme textuel).
2. Pour plus de détails, et en l'état actuel de nos publications : « La révolution textuelle », *Esprit*, n° 12, 1974, et « Élément d'une théorie des générateurs », *De la créativité*, ouvrage collectif, Éd. UGE 10/18, qu'il faut entendre comme « Éléments d'une sous-théorie des sélecteurs ». Les sélecteurs y correspondent largement en effet à ce que, dans un premier temps, nous avons nommé, de façon quelque peu imprécise et ambiguë, des générateurs.

de notre méthode, les opérandes de présélection ne peuvent venir que des aspects du texte. Mais, dans la phase initiale, le texte n'est en toute hypothèse qu'un texte... à venir. La cruelle question se pose donc : quels opérandes de présélection sauraient fournir un texte dont la caractéristique principale est de n'être pas encore écrit ? Sans doute, pour permettre le départ, pourrait-on faire un instant exception à la règle. Souffrir que l'opérande initial de présélection soit constitué, entre autres, ou bien par divers mots arbitrairement élus, ou bien par une formule quelconque, comme l'opère Roussel avec ce que nous avons appelé le premier procédé roussellien [1], ou bien par un fragment de texte, comme l'accomplit Claude Simon, semble-t-il [2], dans *la Bataille de Pharsale* [3].

Néanmoins, quoique notre texte ne se trouve encore aucunement écrit, nous disposons aujourd'hui, à son endroit, de certaines précieuses connaissances. Exactement deux. Elles concernent, nous le savons, les principes de sa fabrique : premièrement, puisqu'il ne saurait guère obtenir sa fiction qu'en évitant toute entité antécédente à reproduire, il ne peut au départ se bâtir que sur un *rien ;* deuxièmement, puisqu'il ne saurait guère obtenir sa fiction qu'à l'aide du principe de textualité, il ne peut au départ se construire que sur l'idée de *surdétermination.* Ainsi nous devinons l'issue : admettre comme opérandes initiaux de présélection ces deux principes eux-mêmes, c'est bien, comme nous l'avons prétendu, construire le texte à partir de lui-même, sinon certes comme produit, puisqu'il n'est pas encore écrit, du moins comme production, puisque son écriture obéit aux principes que l'on s'apprête à textualiser.

Disposons donc l'élément « rien » comme l'opérande d'une présélection : il devient un *sélectande* soumis à des opérateurs qu'il faut nommer des *sélecteurs.* Seulement, nous venons de le voir, dans une présélection de cet ordre, les sélecteurs sont en mesure d'agir soit sur la composante matérielle du sélectande (ce sont les matério-sélecteurs), soit sur sa composante idéelle (ce sont les idéo-sélecteurs). En outre, nous l'avons vu aussi, ils se répartissent au moins selon deux catégories : les *assimilateurs,* qui choisissent les éléments qu'on peut tenir pour semblables au sélectande ; les *articulateurs,* qui choisissent les éléments qu'on peut adjoindre au sélectande. Ainsi, pour se satisfaire de la très simple assimilation, le sélectande « rien » autorise le choix de deux

1. Pour plus de détails : « L'activité roussellienne », dans *Pour une théorie du Nouveau Roman.*
2. Pour plus de détails : « La bataille de la phrase », dans *Pour une théorie du Nouveau Roman.*
3. Éd. de Minuit.

séries potentielles distinctes (tableau 2). L'une, par l'effet d'un idéo-assimilateur : absence, mort, néant, noir, vide, etc. L'autre, par l'effet d'un matério-assimilateur anagrammatique : un premier ensemble :

OPÉRATION COMPOSANTS	PRÉSÉLECTION	
SÉLECTANDE	rien	
SÉLECTEURS	idéo-assimilateur	matério-assimilateur anagrammatique
RÉSULTATS	absence, mort, néant, *noir*, vide, etc.	nier, rein, enir (hennir), erni (hernie), etc. ------------ *noir*, INRI, etc.

(Tableau 2)

nier, rein, enir (hennir), erni (hernie), etc., et un second ensemble, nous allons y revenir, avec un remplacement du *e* par un *o* (noir), ainsi qu'un remplacement du *e* par un *i* (INRI), initiales célèbres de Jésus de Nazareth Roi des Juifs.

De la même manière, le sélectande « surdétermination » provoque deux séries potentielles distinctes (tableau 3).

La présélection vient ainsi d'établir les séries potentielles issues des deux sélectandes particuliers. La sélection doit maintenant élire les éléments pourvus de la meilleure textualité ou, si l'on préfère, dotés du plus fort coefficient de surdétermination. Dans un premier temps, telles rencontres ne semblent guère évidentes. Il a été alors légitime d'étendre l'efficace d'un des matério-assimilateurs en accomplissant, dans son domaine, une manipulation nouvelle interrompue aux premiers résultats. Ainsi, à propos du sélectande « rien », la substitution de la lettre *e* par la lettre *o* a provoqué, toujours par anagramme, la solution « noir » qui recoupe directement un résultat de la série potentielle idéelle du même sélectande « rien ». Ainsi, à propos du sélectande

« rien », la substitution de la lettre *e* par la lettre *i* a provoqué, toujours par anagramme, la solution « INRI » qui recoupe indirectement un résultat de la série potentielle idéelle du sélectande « surdétermination » :

OPÉRATION COMPOSANTS	PRÉSÉLECTION	
SÉLECTANDE	surdétermination	
SÉLECTEURS	idéo-assimilateur	matério-assimilateur phonétique
RÉSULTATS	intersection, rencontre, recoupement, entrecroisement, CROIX, carrefour, astérisque, étoile, etc.	sur, dé, terre, mi, nation, etc.

(Tableau 3)

en effet le signe INRI, dans mainte crucifixion, se donne clairement à lire au plus haut de la croix.

Il est donc facile, aujourd'hui, de lire les conséquences de telles opérations. D'une part, les termes « rien » et « surdétermination » accèdent à la textualité : ils bénéficient du coefficient minimal, la bidétermination. Le terme « rien » est lié, d'un côté, nous l'avons vu, au principe de la production du texte et, d'un autre côté, au terme « surdétermination » selon le rapport « rien — INRI — croix — surdétermination ». Le terme « surdétermination » est lié, d'un côté, nous l'avons vu, au principe de textualité et, d'un autre côté, au terme « rien » selon le rapport « surdétermination — croix — INRI — rien ». D'autre part, les termes « INRI » et « croix » accèdent aussi à la textualité : l'un et l'autre permettent la rencontre de séries potentielles issues de deux sélectandes différents : « rien » et « surdétermination ». Enfin, le terme « noir », bien que de façon particulière, accède non moins à la textualité : il se trouve à l'intersection de deux séries potentielles, la matério-série et l'idéo-série, issues d'un même sélectande : « rien ». Comme, à ce stade, le problème de la confrontation d'éléments pourvus de divers coefficients de textualité ne se pose pas, il est possible de conclure : les termes « rien », « noir », « INRI », « croix », « surdétermination » seront les bases à partir desquelles la fiction aura à se construire.

B. *Un hors-texte textualisé*

C'est alors que surgit un nouveau problème : celui de l'ordonnancement. Une fois ainsi choisis, tels mots peuvent intervenir dans le texte soit de manière quelconque, soit selon des directives précises. Nous aurons à y revenir (II, F, e). Pour aujourd'hui disons simplement que le terme « rien », en tant qu'il correspond au premier des deux principes mis en œuvre, reçoit du texte une place légitime : celle du premier de ses mots.

Notons-le donc : nous avons battu en brèche deux postures idéologiques bien connues. L'une, *le dogme de l'expression,* en remplaçant le mécanisme de la reproduction dominante dont elle n'est qu'un aspect; l'autre, *le mythe de la création,* en remplaçant la ténébreuse venue d'un texte sans principes comme sans bases, « ex nihilo », et en tenant le « rien » initial comme déjà quelque chose : une matérialité signifiante, sitôt offerte au travail (tableau 2). Cependant, il faut en convenir, notre vigilance risque ici d'être prise en défaut. Prétendre, comme nous venons de le faire, qu'un texte débute avec le premier de ses mots, c'est sans doute, d'un certain point de vue, se soumettre à une évidence, mais c'est aussi, sous couvert de cette évidence, se rendre complice, fût-ce involontairement, du plus expert des escamotages. C'est oublier que notre culture, dans la plupart des cas, astreint la diffusion du texte au très strict protocole qui prend le nom de livre. Or, sous nos climats, la couverture du livre ne se borne pas à offrir, en la consistance de sa matière, un convenable abri aux fragiles feuilles que l'on imprime : elle est aussi porteuse, en l'insistance de sa face, de diverses inscriptions par lesquelles le texte se trouve impérieusement *conditionné.* Ce conditionnement, qu'il faut entendre au double sens d'un emballage et d'une inféodation, opère au moins à trois niveaux. D'une part, selon un hors-texte : avec la mention de l'éditeur, le texte se trouve assigné à résidence (il accède au statut des autres livres publiés par cette maison); avec le nom du signataire, le texte se voit pourvu d'une origine (il est nommément désigné comme l'émanation d'un auteur, soit sous les espèces de l'expression, soit sous les auspices de la création). D'autre part, selon un épi-texte [1] : avec le titre, unique ou du moins principal dans les cas des sous-titres, l'immense diversité du texte se trouve subsumée et dissimulée par l'unité d'une proposition dominante. Enfin, selon une façade : avec la première page de couverture, le texte se trouve astreint à une mise en scène qui tend à le réduire au linéaire. Bref, sous le naturel d'une présentation apparemment innocente, ce qui s'accomplit n'est rien de moins qu'une intense manœuvre idéologique. Subvertir d'une manière ou d'une autre les trois aspects de cette manœuvre, c'est à quoi se trouve certes induit un texte qui s'élabore systématiquement comme texte.

Nous venons de le voir : le hors-texte facial assigne le texte en lui infligeant des instances extérieures qui le surplombent. Il est donc facile de concevoir l'une des ripostes que le texte est en mesure de réussir. Non plus permettre à certains termes, la désignation de l'éditeur et du signataire, l'outrancier privilège de se maintenir à l'écart des opérations qui élaborent le texte, mais bien, tout au contraire, les astreindre à tenir un rôle très précis dans le procès de sa fabrication. Les identités du signataire et de l'éditeur étant connues, l'une par extrait d'état civil, l'autre par contrat d'édition, il est possible de les offrir comme base, en leur dénomination, aux rigoureux mécanismes des choix. Considérons en conséquence les prénom et nom du signataire comme de simples mots faisant office de sélectande d'une présélection. La mise en œuvre de matério-sélecteurs de type numérique et phonétique, en considérant le nombre de leurs lettres, est sitôt en mesure de fournir deux groupes de résultats (tableau 4). A partir de ces deux séries potentielles, la sélection se doit de mettre en évidence les termes qui se trouvent éventuellement surdéterminés. Par rapport au nom du signataire, le nom de l'économiste dont parle Marx comporte sept lettres ordonnées communes et le nom du chroniqueur de la Quatrième Croisade seulement cinq. Cependant, puisque son ouvrage est évocateur de croix, ce dernier bénéficie d'une immédiate surdétermination : Villehardouin se trouve donc choisi. Dès lors, les conséquences se succèdent en cascade. D'une part, la croix, en recevant une détermination supplémentaire passe au coefficient trois : INRI — surdétermination — Villehardouin. D'autre part, les croisades recoupent l'un des termes de la série potentielle numérique : nous savons qu'il y a eu huit croisades et, par suite, le nombre huit, bidéterminé (Ricardou — Villehardouin), devient la base du système numérique de la fiction à venir. Enfin, il est clair que la Quatrième Croisade se trouve désignée

1. Pour plus de détails : « La population des miroirs » (I, D : Un redoublement textuel licite).

par une complexe convergence de déterminations : en tant que croisade, elle appartient à la série de la surdétermination (croix) et deux fois à la série numérique du huit (il y a eu huit croisades et le mot croisade

OPÉRATION COMPOSANTS	PRÉSÉLECTION	
SÉLECTANDE	Jean Ricardou	
SÉLECTEURS	matério-sélecteur numérique	matério-sélecteur phonétique
RÉSULTANDES	quatre et huit, moitié et double	David Ricardo, VilleHARDOUin, etc.

(Tableau 4)

comporte huit lettres), en tant que Quatrième Croisade, elle appartient deux fois à la série numérique (elle est la quatrième, elle s'est faite à moitié puisque, partie pour libérer Jérusalem, elle a été conduite à prendre, à mi-chemin, la ville chrétienne de Constantinople) et elle fait l'objet, précisément, du récit du sire de Villehardouin. D'ordre six, son coefficient de surdétermination est exceptionnellement haut à ce stade précoce du travail : il est donc facile de comprendre que, par suite de tels mécanismes, la fiction à venir soit induite à accueillir, d'une manière ou d'une autre, cette étrange croisade.

Mais il importe aujourd'hui d'esquisser une remarque au passage. Nous le devinons : en ce qu'ils s'opposent, s'agissant de littérature, à l'idéologie dominante de la reproduction, les mécanismes précédents ne manquent guère d'induire, chez un bien grand nombre, plus qu'un désagrément. Seulement, au lieu de recourir aux éventuelles ressources d'une discussion théorique, il n'est point rare que les tenants des conceptions anciennes se satisfassent, avec leurs brèves immédiates délices, de ce qu'il faut bien appeler des slogans. Ce qui vient à l'encontre, c'est moins le réseau de telle argumentation précise que l'impact de certaines métaphores hâtives. Parmi elles, il faut retenir, quelque peu curieuse, celle de l'*enfermement* : tantôt, nous nous enfermerions dans le langage; tantôt, nous nous enfermerions avec. Ainsi Vercors :

> Émule de Roussel, un Ricardou a choisi (...) de *s'enfermer* avec le vocabulaire dans une chorégraphie de quadrille des lanciers [1].

Qu'à notre endroit un fantasme d'enfermement puisse séduire, certes en des régions de l'esprit difficilement avouables, divers zélateurs d'un certain passéisme littéraire, nous serions assez enclin à le comprendre. Mais il est difficile d'admettre que cette métaphore de l'enfermement corresponde, soit de près, soit de loin, aux caractères de notre travail. Après plusieurs opérations quelque peu rigoureuses sur le langage, en effet, nous voici soudain aptes, avec cette Quatrième Croisade, plutôt à une manière de *sortie*. Par sortie, nous ne signalons point ce déplacement, assez considérable, dans le temps et dans l'espace. Par sortie, nous entendons ce voyage, peut-être plus remarquable, vers tel lieu *auquel nous ne pensions guère la seconde d'avant*. Si l'on persiste à croire que nous nous sommes enclos avec le langage, que l'on concède au moins à ce prétendu enfermement qu'il nous a permis, sans difficulté insurmontable, de sortir du tout venant de notre imaginaire.

Allons donc plus loin, en observant de plus près le nom du chroniqueur de la croisade. Ablation faite, d'une part, de la lettre muette (h) et, d'autre part, des cinq lettres successives qu'il a en commun avec le nom du signataire (ardou), « Villehardouin » se divise en deux termes notables : à la fin, la préposition latine « in » (dans), et, au début, le mot français « ville ». Par quoi, si l'on accepte, selon une lecture cyclique sur laquelle nous aurons à revenir (II, C), d'aller de la fin du nom à son début, ce qui se propose avec insistance n'est rien de moins que l'idée de pénétration dans une ville. Ce qui tend ainsi à se mettre en jeu, à partir de ces cinq lettres communes et fût-ce encore comme simple potentialité, c'est, dans le système numérique de la fiction à venir, l'usage du nombre cinq. Ce qui tend aussi à se mettre en place, par le biais d'un recoupement imprévu, c'est tel épisode majeur de ladite Quatrième Croisade : certaine célèbre *Prise de Constantinople*.

Mais, nous l'avons vu, ce qui peut servir de base aux mécanismes de la sélection, ce n'est pas seulement les nom et prénom du signataire,

---

1. « Mais la littérature ? », dans *Colloque sur la situation de la littérature, du livre et des écrivains*, ouvrage collectif publié par le CERM, Éd. sociales, p. 59. Repris dans *Ce que je crois*, Grasset.

c'est aussi l'identité commerciale de l'éditeur. Comme, nous l'avons dit, celle-ci se trouvait connue par suite d'un contrat, il était loisible de procéder un peu à la manière de Poe. Celui-ci, nous le savons [1], utilisa notamment, pour produire *le Scarabée d'or*, le titre du journal auquel ce conte était destiné. Qu'il nous soit donc permis, non moins, de faire intervenir, en tant que sélectande, l'enseigne et la raison sociale de l'éditeur. L'emblème se compose d'une étoile à cinq branches accompagnée de la lettre *m*. Ce qui s'impose d'abord, c'est une surdétermination bien lisible : le nombre cinq, qui appartenait jusqu'ici à une seule série potentielle, passe au coefficient deux et accède ainsi au système numérique de la fiction. Ce qui se propose ensuite, à partir du *m*, c'est la série potentielle des mots dont cette lettre est l'initiale. Ensemble immense : à la rubrique *m*, tout dictionnaire suffit à en faire foi. Cependant, comme l'allure de la fiction à venir relève encore, malgré les diverses indications obtenues, d'un mystère assez intense, il est possible de choisir, dans la très ample série potentielle du *m*, les termes « mystère » ou « mystérieux ». L'enseigne de l'éditeur pourrait alors se lire « l'étoile mystérieuse » et ouvrir une perspective nouvelle, celle de la science-fiction. Toutefois, il faut en faire la remarque, si le terme « mystère » est correctement surdéterminé (série du *m* — mystère de la fiction à venir), le terme « étoile » reste encore dans la zone potentielle par suite de sa détermination unique. Pour que la précédente formule parvienne à la fiction, il importe que l'étoile fasse partie d'une autre série potentielle. Or cette appartenance est obtenue sitôt admise la curieuse similitude qui associe les noms Constantinople et constellation : d'une part, douze lettres communes *(a - c - e - i - l - n - n - o - o - s - t - t)*, et douze appartient, en tant que somme de huit et de sa moitié, au système numérique ; d'autre part, cinq lettres ordonnées communes *(c - o - n - s - t)*, et cinq appartient désormais, nous venons de le voir, lui aussi au système numérique du livre. Dès lors, la constellation infligeant à l'étoile un pluriel, le lecteur du roman n'éprouve aucune peine, aujourd'hui, à comprendre d'où vient, active dans la fiction, cette enseigne de l'étoile et du *m* désignant la collection de livres intitulée « Mystère dans les étoiles ».

C'est selon des procédures du même genre, on le devine, que la raison sociale de l'éditeur s'est vue mise à contribution. Sans nous en tenir aux détails, signalons seulement certains lisibles impacts dans le livre lui-même. *Les* se retrouve dans le nom de la cité vénusienne Sylab-*Lee*, en lequel il est facile de saisir, précisément, l'évocation de cette activité

---

1. Pour plus de détails : « L'or du scarabée », dans *Pour une théorie du Nouveau Roman.*

syllabaire : syllabe-les. *Éditions* se dispose dans le nom d'*Édith* (Édi) et se voit impliqué dans l'objectif de la croisade, *Sion*, la colline de Jérusalem (tions). *De*, entendu comme « deux », rejoignant l'idée de double, est notamment actif dans la scène où le Prince Charmé doit se battre, en telle clairière étrange, avec son agressif reflet exact. *Minuit*, en sa syllabe initiale, retrouve l'idée de mi-chemin et nuit, dernière syllabe des inscriptions de la couverture, travaille, par suite de cette lecture cyclique sur laquelle nous aurons à revenir (II, C), aux premières pages de la fiction. En effet, la nuit, déjà clairement surdéterminée dans l'opération sélective (noir, issu de « rien » et nuit, issue de « minuit »), reçoit une détermination supplémentaire dans l'opération scripturale : ultérieurement, en effet, il s'est agi de mettre en évidence, d'emblée, non seulement le point de départ de la fiction (le mot « rien »), mais aussi l'exercice même de l'écriture (à l'opposite du gris typographique des pages pleines, le contraste, noir sur blanc, de l'encre sur le papier). L'écriture a donc disposé le mot « rien », violemment sombre, en plein feuillet blanc et, selon une inversion très simple, la fiction a aussitôt disposé, en plein ciel noir, un astre violemment clair : initial lever de lune, nous y reviendrons (II, E), par lequel les événements fictionnels s'inaugurent.

C. *Le surtexte*

Rappelons-le (II, B) : ce qui conditionne le texte, avec l'actuelle économie du livre, ce n'est pas seulement les inscriptions du hors-texte, mais aussi l'exercice de l'épi-texte (le titre) et, même, l'efficace de la façade (la première page de couverture). Or, nous l'avons laissé entendre, il est clair qu'une profonde connivence associe le titre et la façade : non moins que le titre, la façade a pour rôle de soumettre la profuse diversité du texte aux impératifs d'une disposition unitaire. Dans un livre, aujourd'hui, la première page de carton fait assez bien office d'une porte d'entrée. L'édifice de lecture se dispose ainsi à la façon de ces édifices de spectacle dans lesquels le public pénètre somptueusement par un porche qui étincelle et dont il sort subrepticement, par derrière, là-bas, sur quelque ténébreuse rue latérale, en empruntant la quatrième page de couverture. On devine le rôle de telle expresse vectorisation du livre : elle souligne et promeut la linéarité du texte. Sitôt franchie l'entrée unique, le lecteur est induit à suivre le corridor jusqu'à atteindre, à l'autre bout, l'unique sortie. Or prendre en compte le texte comme texte, c'est se plaire à contredire deux sortes de thèses : face à ceux qui entendent dissoudre le texte selon une entière poussière d'éléments épars, il faut toujours maintenir l'exigence du linéaire; mais face à ceux qui prétendent réduire le texte selon une pure chaîne d'éléments successifs, il faut toujours maintenir l'exigence du translinéaire. Bref, ainsi que nous l'avons notamment écrit dans l'introduction de ce chapitre, admettre les relations transversales ou, si l'on préfère, l'actif des va-et-vient. Il est donc possible de concevoir un dispositif par lequel seraient simultanément mis en cause et le titre unique, comme subsomption de la diversité du texte, et la façade unique, comme offuscation de sa translinéarité : un édifice de lecture à double entrée, chacune équitablement pourvue d'un titre.

Que tel dispositif à double face ait été ressenti avec quelque gêne du côté de l'idéologie dominante, tenons-en pour indices, avant d'y revenir (II, E), deux événements subalternes. Le premier est de l'ordre d'une *occultation :* lors de sa sortie, s'il est advenu à divers libraires d'offrir cet ouvrage en leur devanture, ce n'est jamais, à notre connaissance, en le plaçant de manière que son double seuil fût visible, soit par une disposition verticale, de dos et l'ensemble entrouvert, soit par une mise à plat de deux exemplaires, chacun montrant l'une des faces. Il a été rangé parmi les autres, aussi bien que les autres, exactement comme les autres. Nous ne voulons nullement prétendre, certes, à une quelconque malveillance concertée : il eût été plus expédient, en l'occurrence, de ne point mettre le livre à la montre. Nous voulons seulement dire que la particularité de sa double porte n'a pas été aperçue par suite du dressage d'une certaine idéologie. Soit que l'autre face n'ait pas été remarquée : en effet, à quoi bon jeter un coup d'œil sur l'insignifiant arrière d'un livre ? Soit que le livre ait été retourné : l'autre face a sans doute été prise, alors, soit pour une manière d'erreur d'imprimerie, soit pour une négligeable fantaisie de prose.

Le second indice est de l'ordre d'une *surenchère :* lors de la sortie de ce livre, il s'est trouvé aussi plusieurs personnes, non sans un sourire engageant, pour nous dire que, tant qu'à faire, nous eussions dû aller plus loin encore. Puisque l'ouvrage comportait deux entrées, il eût été souhaitable, nous dit-on, afin de le rendre entièrement réciproque, d'astreindre le texte aux extrêmes rigueurs d'un palindrome exact. On discerne les objectifs de telle doucereuse réplique. D'une part, déprécier le dispositif qui dérange en laissant croire que le texte n'a guère été conduit à hauteur de ses prétentions; d'autre part, laisser entendre que l'entreprise, si elle se porte jusqu'à toutes ses conséquences logiques, relève d'un périlleux impraticable; enfin, réduire un acte soigneusement subversif vis-à-vis de l'idéologie dominante aux négligeables curiosités d'un exercice acrobatique. Nous ne le savons que trop, en effet : dans tels de ses monastères, le moyen âge ne vit-il pas sombrer en d'obscures démences divers moines tout occupés à réussir d'impeccables textes réversibles ? Prendre en compte le texte comme texte, c'est se plaire à contredire deux sortes de thèse : face à ceux qui prétendent réduire les jeux du signifiant à de quelconques divertissements infantiles, il faut toujours maintenir le principe de leur efficace productrice; mais face à ceux qui entendent promouvoir les jeux du signifiant selon les curiosités de concordances parfaites, il faut toujours maintenir le principe de la fécondité du relatif.

Sans conduire, par conséquent, aux pièges un peu massifs de la linéarité inverse, la double porte, en ce qu'elle met monumentalement en scène la dimension translinéaire du texte, exige cependant que, plus que tout autre, ce texte se soumette à un surcroît de translinéarité. Mais cette exigence peut être satisfaite de deux façons : ou bien quantitativement, ou bien qualitativement. L'optimisation *quantitative* de la translinéarité ou, si l'on préfère, l'accroissement maximal des relations transversales du texte, n'est guère difficile à obtenir. Il suffit de recourir à la méthode que, d'emblée, nous avons précisément requise : construire le texte en choisissant à mesure les éléments pourvus de la plus forte textualité, c'est-à-dire du meilleur coefficient de surdétermination textuelle. L'optimisation *qualitative* de la translinéarité ou, si l'on préfère, l'amélioration statutaire des relations transversales du texte, est en revanche plus difficile à obtenir. Il importe, d'une part, de connaître la nature de cet éventuel changement de statut; il est nécessaire, d'autre part, de définir les opérations qui rendent ce changement de statut possible. Rappelons-le : un texte se reconnaît à ce qu'il dispose non seulement une linéarité mais encore une translinéarité. La linéarité est actuelle en ce que la proximité des termes est accomplie par l'écriture et par la lecture qui l'épouse; la translinéarité est virtuelle en ce que le rapprochement des termes distants est programmé par l'écriture et seulement accompli par une lecture qui en divorce. On devine donc quelle peut être l'amélioration statutaire des relations transversales : leur passage du virtuel à l'actuel. Cette fois, le rapprochement de deux passages disjoints du texte sera accompli, non plus seulement par la lecture, mais aussi par l'écriture elle-même. Telle inscription scandaleuse, nous le verrons, de la translinéarité (rapprochement exclusivement lectural) dans la linéarité (rapprochement devenant scriptural) ouvre sur un autre domaine : le sur-translinéaire ou, pour être bref, le *surtexte*. Le surtexte advient ainsi à chaque fois que le texte s'élabore en écrivant une lecture de lui-même. On le conçoit : cette inscription du translinéaire dans le linéaire peut se réussir au moins de deux manières : l'une, directe; l'autre, indirecte. Dans le premier cas, l'irruption du translinéaire se dispose sans médiation : ce qui s'écrit à tel endroit du texte, ce n'est plus une invitation implicite faite à la lecture de se reporter à tels autres passages du texte, c'est l'obligation explicite faite à la lecture de se reporter à tel autre passage du texte parce que cet autre passage du texte *se trouve également écrit mot pour mot ici même*. Avec le surtexte, ce qui se propose, c'est une façon d'ubiquité du texte : tel passage se trouve en quelque sorte textuellement multiplié et réparti, tel quel, en divers lieux du texte. Ainsi, dans le roman qui nous occupe, par exemple le passage « Rien (...) Et, déjà, peu à peu, une clarté diffuse l'élucide », mainte fois réitéré et, notamment, au début de chaque partie.

Cependant, on le devine : avec telles procédures se déclare inévitablement ce qu'il faut bien nommer aujourd'hui la guerre du surtexte. Supposons, dans le texte, deux passages identiques. Sitôt, une question se pose : lequel est textuel, lequel est surtextuel ? Ou, si l'on préfère, lequel est-il issu de la lecture de l'autre ? Procédons par phases. Dans la première phase, il importe de prendre en compte ce qu'on peut appeler la première lecture processive : cette lecture dont la marche suit principalement l'ordre du texte tout en parcourant secondairement, çà et là, par divers retours en arrière, certaines virtualités translinéaires. En présence du second passage identique, elle se trouve évidemment contrainte, par un retour en arrière obligé, à progresser de manière rétrospective. Avec la première lecture processive, la réponse est facile : ce qui est textuel, c'est le premier passage rencontré ; ce qui est surtextuel, c'est le second passage rencontré, celui-ci ayant été écrit à partir de la lecture de celui-là. Mais il convient ici de se montrer vigilant. Ce qui a rendu la précédente assertion possible n'est rien de moins qu'une hypothèse implicite : la première lecture processive ne peut répartir aussi aisément le texte et le surtexte que dans la mesure où elle suppose une écriture s'accomplissant à l'image de son propre fonctionnement principal, une écriture elle-même unique et processive : celle qui est censée n'écrire qu'en avant, soit en faisant *succéder* à ce qu'elle a écrit ce qu'elle écrit (la suite du texte), soit en faisant *succéder* à ce qu'elle a écrit ce qu'elle réécrit (la venue du surtexte). Un surtexte de cette nature existe certes, et nous verrons bientôt à quelles précises conditions : on pourrait le nommer *surtexte rétrospectif*. Avec lui, la première lecture du premier passage identique est une *lecture* et la première lecture du second passage identique est une *relecture*. On le discerne donc : l'efficace irrécusable de ce fonctionnement dans la stratégie d'ensemble se paye d'une curieuse contrepartie. Rappelons le problème : pris dans un dispositif à double entrée, les deux faces de la couverture, tel texte devait se soumettre à un surcroît de translinéarité. Sans doute, avec le surtexte rétrospectif, la translinéarité bénéficie bien de l'optimisation qualitative espérée : elle passe du virtuel à l'actuel en ce que le rapprochement d'éléments disjoints est réussi non plus seulement par la lecture, mais aussi par l'écriture. Cependant, nous venons de le voir, c'est au prix d'un renforcement de la linéarité de l'écriture : son exaltation comme mouvement unique et processif. Il est donc légitime de concevoir un geste de tout autre envergure, qui battrait non moins en brèche la cursivité de l'écriture en la soumettant à une manière d'inadmissible récursif. Pour ce faire, passons à une nouvelle phase.

Dans la deuxième phase, il importe de prendre en compte ce qu'on peut appeler la seconde lecture, processive et récursive : cette *relecture* dont la marche suit principalement l'ordre du texte tout en parcourant secondairement, çà et là, d'une part, comme précédemment, certaines virtualités translinéaires rétrospectives et, d'autre part, spécifiquement, selon ce qu'il faut bien nommer des retours en avant, certaines virtualités translinéaires prospectives, actives dans la suite déjà lue. En présence du premier passage identique, elle se trouve évidemment contrainte, par la simultanéité obligée d'un retour en arrière et d'un retour en avant, à progresser de manière à la fois rétrospective (dans l'ordre de la lecture) et prospective (dans l'ordre du texte). Avec la seconde lecture, la réponse tend donc à être ambiguë. A l'assertion avancée par la première lecture, s'en ajoute une autre, résolument inverse : ce qui est surtextuel, ce peut être le premier passage maintenant rencontré; ce qui est textuel, ce peut être le second passage maintenant rencontré, celui-là ayant été écrit, *après coup*, à partir de la lecture de celui-ci. Mais il convient ici de se montrer vigilant. Ce qui a rendu la nouvelle assertion possible n'est rien de moins qu'une hypothèse implicite : la seconde lecture, processive et récursive, est en mesure de répartir inversement le texte et le surtexte dans la mesure où elle suppose une écriture s'accomplissant à l'image de son propre fonctionnement spécifique, une seconde écriture, récursive, celle qui est capable d'écrire en arrière, en *injectant* ce qu'elle réécrit (la venue du surtexte) dans ce qu'elle a déjà écrit (le cours du texte). Un surtexte de cette nature existe certes, et nous verrons bientôt à quelles précises conditions : on pourrait le nommer *surtexte prospectif.* Avec lui, la première lecture du second passage identique est une *lecture* et la première lecture du premier passage identique est une *prélecture.* On le discerne donc : l'efficace irrécusable de ce fonctionnement dans la stratégique mise en cause de la linéarité dominante vient, d'une part, de l'optimisation qualitative du translinéaire qui passe du virtuel relevant de la seule lecture à l'actuel de l'écriture et, d'autre part, de la contestation du linéaire scriptural qui passe du processif au récursif.

Nous venons de le voir : l'avantage des deux sortes de lecture, c'est de faire paraître, à leur image, la *possibilité* de deux sortes de surtexte. La première lecture, en ce qu'elle est principalement processive, a supposé une écriture première et processive, induisant un surtexte nécessairement rétrospectif. La seconde lecture, en ce qu'elle est spécifiquement récursive, a supposé une écriture seconde et récursive, induisant un surtexte éventuellement prospectif. Nous devons l'admettre : l'inconvénient des deux sortes de lecture, c'est de ne pas faire paraître les *conditions de possibilité* de ces deux sortes de surtexte. Il faut donc aujourd'hui prendre le soin d'une remarque latérale : si le surtexte se propose comme la lecture d'un passage du texte, il ne saurait être plus long que le passage lu. Le critère de démarcation entre texte et surtexte est donc le suivant : si un texte présente deux passages identiques, ce qui est texte, c'est le passage qui se trouve le mieux articulé à son entour car, formant davantage un tout, ils disposent conjointement la plus grande longueur textuelle; ce qui est surtexte, c'est le passage le moins articulé à son entour car, formant moins un tout, il dispose à lui seul la plus petite longueur textuelle. Ainsi, dans le roman qui nous occupe, le premier invariant, écrit ici en italique, forme un *surtexte prospectif :*

La croix se lit encore sur l'écu blanc porté par le bras gauche. Comme le bouclier ainsi tenu et le genou plié déportent avec excès la silhouette vers l'avant, le maintien de l'équilibre est dévolu au bras droit.
Celui-ci est donc à peu près vertical et la main, protégée par un gant dont le crispin remonte jusqu'au coude, oriente la massive poignée du sabre de manière telle que la lame horizontale, pointée en avant, resplendissante, surplombe la coupole du casque.
Simples déplacements alternés d'une ombre ou froissement d'une page tournée en un sens puis dans l'autre, un incident minime suffirait, semble-t-il, à ébranler cette précaire immobilité. Tel fragment latéral de dialogue :
— *Jure-moi que tu...*
— *Il m'avait semblé reconnaître...*
— *Jure-moi que tu...*
estompé il est vrai aussitôt que surgi, laisse cependant impassible, dans son intégralité, cet édifice minutieux (« début de la partie △ »).

Et le deuxième invariant, écrit en italique, en forme le *texte postérieur :*

La position de Sylvain se fait aussi de plus en plus instable, si bien qu'un incident quelconque — circonvolution ultime illusoirement apparue dans le détail d'une mousse ou excessif froissement d'une page tournée — paraît susceptible de la détériorer soudain. Les divers bruits de pas qui remontent par derrière l'allée centrale jusqu'à la maison et le dialogue où les voix de Serge et d'Isa, un instant perceptibles, se succèdent :

— Un fragment des ruines, sur la pente de l'île, m'a paru soudain si familier, à distance, que j'ai voulu m'assurer...

— Jure-moi que tu n'iras plus au large...

— Un pan de mur m'a si violemment rappelé une autre pierre, que j'ai tenu à vérifier...

— Jure-moi que tu ne t'écarteras plus...

— La droite pierre de l'île, qui émerge d'un contexte de mousses singulièrement ramifiées, ressemblait si précisément...

— *Jure-moi que tu...*

— *Il m'avait semblé reconnaître...*

— *Jure-moi que tu...*

ne lui apportent cependant aucune perturbation vérifiable. (« fin » de la partie △.)

Si le premier invariant est un surtexte, c'est que l'articulation à son entour est faible : le fragment de dialogue *rompt* une description. Si le second invariant est un texte, c'est que l'articulation à son entour est forte : le fragment de dialogue *continue* un échange dialogué. Le premier invariant vient donc de la lecture du second : il est bien un surtexte prospectif. Quant au troisième invariant (« début » de la partie ▽), il est pris dans un entour identique à celui du premier invariant, et notre citation serait ici rigoureusement la même. Il s'en suit, à tel stade de notre analyse, que le troisième invariant vient de la lecture du second : il est un *surtexte rétrospectif.* Et que le deuxième invariant en forme le *texte antérieur.*

Nous saisissons donc quelle peut être la stratégie de la guerre du texte et du surtexte pour tout invariant : le changement de leurs places respectives. Nous comprenons aussi quelles peuvent en être les tactiques. A titre d'exemple, offrons-en succinctement deux. L'une, qui peut s'appeler la *bascule surtextuelle*, ouvre sur la contre-attaque externe. Si un surtexte se distingue de son texte en ce qu'il est moins bien intégré à son propre alentour, il peut à son tour devenir le texte dont ce qui était son texte deviendra le surtexte. Il suffit que son intégration à son alentour soit rendue meilleure que celle de l'autre [1]. Il est alors clair que cette troisième écriture, qui retravaille l'alentour de ce que la deuxième écriture a proposé en injectant ce qui a été lu de la suite du texte par la première écriture, tend à se confondre avec la première écriture elle-même et à se dissoudre dans son effet réussi. L'autre tactique, qui peut se nommer le *rebroussement surtextuel*,

1. Pour d'autres détails, dans une perspective un peu différente : « La guerre des récits », dans *Le Nouveau Roman*, p. 103-108.

ouvre sur la contre-attaque interne. Nous l'avons vu dans l'exemple précédent : le premier et le troisième invariant se trouvent dans le même rapport vis-à-vis de l'invariant central parce qu'ils comportent un alentour identique. En d'autres termes, ces deux micro-invariants appartiennent à deux macro-invariants, vastes en l'occurrence de plusieurs pages. Entre ces deux macro-invariants se poseront donc, de la même manière, les problèmes de leur fonctionnement textuel ou surtextuel. Nous l'entrevoyons donc : un macro-invariant pourvu d'un statut de texte pourra fort bien contenir divers micro-invariants astreints au statut de surtexte. Et, par voie de conséquence, nous devinons combien tel invariant victorieux au plan global pourra se voir miné, de l'intérieur, par toutes sortes de contre-attaques intestines.

Nous venons de le voir : l'inscription du translinéaire dans le linéaire peut s'accomplir de façon directe. Dans ce cas, l'irruption du translinéaire se dispose sans médiation : ce qui s'écrit à tel endroit du texte, ce n'est plus une invitation implicite faite à la lecture de se reporter à tel autre passage du texte, c'est l'obligation faite à la lecture de se reporter à tel autre passage du texte parce que cet autre passage du texte *se trouve également écrit mot pour mot ici même*. Nous l'allons voir aujourd'hui : l'inscription du translinéaire dans le linéaire peut s'accomplir non moins de façon indirecte. Dans ce cas, l'irruption du translinéaire se dispose selon une médiation : celle d'une théorie. Ce qui s'écrit à tel endroit du texte, ce n'est plus une invitation implicite faite à la lecture de se reporter à tel autre passage du texte, c'est l'obligation faite à la lecture de se reporter à tel autre passage du texte parce que cet autre passage du texte *se trouve également écrit mot pour mot ici même, dans le cadre d'une réflexion sur le texte*. C'est *tendanciellement* que procède ainsi *A la recherche du temps perdu* [1] : à chaque fois que le texte, accédant en quelque façon, par le biais du narrateur, à une méditation sur lui-même, réunit, sur le mode du *résumé*, certains précédents passages du livre. C'est par exemple une réflexion sur la métaphore qui permet le rappel, dans le cours du texte, de tels passages de Combray et de Doncières :

> La nature ne m'avait-elle pas mis elle-même, à ce point de vue, sur la voie de l'art, n'était-elle pas commencement d'art elle-même, *elle qui ne m'avait permis de connaître, souvent, la beauté d'une chose que dans une autre, midi à Combray que dans le bruit de ses cloches, les matinées de Doncières que dans les hoquets de notre calorifère à eau ?* (III, 889-890).

1. Pour d'autres détails : « La métaphore d'un bout à l'autre » (III, A : Les courts-circuits du texte).

C'est *expressément* que procède ainsi *la Prise de Constantinople :* à chaque fois que le texte, accédant en quelque façon, notamment par le biais d'un dialogue, à une méditation sur lui-même, réunit, sur le mode de la *citation*, certains autres passages du livre. C'est par exemple une réflexion énigmatique, « c'était donc ça », qui permet la venue, dans le cours du texte, de tels autres passages offerts par le livre :

— Moi, chef de la Croisade, dans les étoiles ?
— Et le passage « Or, à vrai dire, quel but secret poursuivait-on en s'efforçant de me faire rejoindre mon enfance ? Ne cherchait-on pas à m'éloigner de quelque situation fondamentale sur le point d'être atteinte ? Tels doutes furent confirmés par les préciosités excessives dont s'entourait peu à peu mon traitement. Un matin, l'infirmière se présenta avec la chevelure rousse de la princesse Belle, résumée par une ultime précaution, cependant, selon un chignon qui dégageait hautement la nuque. Tandis que la complice du docteur me conduisait une nouvelle fois vers la salle de soins, je cherchais à étayer mes soupçons en accréditant une équivalence première. De même que la chevelure rousse était proposée, puis à demi soustraite par le chignon, j'avançais un prénom, pour le reprendre à demi, au cours d'un bref dialogue :
— Vraiment ? Et votre prénom est sans doute Isabelle ?
— Naturellement.
— Mais le docteur préfère un diminutif...
— C'est exact...
— Qu'il obtient par la suppression de Belle, vous appelant Isa ?
— Sans doute... mais où voulez-vous en venir ? »
C'était donc ça...
— *C'était donc ça* le sens secret du banal proverbe « Qui se ressemble, s'assemble », peu à peu transformé par des variations infiniment accentuées et reprises : Venise, Vénus. La preuve ? Syllabes-les : Vénus... Venise... » (« milieu » de la partie ✡).

On le devine : de même qu'il y a des surtextes directs rétrospectif et prospectif, de même nous pouvons construire, avec les mêmes effets tactiques, des surtextes indirects rétrospectif et prospectif. Pour qu'un surtexte indirect soit rétrospectif, il suffit que la citation faite dans le cadre de la réflexion du texte sur lui-même impose un passage précédent du texte. Pour qu'un surtexte indirect soit prospectif, il suffit que la citation faite dans le cadre de la réflexion du texte sur lui-même impose un passage de la... suite du texte. Évidemment, rien n'empêche que le surtexte indirect accueille des citations prélevées tantôt en amont et tantôt en aval. Ce qui se propose alors, c'est un *surtexte indirect mixte*, pour une part rétrospectif, avec les citations prises en amont, et pour une part prospectif, avec les citations prises en aval. Le surtexte tend comme tel à se déchirer selon une manière de *distorsion surtextuelle* issue de la rencontre de l'écriture processive, dans la zone rétrospective, et de l'écriture récursive, dans la zone prospective. C'est tel fonctionnement qui se trouve entre autres à l'œuvre, sous forme d'un chiasme calculé, dans le fragment du roman que nous venons de lire. Tandis que la seconde citation, celle du célèbre proverbe, reprend un passage qu'on a pu lire moins de six pages auparavant, la première citation, celle du curieux dialogue, renvoie à un passage qu'on pourra lire plus de soixante pages après, vers la fin du livre.

Nous devons donc l'admettre : c'est à des fonctionnements de cet ordre, certains plus complexes mais non moins capables de battre en brèche la puissante linéarité de l'écriture, que se réfère, innombrablement reprise en le livre, l'insistante formule « une page tournée dans un sens puis dans l'autre », qui apparaît d'ailleurs, comme par hasard, dans un des exemples précédents. Nous l'avons prétendu : cette inscription de la translinéarité dans la linéarité est scandaleuse aux yeux de l'idéologie qui domine : celle de l'expression et de la représentation. C'est que le surtexte s'élabore en renvoyant moins à telle aventure en cours qu'au texte lui-même, mot à mot redit. Le scandale du surtexte, c'est de mettre en évidence le texte dans sa matérialité.

D. *Le double titre*

Rappelons-le (II, C) : afin de mettre simultanément en cause le texte unique, comme subsomption de la diversité du texte, et la façade unique, comme offuscation de sa translinéarité, le livre a été astreint à s'offrir comme un édifice de lecture à double entrée, chacune équitablement pourvue d'un titre. Ainsi se pose le problème du second titre. Cependant, présenter la question en ces termes, c'est offrir d'emblée une primauté indue au titre habituel. La logique de l'édifice à double face nous incite à préférer soit la formule de titre pile, par rapport au titre face, soit la formule de titre gauche, par rapport au titre droit, la couverture se trouvant alors largement déployée.

Vis-à-vis du titre habituel, il y a, pour le titre gauche, t.ois espèces de solutions. L'une, qui relève de l'*identité*, se bornerait à redire purement et simplement le même titre sur l'autre page de la couverture : ce serait alors, soit désigner fallacieusement le fonctionnement réversible, en palindrome, auquel le texte, nous l'avons vu, s'est refusé, soit laisser entendre que les va-et-vient très concertés du translinéaire, que ce deuxième titre met en scène, n'induisent en rien une plus grande complexité du texte. L'autre solution, qui relève de l'*altérité*, reviendrait à proposer purement et simplement un tout autre titre sur l'autre page de la couverture : ce serait alors, selon une manière d'agression externe, s'offrir le spectaculaire avantage, comme surréaliste, de la confrontation des deux faces. La troisième solution, qui relève de la *similitude*, consisterait à construire un titre gauche ressemblant par maint aspect au titre droit : ce serait alors, d'une part, selon une manière d'agression interne, obtenir une espèce de vacillement du titre et, d'autre part, faire intervenir, au niveau des titres, le principe de sélection retenu au niveau du texte (II, A).

Dans cette perspective, les opérations se disposent, sur le modèle du tableau 1, selon la vue d'ensemble que présente le tableau 5. En ce qui concerne la présélection, le réservoir, comme nous l'avons dit, est formé par l'encyclopédie du scripteur et les langues qu'il se propose de mettre en œuvre. Le sélectande, base de la sélection, sera fait des aspects du titre. Le sélecteur, opérateur de sélection, sera un assimilateur phonétique. Le résultat, c'est la série potentielle : la prise de la Constellation, la prise de Constantine, la prose de Constantinople, la rose de Constantinople, la brise de Constantinople, Pise et Constantinople, etc. En ce qui concerne la sélection, le réservoir sera donc évidemment formé par la série potentielle présélectionnée. Le sélectande sera fait des éléments textualisables ou, si l'on préfère, surdéterminés en ce qu'ils appartiennent à d'autres séries potentielles du texte : Constantine, rose, brise, Pise ne sont guère dans ce cas. Sans doute les noms « rose » et « Pise », en ce qu'ils disposent chacun quatre lettres, obéissent-ils au système numérique du texte; mais comme le nom qui les accompagne, puisqu'il n'est ni un multiple, ni un sous-multiple, ne fait pas travailler cette relation, la conformité de l'ensemble reste trop ténue pour qu'il soit nécessaire de la prendre plus longuement en considération. Par suite, les éléments textualisables restent les deux titres : *la Prise de la Constellation* et *la Prose de Constantinople*. Le sélecteur sera un optimisateur qui énumérera et comparera les relations de chaque couple de titres avec le texte en son état. Avec le premier couple, se proposent deux relations. D'une part, une nette évocation des caractères temporels de la fiction à venir : le passé de l'histoire, avec *la Prise de Constantinople*, et le futur de l'anticipation, avec *la Prise de la Constellation*. D'autre part, ce qui rejoint les va-et-vient du texte, un chiasme réussi : le titre habituel, prospectif, renvoie au passé; le titre nouveau, rétrospectif, renvoie au futur. Avec le second couple, se disposent trois relations. Premièrement, une claire indication des deux niveaux du texte à venir : la fiction, avec *la Prise de Constantinople*, signalée comme événement à résonance historique; la narration, avec *la Prose de Constantinople*, définie comme byzantine

OPÉRATIONS COMPOSANTS	PRÉSÉLECTION	SÉLECTION
RÉSERVOIRS	*encyclopédie* *langues*	*série potentielle :* la prise de la Constellation la prise de Constantine la prose de Constantinople etc.
SÉLECTANDES	*aspects du titre :* la prise de Constantinople	*éléments textualisables :* A) la prise de la Constellation B) la prose de Constantinople
SÉLECTEURS	*matério-assimilateur* *phonétique*	*optimisateur :* A) passé (histoire) et avenir (science fiction), chiasme des titres B) niveaux du texte (fiction et narration), manifeste du livre, *art* poétique
RÉSULTANDES	*série potentielle :* la prise de la Constel- lation, la prise de Constantine, la prose de Constantinople, la rose de Constantino- ple, Pise et Constan- tinople, etc.	la prose de Constantinople

(Tableau 5)

en tels de ses raffinements. Deuxièmement, un irrécusable manifeste de la production du texte. En effet, ce couple de titres peut se lire, comme tel, selon deux successifs parcours en va-et-vient. Le premier se borne à un double constat. D'abord, dans un sens, en lisant la couverture de la droite vers la gauche : pas de fiction, *la Prise*, qui ne repose sur un langage, *la Prose*. Ensuite, dans l'autre sens, en lisant la couverture de la gauche vers la droite : pas de langage byzantinement raffiné, *la Prose de Constantinople*, qui ne provoque une fiction, *la Prise de Constantinople*. Le second parcours complète les propositions précédentes. D'abord, de la droite vers la gauche : cette fiction, *la Prise*, ne se produira pas sans que le langage se rende visible, *la Prose*. Ensuite, dans l'autre sens, ce langage ne se rendra pas visible, *la Prose*, sans faire montre d'une fiction, *la Prise*. Troisièmement, un *art* poétique, si l'on conçoit, en soulignant ainsi le terme *art*, un texte qui fait ce qu'il dit ou, si l'on préfère, qui, ne se contentant guère d'émettre certains principes, s'y conforme en les énonçant. C'est bien par un raffinement quelque peu byzantin dans les titres eux-mêmes, en effet, le changement d'une lettre dans un mot, qu'une fiction, *la Prise*, se trouve induite d'un langage et qu'un langage, *la Prose*, se trouve impliqué par une fiction. En ce qu'elle se trouve ainsi la mieux liée au fonctionnement du texte, *la Prose de Constantinople* se voit donc désignée par l'optimisation.

Cependant, une remarque ne semble pas inutile, aujourd'hui, à l'intelligence de telles manières de mécanismes. Il nous faut le reconnaître : ce n'est pas exactement de cette façon que les opérations se sont déroulées. Dans un premier temps, la troisième aptitude du rapport de *la Prise* et de *la Prose* nous a échappé : nous n'avons pas été en mesure de lire que ce couple de titres parvenait à faire ce qu'il disait. En conséquence, selon une hésitation méthodique, s'agissant du titre gauche, la part s'est maintenue égale entre *la Prose de Constantinople* et *la Prise de la Constellation*. Ainsi, puisque les idées de Constantinople et de Constellation se trouvaient déjà par ailleurs acquises, les premières pages les font agir conjointement, en proposant, inaugurales, d'une part, une façon de médiévalité (la muraille pourvue de créneaux) et, d'autre part, une manière de sidéralité (la venue de la pleine lune au levant du ciel). Or, un peu curieusement, c'est sur telles lignes, où paraissait s'affermir le couple de Constantinople et de la Constellation, que s'est accompli le *revirement de sélection* capable de conduire vers le couple de la Prise et de la Prose. Nous l'avons prétendu d'emblée (I, B) : écrire, c'est éviter la retrouvaille, qui se borne à revoir, dans ce qui vient d'être écrit, ce qu'on prétendait dire; écrire, c'est parvenir au déchiffrement qui s'efforce de saisir, dans ce qui vient d'être écrit, ce qui est vraiment écrit. Or, pour s'en tenir simplement à hauteur de fiction, il devenait clair, pour une attention de cet ordre, que la lune, d'abord « au-dessus d'une sombre architecture » enrichie d'un donjon, puis isolée en plein ciel par suite de sa phase ascendante, ne figurait pas seulement le médiéval et le sidéral ainsi que le passage de l'un à l'autre : elle évoquait aussi, d'abord, la lettre *i*, dont elle marquait le point un peu comme avec la comparaison de Musset, dans *Ballade à la lune* :

> C'était, dans la nuit brune,
> Sur le clocher jauni,
> La lune,
> Comme un point sur un i.

puis, en son isolement, la lettre *o* et, par voie de conséquence, le passage d'une lettre à l'autre. Telle égalisation imprévue entre les deux solutions admissibles nous a conduit à de fructueuses nouvelles lectures : d'une part, celle des premières pages [1], nous y reviendrons (II, F); d'autre part, nous y venons, celle du double titre de *la Prise* et de *la Prose*.

C'est alors, en effet, que ce double titre nous a permis de lire deux de ces autres aptitudes : premièrement, ainsi que nous l'avons vu, présenter un *art* poétique; deuxièmement, ainsi que nous l'allons voir, *offrir lui-même la solution capable de satisfaire, qualitativement, au surcroît de translinéarité exigé par la double entrée du livre* (II, C). Dans la mesure où il forme une reprise exacte du titre droit, si l'on excepte du moins le changement métagrammatique de la lettre *i* en la lettre *o*, *la Prose de Constantinople* dispose une manière d'ubiquité du titre : elle oblige la lecture à se reporter à tel autre passage du « texte », l'autre titre, parce que cet autre passage du « texte » se trouve également écrit presque mot pour mot ici même (II, D). Ou, si l'on préfère, il est à sa façon ce que nous avons appelé un surtexte. Loin d'être un sous-titre, *la Prose de Constantinople* constitue, avec ses effets stratégiques propres, ce que nous pourrions nommer un *surtitre*. Ainsi, en tant que reprise presque *exacte*, ce couple de titres nous a incité à multiplier dans le texte les reprises identiques dont nous avons fourni ci-dessus quelques exemples. Ainsi, en tant que reprise *presque* exacte, ce couple de titres nous a incité à multiplier dans le texte les reprises plus ou moins métagrammatiques par lesquelles se conjuguent, selon certaines variantes spécieuses, d'une part l'effet de surtexte, puisqu'il y a réitération textuelle, et, d'autre part, une métamorphose fictionnelle, puisqu'il y a transformation de ce qui était dit :

> Immobile, la jeune fille a repris la pose.
> Ouvert sur ses genoux, le livre capte son intérêt passionné (partie △).
>
> Immobile, la jeune fille a repris la prose.
> Ouvert sur ses genoux, le livre capte son intérêt passionné (partie ▽).

1. Pour d'autres détails : *Le Nouveau Roman*, p. 106.

Ainsi, en tant que mise en place d'une certaine subtilité byzantine, ce couple de titres nous a incité à multiplier dans le texte, innombrables, toutes manières de raffinements littéraux et fictionnels. Citons-en deux. Le premier concerne la substitution qui nous occupe d'une lettre par une autre : la venue de *prose* peut s'entendre comme l'application, à l'endroit du *i*, d' « un O sur prise ». C'est bien ce que le texte à diverses reprises dispose en évoquant « un O ! de surprise » où l'absence du *h*, d'une part, donne, ainsi qu'il convient, du corps à la lettre *o* et, d'autre part, évoque le *h* de Villehardouin qu'il a fallu passer sous silence, ainsi qu'on l'a vu (II, B), pour obtenir les idées de ville et de pénétration, et où la présence du point d'exclamation figure l'image renversée du *i* qui, dans l'affaire, se trouve nécessairement... renversé. Le second raffinement concerne le mécanisme même de cette substitution : la venue d'une lettre à la place d'une autre peut s'entendre comme ce que les typographes appellent une coquille. C'est bien ce que le texte en diverses occurrences dispose, d'une part, en évoquant certains coquillages et, d'autre part, en nommant « coquille », selon cette fois une manière de *coquille sémantique*, ce que nous savons être le « test » d'un oursin.

Revenons une fois encore sur le revirement de sélection. Nous l'avons vu : alors même qu'une des issues, celle de la constellation, semblait sur le point d'être acquise, c'est l'autre solution, celle de la prose, qui a été promue, par *une lecture attentive à ce que le texte avait en fait établi*. Il faut donc le faire bien paraître : le rapport de la sélection et du texte est de l'ordre du va-et-vient : d'une part, le texte informe la sélection (il lui indique ses règlements); d'autre part, la sélection informe le texte (elle lui propose ses matériaux); enfin, le texte peut transformer la sélection (il peut changer ce qu'elle tendrait à prendre pour des acquis). Bref, le texte est déterminé par des opérations précises; mais il est aussi en mesure de déterminer ces opérations.

E. *L'appareil différent*

Rappelons-le (II, D) : afin de battre en brèche le titre unique, comme subsomption de la diversité du texte, nous avons été conduit à le redoubler. Or, nous le savons aujourd'hui, le titre est un onomatexte : il forme le nom du texte [1]. Ou, si l'on préfère, il tend à intimer au texte une prétendue identité. Ajouter un autre titre au titre, c'est donc, en quelque sorte, induire un *dédoublement de personnalité textuelle*.

---

1. Pour d'autres détails : « La population des miroirs » (I, D : Un redoublement textuel licite).

En ce sens, le titre droit, le bien, serait le Docteur Jekyll, et le titre gauche, le mal, serait le Mister Hyde. Face à un objet aussi lunatique, on conçoit qu'une psychanalyste, Anne Clancier, ait pu, dans un premier temps, ressentir une espèce de commotion :

> Une anecdote, ici, si vous permettez : la première fois que j'ai lu *la Prise de Constantinople*, je l'avais pris, ici, à la bibliothèque, je l'ai emporté dans ma chambre, je commence à le lire dans mon lit et puis je me suis dit : bon, il faut dormir. Je l'ai posé sur la table de nuit ; le lendemain matin, je l'ai repris, et j'ai eu comme un vertige, presque une angoisse, me disant : je suis un peu folle, j'ai lu *la Prise de Constantinople* et c'est *la Prose* (Rires). J'ai continué à lire... Après m'être levée, habillée, je l'ai repris et j'ai revu *la Prise* et c'est là que j'ai commencé à comprendre [1].

Que, dans cette situation surprenante, Anne Clancier ait sitôt admis l'éventualité, non point d'une autre face et d'un autre titre, mais d'une sorte d'hallucination minuscule, voilà qui signale, peut-être, un rien, bien compréhensible, de déformation professionnelle, mais surtout à quel degré, non moins compréhensible, l'édifice à double entrée constitue un improbable dans notre commune idéologie.

Et pourtant, en sa différence, cet appareil de lecture implique de tout autres disciplines. L'une concerne la façade du livre. Nous le savons : la double face suppose le double titre. Mais sauf cécité ou prudence idéologiques, rien ne l'oblige aujourd'hui à maintenir à l'abri de ses exigences ses composants hors-textuels : le signataire, le genre du livre, voire, à la limite, la maison d'édition elle-même. Reconnaissons-le : *la Prise de Constantinople* n'a guère pris tels problèmes à sa charge. C'est seulement dans la fiction que nous espérons mener quelque jour à son terme qu'une des entrées du livre comporte, outre son titre, notre signature et le genre « roman », et l'autre entrée, inverse, outre son titre, le nom de notre collaboratrice, Isabelle Word, et le genre « nouvelles ». L'autre discipline concerne l'intérieur du livre. Si l'ouvrage comporte deux entrées, alors c'est tout l'appareil interne qui est induit à en subir les contrecoups. Or, nous le devinons : pour offrir à cette mise en cause un nombre appréciable d'occasions de s'accomplir, le livre doit se construire, non point suivant la lisse continuité d'un flux, mais plutôt selon le morcellement concerté d'un archipel, en multipliant les sections de texte : d'une part, chapitres et parties ; d'autre part, épigraphes et dédicaces.

a) Le premier problème, cependant, est posé par *la pagination*. Nous ne l'ignorons pas : sempiternellement imprimés de page en page,

---

1. *NRHA*, t. II, p. 411.

ces numéros remplissent, en particulier dans les romans, un double rôle. L'un est de l'ordre de la commodité : il permet de localiser promptement tous les endroits du texte. L'autre est du domaine de l'idéologie : il souligne, en la succession numérique sans cesse redite, toute la linéarité à parcourir. A la suite du double titre, il semble peut-être, dans un premier temps, que la meilleure manière de subvertir la pagination soit de l'enfreindre, à l'autre bord, par l'exercice opposé d'une pagination inverse. Mais, on le constate, ce serait choir une fois encore dans la prétention du réversible, laissant entendre illusoirement que le texte comporte une dimension anacyclique. La solution la plus rigoureuse et la plus détersive consiste donc, en l'occurrence, à résolument proscrire de la page toute indication d'un numéro quelconque. Qu'un point sensible, idéologiquement, se trouve ici blessé, tenons-en pour preuve certains reproches, sous l'alibi bien sûr de l'incommode, qui nous furent par la suite adressés. Nous l'avons vu : certains passages de ce livre se trouvent repris, identiquement, dans le cours du texte. Divers universitaires, à l'occasion, ont donc émis auprès de nous, quelquefois avec un sourire, quelquefois avec un peu moins, leurs prévisibles doléances : au cours de telle lecture de détails, ils se sentaient par exemple tourmentés, insidieusement, par l'idée que plusieurs de leurs étudiants lussent en fait certes le même passage, mais à une page différente de celle qu'eux-mêmes avaient choisie. A supposer par bonheur obtenu tel parfait quiproquo de lecture, il faut l'admettre bref : poursuivie sur une certaine longueur, l'attention portée aux lignes saurait évidemment saisir, à tel moment précis, l'irrécusable divergence des textes. Ce qu'on peut imaginer alors, les émotions éparses, un léger brouhaha, ne seraient rien d'autre en fait, curieusement éloquente, qu'une manière de *mise en scène de l'efficace du surtexte.* Aussi pouvons-nous concevoir deux espèces d'attitudes pédagogiques. L'une précautionneuse, et un peu comme on numérote les vers dans les éditions scolaires de poésie, prend le soin de paginer le livre, fût-ce une page sur deux, fût-ce au léger crayon noir, ainsi que cela s'est parfois accompli : elle se garde alors d'un certain incommode et d'une éventuelle perturbation pédagogique. L'autre, plus risquée, et quelque peu théâtrale, s'applique à l'inverse, systématiquement, à programmer le quiproquo de lecture : elle s'ouvre alors, ensuite, notamment avec les séries de va-et-vient nécessaires à la localisation de la page, la possibilité d'une *expérience collective du surtexte*, plus féconde, peut-être, que toutes façons de commentaires. Bref, la revendication de commodité doit s'entendre, dans certains cas, comme une simple résistance idéologique inaperçue.

b) Le second problème est posé par *le centre du livre.* Nous ne le redirons jamais assez : écrire, c'est parvenir à se rendre compte de ce qui vient d'être écrit. Précédemment (II, D), nous en avons donné un exemple de faible étendue à partir du passage inaugural du texte; maintenant, nous pouvons en proposer un exemple de plus ample envergure à partir de l'organisation d'ensemble de l'ouvrage. Ce que nous avons été notamment conduit à admettre, à ce stade du travail, c'est, d'une part, le principe d'un livre à double entrée et, d'autre part, l'idée de la Quatrième Croisade. Ce qui tend à s'écrire de la sorte et, si nous n'y prenions garde, à notre insu, c'est un fonctionnement irrécusable. Pour divers qu'en soient les niveaux, l'un appartenant à l'organisation du livre et l'autre au déroulement de la fiction, ces deux dispositifs se confortent en effet par le jeu d'une assez claire homologie. Dans les deux cas, il s'agit de termes symétriques par lesquels se trouve privilégié le centre qui les distribue. En ce qui concerne le livre, il s'agit de l'entrée droite et, à l'opposite, de l'entrée gauche, supposant, fût-elle illusoire, nous l'avons vu, dans le texte lui-même, l'idée de deux courants qui convergent vers un centre. En ce qui concerne la Croisade, il s'agit d'un terme occidental, Venise, et, à l'opposite, d'un terme oriental, Jérusalem, encadrant, à mi-distance, un terme central, Constantinople, où s'effectue l'essentiel de la belligérance. Avec ce curieux accord s'amorce une série d'au moins six fonctionnements. Le premier relève de la *surdétermination :* en tant qu'une nouvelle relation l'associe à l'ordonnancement du livre, la Quatrième Croisade voit s'accroître d'un degré son coefficient de surdétermination ou, si l'on préfère, son indice de textualité. Le deuxième fonctionnement intéresse la *mise en abyme :* dans la mesure où le rapport de similitude concerne, non point un élément, mais bien un dispositif, la Quatrième Croisade tend à devenir l'image du livre à double entrée et du centre promis aux privilèges, bref, ce que nous appelons une autoreprésentation verticale [1]. Le troisième fonctionnement ressortit à la *règle :* dans la mesure où les deux dispositifs sont liés par un rapport précis, il est permis de concevoir l'ordonnancement du livre comme un sélectande, ce rapport comme un idéo-assimilateur, et la Quatrième Croisade comme l'un des termes de la subséquente série potentielle. En cette hypothèse, la Quatrième Croisade serait finalement sélectionnée parce qu'elle se trouve, comme nous le savons, à l'intersection de plusieurs autres séries potentielles. Certes, en toute rigueur, cette manière de concevoir les opérations est largement inexacte : les deux dispositifs ont été obtenus, non point l'un à partir

---

1. Pour plus de détails : « La population des miroirs » (II, E : La croix de l'auto-représentation).

de l'autre, mais tout à fait séparément. Cette présentation n'est toutefois pas sans mérite : elle permet de faire aisément entendre le passage
de l'aléatoire au régulier. Il suffit, à partir de telle concordance fortuite,
d'établir un mécanisme de sélection capable de produire d'autres
occurrences du même type. Évidemment, pour être textualisables, les
divers dispositifs potentiels doivent être à leur tour surdéterminés.
Ainsi la série potentielle issue du sélectande « deux termes symétriques
avec centre privilégié » a convoqué, sur le mode d'un dispositif poten-
tiel, une certaine présentation de l'accomplissement érotique :

> Toute entreprise approfondie constituerait une « prise-entre », revien-
> drait à convoiter et à prendre ce qui est au milieu, entre chevilles et
> chevelure (« centre » de la partie ✡).

qui est devenue textualisable en ce qu'elle appartenait également,
bien que nous ne l'ayons pas fait paraître (tableau 5), sous la forme
« la prise du con », à la série potentielle issue du sélectande « la Prise
de Constantinople » travaillé par un matério-assimilateur phonétique.
Le quatrième fonctionnement propose une *machine à fabriquer les
mises en abyme :* si un sélectande se présente selon l'allure d'un
dispositif et s'il se trouve travaillé par un idéo-assimilateur, tous les
dispositifs subséquents formeront, sitôt qu'ils seront textualisés,
autant de mises en abyme. Ainsi, tel qu'il se présente ci-dessus, l'accomplissement érotique constitue, d'une part, une autoreprésentation
verticale de l'organisation du livre et, d'autre part, une autoreprésentation horizontale de la Quatrième Croisade. Le cinquième fonctionnement ressortit à ce que nous avons appelé *texto-lecte* [1], c'est-à-dire,
notamment, le vocabulaire propre que le texte, en la rigueur de ses
mécanismes, tend à construire. Tantôt, il peut s'agir d'un rapprochement de termes dont la solidarité spécifique est obtenue implicitement
par un effet de redites calculées. Ainsi, dans *A la recherche du temps
perdu*, nous l'avons montré, « le raccourci de Méséglise » devient le
nom textolectal de la métaphore ordinale. Tantôt, il peut s'agir d'un
rapprochement de termes dont la solidarité spécifique est obtenue
explicitement par un effet de commentaire concerté. Ainsi, dans *la
Prise de Constantinople*, nous l'allons voir, c'est un commentaire
appuyé qui induit à solidarité étroite, d'une part, la prise de Constantinople et, d'autre part, la prise de ce qui se tient entre chevilles et
chevelure :

> « Constantinople, à mi-chemin de Venise et de Jérusalem, c'était
> donc ça : le centre autorise la suite, non les extrémités... » doit être
> approché de ce fragment du commentaire : « La Quatrième Croi-

1. Pour plus de détails : « La métaphore d'un bout à l'autre » (II, C : Le texto-lecte).

sade fut entreprise ». La proposition du Doge vaudrait surtout, en effet, en ce qu'elle présente, au figuré, une correspondance du mot entreprise, accepté lui-même, à l'inverse, au pied de la lettre. Toute entreprise approfondie constituerait une « prise-entre », reviendrait à convoiter et à prendre ce qui est au milieu, entre chevilles et chevelure (« centre » de la partie ✡).

Bref, prendre Constantinople tend à appartenir, textolectalement, à l'ordre d'un certain érotisme et, inversement, prendre ce qui se trouve entre chevilles et chevelure tend à appartenir, textolectalement, à l'ordre d'une certaine belligérance. En conséquence, quelques pages plus haut, pendant la prise de la ville, tel passage où, avec le couple « chevelure/sol », se signale discrètement le couple « chevelure/chevilles », s'il se propose peut-être, à lecture première, comme un simple meurtre, se présente, entre autres, indubitablement, à lecture seconde, comme un viol textolectal :

> La jeune fille ne songe qu'à retenir, à deux mains, les plis du tissu sur la poitrine.
> La chevelure s'écroule en cascades rousses jusqu'au sol.
> La nuque est offerte.
> D'un geste emphatique, le soldat se prépare à frapper (« centre » de la partie ✡).

Le sixième fonctionnement appartient au *domaine du leurre*. Admettre, comme nous l'avons apparemment laissé entendre, qu'aux trésors pillés dans les demeures de Constantinople puisse correspondre un thésaurus disposé au centre du livre, serait choir dans un piège : celui d'une inégalité du texte selon laquelle une richesse particulière, comme un secret en l'attente de sa découverte, serait enfouie en quelque lieu nanti de privilèges. Or, si la lecture effective de ce qui s'écrit est en mesure de faire paraître certaines relations établies, en le jeu du texte, à l'insu du scripteur, celui-ci est en mesure de les travailler de deux manières opposées. Il peut procéder à une accentuation de leur efficace, ainsi que l'opère notamment, nous venons de le voir, l'insertion d'une certaine forme d'érotisme, la subséquente multiplication des mises en abyme, la venue du fonctionnement textolectal. Il peut procéder aussi à une contestation de leur efficace selon un mécanisme de tromperie. Celui-ci comporte évidemment une *amorce :* d'une part, la multitude des allusions à un lieu vers quoi tout converge, l'insistance en maints endroits du texte sur tel passage capable de retenir curieusement l'attention :

> Il est plausible, en revanche, qu'on ait fini par remarquer ce lecteur exagérément absorbé, rigide, le visage penché sur telle page au hasard découverte (« centre » de la partie ✡).

l'évocation de tel volume singulier trouvé au centre, dans Constantinople, et que se disputent, comme par hasard, « deux écoles appuyées sur deux méthodes opposées »; d'autre part, l'offre d'un centre textuel plein. Pour y parvenir, il suffit que le nombre des parties du livre relève de l'imparité, offrant ainsi le corps de sa partie médiane. Si le nombre trois nous a dès lors paru le plus convenable, c'est, sans doute, qu'il était le plus petit qui satisfît aux exigences de l'impair, mais c'est aussi qu'il appartenait au système numérique du livre, en tant que complément, dans le système du huit, du nombre cinq. Le mécanisme de la tromperie comporte non moins une *déception* : pleine, la partie centrale dispose un centre vide. Pour y parvenir, il suffit que le nombre des chapitres de cette partie relève de la parité. Si le nombre huit nous a dès lors paru le plus convenable, c'est, évidemment, qu'il est le nombre de base du système numérique adopté. Nul lieu médian, en conséquence, qui se voie offrir de quelconques privilèges. Si la lecture accomplit sa fonction aux parages du centre, mesure les mots de son va-et-vient en les réglant aux délicates lignes de la page, elle ne trouvera rien qui puisse justifier l'hypothèse d'un trésor du texte, sinon, peut-être, aujourd'hui, entre autres, guère davantage que certaines des citations que nous venons d'offrir.

c) Le troisième problème est posé par la *désignation des parties et des chapitres.* Sauf à permettre, cette fois de manière épisodique, la résurgence de la succession paginale, il n'est point acceptable que les têtes de parties ou de chapitres s'agrémentent du moindre indice numéral. Il y a donc deux solutions : ou bien, comme pour les pages, abolir tout insigne; ou bien, selon une autre vue, définir des insignes exempts de tout caractère numérique. La première façon souffre d'un défaut immédiat : avec elle, il ne serait plus permis de faire un clair départ entre les chapitres et les parties. La seconde se divise elle-même en deux espèces : ou bien, comme pour les titres différents, élire des insignes très divers; ou bien, comme pour les titres similaires, recourir à des insignes semblables. L'avantage de la dernière solution vient, d'une part, de ce qu'elle se règle au principe de sélection déjà retenu au niveau du texte et des titres; d'autre part, de ce qu'elle permet d'intervenir dans la mise en place du leurre précédent. Le problème revient alors, en effet, à découvrir un signe qui se puisse renverser, pour marquer le va-et-vient du translinéaire, et dont les deux occurrences inverses puissent se superposer en une disposition nouvelle capable de noter la partie centrale, censée contenir, mensongèrement nous le savons, tel passage privilégié. Nous le concevons : le triangle est à l'évidence la figure la plus opportune. Non seulement il obéit aux exigences qui viennent d'être énoncées, mais encore il bénéficie d'une copieuse surdétermination. Ayant trois côtés, il répond à la division tripartite du livre; formant, en la superposition de ses deux occurrences inverses, le symbole dit « sceau de Salomon », il se trouve associé à Jérusalem, objectif des Croisades. Mieux : de même qu'en la Quatrième Croisade un lieu central, Constantinople, s'est substitué à un lieu terminal, Jérusalem, de même, dans le livre, l'emblème du lieu terminal, le sceau de Salomon, devient l'emblème de la partie centrale. En outre, l'étoile de Salomon rejoint l'étoile de Minuit et, par ce biais, le domaine de la science-fiction, auquel se trouve adjointe, de la sorte, une détermination supplémentaire. Davantage encore : à mesure que ces liens se renforcent, la fiction stellaire, jusque-là il est vrai quelque peu nébuleuse, se voit astreinte à une tournure plus précise. Si, d'une part, l'étoile en tant que sceau de Salomon caractérise l'objectif initial, Jérusalem, et si, d'autre part, l'étoile en tant qu'enseigne de la partie centrale du livre correspond à l'objectif de fait, Constantinople, alors on peut concevoir une péripétie stellaire dont la stratégie relèverait du même principe. En prenant pour sélectande le déroulement singulier de la Quatrième Croisade et pour sélecteur un idéo-assimilateur, nous obtiendrons, formant une nouvelle mise en abyme, la stratégie selon laquelle une certaine constellation (pour des motifs ultérieurs, il s'agira du Sagittaire) sera visée (comme le fut Jérusalem) pour qu'une autre (il s'agira de la Lyre) se trouve prise (comme le fut Constantinople).

d) Le quatrième problème est posé par la *dédicace*. Il comporte au moins trois aspects.

Le premier aspect concerne le *degré de textualité de la dédicace*. Nous l'avons noté : le conditionnement hors-textuel assigne le texte en lui infligeant des instances extérieures qui le surplombent. Ainsi, avons-nous dit (II, B), le nom du signataire; ainsi, devons-nous dire, le nom du dédicataire. En effet, ces deux instances sont corrélatives. C'est dans la mesure où le signataire échappe au texte lui-même, le domine, disons sur le mode de l'appropriation, qu'il peut en disposer, en faire l'hommage au dédicataire. Ayant méthodiquement contredit la hors-textualité du signataire, il nous reste, sauf inadvertance, à restreindre rigoureusement la hors-textualité du dédicataire. Cependant, la corrélation des deux instances est dissymétrique : que ce soit, entre autres, sur le mode du patronyme (Gustave Flaubert) ou sur celui du pseudonyme (Gérard de Nerval), le nom du signataire désigne à sa manière, nous y reviendrons (III, A), nécessairement un ou plusieurs agents réels; que ce soit, entre autres, sur le mode du patronyme (Théophile Gautier, dans *les Fleurs du mal* de Baudelaire) ou sur celui du pseudonyme (le surnom de Simone de Beauvoir, « le Castor », dans *la Nausée* de Jean-Paul Sartre), le nom du dédicataire ne désigne pas nécessairement une ou plusieurs personnes réelles. Il faut donc distinguer deux cas. Si, selon une éventualité commune, le nom du dédicataire renvoie à une personne réelle, la dédicace est de type hors-textuel; si, selon une éventualité plus rare, le nom du dédicataire renvoie à une personne fictive, la dédicace peut se trouver entre autres, soit de type intertextuel (la personne fictive étant offerte par un autre texte), soit de type intratextuel (la personne fictive étant offerte par le texte lui-même). En ce dernier cas, c'est le texte, d'une certaine manière, qui se dédie à l'un ou plusieurs de ses éléments. Avec le dédicataire choisi par Mallarmé pour *la Prose* [1] « des Esseintes », il s'agit d'une dédicace mixte : d'une part, elle est de type intertextuel (des Esseintes, amateur des poèmes de Mallarmé, se rencontre dans *A rebours*) et, d'autre part, elle est de type hors-textuel (elle envoie, indirectement, un coup de chapeau au signataire de ce roman, Joris Karl Huysmans). Avec la dédicataire choisie pour *la Prise de Constantinople*, « Isis », il s'agit non moins d'une dédicace mixte : d'une part, elle est de type intertextuel général (Isis se rencontre dans d'autres textes, ceux qui proposent le mythe fameux); d'autre part, elle est de type intertextuel restreint (Isis renvoie à la dédicataire de notre premier roman, *l'Observatoire de Cannes*, Is); enfin, elle est de type intratextuel (Isis se rencontre nommément ou partiellement en maints lieux du texte dont elle forme la dédicace).

Le second aspect concerne la *textualisation de la dédicace*. Pour l'entendre, il faut évidemment faire le départ entre deux éventualités : ou bien la dédicace autorise d'emblée la production du texte (elle forme initialement un sélectande), ou bien la dédicace est choisie à partir d'un certain état du texte (elle forme notamment un résultande). S'il s'agit d'une dédicace à fonction de sélectande, il est clair que le principal du travail de textualisation demeure à accomplir. En effet, dans le cas de la dédicace hors-textuelle, les relations du dédicataire avec le texte sont tendanciellement nulles : ce qui établit la dédicace, c'est le signataire, et ce qui associe le livre au dédicataire peut fort bien n'être que d'ordre sentimental ou mondain. En effet, dans le cas de la dédicace intertextuelle ou intratextuelle, les relations du dédicataire avec le texte sont tendanciellement vides : ce qui établit la dédicace, c'est le scripteur, celui, nous y reviendrons (III, D), qui ne reste pas insensible aux directives de son texte, mais comme, par hypothèse, le texte n'est pas encore écrit, toutes les relations restent à établir. S'il s'agit d'une dédicace à fonction de résultande, il est clair qu'une part du travail de textualisation est déjà accomplie. En effet, ce qui a permis son choix,

---

1. *Œuvres complètes*, Gallimard, « Bibliothèque de la Pléiade », p. 55.

qu'il s'agisse d'un élément hors-textuel, intertextuel ou intratextuel, c'est son propre indice de textualité en tel instant, bref le faisceau des relations qui l'associent à tel état du texte. Si cette première textualisation n'était point accrue, toutefois, dans la suite du travail du texte, telle autre solution, ultérieurement, en ce qu'elle pourrait jouir d'un meilleur indice de textualité, serait en mesure de prendre sa place. Sans nous perdre dans la luxuriance des détails, signalons succinctement, néanmoins, à titre indicatif, quatre des relations qu'entretient Isis avec le texte. Premièrement, nous l'avons dit, le nom d'Isis survient, noir sur blanc, en divers passages du texte; deuxièmement, la quête d'Isis est clairement évoquée au cours de la fiction :

> lorsqu'Isis interrompt les larmes — versées, vous connaissez la légende, sur les huit fragments de son époux qu'elle va assembler enfin pour une vie de gloire — et que le Nil décroît (« fin » de la partie △).

troisièmement, les sons et lettres du nom d'Isis sont mis en rapport, respectivement, soit de manière explicite (*isa*) :

> Sa*isa*, *Isais*, Sa*is*, *Isis*, *Isa*... (« début » de la partie △)

soit de manière implicite avec les sons et lettres, soit des noms d'autres acteurs (*isa*belle, bla*ise*, éli*se*), soit même, en telles phrases, selon une opération paragrammatique, de mots qu'on eût dit quelconques :

> M*ais* Berthold Toth préc*ise* qu'*il s*'agit plutôt, *si sa* mémoire est correcte, d'un obél*isque* bri*sé* de Karnak, tel que peut le découvrir une observation suff*isa*mment scrupuleuse, à proximité du hui-tième pylône comportant les statues des pa*ys* vaincus par Thout-mo*sis* III (« fin » de la partie △),

ou, en tel lieu mieux connu, d'un mot apparemment plus choisi : la pr*ise* de Constantinople; quatrièmement, les sons et lettres du nom Isis se trouvent obéir à deux fonctionnements du texte : le nombre des lettres, quatre, appartient au système numérique; la reprise des deux sons voisins renvoie au principe répétitif. En outre, nous l'avons vu, le nom Isis redouble le diminutif de la dédicataire de *l'Observatoire de Cannes*, Is, et ainsi, d'une part, participe à l'élaboration d'une précise intertextualité (notamment la reprise, transformée, dans *la Prose de Constantinople*, du long strip-tease et du bref prière d'insérer de ce premier roman) et, d'autre part, tend à induire un phénomène quelque peu étrange : *la capture de dédicataire*. En effet, d'une part, dans la mesure où la dédicace de *l'Observatoire* est de type hors-textuel et la dédicace de *la Prise* est notamment de type intratextuel, nous pouvons dire que, par rapport à leurs textes respectifs, la première est libre et la seconde assujettie; d'autre part, dans la mesure où se jouent entre les deux romans certains précis rapports intertextuels, la relation d'Is à Isis dépasse la simple similitude fortuite et celle-là tend à devenir le diminutif de celle-ci; enfin, comme Isis, nous l'avons vu, renvoie textuellement à Isa, Is tend à devenir le diminutif d'Isa. Bref, le premier roman se trouve d'une certaine manière dédié à un personnage fictif du second, ainsi que le confirme discrètement le texte, en soulignant le passage de la blondeur, signe du premier roman, à la rousseur, signe du second : « Vous serait-il possible de m'avouer pourquoi vous avez permis qu'on teigne en roux vos cheveux blonds ? »

Le troisième aspect du problème concerne le *dédoublement de la dédicace*. Rappelons-le : pour permettre aux deux faces de faire davantage retentir leur efficace, l'appareil du livre doit s'offrir selon certaines complications profuses. Ainsi de la dédicace : prise dans le dispositif double, elle se voit elle-même astreinte à devenir duelle. A son égard surgissent donc aujourd'hui, comme pour le titre (II, D), trois espèces de solutions : ou bien le dédicataire reste identique; ou bien les deux dédicataires sont, soit différents, soit semblables. Puisque le nom d'Isis figure dans une dédicace, puis dans l'autre, c'est la première solution qui paraît avoir été requise. C'est pourtant une quatrième solution qui s'est vue en réalité choisie, jouant les trois précédentes selon une plus ample complexité. Avec un rien d'ironie, peut-être, affleurant, ce mécanisme pourrait s'élucider ainsi : c'est dans la mesure où les dédicataires sont en apparence identiques, qu'ils sont en fait différents, mais cela, parce qu'ils sont semblables. Tel peut s'entendre, en effet, en l'occurrence, le fonctionnement de ce que, dans un premier temps, on peut appeler le *dédicataire virtuel*. Rappelons-le : ce que nous nommons actuel d'un texte, c'est l'ensemble des phénomènes actualisés par l'écriture et une lecture qui l'épouse; ce que nous nommons virtuel d'un texte, c'est l'ensemble des phénomènes programmés par l'écriture et actualisés seulement par une lecture qui en divorce. Cependant, certes, le virtuel se compose d'au moins deux niveaux. Avec le premier niveau, que nous appelons le *translinéaire*, ce qui s'accomplit, en la lecture, c'est un rapprochement : ainsi, celui qui met à proximité deux fragments éloignés du texte. Avec le second niveau, que nous appelons le *textolectal*, ce qui s'accomplit, en la lecture, c'est une substitution : soumis à des dispositifs particuliers, les rapprochements permettent les remplacements. Certains dispositifs textolectaux autorisent la substitution en produisant une solidarité des termes : c'est parce que l'un se trouve indissolublement rivé à l'autre qu'il peut se substituer à lui. Tantôt, la solidarité des éléments est obtenue explicitement, par l'effet d'un commentaire, comme nous venons de le voir, dans *la Prise de Constantinople*, avec le couple de la guerre et l'amour. Tantôt, la solidarité des termes est obtenue implicitement, par un effet de répétition, comme nous l'avons vu, dans *A la recherche du temps perdu* [1], avec le couple du « raccourci de mes églises » et de la « métaphore ordinale ». Certains dispositifs textolectaux autorisent la substitution en produisant une inégalité des termes : c'est parce que l'un se trouve indiscutablement meilleur que l'autre qu'il peut se substituer à lui. Nous le devinons : meilleur ne doit s'entendre ici que comme ce qui est pourvu d'un indice de textualité supérieur. Ainsi, pour y revenir [2], si nous relisons la célèbre strophe de *l'Ame de Victor Hugo* [3], de Raymond Roussel :

> A cette explosion voisine
> De mon génie universel,
> Je vois le monde qui s'incline
> Devant ce nom : Victor Hugo,

il est clair que le nom de Victor Hugo présente en l'occurrence un moindre degré de surdétermination que le nom de Raymond Roussel. Ce dernier, en effet, outre qu'il est aussi un nom de poète et satisfait non moins à la métrique du vers, correspond en outre, à l'inverse de l'autre, à la disposition croisée des rimes : vois*ine*, univer*sel*, s'in*cline*, Raymond Rous*sel*. Par suite, le nom scriptural de Victor Hugo et le nom textolectal de Raymond Roussel entrent en conflit et celui-ci, comme en filigrane, virtuellement, tend à se substituer à celui-là. Ainsi, pour y parvenir, si nous observons le dispositif formé par les titres et dédicaces duels de *la Prise de Constantinople*, il est clair que le nom d'Isis présente en l'occurrence un moindre degré de surdétermination que le nom d'Osiris. Ce dernier, en effet, outre qu'il satisfait non moins à l'évocation du fameux mythe, correspond en outre, à l'inverse de l'autre, à la disposition des rimes, qu'elles soient plates, selon une première éventualité : p*rise*, *Isis*, *Os*iris, p*rose*; ou qu'elles soient croisées, selon une autre éventualité : p*rise*, *Os*iris, *Isis*, p*rose*. Par suite, le nom scriptural d'Isis et le nom textolectal d'Osiris entrent en conflit, soit à une dédicace, soit à l'autre, et celui-ci, comme en filigrane, virtuellement, tend à se substituer à celui-là. Les deux mécanismes de substitution sont bien du même ordre : dans les deux cas, le textolecte détermine et chasse un intrus scriptural. Seulement, dans le cas de *l'Ame de Victor Hugo*, l'intrus est trahi parce qu'il

---

1. « La métaphore d'un bout à l'autre » (II, C : Le texto-lecte).
2. Pour plus de détails : « L'effervescence du virtuel », dans la *Revue des sciences humaines*, n° 164. Ou « Disparition élocutoire », préface à *Actes relatifs à la mort de Raymond Roussel*, de Leonardo Sciascia, Éd. de l'Herne.
3. Dans *Nouvelles Impressions d'Afrique*, Alphonse Lemerre, p.313. Réédité chez Jean-Jacques Pauvert.

marque une différence dans un système d'identité : vois*ine*, incl*ine* et univer*sel*, Victor Hu(*go*). Tandis que, dans le cas de *la Prise de Constantinople*, l'intrus est trahi parce qu'il marque une identité dans un système de similitude : pr*ise*, pr*ose* et *Isis*, (*Is*)is. C'est donc bien, comme nous l'avons énigmatiquement prétendu, dans la mesure où les deux dédicataires sont en apparence identiques (scripturalement, Isis et Isis), qu'ils sont en fait différents (l'un des Isis se trouvant virtuellement remplacé par Osiris), et cela parce qu'ils sont semblables (*Isis* et *Osiris*). Enfin, puisque le rapport d'Isis et d'Osiris est obtenu par un autre texte, tel de ceux qui proposent le mythe, il faut bien dire, plus précisément, fût-ce pour certains quelque peu pénible, que le nom d'Osiris, en l'occurrence, joue le rôle d'un *dédicataire intertextolectal*.

e) Le cinquième problème concerne le *dédoublement de l'épigraphe*. Prise dans le dispositif double, l'épigraphe se voit non moins astreinte à devenir duelle, avec les mêmes problèmes que précédemment : d'une part, ceux de la textualisation; d'autre part, ceux des rapports respectifs.

En ce qui concerne la *textualisation des épigraphes*, signalons rapidement au passage, en évitant le vertige de l'exhaustif, d'abord les relations qu'elles entretiennent conjointement avec le texte. Il suffit d'un simple regard sur le fragment tiré du livre II de l'*Histoire naturelle* de Pline l'Ancien :

> Une telle figure est le lieu de convergence de toutes ses parties et doit être son propre support,

comme sur l'extrait choisi dans *les Disciples à Saïs*, de Novalis :

> Le chanteur fut bientôt parmi nous, et, une béatitude indicible peinte sur le visage, nous apportait une humble petite pierre d'une forme singulière. Le Maître la prit dans sa main, embrassa longuement son disciple, puis il nous regarda, les yeux mouillés de larmes, et mit cette petite pierre en un endroit vacant, parmi les autres pierres, là tout juste où, comme des rayons, plusieurs lignes se rencontraient,

pour se rendre compte que l'un et l'autre présentent l'idée d'une convergence, ce qui renvoie non seulement au fonctionnement surdéterminatif, mais aussi à d'innombrables indications du texte, et l'idée du lieu de cette convergence, ce qui participe, nous allons y revenir, au leurre du centre privilégié. Signalons ensuite les relations que ces épigraphes entretiennent séparément avec le texte. Dans l'exergue de Pline, plus bref, soulignons, pour y revenir (II, F), l'indication d'un lieu qui doit être son propre support. Dans l'exergue de Novalis, plus long, signalons l'idée d'un jeu de pierres sur le sol, ce qui renvoie aux lettres ainsi dessinées par les enfants; l'idée de larmes, ce qui correspond, entre autres, aux larmes d'Isis; le nom de Saïs ouvertement utilisé « Saïs, Isis, Isa », et qui renvoie deux fois à Isis : d'une part, phonétiquement; d'autre part, culturellement, puisque ce lieu est célèbre pour son culte de la déesse voilée auquel fait allusion, certes, le long strip-tease repris de *l'Observatoire de Cannes*. Mais il y a tout de même davantage : l'épigraphe de Pline appartient au domaine sidéral des planètes, en ce qu'elle n'est rien de moins qu'une description de la sphère céleste; l'épigraphe de Novalis appartient au domaine médiéval des Croisades, non seulement en raison de la proximité géographique de Saïs et de Jérusalem, mais encore, sans doute moins directement, en raison des claires allusions aux Croisades que renferme *Henri d'Ofterdingen*, une autre fiction, non moins connue, du même signataire. En outre, les deux exergues jouent de façon inverse avec le leurre du centre : celui de Novalis évoque un centre vide, « un endroit vacant », c'est-à-dire la phase déceptive après la promesse du centre plein, mais réconforte, « mit cette petite pierre », avec le geste de l'emplir; celui de Pline évoque un centre plein, la figure elle-même, c'est-à-dire la phase euphorique du leurre, mais déçoit, curieusement, nous aurons à y revenir (II, F), par la diffusion de ce centre en quelque sorte à l'ensemble de la figure elle-même.

En ce qui concerne les *relations des épigraphes*, il est donc clair que, comme pour les titres, c'est le principe de similitude qui a été retenu.

f) Le sixième problème est posé par les titres courants, le frontispice, les publications du signataire, la justification du tirage. Pour les titres courants, il a été facile d'inscrire en haut de chaque page, du côté de *la Prise*, la Prose de Constantinople et, du côté de *la Prose*, évidemment *la Prise de Constantinople*. Pour le frontispice, les publications du signataire, la justification du tirage, reconnaissons-le, rien n'a été risqué. Maints lecteurs ont ressenti l'absence de leurs éventuels doubles, à l'autre extrémité du livre, comme un *manque*. Ce qui nous a été reproché, alors, plusieurs fois, non sans quelque motif, c'est en somme de n'avoir pas tenu un compte suffisant des injonctions du dispositif, de n'avoir pas actualisé un virtuel que l'ouvrage élaborait avec insistance. Bref, et nous y reviendrons (III, D), d'avoir censuré une part du travail du livre.

F. *Les deux extrêmes*

Admettons-le : avec la fin du paragraphe qui précède, vient de se clore une assez volumineuse digression, commencée, il y a maintes pages, avec l'étude du *hors-texte textualisé* (II, B). Sans doute, l'analyse du conditionnement hors-textuel nous a permis de concevoir certains aspects du texte et de la fiction qui à mesure s'en dégage. Cependant, nous ne sommes pas encore parvenu aux divers mots qui succèdent au terme « rien », inaugural. Rappelons-le (II, B) : ce mot « rien » n'est guère mis en place, ici, pour illustrer le mythe d'une création « ex nihilo ». Il se propose comme une matérialité signifiante sitôt offerte, ainsi qu'on l'a vu (tableau 2), à un certain travail par lequel s'amorce l'exercice de l'écriture.

a) *La mise en place*. Or celui-ci, vis-à-vis de cette matérialité rendue effervescente, peut graphiquement réussir aussi bien une experte mise à l'ombre qu'une exacte mise en évidence. Un conflit se noue, en effet, scriptural, entre les mots du texte et les lignes de l'écriture. Si cette contradiction subit la dominance de la ligne, alors les mots tendent à se fondre, d'une part, dans cette unité supérieure, d'ordre graphique et, d'autre part, si elle se trouve en même temps active, dans cette autre unité supérieure, d'ordre syntaxique, la phrase. Si cette contradiction éprouve en revanche la dominance des mots, alors les mots tendent à jouir, visibles et comme indépendants, d'une manière d'autonomie vis-à-vis, d'une part, de la ligne d'écriture et, d'autre part, si elle se trouve en même temps active, de la phrase elle-même. Tel conflit, pour s'en tenir à ses caractères les plus immédiats, peut se comprendre de manière quantitative : la dominance de la ligne sur les mots est directement proportionnelle au nombre des mots que la ligne subsume. Ou, si l'on préfère, elle est inversement proportionnelle à l'ampleur des blancs dont l'efficace l'efface. Mettre en scène la fructueuse effervescence du terme « rien » suppose donc deux gestes : l'un de nature graphique (une certaine mise en page); l'autre de nature syntaxique (une certaine mise en phrase). La mise en page, quelque peu singulière dans le genre romanesque, a suscité la venue, que le lecteur connaît, du solitaire terme « rien », entouré de tout le blanc nécessaire à sa promotion, non seulement celui de la ligne, mais presque celui de la page entière, guère plus qu'une ligne se trouvant seulement écrit vers le bas : « Sinon, peut-être, affleurant, le décalage qu'instaure telle certitude ». La mise en phrase, sans doute plus commune, a cependant obtenu l'écriture, que le lecteur connaît, de deux phrases nominales assez problématiquement associées pour permettre une certaine hésitation syntaxique. Dans un premier temps, les deux énoncés se présentent comme deux phrases nominales distinctes. Ou, si l'on préfère, comme le degré sous-développé de l'ordre syntaxique, puisque la syntaxe s'y trouve réduite à une portion congrue exempte, au plan fondamental, et du noyau verbal, et de la fonction sujet, et de la fonction objet. Dans un second temps, les énoncés se présentent comme une seule phrase nominale sectionnée. En effet, ainsi qu'il est plus fréquent, ils pourraient se réunir, à l'aide de la conjonction adversative, en une phrase unique : « Rien, sinon, peut-être, affleurant, le décalage qu'instaure telle certitude ». En ce cas, le large blanc intercalaire joue un rôle ruptif à l'intérieur de la phrase qui tend à se construire : il sépare, graphiquement, les énoncés qui tendaient, syntaxiquement, à se rejoindre. Ainsi la mise en page et la mise en phrase se combinent ici en une mise en place capable, d'une part, de restreindre la force d'intégration de la ligne et de la syntaxe, et, d'autre part, corrélativement, de promouvoir les mots ainsi dégagés.

b) *La mise en lecture.* Avec les indications précédentes, ce qui se trouve tiré au clair, c'est, d'une part, la place qui dispose et, d'autre part, la syntaxe qui relie un certain nombre d'éléments. Avec les indications suivantes, ce qui doit être tiré au clair, aujourd'hui, c'est la venue des termes eux-mêmes. Pour ce faire, il importe de ne pas perdre de vue les principes de notre travail : ce roman s'écrit, non pas selon le mécanisme majeur de la reproduction, qui suppose telle entité antécédente à reconduire, mais bien selon le mécanisme majeur de la production, qui élabore le texte, d'une part, en tenant le plus grand compte de ses caractères spécifiques et, d'autre part, en ne se dissimulant guère en son exercice. En ce qu'elle doit prendre en considération les caractères spécifiques du texte qu'elle produit, telle écriture est articulée à une précise forme de lecture. Cette lecture, redisons-le, n'est pas ce que nous nommons la *retrouvaille*, et qui se borne à revoir, dans ce qui est écrit, ce qu'on prétendait dire, bref l'entité antécédente de l'expression et de la représentation. Cette lecture est ce que nous appelons le *déchiffrement*, et qui s'efforce de saisir, dans ce qui a été écrit, les particularités de ce qui est écrit, bref telle organisation précise que l'écriture aura à prendre en considération en la travaillant. Cette prise en compte et ce travail s'accomplissent au moins de deux manières. L'une ressortit à l'*autoréglementation* et se subdivise notamment en deux opérations. Avec l'*autoreprésentation*, l'écriture défère à l'organisation que la lecture vient de déchiffrer dans ce qui vient d'être écrit et met en œuvre, à différents niveaux, certains dispositifs qui obéissent au même principe. Avec l'*anti-autoreprésentation*, l'écriture contrevient à l'organisation que la lecture vient de déchiffrer dans ce qui vient d'être écrit et met en œuvre, à différents niveaux, certains dispositifs qui obéissent soit à d'autres principes, soit à un principe inverse. L'autre manière relève de l'*autocommentaire* : l'écriture y prend pour objet l'organisation que la lecture vient de déchiffrer dans ce qui vient d'être écrit et lui répond au plan des catégories intellectuelles. En ce qui concerne la mise en évidence de telles opérations, elle tend à s'obtenir non seulement sans difficulté mais encore de manière quasiment automatique. Avec l'anti-autoreprésentation de façon indirecte, avec l'autoreprésentation et l'autocommentaire de façon plus directe, il est clair que l'écriture réussit un coup double : d'une part, dans la mesure où elle opère à partir des indications données par la lecture, elle renforce, en les multipliant, les dispositifs qui ont été déchiffrés; d'autre part, dans la mesure où elle multiplie ces dispositifs, elle rend plus sensibles les opérations qui les ont produits.

Ainsi, à ce stade précoce du travail, aujourd'hui, écrire la deuxième phrase suppose, d'une part, que s'est trouvée mise en lecture productrice la première, ce « rien », en l'occurrence, tout environné de blanc qu'il se propose et, d'autre part, que le scripteur accepte d'opérer à partir des indications ainsi offertes.

L'une des indications que peut fournir la lecture, nous la connaissons déjà : résolument arraché à l'empire de la ligne, relativement affranchi de l'emprise de la syntaxe, le terme « rien », loin de se fondre dans l'intelligibilité de ce qu'il signifie, tend à comparaître isolé, massif, solide, dans son insistance matérielle. Bref, ce qui est lisible à une lecture productrice, c'est, sur tel point, une opposition ou, mieux, un décalage, entre ce qui est prétendu par le mot, l'assertion d'un certain néant, et ce qui est obtenu par la mise en place, l'instauration d'un certain être : la trace matérielle de ce mot. Pour s'en tenir aux solutions finalement admises, il est donc possible de recourir à un autocommentaire. Celui-ci, prenant pour objet ce précis phénomène d'écriture, entend lui répondre selon une manière de glose minuscule qui n'exclut point le jeu sur certains mots : la *certitude* du rien *instaure un décalage affleurant*, sur la page, par lequel *peut* s'obtenir un certain *être*. Il est non moins possible de recourir à une autoreprésentation. Celle-ci s'accomplira, même, au niveau littéral : prenant pour objet l'opposition écrite entre le rien qui se trouve dit et l'être qui se voit requis pour le dire, elle propose un terme conforme à ce dispositif en ce que, selon une manière de calembour, il se construit sur l'actif d'une opposition lisible, celle du oui et du non : *si-non*. Tels se donnent donc à lire les termes dont, plus haut (II, F, a), nous avons précisé l'emplacement paginal ainsi que le caractère syntaxique et dont, plus bas (II, F, e), nous signalerons une tout autre détermination : « Sinon, peut-être, affleurant, le décalage qu'instaure telle certitude. »

L'autre indication que peut fournir la lecture, nous la connaissons aussi : c'est l'isolement du terme rien dans une large surface de blancheur. Pour s'en tenir aux solutions finalement admises, il est possible de recourir à deux espèces d'autoreprésentation. L'une, qui agit au même niveau, appartient à ce que nous appelons une autoreprésentation horizontale; l'autre, qui agit entre deux niveaux, relève de ce que nous nommons une autoreprésentation soit verticale, soit oblique [1].

Avec l'autoreprésentation horizontale (ici littérale), l'écriture défère à l'organisation qui vient d'être lue au niveau même de la page ou, si l'on préfère, elle la promeut au statut de règle : au lieu de se maintenir à l'écart du pur accident scriptural, ce dispositif singulier se prend à devenir pluriel. Le lecteur le retrouve non seulement deux fois consécutives mais encore, identiquement ou diversement, maintes fois en la suite du livre. D'abord, isolés, les termes « Le noir » et, outre le blanc, les lignes : « Pour obscure qu'elle soit, il semble qu'on ne puisse revenir du plus loin sans accréditer cette figuration du vide. » Puis, isolés, les termes « C'est la nuit » et, outre le blanc, la ligne : « Et, déjà, peu à peu, une clarté diffuse l'élucide. »

Avec l'autoreprésentation verticale (ici ascendante), l'écriture défère à l'organisation qui vient d'être lue mais à un autre niveau ou, si l'on préfère, elle la promeut au statut de modèle : au lieu de se maintenir à l'état de pur accident scriptural, ce dispositif se multiplie en s'offrant comme moule à la fiction. En voici deux exemples. L'un, miniature, est quelque peu complexe; l'autre, plus ample, est apparemment plus simple.

Le premier exemple concerne la venue du terme « noir ». Nous le savons (II, A) : le terme « noir », parvenu d'emblée à la textualité en ce qu'il se trouve à la rencontre de deux séries potentielles issues du sélectande « rien », appartient aux bases à partir desquelles la fiction aura à se construire. Sans doute, puisqu'il relève de la série obtenue par un idéo-assimilateur (tableau 2), il se trouve particulièrement apte à interpréter le « rien » initial. Seulement, il y a davantage. Le terme « noir » se figure en quelque sorte lui-même, non moins, comme trace de couleur noire, intensément lisible par suite de la place qui lui est impartie au beau milieu du blanc. Bref, la couleur noire qui survient au plan de la fiction représente la couleur noire survenue au plan de la typographie. Du coup, s'agissant cette fois du terme « rien », le décalage instauré entre ce qui est dit par le mot et ce qui est fait par la mise en place de ce mot peut se concevoir de façon plus exacte : c'est une anti-autoreprésentation verticale (ici ascendante). L'idée de rien, qui survient au plan de la fiction, anti-représente, en ce qu'elle obéit

---

1. Pour plus de détails : « La population des miroirs » (II, E : La croix de l'auto-représentation).

à un modèle inverse, l'assurance d'un être, survenue au plan de la typographie. Cette remarque permet d'obtenir une nouvelle complexité ordonnée selon les mêmes principes. Entre la mise en place de « rien » isolé dans le blanc et de « noir » isolé dans le blanc, il y a donc deux niveaux d'autoreprésentation : d'une part, au premier degré, comme nous l'avons vu au paragraphe précédent (et en prenant comme indication fournie par la lecture, la disposition isolée du mot « rien »), une autoreprésentation horizontale, bref ce qu'on pourrait ici nommer la règle de mise en page; d'autre part, au second degré (et en prenant cette fois comme indication fournie par la lecture, le rapport du terme « rien » à lui-même), une anti-autoreprésentation horizontale, bref ce qu'on pourrait ici nommer l'anti-règle de l'autoreprésentation de second degré : en effet, tandis que le rapport du terme « rien » à lui-même est une anti-autoreprésentation verticale, le rapport du terme « noir » à lui-même, *inversement*, relève d'une autoreprésentation verticale. Seulement, on le devine, l'élaboration est ici un peu plus complexe. Si l'on considère cette fois, non plus le rapport vertical du terme à lui-même, mais bien le rapport oblique du terme à son entour, alors c'est chaque composant qui se trouve parfaitement inversé et, par voie de conséquence, leur rapport qui se voit entièrement maintenu. Il est clair, en effet, au premier degré, d'une part, que l'idée de rien est une correcte autoreprésentation oblique ascendante du vide blanc qui entoure le terme « rien » et, d'autre part, que l'idée de noir est une exacte anti-autoreprésentation oblique ascendante du papier blanc qui entoure le terme « noir ». Il est donc clair, au second degré, que le rapport de cette première autoreprésentation oblique et de cette anti-autoreprésentation oblique se trouve, comme précédemment, de l'ordre d'une anti-autoreprésentation horizontale de second degré.

Le second exemple concerne la venue du lever de lune. L'organisation qui vient d'être lue, c'est toujours la mise en page initiale : le terme « rien » environné de blanc, surplombant de très haut la ligne d'écriture. L'autoreprésentation oblique ascendante confère à ce dispositif un statut de modèle auquel la fiction est astreinte à se rendre conforme. Comme, d'une part, nous venons de le voir, l'idée de noir se trouve en l'air; comme, d'autre part, nous l'avons vu plus haut, les idées de médiévalité et de sidéralité se trouvent en cours, la solution admise a été celle-ci : la venue, certes sur fond de nuit, d'un astre clair, la lune, qui correspond au terme rien et satisfait à l'exigence sidérale, au-dessus d'une architecture crénelée, qui figure les inégalités, lettres hautes et basses, de la sous-jacente ligne d'écriture et obéit à l'impératif médiéval. Avec telle solution, il est clair que deux types d'autoreprésentation ont été simultanément mis en œuvre : d'une part, au plan du dispositif, une autoreprésentation ascendante, le paysage fictionnel figurant, en ses détails, le paysage paginal; d'autre part, au plan des couleurs, une anti-autoreprésentation ascendante, les couleurs présentées par la fiction inversant, en leur venue, les couleurs offertes par la page. Bref, ce mixte autoreprésentatif oblique est, au sens photographique, une manière de négatif.

Certains lecteurs attentifs supposeront peut-être, aujourd'hui, que nous avons fait peu de cas, en l'analyse qui précède, de la présence, dans l'ample blanc de notre page, du triangle à pointe en bas qui forme l'enseigne de ce chapitre. Il nous faut leur suggérer d'en revenir au livre : à ce triangle typographique inscrit à droite du mot « rien » correspond l'évocation fictionnelle de Vénus située à l'ouest de la lune. Ce qui se voit actif, en l'occurrence, c'est donc, de nouveau, un mixte autoreprésentatif oblique. Il est formé, d'une part, d'une autoreprésentation quant aux formes, le triangle à pointe en bas selon la lettre V de Vénus et, d'autre part, d'une anti-autoreprésentation quant aux places : le triangle se trouve à droite du mot « rien », ce qui correspond à la commune indication de l'est; Vénus se situe évidemment à l'ouest, ce qui correspond à une inscription paginale à gauche.

c) *La construction du syntexte.* Commençant par le terme « rien », le texte fait aussi autre chose : qu'il le veuille ou non, il se trouve faire signe à tous les textes dont le fonctionnement dispose en évidence le terme « rien ». D'une part, sans doute, indirectement, le mythique livre flaubertien écrit « sur rien »; d'autre part, surtout, plus directement, les divers textes qui s'ouvrent par ce début bien reconnaissable : *Salut* de Stéphane Mallarmé, avec « Rien, cette écume, vierge vers à ne désigner que sa coupe... », ou *Martereau* de Nathalie Sarraute, avec « Rien en moi qui puisse la mettre sur ses gardes... ». Au lieu donc de surgir du néant, le texte s'inscrit d'emblée, ainsi, dans une certaine constellation de textes.

Cependant, si l'on considère ce phénomène avec davantage de rigueur, c'est sitôt un nouveau fonctionnement qui se propose. Nous l'avons vu (I, Introduction) : il est possible de construire la textualité d'un élément, ou ensemble des rapports qu'il noue avec tel état du texte. Nous l'allons voir : il est possible de construire l'intertextualité d'un autre texte, ou ensemble des rapports qu'il noue avec tel état du texte. En effet, l'intertexte général, ou ensemble de tous les textes, se subdivise, opératoirement, en plusieurs espèces d'intertextes restreints. Entre autres, ce que nous pourrons nommer *graphotexte*, ou ensemble des textes assumés par le même signataire; *anthologicotexte*, ou ensemble des textes de signataires différents réunis dans un même livre; *bibliotexte* [1], ou ensemble des textes évoqués nommément dans un texte, et ainsi de suite. De la même manière, nous appellerions *syntexte* l'intertexte restreint composé de l'ensemble des textes dont chacun, sans appartenir à aucune des catégories précédentes, entretient un nombre remarquable de rapports avec le texte en cause. Or, si l'on veut bien y prendre garde, il est clair que l'inscription de notre texte dans telle constellation d'autres textes peut s'entendre comme l'esquisse d'une présélection intertextuelle ou, si l'on préfère, comme un aspect de la première phase d'une construction : celle de l'intertextualité de chacun de ces textes par rapport à l'état présent de notre texte. Plus précisément : le réservoir, ici, c'est l'intertexte général, ou ensemble de tous les textes; le sélectande, c'est le début du texte en ce qu'il comporte le terme « rien » à l'initiale; le sélecteur, c'est un matério-assimilateur littéral, qui considère les mots des textes; le résultande, c'est la série potentielle comprenant, entre autres, le poème de Mallarmé et le roman de Sarraute. La mise en œuvre de l'ensemble du mécanisme suppose, dans une première phase, l'extension des présélections et, dans une autre phase, l'accomplissement de la sélection.

En ce qui concerne la présélection, il est loisible soit de faire agir davantage le même aspect textuel, soit de mettre en jeu certains aspects textuels différents. Revenons donc, d'abord, au terme « rien » placé à l'initiale : il est possible de faire agir d'autres sortes de sélecteurs. Nous l'avons vu : en faisant jouer un matério-assimilateur littéral, qui considère les mots dans les textes, la présélection a notamment requis *Salut*, de Mallarmé. Nous l'allons voir, en faisant intervenir un matério-assimilateur paginal, qui considère l'emplacement des mots dans la page, la présélection est en mesure de retenir *Un coup de dés*, du même signataire. Sans doute, en ce cas, le terme « rien » ne figure-t-il pas au tout début du poème, mais il inaugure spectaculairement l'une de ses précises doubles pages [2], et il se dispose (figure 6), nous le savons (figure 7), comme dans *la Prise de Constantinople*, seul et environné de blanc.

En outre, par l'effet d'un idéo-assimilateur et cette fois selon un certain laxisme, nous avons vu que la présélection peut évoquer le livre « sur rien » de Flaubert. Venons-en donc, maintenant, à d'autres aspects de notre texte. Soit le sélectande constitué par un phénomène que nous avons souligné (II, F, b) : tel nocturne paysage sidéral comme

---

1. Pour plus de détails : « La métaphore d'un bout à l'autre » (III, C : La bibliothèque du texte).
2. Stéphane Mallarmé : *Œuvres complètes*, Gallimard, « Bibl. de La Pléiade », p. 474.

RIEN

de la mémorable crise
ou se fût
l'événement

(Figure 6)

▽

Rien.

Sinon, peut-être, affleurant, le décalage qu'instaure telle certitude.

(Figure 7)

négatif de la disposition paginale Il suffit que se trouve mis en œuvre un idéo-assimilateur pour que s'obtienne, en résultande, cette exacte note de *Quant au livre* [1] :

1. Stéphane Mallarmé : *Œuvres complètes*, Gallimard, « Bibliothèque de la Pléiade », p. 370.

Tu remarquas, on n'écrit pas, lumineusement, sur champ obscur, l'alphabet des astres, seul, ainsi s'indique, ébauché ou interrompu; l'homme poursuit noir sur blanc.

En ce qui concerne la sélection, le réservoir, c'est, ici, les diverses séries potentielles mises en évidence par la présélection : soit celles qui résultent d'un même sélectande opéré par des sélecteurs différents, soit celles qui proviennent de sélectandes différents travaillés par des sélecteurs différents ou identiques. Le sélectande, c'est, ici, les divers textes intertextualisables, ceux qui entretiennent au moins deux relations avec le texte en cause. Le sélecteur, c'est un optimisateur apte à distinguer les textes entretenant un nombre remarquable de ces relations. Le résultande, c'est les textes intertextualisés ou, plus précisément, en l'occurrence, les textes *syntextualisés* à partir de tel état de notre texte. Constatons-le alors, mais à ce stade précoce du texte, il ne saurait guère en être autrement : aucun des textes présélectionnés ne remplit les conditions de sa sélection éventuelle. Il n'en est pas un seul, en effet, qui figure sur plusieurs des séries potentielles de la présélection. Et pourtant, entre ces divers textes, il existe bien une différence. Elle peut s'écrire ainsi : si aucun des textes présélectionnés ne remplit *directement* les conditions de sa sélection, certains les remplissent *indirectement*. Il est clair en effet, par opposition au « livre » de Flaubert et au roman de Sarraute, que *Salut*, *Un coup de dés* et la note de *Quant au livre* sont respectivement associés : ils appartiennent à un autre système intertextuel, le graphotexte, ou ensemble des textes assumés par un même signataire. Ce qui s'est accompli, en conséquence, très précisément, c'est la *syntextualisation d'un graphotexte*, c'est-à-dire la construction d'un nombre remarquable de relations entre un texte et une autre espèce d'intertexte restreint. Nous devons donc l'admettre : *Salut*, *Un coup de dés* et la note de *Quant au livre* sont intertextualisés indirectement, par l'intermédiaire du graphotexte mallarméen qui les assemble. Cependant, remarquons-le : si les trois textes de Mallarmé accèdent, dès ce stade, au syntexte de *la Prise de Constantinople*, ce n'est aucunement prétendre que les autres textes sont condamnés à n'y jamais parvenir. Ainsi, peu de pages après, quand la mise en lecture de ce qui a été écrit fait surgir, paragrammatiquement, le patronyme du signataire de *Par les champs et par les grèves :*

Le souf*fle* écourté par l'armure (...). Par-dessus le h*aubert*, le bliaud blanc présente...

ce qui accède non moins au syntextualisable, c'est le graphotexte flaubertien.

d) *La production syntextuelle.* Avec la *construction* syntextuelle, l'intertexte général joue un rôle passif : celui de réservoir. Avec la *production* syntextuelle, l'intertexte restreint accomplit une fonction active : celle, en quelque façon, du texte lui-même. Certes, il n'est pas le texte, mais, comme le texte, certains de ses aspects peuvent prétendre au statut d'opérande dans les ultérieurs mécanismes de la production. Soit, par exemple, le sélectande constitué par le nom de Mallarmé, signataire d'un des graphotextes syntextualisés. Il suffit que se trouve mis en œuvre un matério-assimilateur phonétique pour que s'obtiennent, en résultande, les séries potentielles comportant, d'une part, les termes du genre « l'arme, larme, l'armure, l'armoire, l'armoise, etc. » ainsi, d'autre part, que les termes de la série droite « mal, malle, mât, etc. » avec à la limite tous les mots contenant la syllabe « ma », et, non moins, les termes de la série inverse « lame, l'âme, etc. ». Nous le comprenons : telles séries potentielles présélectives jouent alors leur rôle quand il s'agit d'établir, à mesure, la textualisation respective des éléments aptes à figurer en tel endroit du texte, de manière à choisir celui qui bénéficie du meilleur indice de surdétermination. Ainsi, lorsqu'il s'est agi, peu après, de décrire tel soldat, d'une part, il se trouve revêtu de *l'armure* tandis que sa vision est troublée par une luminosité comme *im*aginaire et, d'autre part, évidemment, il se voit armé d'une *lame :*

> Le souffle écourté par *l'armure*, le visage si proche du sable que la vision en est troublée par l'instable luminosité, comme *im*aginaire, des paillettes de mica (...) la *lame* horizontale, pointée en avant, resplendissante, surplombe la coupole du casque.

Soit, maintenant, les sélectandes constitués par les aspects du graphotexte mallarméen syntextualisé. Il suffit que se trouve mis en œuvre un matério-assimilateur pour que s'obtiennent, en résultande, les séries potentielles comportant toutes manières de variations. Nous le comprenons : telles séries potentielles présélectives jouent alors leur rôle quand il s'agit d'établir, à mesure, la textualisation respective des fragments d'autres textes aptes à figurer à tel endroit du texte, de manière à choisir celui qui bénéficie du meilleur indice de surdétermination. Ainsi, lorsqu'il s'est agi, vers la « fin » de la partie △, de faire intervenir une inscription sur la curieuse borne, ce qui a été choisi, c'est une proposition capable de se lire : « Carme, bloc ici-bas chu d'un dé, astre obscur » et venue, évidemment, de « Calme bloc ici-bas chu d'un désastre obscur » du *Tombeau d'Edgar Poe.*

Soit, enfin, le sélectande constitué par le graphotexte flaubertien, puisque nous avons vu par quel biais il pouvait prétendre à la syntextualisation. Toutefois, avant de dire quelle sorte de sélecteur lui a été infligé, il importe de préciser les rapports exacts du texte où Flaubert suppose le fameux livre « sur rien » [1] et de *la Prise de Constantinople*. D'une part, il y a les relations droites. Premièrement, l'intervention de la planète Terre, conforme à l'évocation plinienne de la sphère céleste mise en exergue. Pour l'une : « comme la terre sans être soutenue se tient en l'air »; pour l'autre : « une telle figure (...) doit être son propre support ». Deuxièmement, la dimension égyptienne. Pour l'une : « les pylônes égyptiens » : pour l'autre, Isis. D'autre part, et surtout, il y a les relations inverses. Premièrement, le premier texte relève du projet mythique, le second de la réalisation effective. Deuxièmement, l'un, avec quelque sérieux, s'appuie sur l'*idée* de rien et l'autre, avec quelque ironie, sur le *mot* de rien. Troisièmement, l'un s'appuie sur un « affranchissement de la matérialité » de « l'expression », et l'autre prend soin de tabler sur la matérialité même des mots, de la page, du livre :

> Ce qui me semble beau, ce que je voudrais faire, c'est *un livre sur rien*, un livre sans attache extérieure, qui se tiendrait de lui-même par la force interne de son style, *comme la terre sans être soutenue se tient en l'air*, un livre qui n'aurait presque pas de sujet ou du moins où le sujet serait presque invisible, si cela se peut. Les œuvres les plus belles sont celles où il y a le moins de matière; plus l'expression se rapproche de la pensée, *plus le mot colle dessus et disparaît, plus c'est beau*. Je crois que l'avenir de l'Art est dans ces voies. Je le vois à mesure qu'il grandit, s'éthérisant tant qu'il peut, depuis *les pylônes égyptiens...* [1]

Comme la dominante de ces rapports est de l'ordre d'une inversion, on devine qu'il y a quelque intérêt à faire jouer cette fois, comme sélecteur, non point une assimilation mais son contraire : non point un idéo-assimilateur mais un idéo-inverseur. Ainsi, lorsqu'il s'est agi, vers la « fin » de la partie △, de faire intervenir « diverses malversations verbales, affectant le mot pour ce qu'il est une juxtaposition de sonorités », c'est le rapport de Carnac et de Karnak qui a été requis :

> Lou déclare, en particulier, qu'elle se souvient parfaitement, soudain, avoir observé cette pierre pendant son enfance, en Bretagne, probablement dans l'un des menhirs alignés à Carnac (...) Mais Berthold Toth précise qu'il s'agit plutôt, si sa mémoire est correcte, d'un obélisque brisé de Karnak, tel que peut le découvrir une observation suffisamment scrupuleuse, à proximité du huitième pylône...

1. Gustave Flaubert, *Lettres à Louise Colet*, 16 janvier 1852, dans la *Correspondance*, Éd. Conard, t. II, p. 345-346.

et qui vient évidemment, par idéo-inverseur, de tel passage de *Par les champs et par les grèves* [1] :

> Puis on alla chercher les Grecs, les Égyptiens et les Cochinchinois. Il y a un Karnak en Égypte, s'est-on-dit, il y en a un en Basse-Bretagne. Or, il est probable que le Carnac ici descend du Karnak de là-bas ; cela est sûr ! Car là-bas, ce sont des sphynx, ici des blocs. Des deux côtés, c'est de la pierre. D'où il résulte que les Égyptiens (peuple qui ne voyageait pas) sont venus sur ces côtes (dont ils ignoraient l'existence), y auraient fondé une colonie (car ils n'en fondaient nulle part), et qu'ils y auront laissé ces statues brutes (eux qui en faisaient de si belles), témoignage positif de leur passage (dont personne ne parle).

Dans un cas, en effet, il s'agit d'ironiser, à partir d'un précis savoir, sur une théorie axée sur le jeu des termes ; dans l'autre, il s'agit d'accréditer, à partir d'une précise pratique, un fonctionnement textuel axé sur le jeu des mots. Ce que confirme, dans la partie ▽, tel transparent passage :

> Il vouait une inaltérable passion à tout ce qui s'édifie sur les mots, assemblant et combinant calembours et paronomases, homonymes et anagrammes, rimes et palindromes. Il s'avançait jusqu'à prétendre qu'on ne saurait saisir l'enchaînement des pensées et les constellations qu'elles forment, tant qu'on refuserait d'admettre qu'en mainte circonstance les mots, non moins que les choses, s'assemblent selon de secrètes affinités. Il s'était plu, *malgré Flaubert disait-il*, à rapprocher sur ces murs le Carnac breton du Karnak égyptien...

Mais peut-être y a-t-il en l'occurrence, clandestinement, une manière de leçon : celle qui permettrait d'entendre la raison pour laquelle le livre sur rien est resté chez Flaubert à l'état de fantasme. Devant le rapprochement de Carnac et de Karnak ou, si l'on préfère, devant l'efficace de la matérialité des vocables, un écrivain présente une réaction relevant du positivisme et un autre propose une action relevant de la poésie : il accepte, selon la formule de Mallarmé, de céder « l'initiative aux mots ».

e) *L'ordination syntextuelle.* Nous l'avons vu d'emblée (I, Introduction) : avec la contestation de l'expressif et du représentatif, le problème du *choix* des éléments se trouve sitôt posé. Mais, on le devine, il est loin d'être le seul. Parmi bien d'autres, ce qui est mis en lumière, non moins, c'est le problème de l'*ordre* des éléments. Par elles-mêmes, la présélection et la sélection ne proposent qu'un ensemble d'éléments textualisés, c'est-à-dire aptes à figurer dans le texte. Sauf dans certains

---

1. Gustave Flaubert, *Œuvres complètes*, Éd. du Seuil, coll. « l'Intégrale », t. II, p. 494.

cas [1], elles ne préjugent point de la place de tels éléments. Or cette place comporte deux aspects : d'une part, au niveau de la dimension référentielle de la fiction, ou ordre idéel; d'autre part, au niveau de la dimension littérale de la fiction, ou ordre matériel. De même que la sélection, l'ordination présente une ample variété de procédures. Il est cependant facile d'en concevoir le principe à partir des composants minimaux : l'opérande, nommé en ce cas l'*ordinande*, ou base à partir de laquelle sera établie l'ordination; l'opérateur, nommé en ce cas l'*ordinateur*, ou action accomplie sur l'ordinande; le résultande, ou effet de l'action entreprise à partir de l'ordinande. Nous le savons désormais : comme le sélectande, l'ordinande peut faire partie, entre autres, soit du texte et il s'agit alors d'une ordination intratextuelle ou auto-ordination, soit d'un intertexte et il s'agit alors d'une ordination intertextuelle. Nous le comprenons aussi : l'ordinateur peut notamment procéder soit comme un matério-assimilateur ou un idéo-assimilateur, soit comme un matério-inverseur ou un idéo-inverseur. Quant au résultande, il est l'ordre ainsi obtenu.

Proposons d'abord l'exemple d'une *matério-ordination intertextuelle locale*, c'est-à-dire, par l'effet d'une directive de l'intertexte, une mise en ordre de mots proches. Nous l'avons vu (II, F, d) : par suite de l'intervention du nom de Mallarmé dans le mécanisme de sélection, la description d'un soldat s'est notamment construite à l'aide des mots : *imaginaire*, *lame*, *l'armure*. Le problème est donc le suivant : est-il possible de surdéterminer leur ordre matériel, c'est-à-dire leur apparition dans le cours du texte ? A supposer que la réponse soit positive, la question se divise en deux. La première concerne le choix de l'ordinande; la seconde le choix de l'ordinateur. Avec ces mécanismes se met en place tout un ensemble de fonctionnements : celui des rapports entre sélection et ordination qu'il nous faut succinctement évoquer. Ce domaine comporte au moins deux strates. L'une peut se nommer *niveau élémentaire :* il affecte les éléments. Ou bien les éléments sont choisis *puis* ordonnés et c'est une sélecto-ordination; ou bien les éléments sont choisis *à partir* d'un principe d'ordre et c'est une ordino-sélection. L'autre peut s'appeler *niveau opératoire :* il affecte les opérations. Ou bien il s'agit de choisir tel principe d'ordre et c'est une *sélection ordinale ;* ou bien il s'agit d'ordonner tels principes de choix et c'est une *ordination sélectale*. Sans entrer aujourd'hui dans les enjeux et les mécanismes de ces contradictions [2], notons

---

1. Pour plus de détails : « La révolution textuelle » (II, D : La production et la reproduction), *Esprit*, n° 12, 1974. Et, ici même, un peu plus bas.
2. Pour plus de détails : « La révolution textuelle » (II, D : La production et la reproduction), *Esprit*, n° 12, 1974.

seulement que le problème du choix de l'ordinande relève évidemment de la sélection ordinale. Or, on le devine, il n'y a aucune raison, en l'occurrence, pour que le critère de choix ne soit pas le même au niveau élémentaire et au niveau opératoire. Il relève donc de la surdétermination. Quant au choix de l'ordinande, la solution semble ici immédiate. Nous l'avons vu : le sélectande est lui-même construit, déjà, par l'exercice de la surdétermination. Il suffit donc de le choisir aussi comme ordinande pour satisfaire à l'évidence au critère surdéterminatif. Il s'agira donc, pour ce cas, du mot : Mallarmé. Quant au choix de l'ordinateur, nous savons qu'il doit s'accomplir entre un matério-assimilateur, qui règle la venue des termes selon l'ordre des syllabes de l'ordinande, et son réversible, un matério-inverseur. Puisque, dans un premier temps, le texte s'offre comme un va-et-vient, l'ordre droit, actif avec le matério-assimilateur, et l'ordre contraire, actif avec le matério-inverseur, paraissent également légitimes. Puisque, nous l'avons mainte fois souligné, tel va-et-vient du livre se trouve en fait dominé par l'ordre habituel, il est stratégiquement opportun, en cette occurrence minuscule, de retenir l'ordre contraire. Il s'agira donc pour ce cas d'un matério-inverseur. Bref, c'est le mot choisi à partir de la fin du vocable « Mallarmé », c'est-à-dire *l'armure*, qui se trouvera au début et les mots choisis à partir de son début, *lame* et i*maginaire*, qui seront à sa suite. Certes subsiste encore la question de l'ordre respectif de ces deux derniers termes. On devine les deux raisons qui favorisent l'ordre i*maginaire*-*lame* de préférence à l'ordre *lame*-i*maginaire* : avec le premier se proposent deux organisations supplémentaires. Premièrement, une contre-attaque, en plus petit encore, de l'ordre dominant contesté en petit : ce qui se rencontre en effet, cette fois en ordre droit, c'est une infime évocation de l'ordinande : *ma-lame, Mallarmé*. Deuxièmement, une microscopique mise en abyme du livre lui-même. Avec le dispositif de ce livre, nous l'avons vu, se distribue une symétrie inverse : les deux entrées antagonistes désignent un centre vide. Avec le dispositf de ce passage, nous l'allons voir, *l'armure*-i*maginaire*-*lame*, se distribue non moins une symétrie inverse. Les deux pôles y sont bien antagonistes : l'armure ressortit à la défense, la lame relève de l'attaque. Et le centre y est bien... imaginaire.

Proposons maintenant l'exemple d'une *matério-ordination intertextuelle globale*, c'est-à-dire, par suite d'une directive de l'intertexte, une mise en ordre des mots lointains. Nous l'avons vu (figure 6) : le terme « Rien » se présente d'une façon spectaculaire dans *le Coup de dés*. Nous devons le voir : ce terme « Rien » inaugure, en tel poème, une proposition étrangement notable. Sitôt perçue la différence de typographie qui la distingue de l'alentour, surgit en effet, en diagonale, sur la double page, cette curieuse remarque : RIEN (...) N'AURA EU LIEU (...) QUE LE LIEU. Or il faut l'admettre aujourd'hui : cette phrase, si on la spécifie comme « rien n'aura eu lieu que le livre », constitue une excellente désignation pour un livre construit sur le terme rien. Et cette spécification est légitime au plan idéel comme au plan matériel. Au plan idéel, le mot rien n'a bien lieu que dans le livre; au plan matériel, le mot lieu, si l'on songe à la parenté des lettres U et du V, forme une sous-anagramme du mot livre. Cette relation supplémentaire renforce ainsi, vis-à-vis du roman qui nous occupe, la syntextualité du graphotexte mallarméen. Le problème est alors le suivant : est-il possible de recourir aux termes de cette proposition comme à un ordinande capable de définir, pour le livre, certains aspects d'un ordre global ? La procédure est simple : il suffit d'un matério-assimilateur pour que se dispose, à l'opposite du mot « rien » écrit à l'initiale du roman, son inverse, le mot « livre » écrit nécessairement à son autre extrême. Le lecteur connaît la solution retenue : une mise en typographie point trop lointaine, en son principe, de celle d'*Un coup de dés* et par laquelle cette fois, selon le jeu des capitales, un autre mot, le présent d'un verbe, se donne à lire comme le nom qu'il fallait en ce lieu obtenir :

> Certaine lecture consciencieuse suffit maintenant pour que l'irradiation de toute la figure élabore qui JE SUIS, et par un phénomène réflexif point trop imprévu, en un éclair, me LE LIVRE.

Cependant, il y a davantage : sitôt qu'on assimile le lieu au livre, le lieu où le livre a lieu devient le lieu des livres ou, si l'on préfère, une bibliothèque. Nous accédons ainsi à une ordination plus complète où le terme central de la proposition mallarméenne, *lieu*, provoque la venue de la partie centrale du roman qui nous occupe, les huit chapitres *dans la bibliothèque*.

Cependant, il y a davantage : en fait, nous le savons, cette proposition mallarméenne présente, sur la double page suivante, une suite qui, en l'occurrence, nous importe singulièrement : EXCEPTÉ (...) PEUT-ÊTRE (...) UNE CONSTELLATION. Le problème est donc le suivant : puisque le début de cet énoncé ordonne, de son premier à son dernier mot, *la Prise de Constantinople*, la suite de cet énoncé peut-elle ordonner quelque autre chose ? La solution est immédiate : ce que la suite de la phrase mallarméenne peut ordonner, c'est, si l'on peut dire, la suite du roman... achevé. Seulement, cette solution se divise en deux : le texte comporte ici une double suite. L'une ressortit à ce qu'on peut appeler sa mise en livre; l'autre à ce qu'on peut nommer sa mise en cycle. Considérons d'abord la mise en livre. Nous l'avons vu (II, B) : par suite de son conditionnement général qui affecte la première page de couverture, le texte est loin de s'offrir en fait avec son premier mot. Nous le savons : par suite de son conditionnement particulier qui affecte l'autre page de couverture, ce texte est loin de se finir avec son dernier mot : il se prolonge jusqu'à ce que nous avons appelé le titre gauche. Bref, au terme final de la formule d'*Un coup de dés*, CONSTELLATION, correspond, à l'extrémité du livre qui nous occupe, le titre *la Prose de Constantinople*. Or il en est bien ainsi : d'une part, en raison de la similitude, déjà reconnue (II, B) entre les mots Constellation et Constantinople ; d'autre part, en raison du titre (II, D) qui en ce lieu a été sur le point de s'écrire : LA PRISE DE LA CONSTELLATION. Du coup, ce titre refusé reçoit une nouvelle légitimité textuelle. C'est pourquoi, à défaut de s'établir ouvertement sur la couverture, il affleure néanmoins, en les dernières pages du livre, au cours du dialogue suivant :

> Et sur quoi se fonderaient-ils pour risquer des rapprochements aussi imprévus ?
> — Sur l'exercice de la lecture, tout simplement, dont vous paraissez refuser maintes dimensions. Des treize lettres qui forment Constellation et des quatorze qui édifient Constantinople, douze sont communes. Si l'on ajoute que les cinq premières lettres de ce quasi-anagramme se correspondent terme à terme, on ne sera pas trop loin d'admettre que, pour toute attention suffisante, votre curieux roman s'intitulera non moins « la Prise de la Constellation ».

Considérons maintenant la mise en cycle. Nous le savons : il est d'innombrables manières, pour la fin du livre, de faire en sorte que le lecteur songe à un retour au tout début : par exemple une similitude à plusieurs niveaux, comme dans *A la recherche du temps perdu*[1], ou une articulation syntaxique, comme dans *Finnegans Wake*. La formule retenue ici est double. D'une part, une indication quelque peu voyante. Avec la révélation *Je suis* (...) *le livre*, s'accomplit une manière de révolution : la fin du livre renvoie au livre lui-même qui s'offre ainsi, autrement, à une nouvelle lecture. D'autre part, celle qui nous importe ici, une indication quelque peu clandestine. Construit, de façon reconnaissable, sur la *suite* de la proposition mallarméenne, ce qui se donne à lire, ainsi, comme la suite du texte, n'est rien de moins que son propre *début*. Au « Rien (...) excepté (...) peut-être », d'*Un coup de dés*, correspond à l'évidence le « *Rien*. ( ) Sinon peut-être », de *la Prise de Constantinople*.

---

1. Pour plus de détails : « La métaphore d'un bout à l'autre » (III, D : L'hélice du texte).

f) *L'alpha et l'oméga*. Cependant, on le suppose, tels ne sont pas aujourd'hui les seuls liens qui rapprochent l'alpha et l'oméga de ce roman. Sans vouloir en rendre ici un compte exhaustif, précisons succinctement, sous deux chefs, quelques-unes de ces liaisons.

La première série concerne l'*autoreprésentation du conflit du i et du o*. Nous le savons : l'extrémité droite du livre se présente sous le signe du I, *la Prise*, et l'extrémité gauche se propose sous le signe du O, *la Prose*. Or, dans un premier temps, il est possible de concevoir un premier équilibre. Nous l'avons vu (II, D) : à l'extrémité droite dominée par le I, l'extrémité gauche se trouve agir en imposant la métamorphose d'un I en un O : la lune, d'abord au-dessus du donjon écrit un point sur un I, puis isolée en plein ciel écrit un O. Inversement, donc, à l'extrémité gauche dominée par le O, l'extrémité droite se trouve agir en infligeant à un O « l'immense rondeur », la surimpression d'un I, « l'axe organisateur de la coquille » :

> Qu'il me soit donc permis, au milieu de *l'immense rondeur* de cette salle (...). Pour obtenir une satisfaisante vision de la convergence des hublots, l'œil doit se placer sur *l'axe organisateur de la coquille*, ligne idéale qui joint le centre de la lucarne supérieure à celui du pentagone basal.

Toutefois, dans un second temps, il est possible de concevoir un second équilibre. A l'extrémité droite dominée par le I, le I, malgré sa lisible métamorphose en O, reste dominant : le soldat *se tient debout* et sa verticale silhouette est surplombée, en guise de point, par la resplendissante lame :

> Non pas allongé à terre (...), mais *puisque l'ombre du donjon s'est accourcie au point d'être inutile*, choisir plutôt, en pleine clarté, une attitude imprévue, celle, conventionnelle, emphatique, du combattant debout. (...) de manière telle que la lame horizontale, pointée en avant, resplendissante, surplombe la coupole du casque.

Inversement, donc, à l'extrémité gauche dominée par le O, le I, malgré sa lisible surimposition à la lettre O, reste dominé : le « narrateur » *s'allonge* et son horizontale silhouette est accompagnée, en guise de point, par le léger casque temporel :

> Qu'il me soit donc permis, au milieu de l'immense rondeur de cette salle, là où la suite est autorisée, de m'étendre sans encombre sur le lit élémentaire, la tête proche du léger casque temporel.

Néanmoins, dans un troisième temps, il est possible de concevoir un troisième équilibre. Pour le faire saisir, il est cependant nécessaire d'accomplir un très bref détour.

La seconde série de liaisons concerne en effet une *matério-organisation intratextuelle globale*, c'est-à-dire, par suite d'une directive du texte lui-même, une mise en ordre de mots lointains. Nous l'avons signalé d'emblée (I, Introduction) : s'agissant de *choisir* les éléments fictionnels à partir de certains aspects du texte, la difficulté, au début de l'entreprise, vient du fait que rien, du texte, ne se trouve encore écrit. Nous devons le souligner aujourd'hui : s'agissant d'*ordonner* les éléments fictionnels à partir de certains aspects du texte, la difficulté, au début de l'entreprise, vient non moins du fait que rien, du texte, ne se trouve encore écrit. Pour résoudre le problème du choix initial (II, A), nous avons été conduit à ce trajet logique : ne pouvant au départ se bâtir que sur un *rien*, le texte est induit à se construire sur l'idée de *surdétermination*. Pour résoudre le problème de l'ordination initiale, nous sommes alors conduit à prendre ce seul trajet que nous avons alors construit : commençant par la mise en scène d'un *rien*, le texte est induit à se clore avec une mise en place de la *surdétermination*. On le devine : celle-ci se marque de plusieurs manières. D'une part, des indications quelque peu voyantes désignant l'intersection : « la convergence des hublots », « l'irradiation de toute la figure ». D'autre part, celle qui nous importe ici, une indication quelque peu clandestine. Nous l'avons vu (II, A) : c'est par la chaîne « rien – INRI – croix – surdétermination » que les deux caractères initiaux du texte se sont trouvés au départ liés. Il est donc possible de satisfaire à l'ordinande global « rien - surdétermination » en disposant le terme « INRI » à l'alpha du texte et, à son oméga, le terme « croix ». Or le lecteur le sait : ni l'un ni l'autre de ces termes ne se donnent ouvertement à lire en tels lieux de *la Prise de Constantinople*. C'est que ce couple a été travaillé par la mise en place du troisième équilibre dans le précédent conflit du I et du O. Nous venons de le voir : le second équilibre est mis en cause, au « début » par un I dominant (le soldat se tient debout, etc.), et à la « fin » par un I dominé (le « narrateur » s'allonge, etc.). Le troisième équilibre égalise donc cette inégalité : là où le I est dominant, il soustrait un I; là où le I est dominé, il ajoute un I (tableau 8). Ainsi,

LIEU	BASE	TRANSFORMATION	RÉSULTAT
« début »	INRI	$-i$	*noir*
« fin »	*Jésus*	$+i$	*je suis*

(Tableau 8)

d'une part, ce qui se dispose, clandestinement, c'est bien le trajet du *rien* à la *surdétermination,* sous les espèces de la trajectoire « INRI – croix ». Ainsi, d'autre part, ce qui se propose, subrepticement, c'est bien malgré tout une manière d'accès aux Lieux Saints, sous les espèces du nom... *Jésus.* En effet, le *noir* du « début », c'est ce qui s'obtient anagrammatiquement si, dans le signe INRI, on élimine le I par l'adjonction du O. En effet, le *Je suis* de la « fin », c'est ce qui s'obtient directement si l'on ajoute un I au simple mot *Jésus.*

III. *LES MÉTAMORPHOSES DU SCRIPTEUR*

Il nous faut l'admettre : plusieurs des pages qui précèdent ont déjà subi un certain nombre d'objections. Quelques-unes nous ont été adressées, rappelons-le, à la suite de la communication publique d'une première esquisse de cet essai [1].

A. *Le tour d'un détournement*

Ce qui caractérise la plupart d'entre elles, c'est un commun grief : l'accusation de *détournement.* Ce qui gênerait, dans la mise en évidence de telles opérations précédentes, ce serait surtout qu'elle empêche de rendre compte d'autre chose : l'essentiel, naturellement. Bref, le reproche majeur adressé au propos qui fut alors tenu, c'est de n'être pas le discours qu'on attendait. Comme le remarquait [2] justement Robbe-Grillet : « Un malaise se développe dans cette salle, c'est évident. » Il faut préciser : un malaise idéologique face à une entreprise qui ne se conforme point trop aux idées reçues en ces domaines.

Pour les uns, ce dont on s'écarte, c'est de la *littérature* même :

> Est-ce que vous ne détournez pas, et Robbe-Grillet a évoqué la question, l'attention de votre texte comme littérature ? J'ai éprouvé un tel malaise pendant votre conférence que j'ai dû même quitter la salle (Rires). Alors j'ai pris *la Prise de Constantinople,* j'en ai lu quelques lignes, et alors tout s'est éclairé : j'ai compris... [3].

Or, à mieux lire, ce dont on s'éloigne, c'est plutôt d'*une certaine manière de parler de la littérature :* ce qui est un peu autre chose. Pour qu'Eddy Trèves comprenne que notre propos concernait la littérature,

1. *NRHA,* t. II.
2. *NRHA,* t. II, p. 398.
3. Eddy Trèves, *NRHA,* t. II, p. 402.

il a été nécessaire qu'elle se reporte au texte même. Ou, si l'on préfère, ce discours ne peut se passer du texte auquel il s'applique. Inversement, pour qu'Eddy Trèves comprenne que tels autres propos concernent la littérature, il n'est guère nécessaire qu'elle se reporte au texte même. Ou, si l'on préfère, ces discours peuvent se passer des textes auxquels censément ils s'appliquent parce qu'ils en parlent selon les normes de l'idéologie dominante en matière de littérature.

Pour d'autres, ce dont on s'éloigne, c'est de la *lecture* même :

> Si le lecteur prend au sérieux vos suggestions, Jean Ricardou, il se perd justement dans un travail immense que même un ordinateur ne pourrait réaliser (...). Mais pourtant le lecteur n'est pas dans une situation désespérée. Il reste ce dont vous n'avez pas parlé : la textualité du texte, l'investissement d'un sens surtout au moyen de connotations (...). Pour le lecteur, celui qui accepte ou celui qui n'accepte pas votre texte, c'est cette dimension-là qui est la dimension essentielle, et non les jeux de mots sur ce domaine que vous avez montrés [1].

Or, à mieux lire, ce dont on s'écarte, c'est plutôt d'*une certaine manière de concevoir la lecture :* ce qui est un peu autre chose. Ce que Karlheinz Stierle considère comme lecture, c'est une activité *autonome*, coupée de l'activité d'écriture et accomplie sur un texte achevé où elle fait jouer toutes sortes de connotations. Ce que nous admettons comme lecture, c'est une activité *articulée* à l'activité d'écriture et qui prend en compte, non seulement le résultat du texte définitif, mais aussi, autant que possible, les mécanismes de son élaboration. Reconnaissons-le cependant : plusieurs procédures d'élaboration poussent quelquefois assez loin leur complexité ou leur minutie. Elles tendent ainsi, proportionnellement, à échapper à la clairvoyance du lecteur. Seulement, il faut faire le départ entre deux sortes de mises à jour : d'une part, une *détection directe* qui perçoit plus ou moins lucidement le principe et les détails de tel mécanisme; d'autre part, une *détection indirecte*, nullement négligeable, qui éprouve les opérations à partir, fussent-ils quelque peu diffus, de leurs effets. Une certaine tenue du texte, disons. Une manière de distance qui le distingue, savoureusement peut-être, de l'effusive spontanéité.

Pour d'autres encore, ce dont on s'éloigne, c'est de l'*écriture* même :

> Il y a presque toujours contemporanéité de ces constructions avec l'écriture; mais je demande simplement : et l'écriture dans tout cela ? On dit toujours : je parle du texte et, en fin de compte, on admet qu'on n'a pas parlé de l'écriture, c'est-à-dire la suite textuelle des

1. Karlheinz Stierle, *NRHA*, t. II, p. 402-403.

mots, de cette espèce de matière vivante qui est celle dont vit la lecture [1].

Or, à mieux lire, ce dont on s'écarte, c'est plutôt d'*une certaine manière de concevoir l'écriture* : ce qui est un peu autre chose. Le point de vue qu'adopte Alain Robbe-Grillet sur l'écriture promeut le *concret* : il suppose une espèce de description phénoménologique qui viserait, immédiatement, le « vivant » lui-même. Le point de vue que nous retenons sur l'écriture promeut l'*abstrait* : il propose une élaboration théorique, qui construirait un ensemble de concepts capable de mettre en évidence diverses opérations dont plusieurs peuvent aussi bien échapper à une immédiate saisie du concret. Face à la prétention réaliste, qui occulte le texte à partir de ses effets de représentation, la posture de Robbe-Grillet est opportune en ce qu'elle souligne le concret de l'écriture. Face à l'effort théorique, qui construit certains instruments d'analyse, la posture de Robbe-Grillet est moins heureuse en ce qu'elle peut laisser croire à la possibilité d'une économie de la phase abstraite.

Pour d'autres, non moins, ce dont on s'écarte, c'est de la *fiction* elle-même :

> Quand j'ai lu *la Prise de Constantinople*, l'une des choses qui m'a le plus passionnée, ce sont ces histoires, en particulier ces histoires d'enfants. Il y a tout un aspect livre d'aventures : ce sont des aventures extraordinairement intéressantes et, jusqu'à maintenant, comme vous n'en parlez jamais, Jean Ricardou, on l'oublie. Mais je crois que c'est important. Autrement cette fiction susciterait sans doute chez le lecteur un intérêt mais qui serait celui que suscitent vos livres de théorie. (...) Si vos fictions sont passionnantes, c'est qu'elles suscitent des fables [2].

Or, à mieux lire, ce dont on s'éloigne, c'est plutôt d'*une certaine manière de concevoir la fiction* : ce qui est un peu autre chose. Avec la position de Françoise van Rossum-Guyon, ce qui menace de s'accomplir, c'est une *autonomisation* de la fiction. Mettre l'accent sur les aventures fictionnelles, c'est prendre le risque de donner une indépendance à ce qui n'est qu'un effet de texte, c'est lui offrir une prééminence fallacieuse par laquelle le soubassement textuel se trouve amoindri, voire offusqué. Avec notre position, ce qui tend à se produire, c'est une subordination de la fiction. Mettre l'accent sur les aventures scripturales, c'est prendre le soin de rendre au texte sa prépondérance réelle que battent toujours en brèche, inéluctablement, ses propres effets de

---

1. Alain Robbe-Grillet, *NRHA*, t. II, p. 398-399.
2. Françoise van Rossum-Guyon, *NRHA*, t. II, p. 347.

représentation. Avec le propos de Françoise van Rossum-Guyon, se profile la possibilité périlleuse d'un accès *direct* à la fiction. Avec notre posture, se dispose la nécessité impérieuse d'un accès *indirect* à la fiction : à la suite d'une élaboration théorique qui puisse la concevoir, non comme une autonomie illusoire, mais comme le résultat effectif de certaines précises opérations. Sans entrer ici dans les détails de ce problème, précisons seulement que c'est à une théorie des intégrateurs [1] qu'il reviendra sans doute de parler, comme on dit, des histoires ou des fables de la fiction, mais cette fois, enfin, *du côté du texte*.

Ainsi, ce qui a été régulièrement reçu comme un *détournement*, c'est en fait la pratique résolue du *détour*. Loin de s'éloigner de la littérature, il s'est agi d'en rendre compte, non pas directement, selon l'usage convenu, mais indirectement, en le détour d'une analyse de certaines des opérations par lesquelles elle s'élabore. Loin de s'écarter de la lecture, il s'est agi de la comprendre, non pas directement, selon l'apparente consommation d'un produit fini, mais indirectement, en le détour de son articulation à l'écriture. Loin de s'écarter de l'écriture, il s'est agi de la concevoir, non pas directement, selon la prétention d'une visée immédiate, mais indirectement, en le détour d'une construction conceptuelle. Loin de s'éloigner de la fiction, il s'est agi de l'évoquer, non pas directement, selon l'illusion de son autonomie, mais indirectement, en le détour d'une élaboration théorique capable de la penser du côté du texte. Ressentir comme un détournement l'insistance méthodique de ce détour, c'est penser comme un refus d'envisager tel problème, ce qui est une manière de le poser différemment. Bref, c'est réussir une prestidigitation singulière : le détournement de ce détour.

B) *La déviation techniciste.*

Cependant, une théorie de la production du texte comme ensemble d'opérations rigoureuses doit tenir compte d'une critique de tout autre envergure : celle de choir dans une manière de *technicisme*. Nous le savons : toute idéologie dominante fait son régal des couples d'adversaires complices. Ce qu'on souligne, non sans quelque tapageuse outrance, c'est le mécanisme de leur discord apparent : ainsi se propose, à moindres frais, l'impression de diversité, de foisonnement, de libéralisme. Ce qu'on dissimule, non sans quelque minutieuse prudence, c'est la raison de leur accord insistant : ainsi se perpétue, en toute sécurité, la clandestine prééminence du principe qui domine. Il faut donc le reconnaître : à un certain niveau, l'opposition des complices

---

1. Pour plus de détails : « La révolution textuelle », *Esprit*, n° 12, 1974.

est indiscutable. Pour ce qui nous concerne, il y a, d'une part, les divers tenants de l'*inspiration* qui mettent en avant le *quelque chose à dire* relevant soit de l'expression s'il s'agit du Moi (le romantisme), soit de la représentation s'il s'agit du Monde (le réalisme). Et, d'autre part, les divers adeptes du *travail* qui mettent l'accent sur les *moyens de dire* relevant soit de formes consacrées (le classicisme), soit de figures efficaces (la rhétorique). Il faut donc le faire paraître : à un autre niveau, la complicité des opposants est irrécusable. Qu'il s'agisse de promouvoir le *quelque chose à dire*, qu'il s'agisse de promouvoir les *moyens de dire*, le principe d'activité reste de même nature : il est de l'ordre d'une *affirmation*. Affirmation d'une plénitude intérieure relevant du Moi, dans le cas du romantisme. Affirmation d'une plénitude extérieure relevant du Monde, dans le cas du réalisme. Affirmation d'une maîtrise des formes littéraires, dans le cas du classicisme. Affirmation du contrôle des puissances du langage, dans le cas de la rhétorique.

La différence est donc claire : le fondement de l'ample système idéologique qui domine est de l'ordre d'une *affirmation;* le principe de la théorie de la production telle que nous la concevons est de l'ordre d'une *transformation*. Cette différence saute aux yeux si on la considère sous l'angle de la place du sens dans l'élaboration du texte. Avec le réalisme et le romantisme, l'accent se trouve placé sur l'émission. Le sens est de l'ordre d'une force jaillissante : *il faut qu'il soit dit*. Bref, qu'il concerne le Monde ou qu'il affecte le Moi, le sens se présente comme la *cause* du texte. Avec la rhétorique et le classicisme, l'accent se trouve porté sur la réception. Le sens est de l'ordre d'une norme contrôlée : *il faut qu'il soit reçu*. Bref, en ce que l'écriture a pour tâche de le faire entendre, il est le *but* du texte. Avec ces deux groupes de doctrines, le sens domine sur le mode de l'affirmation : dans le premier cas, c'est comme origine; dans le second cas, c'est comme finalité. Avec ce que, pour faire court, on peut nommer le productionnisme, l'accent se trouve placé sur l'opération. Le sens est de l'ordre d'un imprévisible accueilli : *il est ce qui est obtenu*. Bref, en ce qu'il provient de l'écriture, il est une *conséquence* du texte. Avec cette conception, le sens est dominé sur le mode de la transformation : quel que soit le sens que l'écrivain, éventuellement, prétendait, soit faire jaillir dans le premier cas, soit faire entendre dans le second cas, le texte, en son travail, produit plus ou moins, mais nécessairement, des sens imprévus qui provoquent la transformation spécifique des sens originels ou téléologiques.

Ainsi, en ce qui concerne la place du sens dans l'élaboration du texte, le partage de l'affirmation et de la transformation est net entre, d'une part, les quatre secteurs principaux de l'idéologie littéraire dominante (classicisme, rhétorique, romantisme, réalisme) et, d'autre part, la théorie de la production telle que nous la préconisons. Seulement, en ce qui concerne le rôle de l'agent dans l'élaboration du texte, tel clivage, si l'on n'y prend garde, risque d'être beaucoup moins décisif. A l'acceptation de la transformation du sens peut fort bien correspondre, sans doute de façon quelque peu différente, le maintien d'une affirmation : celle de l'agent d'élaboration. La transformation de l'agent d'élaboration fait partie de la production textuelle. L'affirmation de l'agent d'élaboration est la *déviation techniciste* que risque le productionnisme : une manière, pour l'ancien, d'agir encore dans le nouveau. Avec cette déviation, il ne s'agit plus d'affirmer la possession d'une plénitude sémantique intérieure ou extérieure, ni la maîtrise des formes littéraires ou des puissances du langage. Avec cette déviation, il s'agit d'affirmer une *maîtrise programmatique*. Pour l'agent d'élaboration, dès lors, il s'agit, non plus de partir de l'affirmation d'un sens à dire ou à faire entendre, mais bien d'établir un intangible programme d'opérations. Ainsi peuvent certes se produire des sens imprévus, ce qui appartient à une perspective de la transformation. Ainsi se trouve maintenue la toute puissance de l'agent comme maître d'un programme dans le déroulement duquel il n'est pas impliqué, ce qui appartient à une perspective de l'affirmation. C'est le risque de cette déviation que pointe diversement Jean-Claude Raillon, et, notamment, dans cet extrait :

> Il faut, sur ce terrain, tenir à distance critique *une conception mécanique de la fabrique textuelle* qui est le juste envers complice des prétentions à l'expressivité inspirée. De part et d'autre, le matériel signifiant est voué à la docilité instrumentale : pour dire un secret d'auteur, *pour accomplir une volonté de production*[1].

Ce que les pages suivantes doivent donc faire paraître c'est, à l'opposite de toute perspective volontariste, comment l'agent est impliqué, déterminé et spécifiquement transformé en cours de l'élaboration textuelle. Ou, si l'on préfère, comment l'*écrivain* est, non pas un *auteur* qui affirme sa pérennité en la propriété d'un sens et l'éventuelle possession d'une maîtrise, mais bien un *scripteur* qui se transforme à mesure par sa mise en jeu dans une production.

C. La localisation du scripteur.

Nous l'avons vu (II, A), l'opération sélective s'accomplit à partir de ce que nous nommons *réservoir*, ou ensemble des éléments à partir

---

1. « Fictions du récit roussellien », *L'Arc*, n° 68, spécial Roussel, p. 83.

desquels sont faits les choix. Ce réservoir, avons-nous dit, peut s'admettre, d'une part, comme ce que certains appellent une encyclopédie, c'est-à-dire, dans un sens large, l'état du savoir de l'écrivain au moment où ce dernier travaille son texte, et, d'autre part, comme un ensemble de langues, celui avec lequel il envisage de travailler.

a) *L'interaction scripturale*. Il est donc possible de risquer deux remarques. Premièrement : loin de présenter une espèce de fonds commun où il serait loisible à chacun de puiser ingénument, le réservoir forme un trait distinctif du scripteur à tel moment de son travail. Deuxièmement : loin d'offrir une catégorie qui relève de l'innocence, le réservoir n'est ni neutre, ni fixe, ni indifférencié. Il peut se concevoir, en quelque manière, lui-même comme l'effet d'une sélection établie dans un ensemble plus vaste selon les mécanismes de surdétermination. A tel moment, le réservoir, pour tel écrivain, se trouve à la rencontre de déterminations multiples : historique et géographique (la période et le lieu où il vit), sociale (la place qu'il occupe dans la société), idéologique (les idées et comportements qui lui ont été imposés), psychanalytique (la configuration particulière de son inconscient), biographique (les divers aspects de son existence) et ainsi de suite. Le réservoir n'est donc pas neutre : il est irrémédiablement caractérisé par les secteurs qui le déterminent. Le réservoir n'est donc pas fixe : il se transforme avec les métamorphoses spécifiques de chacun des secteurs qui le déterminent. Le réservoir n'est donc pas indifférencié : il est organisé, en ses éléments, à partir des dispositions respectives de chacun des secteurs qui le déterminent. Bref, en ce qu'aucun élément du texte ne saurait advenir hors de lui, le réservoir tient un rôle incontournable dans l'élaboration du texte. Bref, en ce qu'il forme un trait distinctif de celui qui écrit à tel moment de son travail, le réservoir circonscrit, à tel moment, ce qu'on peut nommer la *localisation du scripteur*. Bref, dans la théorie de la production textuelle, le concept de réservoir permet de préciser les deux fonctionnements de l'*interaction scripturale*. D'une part, la face sempiternellement admise : le rôle de l'état actuel du scripteur dans l'élaboration du texte. D'autre part, la face sempiternellement obscurcie : le rôle de l'état actuel du texte dans l'élaboration du scripteur. Ou, si l'on préfère : d'une part, l'effet du réservoir sur le texte; d'autre part, l'effet du texte sur le réservoir. A titre d'exemple, nous allons en retenir les aspects idéologiques et psychanalytiques.

b) *La surdétermination idéologique du scripteur*. Nous l'avons vu (II, B), lorsqu'il s'est agi, à partir des nom et prénom du signataire, Jean Ricardou, pris comme sélectande, d'établir les séries potentielles de présélection, nous avons signalé, à titre de résultande, seulement deux noms : celui de l'économiste David Ricardo, celui du chroniqueur Villehardouin. Il est donc temps d'en venir aujourd'hui à !eux objections de Jean Alter. *La première objection* concerne le rapport de la surdétermination et de l'arbitraire :

> Ce qui m'a gêné, avec Villehardouin, c'est (...) plutôt le fait que ce soit Villehardouin qui soit tombé sous votre plume. Pourquoi pas un autre nom d'écrivain ? Je suis sûr qu'un autre nom vous aurait donné un autre départ. (...) Alors, il ne s'agit plus de surdétermination mais plutôt de processus arbitraire. [1]

Elle semble confondre deux domaines opératoires distincts : l'un est le rôle de la surdétermination textuelle sur le choix d'un terme ; l'autre est le rôle du terme choisi sur le développement de la surdétermination textuelle. En ce qui concerne *le second point*, il est clair que le choix de Villehardouin, d'une part, donne à la croix une détermination supplémentaire (sa textualité, nous l'avons vu, passe alors au coefficient trois) et, d'autre part, en conduisant aux huit croisades, permet au nombre huit d'accéder au statut de base numérique de la fiction à venir (sa textualité, nous l'avons vu, passe alors au coefficient minimal deux). Un autre nom que celui de Villehardouin aurait donc bien donné un autre départ à la fiction ou, plutôt, le départ à une autre fiction. Ce dont il s'agit, en conséquence, c'est non point de l'exercice d'un pur arbitraire, mais bien, très précisément, de l'efficace productrice de tels mécanismes d'élaboration. En ce qui concerne *le premier point*, il est clair que le choix de Villehardouin, loin d'être le fruit du hasard ou de la volonté, provient, en la phase d'optimisation, d'une soigneuse analyse de la surdétermination des termes présélectionnés et de la désignation de celui qui bénéficie, en l'état, de la textualité la plus forte. Ce dont il s'agit, en conséquence, c'est non point de l'exercice d'un pur arbitraire, mais bien, très précisément, d'un choix nécessaire à partir de critères rigoureusement définis.

La seconde objection, plus fructueuse, concerne les noms qui furent offerts dans le cadre de présélection :

> Saint Jean de la Croix aurait eu une surdétermination supérieure...

Elle comporte deux aspects : l'un est l'évaluation erronée, en l'état, de la textualité du nom Jean de la Croix ; l'autre conduit à la surdétermination idéologique du scripteur. En ce qui concerne *le premier aspect*, il est clair que la surdétermination textuelle de Jean de la Croix, en tel état, si elle est en effet supérieure à celle de David Ricardo, est au mieux égale à celle de Villehardouin. Comme Villehardouin, il est

1. *NRHA*, t. II, p. 405-407.

évocateur de la *croix*, c'est-à-dire, rappelons-le, d'un des éléments obtenus par idéo-assimilation à partir du sélectande *surdétermination*. Comme Villehardouin, qui en comporte cinq, il présente quatre lettres communes avec le (pré)nom du signataire. Comme Villehardouin, donc, pour s'en tenir à cette égalisation approximative et en l'état actuel du texte, il accède à la textualité minimale d'ordre deux. En ce qui concerne *le second aspect*, le problème peut s'écrire de la façon suivante : à supposer que les noms de Villehardouin et de Jean de la Croix disposent du même coefficient de textualité, comment se fait-il que seul le premier se soit immédiatement montré actif dans le mécanisme d'élaboration ? En le domaine qui nous occupe ici, il est possible d'admettre au moins deux raisons. La première raison, d'ordre quantitatif, c'est la *contenance du réservoir :* si le nom Jean de la Croix n'intervient guère en telle phase de l'élaboration du texte, c'est pour le motif bien simple qu'il ne figurait pas dans le réservoir du scripteur. Or on ne l'ignore pas : cette éventuelle absence ne relève point du fortuit. Elle ressortit au domaine de l'amplitude du savoir, qui est notamment l'effet d'un précis mécanisme idéologique. L'envergure culturelle d'un individu tient en effet, pour une large part, à la situation qui est la sienne dans la société : elle provient entre autres, dans ses perspectives comme dans ses éléments, de l'éducation induite par l'appareil familial, de l'instruction fournie par l'appareil scolaire, et ainsi de suite. La seconde raison, d'ordre qualitatif, c'est l'*organisation du réservoir :* si le nom Jean de la Croix n'intervient guère en telle phase de l'élaboration du texte, c'est pour le motif moins simple qu'il ne figurait pas à une place immédiatement accessible dans le réservoir du scripteur. Le réservoir, en effet, est un ensemble ordonné : disons, pour être bref, selon divers centres d'intérêt de proximité inégale. Étant donné tel sélectande, étant donné tel sélecteur, ce que le réservoir tend à fournir, ce n'est pas, automatiquement, toutes les solutions apparemment possibles, c'est de préférence celles qui relèvent d'une certaine familiarité.

Ainsi du nom Jean de la Croix : il faisait bien partie, quantitativement, de notre réservoir; il ne faisait point partie, qualitativement, de nos centres d'intérêts immédiats. Il était plus lointain, en quelque sorte, que le nom Villehardouin. Par suite d'une éducation résolument athée, par suite du lien fréquent du clergé avec les classes au pouvoir, il se trouve que notre attention était proche de tel chroniqueur historique, distante de tel écrivain mystique, et que celui-là en conséquence, dans la phase de présélection, s'est montré plus actif que celui-ci, qui ne s'est pas offert à nous. Bref, le résultande d'une opération présélective est déjà surdéterminé : d'une part, il subit une détermination textuelle, celle du couple formé par le sélectande et le sélecteur;

d'autre part, il subit une détermination d'une autre espèce, celle de l'organisation idéologique du réservoir. Nous pourrions nommer *aveuglement idéologique* le mécanisme selon lequel, en tel domaine, dans le réservoir, le fonctionnement quantitatif est perturbé, à l'insu du scripteur, par tel fonctionnement qualitatif.

c) *La surdétermination psychanalytique du scripteur.* Évidemment, la perturbation idéologique n'est pas la seule que puisse subir le fonctionnement de la surdétermination textuelle : il y a, non moins, une perturbation psychanalytique. Nous l'avons vu (II, B), lorsqu'il s'est agi, à partir des nom et prénom du signataire, Jean Ricardou, pris comme sélectande, d'établir les séries potentielles de présélection, nous avons seulement signalé, à titre de résultande, les deux noms de David Ricardo et de Villehardouin. Il est donc temps d'en venir aujourd'hui à deux objections que, par souci de rigueur, nous nous permettons de nous infliger. La première concerne l'éviction du nom David Ricardo : ne provient-elle pas, également, d'un autre mécanisme que celui de la simple surdétermination textuelle analysée beaucoup plus haut ? La seconde concerne l'éviction du nom Jean de la Croix : ne provient-elle pas, également, d'un autre mécanisme que celui de la simple surdétermination idéologique analysée un peu plus haut ? Ou, si l'on préfère, les explications précédentes ne relèvent-elles pas de cette ruse de l'inconscient, la rationalisation, qui consiste à offrir une explication cohérente et acceptable d'un acte dont les motifs profonds sont inaperçus ?

En ce qui concerne *la première objection*, il est possible de la renforcer par deux remarques. *La première remarque* critique la manière, un peu courte, selon laquelle nous avons distingué, textuellement, les noms David Ricardo et Villehardouin. Le premier nom, avons-nous dit, avait en commun, avec le nom du signataire, sept lettres ordonnées. Le second nom, d'une part, avait en commun cinq lettres ordonnées et, d'autre part, se trouvait lié, par les Croisades, à l'idée de croix et, de là, à celle de surdétermination. Il faut donc le reconnaître : nous n'avons pas pris garde à une relation cependant remarquable en l'occurrence : les noms David Ricardo et Jean Ricardou ont le même total de lettres, douze, ce qui, d'une part, fait accéder le nom David Ricardo, non moins que Villehardouin, à une textualité d'ordre deux et, d'autre part, induirait une autre base numérique à la fiction à venir : une assise non point d'ordre huit mais, en ce cas, d'ordre douze. *La seconde remarque* fait apparaître, entre les noms David Ricardo et Villehardouin, une différence de tout autre nature. Si on les compare au nom du signataire, le nom de l'économiste connu, privé d'une de ses lettres, le u, est plus court, tandis que le nom du chroniqueur célèbre, pourvu d'un plus grand nombre de lettres, est plus ample. Bref, la mise en rapport du nom du signataire avec le nom de l'économiste pourrait bien être, selon certains, de l'ordre d'une *castration*. Bref, la mise en rapport du nom du signataire avec le nom du chroniqueur pourrait bien être, selon certains, de l'ordre d'une *érection*, et cette hypothèse se trouverait corroborée par le fait, comme nous l'avons dit, que les lettres supplémentaires convoquent, avec les mots « in » et « ville », l'idée de *pénétration*. En conséquence, le critère décisif dans le choix du nom Villehardouin relèverait moins de la textualité que de la sexualité. Nous y reviendrons (III, D).

En ce qui concerne *la seconde objection*, il est possible de la renforcer par une remarque qui découle des précédentes. Si le nom de Jean de la Croix, en dépit de la surdétermination textuelle dont il jouit, n'a guère accédé au statut d'élément sélectionné, c'est moins par suite d'une surdétermination idéologique, celle qui place le mystique à la périphérie des intérêts du scripteur, que par suite d'une détermination psychanalytique qui privilégie l'autre solution : celle qui permet, premièrement, avec Ricardo et Villehardouin, de mettre en œuvre le couple de la castration et de l'érection et, deuxièmement, avec le choix du second au détriment du premier, de promouvoir le succès de l'érection sur la castration. En conséquence, le critère décisif dans le refus du nom Jean de la Croix relèverait moins de l'idéologie que de la sexologie. Nous y reviendrons (III, D).

Sans prendre pour l'instant parti sur le caractère éventuellement décisif de tels fonctionnements dans la mise en œuvre de la sélection, il faut admettre une double détermination psychanalytique. La première détermination concerne la *contenance du réservoir*. Si, à un premier niveau, le nom David Ricardo et si, à un second niveau, le nom Jean de la Croix n'accèdent pas au statut d'éléments choisis, c'est, en un sens, par suite d'une réduction de la contenance du réservoir due à un mécanisme de *refoulement :* celui qui affecte l'idée de castration. La seconde détermination concerne l'*organisation du réservoir :* si les noms David Ricardo et Jean de la Croix n'accèdent pas au statut d'éléments choisis par suite d'un refoulement de l'idée de castration, en revanche, l'idée de castration va se trouver tout de même active, ailleurs, selon le mécanisme du *retour du refoulé*. Bref, tel autre élément pourra s'offrir avec d'autant plus d'aisance qu'il permettra une mise en place de ce qui a été refoulé.

Ainsi, entre autres, du mythe d'Osiris. Évidemment, sa sélection et son insertion proviennent d'une rigoureuse mise en œuvre de la surdétermination textuelle. D'une part, la relation qui le lie à Isis

(II, E, d) et notamment (II, E, e), en tant que dédicataire intertextolectal virtuel. D'autre part, la liaison qui l'associe à tel fonctionnement du livre : en tant que texte morcelé, en tant que texte xénogénétique [1], *la Prise de Constantinople*, sur le mode d'une double mise en abyme, convoque le mythe d'Osiris, d'une part, comme celui du corps mis en pièces, d'autre part, comme celui de l'activité parenthétique. Toutefois, nous le savons, le mythe d'Osiris ne ressortit pas uniquement au morcellement et à l'effervescence parenthétique : il relève aussi, très explicitement, de l'idée de castration. Un fragment nullement quelconque d'Osiris échappe, on le sait, au remembrement tenté par Isis : le pénis. Et cette indication se trouve indubitablement corroborée par le détail du texte. En effet, quand il s'est agi de paragrammatiser le nom d'Isis dans tel passage (II, E, d), ce qui est venu de façon surdéterminée sous la plume, ce n'est certes point une épithète issue de la stricte surdétermination textuelle et permettant ainsi une parfaite paragrammatisation, comme « ISolé ». Ce qui est venu, ainsi que peut le lire une observation suffisamment experte, c'est l'adjectif « brISé », permettant une mise en place de la castration :

> Ma*is* Berthold Toth préci*s*e qu'*i*l *s*'agit plutôt, *si sa* mémoire est correcte, d'un obéli*s*que *brISé* de Karnak, tel que peut le découvrir...

Ainsi, entre autres, de la scène initiale de la fiction. Nous l'avons vu : le lever de la lune s'est trouvé surdéterminé, d'une part (II, F, b), comme autoreprésentation de la mise en page sur le mode d'un négatif et, d'autre part, comme représentation du passage de la lettre I, la lune formant un point au-dessus du donjon, à la lettre O, la lune se trouvant isolée dans le ciel. Seulement, il y a davantage. Le mouvement ascendant de la lune et la place ultérieure de l'astre au-dessus du croisé évoquent intensément deux symboles [2] assez connus : ♂ et ♀. Nous le savons : en astrologie, ces deux graphismes désignent respectivement Mars, ce qui renvoie certes au combattant emphatiquement debout, et Vénus, ce qui correspond évidemment à l'inscription effective du nom de cette planète. Nous le savons non moins : en zoologie, ces deux graphismes désignent respectivement le sexe mâle et le sexe femelle. Par suite, la lettre I et la lettre O tendent à se voir doublement investies de sexualité. D'une part, à cause de leurs morphologies : l'une, en sa rectitude, est d'allure phallique; l'autre, en sa circularité, est d'allure vulvaire. D'autre part, la lettre I, dont le point est marqué sur le donjon par la lune en phase ascendante, correspond au symbole mas-

---

1. Pour plus de détails : « Le dispositif osiriaque » (I : L'Osiris inéluctable).
2. Pour d'autres détails : *Le Nouveau Roman*, document p. 106.

culin, et la lettre O, isolée et surplombant une croix, correspond au symbole féminin. Cette rencontre suscite deux conséquences. Premièrement : le passage de la lettre I à la lettre O tel que le propose cette scène initiale peut s'entendre comme la transformation du sexe mâle en sexe femelle. Deuxièmement, cette métamorphose est de l'ordre d'une castration : c'est par la soustraction du point à la lettre I que s'accomplit la venue de la lettre O. Ou, si l'on préfère, dans ce livre où les enfants tiennent une telle place, cette transformation correspond, selon la doctrine freudienne, à la théorie sexuelle infantile qui explique la différence anatomique des sexes par le retranchement du pénis chez la fille. Et cette lecture se trouve corroborée par le détail du texte. Nous l'avons vu : le nom David Ricardo est refoulé en ce que son rapport au nom du signataire désigne une castration. Or le prénom du moins ne tarde pas à faire retour selon un substitut qui, en David, comme par hasard, sait bien lire le... vide :

> Pour obscure qu'elle soit, il semble qu'on ne puisse revenir du plus loin sans accréditer cette figuration *du vide*.

Bref, pour en revenir au choix de Villehardouin, le résultande d'une opération présélective est déjà surdéterminé : d'une part, il subit une détermination textuelle, celle du couple formé par le sélectande et le sélecteur; d'autre part, il subit une détermination d'une autre espèce, celle de l'organisation psychanalytique du réservoir. Nous pourrions nommer *aveuglement psychanalytique* le mécanisme selon lequel, en tel domaine, dans le réservoir, le fonctionnement quantitatif est perturbé, à l'insu du scripteur, par tel fonctionnement qualitatif.

D. *Les transformations du scripteur*

Nous venons de le voir : il n'est aucunement question pour nous de refuser le principe de mécanismes de cet ordre. Avec cette détermination-là du réservoir, qu'elle soit idéologique ou psychanalytique par exemple, se constitue ce qu'on pourrait nommer *la détermination extra-textuelle du scripteur*. Nous allons le voir : il n'est aucunement question pour nous de refuser le principe de mécanismes d'un autre ordre. Avec cette détermination-ci du réservoir, qui vient du travail même de l'écriture, se constitue ce qu'on pourrait nommer *la détermination textuelle du scripteur*.

a) *La grecque hétérogène*. Il faut donc le reconnaître : nous nous séparons ici, et radicalement, de la majeure part de nos contemporains. Ce qui, en ces domaines, caractérise l'idéologie dominante, c'est un recours assidu à l'unilatéralité : ce qu'on cherche avant tout dans un texte et souvent même de façon exclusive, c'est non point le travail qu'il accomplit mais bien, innombrablement, la trace de telles déterminations extra-textuelles du scripteur. Pour les uns, sociologues de la littérature, c'est la détermination extra-textuelle sociale. Ainsi Lucien Goldmann : s'il entend se démarquer de ses prédécesseurs, ce n'est pas à propos de la prédominance de cette détermination, c'est à propos de son point d'impact. Pour les uns, il concernerait le « contenu »; pour lui-même, la « forme » :

> Bref toutes ces analyses portaient sur la relation de certains éléments du CONTENU de la littérature romanesque et de l'existence d'une réalité sociale qu'ils reflétaient presque sans transposition ou à l'aide d'une transposition plus ou moins transparente.
> Or, le tout premier problème qu'aurait dû aborder une sociologie du roman est celui de la relation entre la FORME ROMANESQUE elle-même et la STRUCTURE du milieu social à l'intérieur duquel elle s'est développée [1].

Pour les autres, psychanalystes de la littérature, c'est la détermination extra-textuelle inconsciente. Ainsi Marie Bonaparte. Si elle précise son postulat, c'est bien pour marquer la même espèce de prédominance :

> Les œuvres littéraires et artistiques des hommes relèvent de leur plus intime psychologie [2].

Et ainsi de suite. Pour la plupart, c'est, plus généralement, le quelque chose à dire.

Or cette unilatéralité persistante n'est pas sans défaut : ce qui lui manque, semble-t-il, dans son principe, c'est une certaine aptitude à saisir la spécificité de son objet d'étude. Se plaire à saisir de manière unilatérale, dans un ouvrage d'art, soit le reflet d'une réalité sociale, soit une homologie avec la structure d'un milieu social, comme le postulent bon nombre de sociologues de la littérature, soit la révélation de l'intime psychologie de l'auteur, comme le prétendent bon nombre de psychanalystes de la littérature, soit, plus généralement, la présence de ce qui était à dire, comme le répètent, diversement, tous les tenants de l'idéologie dominante en tel domaine, c'est minimiser par méthode les transformations que peuvent leur faire subir les propriétés particulières de cet ouvrage. C'est ainsi estomper deux sortes de spécificités : d'une part, une *spécificité générale*, celle qui distingue la pratique artistique des diverses autres pratiques; d'autre

---

1. *Pour une sociologie du roman*, Gallimard, p. 34-35.
2. *Edgar Poe, sa vie, son œuvre*, PUF, t. II, p. 265.

part, une *spécificité particulière*, celle qui distingue telle pratique artistique de telle autre, la littérature de la peinture, par exemple. Pour se ren re compte de l'assimilation foncière qui estompe ces différences, il suffit de se mettre à l'écoute de la suite du propos de Marie Bonaparte :

> ... et sont édifiécs, ainsi que Freud l'a montré, *à la façon* des rêves de nous tous. *Les mêmes mécanismes* qui président à l'élaboration, en un rêve ou un cauchemar nocturnes, de nos désirs les plus forts bien que les plus cachés — et souvent, pour notre conscience les plus repoussants — président à l'élaboration des œuvres d'art.

A l'inverse, ce que nous nommons l'*interaction scripturale* (III, C, a), c'est, loin de cette unilatéralité insistante, la prise en compte d'une entière multilatéralité. Admettre, idéologique ou psychanalytique par exemple, la surdétermination du réservoir, c'est en effet, d'une part, accepter la détermination extra-scripturale du scripteur et, d'autre part, agréer l'efficace de cette détermination dans l'élaboration du texte. Bref, c'est concevoir ce que nous pourrions appeler l'*élaboration scriptoriale du texte*. Admettre, à l'inverse, textuelle cette fois, la surdétermination de l'agent d'écriture, c'est en revanche, d'une part, accepter la détermination scripturale du scripteur et, d'autre part, agréer l'efficace de cette détermination dans la transformation du scripteur lui-même. Bref, c'est concevoir ce que nous pourrions nommer l'*élaboration textuelle du scripteur*.

Autrement dit, le rapport du scripteur et du texte n'est pas celui de deux parcours parallèles, et, donc, respectivement *homogènes* : d'une part, actif, le développement extra-textuel de l'auteur et, d'autre part, passif, le développement auctorial du texte (figure 9). Le rapport du

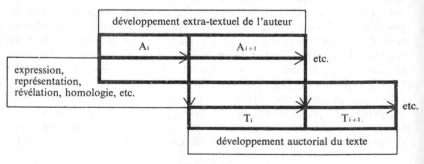

(Figure 9)

scripteur et du texte est celui de deux parcours imbriqués et, donc, respectivement *hétérogènes*. L'ensemble comporte ainsi non plus deux mais bien quatre phases distinctes : d'une part, certes, l'élaboration extra-textuelle du scripteur et l'élaboration scriptoriale du texte; d'autre part, non moins, l'élaboration scripturale du texte et l'élaboration textuelle du scripteur, selon ce que nous appelons une grecque hétérogène [1] (figure 10).

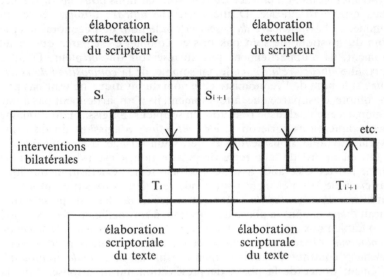

(Figure 10)

b) *La convocation textuelle du refusé*. Ce que nous avons donc à entendre, aujourd'hui, c'est, d'une part, le mécanisme des deux phases occultées et, d'autre part, les rapports respectifs entre chacune des deux phases occultées et chacune des deux phases admises. Nous le comprenons : ce qui distingue ces phases n'est pas leur mécanisme même, qui relève de la surdétermination; ce qui distingue ces phases, *c'est le domaine qui règle, de manière dominante, le phénomène de surdétermination*. Nous le comprenons donc : le rapport de l'élaboration scriptoriale du texte à son élaboration scripturale et le rapport de

1. Pour d'autres emplois de cette grecque : d'une part, *Claude Simon : analyse, théorie*, Colloque de Cerisy, Éd. UGE 10/18, p. 12; d'autre part, *Robbe-Grillet : analyse, théorie*, Colloque de Cerisy, Éd. UGE 10/18, t. I, p. 15, 158, 424.

l'élaboration extra-textuelle du scripteur à son élaboration textuelle sont de l'ordre d'un *conflit de surdéterminations*. Nous le comprenons aussi : le passage de l'élaboration scriptoriale du texte à son élaboration scripturale et le passage de l'élaboration extra-textuelle du scripteur à son élaboration textuelle sont de l'ordre d'un *renversement de dominante dans le conflit des surdéterminations*.

Reprenons notre exemple du choix de Villehardouin plutôt que de David Ricardo ou Jean de la Croix. *L'élaboration scriptoriale du texte*, c'est, à tel moment, l'efficace du réservoir. Or nous pouvons distinguer deux espèces d'efficace. D'une part, une *efficace absolue*, celle, en somme, de la *contenance du réservoir :* si le nom de l'économiste et le nom du mystique ne sont pas pris en compte, c'est parce que, à tel moment, ils n'appartiennent pas au réservoir du scripteur. D'autre part, une *efficace relative*, celle, en somme, de la *composition du réservoir :* si le nom de l'économiste et le nom du mystique ne sont pas pris en compte, c'est parce que, à tel moment, ils n'appartiennent pas à une région accessible dans le réservoir du scripteur. S'agissant du domaine idéologique, nous parlerons d'*élément refusé*. S'agissant du domaine psychanalytique, nous devons parler, selon l'usage, d'*élément refoulé*.

Or, en regard de telle règle de présélection, c'est-à-dire du couple formé par tel sélectande associé à tel sélecteur, l'éviction, idéologique par exemple, d'un élément peut conduire à deux sortes d'éventualités. En la *première éventualité*, l'élément évincé de la phase de présélection aurait disposé, dans la phase de sélection, d'un coefficient de textualité trop faible pour être choisi. Alors, *il y a concordance entre la sélection idéologique et la sélection textuelle* et, on le devine, il ne se produit rien : l'élément continue de subir le même refus. En la *seconde éventualité*, l'élément évincé de la phase de présélection aurait disposé, dans la phase de sélection, d'un coefficient de textualité assez fort pour être choisi : soit qu'il se trouve supérieur à celui de l'élément effectivement retenu, soit qu'il se trouve au moins son égal, ainsi qu'on a pu l'admettre, à peu de chose près, entre les noms Villehardouin et Jean de la Croix (III, C, b). Alors, *il y a discordance entre la sélection idéologique et la sélection textuelle* ou, si l'on préfère, il y a un conflit de surdéterminations qui produit, on le devine, deux espèces de possibilités.

Avec la *première possibilité*, c'est la surdétermination idéologique qui domine : l'élément idéologiquement évincé n'arrive pas à être textuellement choisi ou, si l'on préfère, les choses restent en l'état. L'efficace du réservoir l'emporte sur le travail du texte : il s'agit de ce que nous appelons l'*élaboration scriptoriale du texte*, phase en laquelle le texte s'écrit sous la domination du scripteur tel qu'il a été extratextuellement élaboré. Avec la *seconde possibilité*, c'est la surdétermination textuelle qui domine : dans un premier temps, l'élément idéologiquement évincé reste certes évincé et ne peut être choisi par la sélection textuelle ; dans un second temps, l'élément idéologiquement évincé se trouve choisi par la sélection textuelle en ce que l'*élaboration du texte a augmenté le coefficient de textualité de l'élément idéologiquement refusé*. Alors, les choses se transforment. L'efficace du travail du texte l'emporte sur l'état du réservoir : il s'agit de ce que nous appelons l'*élaboration scripturale du texte*, phase en laquelle le texte s'écrit sous la domination de l'écriture en tant que mécanisme déterminé par le texte lui-même. C'est avec cette phase que s'accomplit ce que nous pouvons nommer la *convocation textuelle du refusé*.

Ainsi de Jean de la Croix. Rappelons-le : ce nom, par suite d'un refus idéologique provoqué par l'organisation du réservoir, n'a point accédé au statut de résultante dans la phase de présélection. Dans un premier temps, il n'a donc guère été en mesure de se voir textuellement sélectionné et, en tout cas, au moins mis en balance avec Villehardouin, le terme effectivement choisi. Dans un second temps toutefois, l'élaboration du texte en a accru la textualisation. En effet, à tel moment, dans la partie △, est advenue la nécessité d'écrire le mot *carme*, nous allons y revenir, et d'en offrir, à l'aide d'un dictionnaire précis, une exacte définition :

> — Supposons donc que le premier vide corresponde à la lettre R, et le second à une virgule. Celle-ci en implique une autre après le premier mot et nous obtenons trois termes en apposition : CARME, BLOC ICI BAS CHU D'UN DÉ, ASTRE OBSCUR.
>
> Il suffit de solliciter le premier tome du Larousse en deux parties, haut volume noir où s'inscrivent les lettres d'or A et K, pour affirmer que — venu du latin quaternum, réunion de quatre choses — le CARME est le coup qui suscite huit par les deux quatre au jeu de trictrac.

Or, à la même page, ce dictionnaire apprend, d'une part, qu'un carme est le religieux appartenant à un ordre fondé en *Palestine*, au *douzième siècle* et, d'autre part, que la réforme de cet ordre fut entreprise par un certain saint *Jean de la Croix*. Ce qui apparaît ainsi, c'est d'une part, le nom même qui fut idéologiquement refusé et, d'autre part, un accroissement de ses relations avec le texte : non seulement son rapport au nom carme, mais encore sa liaison avec l'objectif de la croisade et, non moins, par le douze, son appartenance au système numérique du texte. En d'autres termes, l'élaboration scripturale du texte a bien accompli, en augmentant son indice de textualité, la convocation textuelle de tel élément idéologiquement refusé.

Reste le problème de l'insertion, dans le texte, de cet élément ainsi convoqué. On le devine : il y a au moins deux espèces de solutions. Une *solution simple :* elle consiste à inscrire le t‧rme et à lui faire désormais tenir, non moins qu'un autre, son rôle dans la suite de l'élaboration. Une *solution complexe :* elle consiste à mettre en scène, selon une byzantine mise en abyme double, d'une part la censure qui l'a refusé et, d'autre part, le mécanisme de sa convocation. La mise en abyme de la *censure* du nom Jean de la Croix, c'est à la page suivante qu'elle s'accomplit. Interprétant toujours l'inscription énigmatique, l'un des protagonistes commence ses propos par ces termes :

> — Je remarque, quant à moi, un autre ordre : vers 1156, le croisé calabrais Berthold se retira sur le Mont Carmel et réunit sous le nom de carmes divers ermites...

et se trouve sitôt interrompu. Or, si tel lecteur, suffisamment scrupuleux, se reporte à l'article carme dans le dictionnaire indiqué, il est en mesure de faire deux remarques. La première constate que cette intervention reprend, à quelques variantes près, le début de cet article. La seconde découvre que la suite *interrompue* de cet article comporte bien, ainsi qu'on l'a dit, le nom idéologiquement censuré :

> Vers 1156, le croisé calabrais Berthold se retira sur le Mont Carmel, et réunit autour de lui un certain nombre d'ermites. (...) La réforme accomplie en 1564 par saint *Jean de la Croix* sur les conseils [1]...

La mise en abyme de la *convocation* du nom Jean de la Croix, c'est dans la partie centrale qu'elle s'effectue. Lisant à haute voix un livre dans lequel se trouve apparemment décrit et commenté un tableau célèbre, l'un des protagonistes termine ses propos par ces termes :

> Plusieurs légendes spécieuses courent aussi sur cette « Prise de Constantinople par les croisés ». Ignorant les droits imprescriptibles de la peinture dès qu'il s'agit de peindre, on a risqué une raison psychologique aux nombreuses esquisses et variantes que l'auteur a multipliées sur ce sujet. *Par l'intermédiaire d'un calembour sur son patronyme*, suscité par quelque spécieuse influence, *Delacroix* aurait dressé, en la personne du comte de Flandres, son autoportrait idéal.

Ce que le texte propose, à une première lecture, c'est un fonctionnement autoreprésentatif évident : l'agent de la peinture, *Delacroix*, se représente sur la toile sous les espèces d'un agent de la croisade ou, si l'on préfère, d'un homme porteur *de la Croix*. Ce que le texte dispose, à une seconde lecture, c'est un fonctionnement autorepré-

---

1. *Larousse universel en deux volumes*, édition de 1922, réimpression de 1931, t. I, p. 361.

sentatif clandestin : le texte fait advenir, sous les espèces d'un calembour sur le patronyme du peintre *Delacroix*, le nom textuellement convoqué du mystique Jean *de la Croix*. Bref, la première autoreprésentation, évidente, est une représentation de la seconde autoreprésentation, clandestine. Ou, si l'on préfère, le texte, en l'occurrence, accède à un second degré : il s'autoreprésente en tant qu'autoreprésentation.

Reste, nous avons promis d'y revenir, la question de la venue du mot carme en cet endroit du texte. Le lecteur du roman le sait : le problème à résoudre était de remplir les blancs laissés dans le célèbre vers de Mallarmé, « Calme bloc ici bas chu d'un désastre obscur », par l'éviction du L de calme et du premier S de désastre, lettres formant entre autres les initiales des Lieux-Saints. Il fallait donc que la formule offrît le meilleur indice de surdétermination : d'une part, au plan linéaire, qu'elle permît un énoncé d'une certaine cohérence; d'autre part, au plan translinéaire, qu'elle correspondît à divers aspects du texte. Sans se perdre dans les détails du coefficient de textualité, signalons seulement trois de ces rapports translinéaires. Le premier désigne le système numérique du texte : le carme est le « coup qui amène les deux quatre ». Le second, par l'intermédiaire d'une consonance, évoque le signataire non cité du vers : *carme*, mall*armé*. Le troisième, par l'effet d'une rime initiale, associe les noms *car*me et *car*nac. L'amateur d'intertexte, s'il se rapporte aujourd'hui au dictionnaire indiqué, pourra même se rendre compte que, par suite de la mise en colonne, les noms Carme et Carnac sont horizontalement voisins et que l'image des alignements de Carnac empiète sur l'article consacré à Carme. Cependant, le phénomène est ici un peu plus complexe et nous y reviendrons (III, D, d).

Toutefois, auparavant, il faut adjoindre une précision complémentaire. Nous l'avons vu : il y a une élaboration scripturale du texte qui procède à *une spécifique convocation du refusé idéologique*. Nous l'allons voir : il y a une élaboration textuelle du scripteur qui procède, si peu soit-il, à *un spécifique remaniement de la disposition idéologique de celui qui écrit*. En effet, convoqué par le faisceau des relations qui le lient au texte, le nom Jean de la Croix suscite inévitablement, chez le scripteur, un certain désir d'en savoir davantage. Ainsi se dispose un conflit entre, d'une part, telle injonction idéologique, qui portait au refus et, d'autre part, telle injonction textuelle, qui incite à la curiosité. Obtempérer à la première, pour l'écrivain, c'est, maintenant l'affirmation de ce qu'il est, prétendre conserver la maîtrise de l'écriture. Satisfaire à la seconde, pour l'écrivain, c'est, acceptant la transformation de ce qu'il est, admettre de se prendre dans l'engrenage de l'écriture. Reconnaissons-le : sous l'angle de l'élaboration extra-textuelle du scripteur, la transformation idéologique par injonction textuelle ne saurait être conçue autrement que sous les espèces de l'*aberrant*. Il en va de la sorte, nous le savons, à chaque fois qu'une pensée de l'homogène envisage un phénomène hétérogène, c'est-à-dire qui comporte au moins, vis-à-vis de ses aptitudes, disons une dimension excédentaire. En géométrie, par exemple, il est impossible, selon la simple unilinéarité, de penser les dimensions d'un rectangle autrement que comme cette aberration : ce qui est à la fois long (sa longueur) et court (sa largeur). Le défaut est ici de l'ordre d'une incapacité spatiale : pour la réduire, il faut passer de l'unilinéarité qui permet de penser la ligne à la bilinéarité qui permet de concevoir la surface. En ce qui concerne le problème qui nous retient, il est impossible, selon la simple extra-textualité, de penser le mécanisme de la grecque autrement que comme cette aberration : ce qui conduit par un détour non idéologique pour le principal (l'élaboration scripturale du texte) à une métamorphose de l'idéologique (l'élaboration textuelle du scripteur). Le défaut est ici de l'ordre d'une incapacité idéologique : pour le réduire, il faut passer de l'unilatéralité qui permet de penser l'homogène à la bilatéralité qui permet de concevoir l'hétérogène. Notons-le alors : la convocation du refusé est double. D'une part, en ce qui concerne le texte, la convocation d'un *élément refusé*, en l'occurrence le nom Jean de la Croix. D'autre part, en ce qui concerne le scripteur, la convocation d'un *mécanisme refusé*, en l'occurrence la métamorphose textuelle du domaine idéologique.

Cette transformation, on le devine, peut s'accomplir à deux niveaux. D'une part, au plan quantitatif, elle affecte la contenance du réservoir : tout ce qu'apporte la lecture des textes de Jean de la Croix vient lui ajouter un certain nombre d'éléments. D'autre part, au plan qualitatif, elle affecte éventuellement l'organisation du réservoir : la lecture des textes de Jean de la Croix peut changer leur place initiale dans son organisation et même, si peu soit-il, la transformer elle-même. En effet, cette lecture comporte deux aspects. Dans un cas, il s'agit d'une manière de *tutelle :* le texte incitateur sert en quelque façon de grille pour le texte, par exemple, qui s'est trouvé convoqué. Ce qui frappe dès lors, fussent-elles de pure surface, ce sont d'éventuelles concordances. Ainsi, à partir du début de *la Prise de Constantinople*, ce qui saute aux yeux, toutes proportions gardées, dans les textes de Jean de la Croix, c'est, entre autres, l'insistance du Rien et de la Nuit :

1) Pour arriver à goûter tout, veillez à n'avoir goût pour rien.
2) Pour arriver à savoir tout, veillez à ne rien savoir de rien.

3) Pour arriver à posséder tout, veillez à ne posséder quoi que ce soit de rien.

4) Pour arriver à être tout, veillez à n'être rien en rien.

(*Montée du Carmel*, livre I, ch. XIII.)

A la vérité, si nous nous mettons du point de vue naturel, Dieu est pour l'âme comme une Nuit aussi obscure que la foi. Néanmoins, lorsque l'âme a traversé ces trois sortes de Nuit, Dieu l'éclaire surnaturellement des rayons de sa lumière, et d'une manière plus élevée, transcendante et expérimentale. C'est le commencement de l'union parfaite qui a lieu une fois qu'elle a passé la troisième Nuit ; aussi on peut dire qu'elle est moins obscure que la seconde Nuit ; mais elle est également plus obscure que la première, car celle-ci a rapport à la partie inférieure de l'homme, celle des sens, qui par conséquent est plus extérieure.

(*Montée du Carmel*, livre II, ch. I.)

Dans l'autre cas, il s'agit d'une espèce d'*émancipation* : le texte, par exemple, qui se trouve convoqué, se libère en quelque sorte du texte incitateur. Ce qui frappe dès lors, surtout si elles se trouvent fructueuses, ce sont d'éventuelles discordances. Ainsi, au plan du représentatif, ce qui saute aux yeux, toutes proportions gardées, dans les textes de Jean de la Croix, c'est le fonctionnement d'une *représentation impossible* par suite de son objet, Dieu, tandis que, dans *la Prise de Constantinople*, c'est le fonctionnement d'une *représentation subvertie* par suite de certaines opérations, par exemple la capture et la libération des récits [1]. On devine donc la manière dont s'accomplit, en l'occurrence, le remaniement idéologique de celui qui écrit. Au lieu de demeurer dans un éloignement périphérique, les textes de Jean de la Croix se déplacent vers le centre du réservoir : en effet, le barrage du refus idéologique ayant été aboli, il est désormais clair que ces textes remplissent une fonction irrécusable. D'une part, ils permettent d'établir le domaine du représentatif selon un couple d'adversaires complices. D'autre part, ils permettent de concevoir le fonctionnement de ce qui l'outrepasse : l'exercice de l'anti-représentation.

Ce qui apparaît clairement, en effet, c'est que le domaine du représentatif se scinde en des camps adverses : d'une part, les adeptes de la *représentation possible*, qui établissent une atténuation de l'irreprésentable, tels objets réels ou non, selon par exemple cette élimination des corps étrangers que nous nommons la *xénolyse* [2] ; d'autre part, les adeptes de la *représentation impossible*, qui accomplissent une accentuation de l'irreprésentable, Dieu en l'occurrence, selon par exemple,

1. Pour plus de détails : « Le récit transmuté », *Le Nouveau Roman* : p. 109-124.
2. Pour plus de détails : « Le dispositif osiriaque » (I, E : La xénolyse).

nous venons de le voir, le recours assidu au mécanisme du paradoxe. Ce qui apparaît clairement, non moins, c'est que les deux adversaires s'accordent sur l'essentiel : l'exaltation de la représentation. D'une part, évidemment, les adeptes de la représentation possible; d'autre part, également, les adeptes de la représentation impossible. Ce qui rend la représentation impossible, chez Jean de la Croix, c'est seulement la spécificité de son objet : Dieu. Et la spécificité de cet objet, en tant qu'il est irreprésentable, se marquera d'autant mieux que les autres objets, à l'inverse, seront passibles, eux, de l'ordre de la représentation.

Or, nous le savons, s'affranchir des pièges de l'opposition complice revient souvent à opérer chez les adversaires un exact prélèvement croisé. Ainsi avons-nous fait, dans le premier chapitre de ce livre, pour mettre simultanément en cause les partisans de l'*ut pictura poesis* et le Lessing du *Laocoon* [1]. Ainsi pourrons-nous procéder ici. Atteindre le domaine de la *représentation subvertie* ou, si l'on préfère, de l'*anti-représentation*, c'est, d'une part, comme les adeptes de la représentation possible, prendre en charge le tout-venant des objets à représenter et, d'autre part, comme les adeptes de la représentation impossible, accroître leur caractère irreprésentable, selon par exemple cette multi-plication des corps étrangers que nous nommons la *xénogénèse* [2].

c) *La convocation textuelle du refoulé*. N'hésitons pas à le prétendre : toute une part de la doctrine psychanalytique se constitue comme ce qu'on peut appeler un *surexpressionnisme*. Ainsi, selon nous, les raisons de son immense succès sont de deux ordres : d'une part, la validité propre de cette théorie et l'efficace de la pratique clinique qui lui est articulée; d'autre part, non moins, et c'est un peu autre chose, le fait que cette théorie fonctionne largement en concordance avec l'idéologie dominante de l'expression-représentation. Ainsi, selon nous, les rai-sons de ses limites quand elle se confronte aux mécanismes spécifiques du texte : c'est la dominance expressive, alors, qui freine son accès au fonctionnement textuel. Nous le savons en effet : toute une part du dispositif freudien repose sur ce qu'on pourrait nommer le principe de la *double expression*. D'une part, mécanisme majeur en ce qu'il produit l'inconscient, un acte de *compression* : le refoulement, qui repousse les pensées, images, souvenirs liés à une pulsion. D'autre part, mécanisme majeur en ce qu'il produit les symptômes, un acte d'*expression* : le retour du refoulé, qui permet aux éléments censurés de réapparaître sous une forme différente. S'agissant d'un discours,

1. « Le texte en conflit » (IV, C : La querelle de la spécificité).
2. Pour plus de détails : « Le dispositif osiriaque » (I, D : La xénogénèse).

par exemple, il y aura donc, conflictuelle, une double expression : d'une part, consciente, l'expression de ce qu'on veut dire; d'autre part, inconsciente, l'expression de ce qu'on veut ne pas dire et qui s'accomplit, erratiquement, dans les failles de l'autre :

> Nous avons ainsi résolu avec une facilité relative l'énigme des actes manqués! Ce ne sont pas des accidents mais des actes psychiques sérieux, ayant un sens, produits par le concours ou plutôt *par l'opposition de deux intentions différentes* [1].

Sans doute, tels phénomènes peuvent s'accomplir aussi dans un texte. En cela, le texte ou, plus généralement, l'œuvre artistique, est l'effet d'une activité humaine comme les autres. Leur administrer un rôle majeur, c'est, redisons-le, considérer le texte dans la *banalité* de ses fonctionnements. Ainsi, avons-nous vu (III, D, a), Marie Bonaparte, qui ajoutait :

> Fantasmes de désir *comme les rêves*, les œuvres d'art constituent pour leur créateur — comme ensuite pour ceux qui en jouissent — une sorte de soupape de sûreté à la *pression* trop forte des instincts refoulés [2].

Cette activité expressive, rappelons-le, forme un secteur, en l'occurrence psychanalytique, de ce que nous appelons l'élaboration scriptoriale du texte.

Sans doute, ce sont d'autres phénomènes qui se produisent surtout dans un texte. En cela, le texte ou, plus généralement, l'œuvre artistique, est l'effet d'une activité humaine différente des autres. Leur reconnaître un rôle majeur, c'est, redisons-le, considérer le texte dans la *spécificité* de ses fonctionnements. Cette activité productrice, rappelons-le, forme un secteur, en l'occurrence psychanalytique, de ce que nous appelons l'élaboration scripturale du texte.

La première attitude, nous comprenons fort bien que maints psychanalystes passionnés de littérature l'aient adoptée à une certaine époque : celle du développement de la doctrine. Alors, l'urgence était de promouvoir une théorie amplement controversée : d'une part, affirmer ses concepts; d'autre part, élargir le champ de leur action. Ainsi était-il peut-être opportun de faire entendre qu'un texte était *comme* un rêve. Cette première attitude, nous comprendrions moins bien que maints psychanalystes passionnés de littérature s'y maintiennent à notre époque : celle du succès de la doctrine. Alors, l'urgence

---

1. Sigmund Freud, *Introduction à la psychanalyse*, « Petite Bibliothèque Payot », p. 32.
2. *Edgar Poe, sa vie, son œuvre*, PUF, t. II, p. 265.

est plutôt de contrôler une théorie amplement admise : d'une part, éprouver ses concepts ; d'autre part, restreindre leur éventuel impérialisme. Ainsi est-il peut-être opportun de faire entendre qu'un texte est *différent* d'un rêve. Ou, si l'on préfère, de faire paraître les rapports qu'entretiennent les mécanismes de l'élaboration scripturale avec l'inconscient psychanalytique.

Il importe donc de rendre la parole à la psychanalyste Anne Clancier :

> Le mot surdétermination appartient à notre vocabulaire psychanalytique. Pour n'avoir pas tout à fait le même sens, il recouvre cependant celui que vous avez employé. Vous cherchez les plus riches surdéterminations et effectivement c'est un procédé de l'inconscient : plus il est riche et plus il élabore des surdéterminations nombreuses. Il me semble avoir assisté, dans votre création, à l'élaboration d'une nouvelle logique, qui utilise à la fois la logique de l'inconscient (qui, comme on l'a vu, est différente de la logique du conscient) et une logique du conscient. (...) L'inconscient travaille par constellations d'images et de langage, et il me semble que ce qu'il y a de nouveau dans le Nouveau Roman, et chez vous, dans votre façon personnelle surtout, c'est que vous n'utilisez plus les CONTENUS de l'inconscient, comme on le faisait, mais les PROCÉDÉS de l'inconscient. Toutes ces associations d'idées, Villehardouin par exemple, je ne crois pas qu'elles sont gratuites ainsi que Jean Alter le prétendait. Elles sont surdéterminées au contraire et c'est pourquoi on prend intérêt : on sent quelque chose en lisant... Elles sont motrices, ces associations d'idées, dans le travail d'élaboration textuelle [1].

Ce qui se propose, en effet, de remarquable, dans cette intervention, c'est le conflit de deux dynamismes adverses. D'une part, l'amorce d'un lisible changement : le passage du classique intérêt interprétatif, porté aux « contenus », à une attention d'allure inédite, qui s'applique aux « procédés ». D'autre part, l'efficace d'un lisible freinage : l'habituelle annexion psychanalytique de l'idée de surdétermination. Cette annexion, une fois encore, s'accomplit par le glissement subreptice du mot à l'idée. D'abord, une correcte constatation explicite : « le *mot* surdétermination appartient à notre vocabulaire psychanalytique ». Ensuite, une discutable conséquence implicite : la surdétermination est un fonctionnement propre à l'inconscient psychanalytique et l'on peut l'inclure dans « les procédés *de* l'inconscient ». Telle appropriation, que nous avons déjà analysée (I, C), ne va point, au-delà d'une clairvoyance apparente, sans induire un certain aveuglement. Ou bien l'on accepte que la surdétermination soit *avant tout* une propriété de

1. *NRHA*, t. II, p. 410-411.

l'inconscient psychanalytique et l'on se voit conduit vers une solution *obligée :* tout usage méthodique de la surdétermination textuelle ne peut se concevoir, vis-à-vis du fonctionnement de l'inconscient, que sous les espèces d'une *croissance* qui suscite un *élargissement.* La surdétermination textuelle se pense alors, évidemment, comme un recours conscient aux « procédés *de* l'inconscient », et c'est cette nouveauté apparente que sitôt l'on salue. Ou bien l'on accepte que la surdétermination soit *non moins* active en divers autres domaines et l'on se donne la chance d'une solution *autre :* certain usage méthodique de la surdétermination textuelle peut se concevoir, vis-à-vis du fonctionnement de l'inconscient, sous les espèces d'un *conflit* qui provoque certaines *distorsions.* La surdétermination textuelle se conçoit alors, moins facilement, comme une subversion de certains fonctionnements de l'inconscient, et c'est cette nouveauté réelle que sitôt l'on exclut.

S'agissant des phénomènes de lapsus, il y a, on le sait, deux attitudes. L'une, réductrice, celle des mécanistes, consiste à les expliquer seulement par des dispositions physiologiques. L'autre, clairvoyante, celle de Freud, en vient à les expliquer surtout par des dispositions psychologiques :

> L'influence des dispositions physiologiques, résultant de malaises, de troubles circulatoires, d'état d'épuisement, sur la production du lapsus doit être reconnue sans réserves. Votre expérience personnelle et journalière suffit à vous rendre évidente cette influence. Mais que cette explication explique peu! Et, tout d'abord, les états que nous venons d'énumérer ne sont pas les conditions nécessaires d'un acte manqué. Le lapsus se produit *tout aussi bien* en pleine santé, en plein état normal. *Ces facteurs somatiques n'ont de valeur qu'en tant qu'ils facilitent et favorisent le mécanisme psychique particulier du lapsus* [1].

Nous venons de le lire : s'agissant du lapsus, le propos de Freud est de distinguer, d'une part, le *moteur* psychologique, qu'il entend promouvoir d'autant plus qu'on ne le percevait pas, et, d'autre part, les *facteurs* physiologiques, qu'il entend minimiser d'autant plus qu'on les plaçait au premier plan. Cette stratégie le conduit à deux tactiques. L'une est involontaire : elle consiste, si la traduction est correcte, à énoncer successivement, selon une manière de... lapsus, deux propositions contradictoires. Si les facteurs somatiques favorisent le lapsus, alors le lapsus ne saurait se produire *tout aussi bien* en pleine santé : il est seulement en mesure, ce qui est quelque peu autre chose, de se produire *aussi* en pleine santé. L'autre tactique est concertée : elle

---

1. *Introduction à la psychanalyse*, « Petite Bibliothèque Payot », p. 34.

consiste, selon la formule, « à tordre le bâton dans l'autre sens » et à réduire le problème, nullement négligeable pour ce qui nous concerne, du *terrain* de l'éventuel lapsus.

Il faut le reconnaître : le terrain quotidien, en les particularités de telle occurrence, ne peut être qu'un auxiliaire. Ce constat induit à deux précisions. La *première* souligne que le terrain *est bien* un auxiliaire : si le lapsus se produit, comme dit Freud, par « l'opposition de deux intentions différentes », l'une « toujours patente, l'autre non », le terrain est en mesure d'affaiblir la manifestation de la première. En effet, si les perturbations somatiques jouent un rôle, il semble que ce soit celui de conduire à une désorganisation du discours patent. L'ensemble des déterminations, par exemple syntaxiques, lexicales, phonétiques, selon lesquelles la venue de tel mot correspondant à l'intention patente se trouve linguistiquement surdéterminée, subit alors, en tel point, une certaine défaillance, et c'est cette faille qui favorise l'erreur par laquelle se manifeste l'intention latente. Bref, en période de perturbations somatiques, le conflit des surdéterminations linguistiques et psychanalytiques enregistre un déséquilibre au détriment du premier belligérant. La *seconde* précision souligne que le terrain *n'est qu'un* auxiliaire : si le lapsus se produit, comme dit Freud, par « l'opposition de deux intentions différentes », l'une « toujours patente, l'autre non », la poussée corporelle est en mesure de renforcer la manifestation de la seconde. En effet, si la force pulsionnelle joue un rôle, il semble bien que ce soit celui de conduire à une effervescence de l'intention latente. Bref, en période de « pleine santé », le conflit des surdéterminations linguistiques et psychanalytiques enregistre parfois un déséquilibre au profit du second belligérant. Il est donc possible, aujourd'hui, de mettre en place le problème. Nous l'avons vu : le terrain joue un rôle d'auxiliaire quand il *diminue* les surdéterminations du langage, comme avec les perturbations somatiques. Nous devons le voir : quel rôle joue le terrain quand il *augmente* les surdéterminations du langage, comme dans le fonctionnement textuel ?

Nous venons ci-dessus de le prétendre : ce rôle consiste à subvertir certains fonctionnements repérés de l'inconscient. En effet, la surdétermination textuelle comporte deux mécanismes respectivement opposés qui l'empêchent l'un et l'autre de tenir le rôle de simple auxiliaire. Le premier fonctionnement, nous pourrions l'appeler *la résistance textuelle au retour du refoulé*. Pour la faire paraître, revenons au parfait exemple de Serge Leclaire que nous avons évoqué au cours du premier chapitre [1] :

_____

1. « Le texte en conflit » (VI, B : La consonance apprivoisée).

A une écoute, maintenant plus libre de préjugés, l'analyste ne se laisse pas prendre à la fascination des jeux d'ouverture et peut entendre littéralement le nom de Cravant comme une reprise francisée — ou obtempérant à l' « A » — des Craven « A » du rêve. Non sans « raison », au reste, car à plusieurs reprises, pour rendre compte du comique de l'effet produit par la scène redoublée du tableau de la rêverie, le patient avait répété que c'était « crevant », pour enchaîner aussitôt sur d'autres situations « crevantes » de structure analogue, où le terme inconscient se dévoile, inattendu, suscitant le rire à la limite de l'angoisse. Ici, pour l'interprétation dont il convient de ne pas manquer le temps, deux mots suffisent : « à crever », lancés comme un écho, qui vont toucher le patient au plus vif, dévoilant, l'espace d'un instant, le plus secret de son intention inconsciente de défoncer, « crever » le corps maternel [1].

Nous voyons quel mécanisme a permis la venue décisive du terme « crevant » : c'est la *libre association*, activité qui s'applique à formuler, *sans discrimination*, *toutes* les pensées qui viennent à l'esprit. Ou, si l'on préfère, c'est le discours qui se trouve soumis, quant à ses propres règles, à la plus faible des surdéterminations. Alors, et c'est bien sûr l'avantage de cette méthode, le conflit des surdéterminations se trouve déséquilibré en faveur de la surdétermination psychanalytique. Nous devinons donc quel mécanisme peut retenir la venue décisive du terme « crevant » : c'est la *surdétermination textuelle*, activité qui s'applique à choisir, *en vertu de dispositifs discriminatoires spécifiques*, les seuls éléments pourvus de la plus forte textualité. Alors, et c'est un des aspects de cette méthode, le conflit des surdéterminations se trouve déséquilibré au détriment de la surdétermination psychanalytique. Tout astreint, par exemple, composant un sonnet, à découvrir la quatrième rime du système « rôle, pôle, môle », le patient eût été conduit à formuler, non point, certes, le terme « crevant », mais plutôt, évidemment, le terme « drôle ».

Le second fonctionnement, nous pourrions le nommer *la convocation textuelle du refoulé*. Nous savons quel mécanisme autorise la mise en place du refoulé : c'est la *censure*, activité qui tend à maintenir dans l'inconscient les pensées, images, souvenirs liés à une pulsion. Nous devinons donc quel mécanisme peut permettre la convocation de certains de ces éléments : c'est, une nouvelle fois, la *surdétermination textuelle*, qui s'applique à choisir, *en vertu de dispositifs discriminatoires qui ne sont pas ceux de la censure psychanalytique*, les seuls éléments pourvus de la plus forte textualité. Alors, et c'est un des aspects de cette méthode, le conflit des surdéterminations se trouve

---

1. « Écouter », dans *Psychanalyser*, Éd. du Seuil, p. 17.

déséquilibré au profit de la surdétermination textuelle *qui tend à imposer ses choix en dépit de la censure de l'inconscient psychanalytique*. Comme ce mécanisme risque de ne pas être facilement admis, que l'on nous permette d'en offrir succinctement quatre exemples.

Le premier exemple concerne le nom David Ricardo. Nous l'avons vu (III, C, c) : à un certain stade de l'élaboration du texte, le nom Villehardouin a été préféré au nom David Ricardo moins, peut-être, en raison d'un meilleur indice de textualité (une analyse plus poussée les a donnés presque du même ordre) que par suite de sa liaison, pour le scripteur (une analyse plus poussée l'a fait paraître), avec l'idée de castration. Il est donc temps de revenir, ainsi que nous l'avons promis (III, D, b) et selon trois points, au précis phénomène qui se joue avec le vers transformé : CARME, BLOC ICI-BAS CHU D'UN DÉ, ASTRE OBSCUR. *Premier point :* ce qui a conduit, rappelons-le, à la venue du *r* en l'espace vacant dans *ca.me*, c'est un ensemble de rigoureuses déterminations textuelles : d'une part, la rime postérieure avec le signataire du vers, mall*armé*; d'autre part, la rime antérieure avec un champ de pierres, *car*nac; enfin, la possibilité d'un énoncé d'une certaine cohérence rendant compte, ainsi que la suite le précise, de certains fonctionnements du livre :

> Les lois cachées de Vénus (astre obscur) relèvent du nombre huit, de la symétrie (quatre et quatre), de la multiplication des choses par elles-mêmes (cube de deux) et de certain coup de dés...

Second point : ce qui doit conduire, soulignons-le, à la venue, en le texte, du terme apte à désigner tel espace vacant, c'est évidemment un jeu de surdéterminations textuelles. Ce qui s'est montré actif, en l'occurrence, ce sont deux règles stylistiques. L'une relève de l'économie : selon le principe de Valéry, elle préconise que « De deux mots, il faut choisir le moindre ». L'autre ressortit à l'euphonie : selon la pratique de Racine, elle impose de multiplier les mots qui se terminent par la lettre *e*. Or les formules disponibles étaient : « espace vacant », « blanc », « vide ». C'est donc le terme « vide », textuellement surdéterminé, qui accède au texte, dans la phrase :

> Supposons donc que le premier *vide* corresponde à la lettre R...

Troisième point : ce qui se trouve *textuellement convoqué*, dès lors, c'est une section, lisiblement reconnaissable, de l'ensemble refoulé : da*vid r*icardo.

Le second exemple concerne encore, selon trois points, le refoulement de ce même nom. *Premier point :* ce qui a conduit, rappelons-le (II, D, c), à la venue du sceau de Salomon comme emblème de la partie centrale du livre, c'est un ensemble de rigoureuses surdéterminations textuelles : d'une part, selon les exigences de l'élaboration, il forme cette claire figure faite de deux occurrences inverses capables de se superposer; d'autre part, en le nombre trois marqué par les triangles qui le constituent, il correspond au nombre des parties du livre; en outre, en tant qu'emblème historique, il désigne la région dont la Croisade avait fait son objectif; enfin, en tant que dessin étoilé, il s'associe au domaine de la science-fiction. *Second point :* ce qui a conduit à la venue du mot Rien au début du texte de cette partie, c'est évidemment un jeu de surdéterminations textuelles. Ce qui s'est montré actif, en l'occurrence, ce sont deux règles de composition. L'une concerne l'ordre des événements : elle suppose, après la venue d'un choc électrique, un certain retour à la conscience. Le texte en propose maintes occurrences, depuis les dispositions proches :

> Mais, par-dessus les branches supérieures des arbres, un *éclair* se ramifie d'une extrémité à l'autre du ciel — et une haute pierre imprévue s'offre à lui qui tombe lourdement sur l'instant, bras et jambes avec violence repliés, mâchoires contractées, dans ( ) Rien.

jusqu'aux dispositions disjointes, soit d'un chapitre à l'autre :

> Et, d'ailleurs, le plafond blanc et noir — obscurité absolue — sursaut général et toujours imprévu du corps — membres repliés, mains rabattues — cri des viscères, montant de la préhistoire, tournoyant, déjà perdu aux confins de l'espace — éclair anfractueux, arc très mince, très bleu, très loin dehors — d'une tempe à l'autre. ( ) △ ( ) Rien.

soit d'une partie à l'autre :

> Ramifié selon des raffinements byzantins, immense, un *éclair* se déploie, d'une tempe à l'autre, dans l'espace obscurci. ( ) ▽ ( ) △ ( ) Rien.

soit de la « fin » du livre à son « début », comme aspect d'un mécanisme cyclique :

> Certaine lecture consciencieuse suffit maintenant pour que l'irradiation de toute la figure élabore qui JE SUIS, et par un phénomène réflexif point trop imprévu, en un *éclair*, me LE LIVRE. (« fin ») △ ( ) ▽ ( ) Rien.

L'autre règle affecte l'initiale des parties : elle impose que chaque partie reprenne, en son début, mot pour mot, le commencement de l'autre. Ce qui a été obtenu, pour la partie centrale, c'est donc la suite : ✡ ( ) △ ( ) Rien. *Troisième point :* si l'on se souvient que le dessin du sceau de Salomon est aussi appelé « étoile de David », la

série se donne à lire de la façon suivante : étoile de *David* ( ) Triangle
( ) *Rien*. Ce qui se trouve *textuellement convoqué*, dès lors, on le
constate, c'est une section, lisiblementre connaissable, de l'ensemble
refoulé : *David Ri*cardo.

Le troisième exemple concerne, selon trois points, le mythe d'Osiris.
Premier point : ce qui a conduit, rappelons-le (III, C, c), à l'évocation
de tel antique récit, c'est un ensemble de rigoureuses surdéterminations
textuelles : d'une part, la relation qui le lie à Isis; d'autre part, la
double liaison qui l'associe au fonctionnement du livre comme texte
morcelé et comme activité parenthétique; enfin, en tant qu'index
géographique, il désigne une région voisine de celle dont la Croisade
avait fait son objectif. *Second point :* ce qui a conduit à une métamorphose textuelle de ce mythe, c'est la mise en œuvre, nous l'avons vu
(II, B), d'un précis système numérique ayant pour base le nombre
huit. Ainsi, lorsqu'il s'est agi d'écrire le nombre des fragments du
corps d'Osiris, celui qui s'est trouvé requis, ce n'est pas celui que
proposait la mythologie, quatorze [1], c'est celui qu'imposait le fonctionnement du texte, huit :

> — C'est au pied de la cheville, donc (mais il me faudrait ici ouvrir des
> parenthèses dans les parenthèses), dans le dé même du piédestal
> (lorsqu'Isis interrompt ses larmes — versées, vous connaissez la
> légende, sur les *huit* fragments de son époux qu'elle va assembler
> enfin pour une vie de gloire — et que le Nil décroît) qu'apparaît le
> bloc rocheux tout à fait comparable... (« fin » de la partie △).

Troisième point : si l'on se souvient que ce mythe ressortit à l'idée de
castration en ce que l'un des fragments d'Osiris, le pénis, n'a pas été
retrouvé par Isis dans sa quête, le précédent paragraphe prend une
allure quelque peu plus complexe. D'une part, il dissimule résolument
ce célèbre détail mythologique; d'autre part, il conforme le nombre
des fragments au nombre des lettres du nom du signataire, huit. Ce
qui se trouve *textuellement convoqué*, dès lors, avec ce fallacieux corps
complet en huit morceaux, c'est, par une manière de filigrane, « vous
connaissez la légende », le corps mythologiquement incomplet qui,
en l'occurrence, n'en saurait comporter que sept. Ou, si l'on préfère,
dans l'ensemble refoulé, le nom du prénommé David : *Ricardo.*

Le quatrième exemple concerne, selon trois points, le mimodrame
qui constitue toute la partie centrale. *Premier point :* ce qui a conduit
à la venue de ce mécanisme, c'est un ensemble de rigoureuses surdéterminations. Ce qui s'est montré actif, en l'occurrence, ce sont deux

---

1. Pour plus de détails : « Le dispositif osiriaque » (I, A : Les enclos et les simu-
lacres).

règles de composition. L'une peut s'appeler *règle d'alternance* : s'agissant d'éléments inverses, elle consiste à les faire se suivre de manière concertée. Ainsi, l'emblème de la « première » partie, un grand triangle pointe en haut, se trouve-t-il suivi, comme emblème des chapitres, de huit petits triangles pointe en bas. Ainsi, dans la « dernière » partie, un grand triangle pointe en bas se trouve-t-il suivi, comme emblème des chapitres, de huit petits triangles pointe en haut. Ainsi, l'emblème de la partie centrale, l'étoile à six pointes faite de la superposition des deux triangles inverses, est-il suivi, comme emblème des chapitres, d'une alternance de huit petits triangles tantôt pointe en haut, tantôt pointe en bas. Ainsi, les personnages forment-ils des suites où alternent régulièrement éléments masculins et éléments féminins : soit les enfants dans leurs jeux, soit les membres du commando dans les jungles vénusiennes, soit les jeunes gens dans l'exercice de leurs plongeons. L'autre peut se nommer *règle de répétition avec constante d'irrégularité* : tels objets ou événements tendent à se redire avec, à chaque fois, une certaine transformation. Ainsi de la séquence des plongeurs :

> Il semble que chacun s'inspire du saut de son prédécesseur, mais, soit qu'interviennent des modifications de détail s'accroissant d'un plongeur à l'autre, soit qu'un contre-sens provoque une mutation brusque, la succession des figures proposées trahit une métamorphose.

Ainsi de la séquence des cartes géographiques végétales :

> Supposons qu'elle ait utilisé un procédé de duplication intégrant une constante d'irrégularité — une manière de facteur d'inattention. Alors les exemplaires apocryphes de la carte se sont multipliés.

Ainsi de maintes sortes de constructions syntaxiques :

> De nouveau les quintes fusent, de nouveau les quintes fusent, se ramifient, de nouveau les quintes fusent, se ramifient selon des arborescences très variées, interfèrent de nouveau, des quintes fusent...

Second point : ce qui a conduit, en outre, au cours du mimodrame, à l'insistance de gestes de moins en moins ambigus, c'est l'efficace d'un autre principe que l'on peut nommer *règle de l'érotisation insensible*. Ainsi pendant la séquence dite du dessin :

> Métamorphosée à diverses reprises par des altérations locales, la pose actuelle est, il est vrai, trop éloignée de l'attitude première pour qu'on puisse persister à la tenir encore pour le modèle du dessin à finir. (...) Quand la chaise-longue est contournée, je puis enfin, abaissant les mains à l'écartement exact du visage, frôler les boucles d'Isa, soyeuses, variables; suivre les tempes et le haut des joues; les

joues elles-mêmes dont la courbe plus douce s'épanouit entre les paumes; serrer plus étroitement la figure pour l'entraîner en arrière avec lenteur.

Ainsi pendant la séquence dite du ricochet :

> Serge insiste donc pour que la jeune fille penche davantage son buste. Une pression impérative allait obtenir le perfectionnement désiré, quand un incident vient compliquer la mise en ordre : le souffle de la débutante se désunit. Les expirations se font plus saccadées; l'inspiration s'approfondit, jusqu'au soupir.

Ainsi la description de Lou, pendant la séquence dite de la reprise de conscience d'Ed. Word :

> Si l'on néglige les évolutions miniatures des deux mèches rousses sur le front, quand le souffle les approche, la silhouette obtenue manifeste une satisfaisante immobilité. Son relief, toutefois, est loin d'être assez dense. Il importe donc que, prenant pour point de départ les deux hanches, les deux mains s'efforcent par un ensemble méthodique de caresses, d'accréditer les différents modèles.

Troisième point : en la convergence de ces injonctions, le déroulement du mimodrame entraîne donc les effets suivants : d'une part, l'allure générale de la scène et les gestes de l'officiant vis-à-vis d'Isa ont tendance à recevoir la couleur d'un certain érotisme; d'autre part, cet érotisme est alternativement hétérosexuel, quand l'officiant, comme au départ, est un garçon (Serge, par exemple), et homosexuel, quand l'officiant, comme nécessairement il survient, est une fille (Alice, par exemple). Ce qui se trouve *textuellement convoqué*, dès lors, en ce dernier cas, c'est une tendance sexuelle dont nous pouvons admettre qu'elle ne nous est pas étrangère et qu'elle se trouve refoulée en ce qu'elle n'apparaît ouvertement, ni dans les fictions que nous avons commises, ni dans notre comportement quotidien.

La convocation textuelle du refoulé, cependant, en son mécanisme, doit être précisée selon deux opérations. En effet, qu'en est-il de ce phénomène quand la venue de tel élément refoulé accède, comme dans le quatrième exemple de nos précédents, aux frontières du flagrant ? En son évidence, son actif ne va-t-il point déclencher, selon une autre forme, une contre-attaque de la censure ?

La première opération, nous pourrions l'appeler l'*assistance à la convocation textuelle du refoulé*. Son mécanisme, en quelque manière, c'est l'*alibi textuel*. Ce qui entrave le retour du refoulé, c'est que l'élément tend à survenir selon son propre dynamisme, de type sexuel, qui éveille aussitôt la censure. Ce qui seconde la convocation du refoulé, c'est que l'élément tend à survenir selon un dynamisme autre, de type textuel, qui endort largement la censure. Sans doute l'élément refoulé est-il en train de survenir, mais pour de tout autres raisons que celles que lui donne le fait qu'il avait été refoulé.

La seconde opération, nous pourrions la nommer *la résistance à la convocation textuelle du refoulé*. Son mécanisme, en quelque manière, c'est le *renoncement textuel*. Ce qui permet la convocation du refoulé, nous l'avons vu, c'est la rigueur de la surdétermination textuelle, qui dispose en outre un alibi qui endort la censure. Cependant, si l'alibi textuel n'adoucit point suffisamment le refoulé que le texte convoque, alors la censure peut accéder au réveil : elle s'exerce sitôt en entravant le mécanisme de la convocation. Ainsi, au cours du quatrième exemple précédent, ce qui a subi convocation, en fait, c'est la seule forme d'homosexualité dans laquelle le scripteur ne se trouve impliqué que de manière indirecte. D'une part, il ne s'agit pas de l'homosexualité de son sexe. D'autre part, nous ne l'ignorons point, l'homosexualité féminine tient une place aisée dans la fantasmatique hétérosexuelle masculine.

Complétons donc, sur cet exemple, le détail du fonctionnement. Reconnaissons-le : ce qui aurait dû se montrer actif, non moins, en l'occurrence, ce sont deux autres règles de composition. L'une peut se nommer *règle de l'égalité* : s'agissant d'éléments inverses, elle consiste à leur faire subir les mêmes espèces de traitement. Ainsi la disposition égalitaire des figures triangulaires inverses. Ainsi l'alternance des éléments inverses conduits, de cette manière, à commettre des gestes du même ordre, qu'il s'agisse des jeunes gens dans l'exercice de leurs plongeons ou des membres du commando dans les jungles vénusiennes. Ainsi le traitement équanime, en tout cas dans son principe, qui soumet Léon Doca et Lou Dialys, dont les initiales sont identiques mais les sexes différents, aux impitoyables incandescences du même fulgurant. L'autre peut s'appeler *règle de l'inversion* : s'agissant d'éléments statiques, sous la forme du contraire, ou dynamiques, sous l'allure du réversible, elle consiste à distribuer d'innombrables renversements. Ainsi les deux dédicaces : « A Isis, donc » et « Donc, à Isis ». Ainsi tel aspect du sol :

> Dans le détail même, certaine inversion dégrade les contours : divers monticules éclairés émergent de la région ombreuse; la zone de lumière est perforée de creux obscurs.

Ainsi tel aspect du ciel :

> Au ciel, très haut, surplombant les remparts et la lune, évoluent deux nues inégales à l'instant suscitées par une masse nuageuse unique, nacrée, qu'on eût d'abord déclarée immobile. Lorsque le regard,

à peine détourné, s'apprête à considérer de nouveau les ultimes phases de la scission, il ne rencontre plus qu'un nuage isolé...

Ce qui aurait dû s'écrire, donc, en l'occurrence, en regard du mimodrame dont l'élément constant est féminin et les éléments actifs alternativement masculin et féminin, c'est un mimodrame inverse, dont l'élément constant eût été masculin et les éléments actifs alternativement féminin et masculin. Dès lors, ce qui se fût trouvé textuellement convoqué, c'eût été une homosexualité en laquelle le scripteur, cette fois, eût été concerné de façon plus directe. Ce qui a donc empêché cette convocation textuelle du refoulé, c'est donc bien un renoncement textuel : l'impossibilité, soudain, pour le texte, d'aller à l'extrême de ses mécanismes.

Nous sommes donc en mesure d'ajouter deux remarques. L'une concerne *l'activité spécifique du texte vis-à-vis de l'inconscient*. Nous l'avons vu plus haut : en maints lieux domine encore l'idéologie de l'expression et de la représentation. S'agissant de littérature, c'est sous son hégémonie que pensent encore ceux qui persistent, d'une manière ou d'une autre, à ne pas trop s'extraire de l'enclos de Marie Bonaparte. Ce qui peut se concevoir, ainsi, de l'activité du texte par rapport à l'inconscient, nous l'avons vu, c'est ce qu'il a en commun avec toutes sortes d'autres activités humaines. Nous l'avons vu non moins : çà et là s'élabore une pensée tout autre. Le dispositif de la production régionalise le système de l'expression et de la représentation : d'une part, il pense à sa manière ce que ce système concevait; d'autre part, il conçoit ce que ce système ne pensait pas. S'agissant de psychanalyse, cette pensée de la production a donc pour rôle, non point d'en abolir les principes, mais bien, ce qui est quelque peu autre chose, de battre en brèche, en elle, tout ce qui marque l'actif, réducteur, de l'hégémonie de l'expression et de la représentation. Loin de soustraire, elle change et elle ajoute. On peut admettre un acte de *compression*, le refoulement, mécanisme majeur en ce qu'il produit l'inconscient. On peut admettre ce qu'on appelait un acte d'*expression*, le retour du refoulé, mécanisme majeur en ce qu'il produit les symptômes. Mais il faut alors admettre aussi, ce qui est quelque peu autre chose, un acte de *décompression*, la convocation textuelle du refoulé, mécanisme majeur en ce qu'il produit, au moins, l'étrange allègement qui accompagne l'activité des arts.

L'autre remarque concerne *la résistance du mécanisme de l'idéologie et du mécanisme de l'inconscient à l'activité spécifique du texte*. Rappelons-le, ce que nous a appris le travail du texte présente un double aspect : le premier, c'est l'actif de la production, capable d'abolir l'hégémonie de l'expression et de la représentation; le second, c'est son efficace spécifique vis-à-vis de l'idéologie et de l'inconscient. Avec le texte, ainsi, il ne s'agit plus de se soumettre, aveuglément, selon l'expression, à la toute-puissance de l'inconscient et de l'idéologie. Avec le texte, ainsi, il s'agit d'accomplir, selon la production, une activité qui met en cause l'absolu de leur emprise. La résistance au travail du texte, c'est donc, d'une part, au plan collectif, celle de telle société, en ce qu'elle défend l'efficace de son idéologie, et, au plan individuel, celle de la censure, en ce qu'elle conforte l'efficace de son refoulement. La résistance au travail du texte réussit donc, n'en doutons pas, à prendre les allures les plus anodines, selon le propos, en guise d'exergue terminal, à mi-chemin, à la fin de ce quatrième essai et huitième ouvrage, que Mallarmé opportunément nous délivre :

> On gagne de détourner l'oisif, charmé
> que rien ne l'y concerne, à première vue.

Table

Nouveaux problèmes du roman

« Il est des solutions plus étranges que les problèmes. Car le problème du moins n'était QU'UNE question ; mais la solution en pose mille. » Rien, sans doute, mieux que cette remarque de Jean Paulhan, qui puisse donner idée du quatrième ouvrage théorique de Jean Ricardou. Amplifiant un travail inauguré avec ses études sur le Nouveau Roman, le signataire de *la Prise de Constantinople* propose ici, en effet, à partir de textes de Flaubert, Proust, Robbe-Grillet, Claude Simon et lui-même, cinq longs chapitres dont l'élaboration aventureuse ou, si l'on préfère, digressive, a permis à mesure la venue, et peut-être la résolution, de nombre d'autres problèmes, dont certains incontestablement imprévus.

On ne saurait donc en offrir un répertoire. A titre indicatif, précisons qu'ils permettent de construire plusieurs aspects de la *complexité du texte*, diverses péripéties des *contradictions du texte*, certaines conséquences du *texte entendu comme production*.

Mettant en œuvre expérience de romancier moderne et rigueur théorique, Jean Ricardou élargit ici son registre en ce qu'il est conduit à faire paraître *l'efficace spécifique du texte vis-à-vis de l'idéologie et de l'inconscient.*

Du même auteur

Problèmes du nouveau roman (Tel Quel)
Pour une théorie du nouveau roman (Tel Quel)
Le nouveau roman (Microcosme)

Poétique   Au Seuil

ISBN 2-02-004840-X / Imprimé en France 4-78